한국사

17

고려 전기의 교육과 문화

국사편찬위원회

자문위원

민 병 하 변 태 섭

편찬위원

박 용 운 최 병 헌 홍 승 기

집필(고려 전기의 교육과 문화)

김 성 준 김 정 기 민 병 하
박 성 래 박 한 남 송 춘 영
신 천 식 신 형 식 심 재 기
윤 용 이 이 동 환 정 영 호
조 동 일 홍 선 표

기획 · 편집

신 재 홍 변 승 웅 이 근 택

고 혜 령 권 영 국 김 영 미

나 애 자 박 남 수 박 한 남

복간 간행 : 김 용 곤 · 장 득 진

한국사 간행취지

우리 겨레가 앞으로 어떻게 살아갈 것인가 하는 문제는 우리들은 물론 우리와 더불어 살아가는 세계인들의 관심사일 것이다. 이에 대한 해답은 과거에 어떻게 살아왔는가 하는 우리 역사에 대한 인식을 통해 찾을 수 있을 것이라고 생각된다.

본 위원회에서는 이미 1970년대에 『한국사』 25권을 간행하여 해방 이후 한국사의 연구성과를 집대성함으로써 한국사에 대한 인식을 새롭게 한 바 있다. 그 이후 한국사회는 놀라운 성장과 발전을 이루었고 역사학계도 상당한 연구성과를 축적하였다. 이러한 변화에 발맞추어 한국사학계는 새로운 『한국사』 편찬의 필요를 느끼게 되었다.

이에 본 위원회는 일차적으로 한국사 연구지원비를 마련하여 역사학계로 하여금 1980년대 중반까지 연구성과가 미진하다고 생각되는 분야를 연구할 수 있도록 하였다. 이어서 1989년부터 1990년까지의 준비를 거쳐 1991년에는 '신편 한국사 편찬위원회'를 따로 구성하고 총 60권에 달하는 새로운 『한국사』를 편찬하기로 하였다. 그리고 다음과 같은 『한국사』 편찬의 목표를 세웠다.

① 한국의 역사와 문화에 대한 객관적 인식의 토대를 제공할 수 있는 한국사를 편찬한다.

② 민족의 창조적 문화활동과 민족사의 내재적 발전을 드러내는 한국사를 편찬한다.

③ 최근까지의 연구성과를 체계화하고 새로운 영역을 개척함으로써 한국사 연구의 지평을 넓힌다.

④ 한국사 연구와 관련하여 고고학·인류학·사회학·경제학 등 인접학문의 연구성과를 수용하여 한국사 인식의 폭을 넓히는 데 기여한다.

새로운 『한국사』를 펴내면서 우리 모두가 바라는 바는, 민족의 통일에 대비해야 하고 급격히 변화하는 시대상황 속에서, 한국사 연구자의 깊이 있는 연구를 도와주고 독자들의 역사인식을 드높일 수 있는 길잡이 구실을 할 수 있었으면 하는 것이다.

국사편찬위원회 위원장

목 차

개 요

I

고려시대의 교육기관은 국립으로 중앙에 國子監을 비롯하여 東西學堂과 10學이 있었고, 지방에는 西京學校와 鄕校가 있었다. 사립으로는 개성에 12徒와 전국에 書齋가 있었다.

국자감은 고려 최고의 교육기관으로서 儒學學部(國子學・大學・四門學)와 技術學部(律學・書學・算學)로 편성되어 있었는데 그 중 유학학부가 중요시되었다. 유학학부의 교육목적은 이념적으로는 선비(士)에서 君子, 군자에서 賢人, 현인에서 聖人에 이르게 하는 인간 완성에 있었고, 실용적으로는 유능한 인재를 길러 국가경영에 공헌할 훌륭한 관리를 양성하는 데 있었다.

이러한 국자감이 창설된 기록은 성종 11년(992)으로 되어 있다. 그러나 그것은 唐制를 참작하여 국립대학을 재편성한 것일 뿐, 고려에서 중앙 국립대학의 창설은 이것보다 앞선다. 이미 국초에 신라의 제도를 이어받아 중앙의 국립대학으로 國學이 설치되었다는 견해가 있다. 그렇다면 국초의 국학을 성종 11년에 당제를 참작하여 국자감으로 재편성한 것이 된다. 국자감은 충렬왕 원년(1275)에 원의 간섭으로 관제를 고치는 가운데 국학으로 개칭되었고, 충렬왕 24년에 충선왕이 한때 즉위하여 관제를 개혁할 때 成均監이라 고쳤다. 그 후 충렬왕 34년에 충선왕이 재즉위하여 다시 관제를 개혁하면서 成均館이라 고쳤다. 成均이란 말은 이지러진[虧] 것을 가지런하게 만들고[整成] 過不足을 고르게[均平] 한다는 것으로, 일찍이 주나라 대학의 명칭으로 사용되기도 하였다. 그리고 당나라 垂拱 년간(685~688)에는 국자감을 다시 성균감이라 고쳐 사용한 바 있었다.

성균관은 공민왕 5년(1356)의 배원정책과 함께 원의 간섭으로 격이 낮춰져 개편되었던 관제를 문종 때의 것으로 복구시키는 가운데 다시 국자감이라

고쳤으나, 동왕 11년에 이를 다시 성균관이라 고쳐 그 명칭은 그 후로 고정되었다. 이렇게 성균관의 명칭이 고정되는 과정에서는 정치적인 격변도 주목되지만 주자학의 수용도 주목된다. 특히 주자학의 수용과 함께 성균관은 明經學을 중요시하는 경향이 나타나 공양왕 원년(1389)에 10학을 설치하면서 성균관은 종전의 기술학(율학·서학·산학)을 분리시키고 유학만을 담당하는 교육기관이 되었던 것이다.

고려의 역대 왕들은 학교 교육을 하·은·주 삼대 이래 정치의 근본이며 국가 풍화의 근원이라 하여 매우 중요시하였다. 특히 국자감 교육을 매우 중요시하여 국가적 차원에서 보호 육성하였을 뿐만 아니라 그 성패는 국가의 운명을 좌우하는 것으로까지 여겨졌다.

특히 예종 4년(1109)에는 교과 과정의 운영을 체계화하기 위하여 7개의 전문강좌인 7齋(《周易》: 麗擇齋, 《尙書》: 待聘齋, 《毛詩》: 經德齋, 《周禮》: 求仁齋, 《戴禮》: 服膺齋, 《春秋》: 養正齋, 武學: 講藝齋)를 설치하였는데, 그 가운데 6재가 儒學齋인 데에 대하여 1재가 武學齋인 것이 크게 주목을 끈다. 국자감에서 무학교육이 실시된 것은 당시 북방 금과의 관계가 복잡했던 시대적 요청과 송나라 국자감의 文武兩學 제도를 참작한 예종의 획기적인 조치였다고 볼 수 있다. 그러나 무학교육은 문신들의 반대로 인종 때 폐지되고 말았다. 또 예종 14년에는 국자감의 재정을 원활히 하기 위하여 국자감에 養賢庫를 설치하였다. 이 양현고는 국자감 재정의 전담기관으로 소속되어 있던 토지에 대한 권농과 수세까지도 담당하였다.

다음 인종도 교육진흥에 힘써 그 초기에 일종의 학칙인 학식을 제정하여 국자감 운영의 제도적 기초를 수립하였고, 그 동안 刑部에 예속되었던 율학을 국자감으로 옮겨 이른바 京師 6學(국자학·대학·사문학·율학·서학·산학)을 정비하였다. 그리고 동왕 5년(1127)에는 維新之敎를 내리어 州縣學(향교)을 널리 설치케 하여 그 보급에 노력하였다.

무신정권기의 학교 교육은 다소의 차이는 있었을지 모르지만 원칙적인 면에서는 문신귀족정권기와 별로 차이가 없었다. 특히 몽고침입으로 인한 강화천도 시기에도 국자감을 강화로 옮겨 교육이 실시되었다. 고종 30년(1243)에는 양현고의 관원 4인을 더 늘려 그 기능을 강화케 하는 한편, 崔瑀

는 쌀 300섬을 양현고에 보내어 선비를 양성하는 데 쓰도록 하였으며, 고종 38년에는 여러 가지 어려운 여건 아래에서도 강화 花山洞에 국자감을 새로 짓고 공자의 초상화를 봉안하는 등 국자감의 면모를 새롭게 하였던 것이다.

개성에는 중등교육기관에 해당하는 동서학당이 있었다. 이 동서학당은《高麗史》에는 원종 2년(1261)에 설치한 것으로 되어 있으나,《高麗史節要》에는 원종 2년에 다시 설치한 것으로 되어 있다. 이 두 기록 가운데《고려사절요》의 '다시 설치하였다'는 표현이 옳은 것 같다. 그것은 교육체계상 국자감보다 낮은 등급의 중등교육기관이 절실하게 필요했을 것이기 때문이다. 따라서 동서학당은 원종 2년보다 훨씬 먼저 설치되었을 것이라 짐작된다. 또「다시 설치」된 것이 아니라「새로 설치」되었다면 원종 2년이라는 시기가 매우 적절치 않기 때문이다. 원종 2년은 몽고와의 전시체제가 아직 해제되지 않은 때였고, 수도도 아직 피난지인 강화였으며 아울러 학문적으로나 교육적으로 어떠한 새로운 징후도 보이지 않던 때였다.

그러나 원종 2년에 동서학당이 다시 설치된 데에는 그만한 까닭이 있었다. 즉 몽고와의 관계가 크게 호전되어 그 동안 전쟁으로 인해 위축되었던 모든 분야의 재정비를 준비할 때였으므로, 그 동안 전쟁 등으로 폐지되었던 동서학당을 다시 설치하게 된 것은 자연스러운 일이라 하겠다. 동서학당은 고려 말 공양왕 때에 5부 학당으로 확대 개편되었고, 그 전통은 조선시대의 4학으로 이어졌다.

고려 말에는 전문교육기관으로 10학이 설치되었다. 고려 전기의 교육기관은 아니지만 그 설치가 성균관(국자감)의 성격 변화와도 관계가 깊으므로 잠시 언급하여 보기로 하겠다. 즉 공양왕 원년(1389)에 10학을 설치하여 禮學을 성균관, 樂學을 典儀寺, 兵學을 軍候所, 律學을 典法司(형조), 字學(書學)을 典校寺, 醫學을 典醫寺, 風水陰陽學을 書雲觀, 吏學을 司譯院에 예속시키고 각각 教授官을 두어 교육을 행하였다. 그런데《고려사》의 10학에 대한 기록에서는 위의 8학 밖에는 보이지 않고 2학이 빠져 있다. 이에 대하여 조선의 태종 6년(1406)에 설치된 조선의 10학을 보면 위의 8학 이외에 사역원의 譯學과 호조의 산학이 더 보이고 있다. 이것을 보면《고려사》에서 누락된 2학은 역학과 산학인 것이 거의 분명하고 역학은 사역원, 산학은

版圖司(호조)에 예속되었던 것으로 보인다. 이 10학의 설치로 성균관(국자감)에서 종래의 율학·서학·산학 등의 기술교육은 분리되고, 성균관은 오로지 유학만을 전담하는 교육기관으로 되었다.

서경의 학교는 태조 13년(930)에 태조가 서경에 가서 학교를 창설하고 별도로 學院을 설치한 것이 그 시작이다. 뒤에 태조는 그 학교가 발전한다는 말을 듣고 彩帛을 하사하고 거기에 醫·卜의 2業(科)을 더 설치하게 하였다. 이리하여 서경에는 일찍부터 학교를 설치하였음을 알 수 있는데, 그 학교가 어떠한 학교인지 자세한 것은 알 수 없다. 그러나 국초에 있었던 서경의 학교는 뒤에 諸學士院으로 고쳐져 개편된 것 같으며 또 예종 11년(1116) 서경에 分司制度를 실시할 때는 제학사원을 分司國子監으로 높여 개편하였다. 동시에 判事·祭酒·司業을 각각 1인씩 두되 모두 겸관으로 하고 박사와 조교도 각각 1인씩을 두어 중앙의 국자감을 방불케 하였다. 그러나 인종 14년(1136)에 妙淸의 난을 계기로 분사국자감은 폐지되고 諸學院으로 다시 낮추어 개편되었다.

지방에는 향교가 설치되어 이를 鄕學 또는 州縣學이라고도 하였다. 향교는 지방의 국립학교로서, 유학을 교육하며 공자의 묘인 분묘를 갖춘 중등교육기관이었다. 고려에서는 일찍부터 지방에 학교가 설치된 것으로 보이는 데 기록에 분명한 것만도, 태조 13년(930)에 태조가 서경에 가서 학교를 세웠고, 성종 6년에는 12목에 經學博士와 醫學博士를 각각 1인씩 보내어 지방자제의 교육을 맡게 하였다. 이상의 두 가지 사실은 지방에 학교를 설치하였음을 뜻하는 것이 된다. 그러나 이들 지방의 학교를 향교로 볼 수 있을지의 여부는 단정하여 말하기가 어렵다. 그것은 위에서 말한 향교의 일반적 개념에 부합되지 않는 점이 있기 때문이다.

그러나 이 지방의 학교들은 차츰 문묘의 제도를 갖추고 유학을 주로 교육하면서 향교로 발전하였을 것이다. 그리하여 인종 5년에 조서를 내려 모든 주현에 학교를 세워 교육의 길을 넓히라고 한 것이나, 인종 초에 학식을 반포하여 주현학(향교)의 입학자격을 규정한 것 등을 보면 향교가 널리 세워져 보급된 것 같다.

私學으로는 개성의 12도와 전국의 서재가 있었다. 12도는 崔冲의 文憲公

徒를 비롯한 12개의 사학을 말하는 것으로, 대개 문종 때 성립되어 공양왕 3년(1391)까지 지속하면서 고려의 교육에 크게 이바지하였다. 이 12도는 9經 3史를 교과 내용으로 하였는데 때로는 그 교육 성과가 국자감을 능가할 정도였다. 따라서 과거에 응시하려는 자는 반드시 먼저 사학에서 공부하였으니, 특히 문헌공도가 그러하였다. 사학 12도에 대한 국가의 정책도 매우 긍정적이어서 인종 11년(1133)에는 각 사학(徒)의 유생으로 스승을 배반하여 다른 사학으로 옮겨가는 자는 과거에 응시하지 못하게 하였다. 그리고 공민왕 12년(1363)의 교서에서 교육기관 중에 12도를 성균관의 다음으로 들고 그 아래에 동서학당·향교를 든 것 등은 바로 이러한 실상을 반영하는 것이다.

서재는 경향 각지에 산재하여 있던 사학으로서 후세의 書堂과 맥락을 같이하는 보통교육기관이다. 이 서재는 상당히 일찍부터 설치 보급된 것으로 보이는데, 인종 원년(1123)에 송의 사신 일행으로 고려에 다녀간 徐兢은《高麗圖經》에서 "민간 마을에 經館과 書舍가 두세 개씩 늘어서 있다. 그리하여 그 백성들의 자제로서 아직 결혼하기 전인 자들이 무리를 지어 살면서 스승으로부터 경서를 배우는데 아래로 병졸과 아동에 이르기까지 鄕先生에게 글을 배운다"라 하였다. 여기에서 말하는 경관과 서사를 모두 서재로 단정할 수는 없지만, 그 가운데는 서재의 비중이 큰 것으로 보이어 서재 교육이 성행하였음을 짐작할 수 있다. 서재 교육은 이와 같이 일찍부터 보급되었는데, 특히 고려 후기에는 학자들이 관계를 은퇴하여 한가한 시간을 갖게 되면 서재를 세워 후학을 교육시키는 일이 많았다.

II

고려 전기의 문화에서 먼저 주목되는 것은 과학기술의 발달이다. 기술학은 국자감에 율학·서학·산학이 설치되어 그 교육이 행해졌고, 天文·曆數·測候·漏刻을 맡은 司天臺와 太史局(후에 서운관으로 개편)을 설치하고 司天博士·卜博士(呪噤博士) 등을 두어 교육을 행하였다. 그리고 의약과 치료를 맡은 太醫監을 설치하고 태의박사·태의조교 등을 두어 교육을 행하였고, 또 과거에서도 율·서·산·의·복·지리 등 잡과를 두어 기술관을 등용함으로써 기술과학의 발달을 보게 되었다.

고려에서 日食·月食·星座運行·流星 등을 관측한 결과는《고려사》천문지에 자세히 수록되어 있는데 거기에는 과학적 가치를 지닌 천문관측도 있지만, 占星을 목적으로 한 것이 많다. 그리고 역법은 통일신라 이래 사용되던 당의 宣明曆을 사용하였는데, 후기에는 원의 授時曆이 전래되었고 말기에는 명의 大統曆이 전래되었다.

의학은 東西大悲院·惠民局·救濟都監 등을 설치하여 서민들의 구호와 치료를 담당하였으며, 학문적으로는 송의 영향을 받기도 하였다. 그것보다도 주목해야 할 것은 전통적인 鄕藥을 연구 개발하여 독자적인 의학을 발전시킨 것이다. 곧 고종 때 간행되어 우리 나라에 현존하는 가장 오래된 의서인《鄕藥救急方》은 바로 이러한 내용을 입증하여 준다.

고려시대에는 역사서의 편찬이 자주 이루어졌다. 국가편찬사업의 경우, 史館(뒤의 春秋館)을 설치하여 역대의 실록을 편찬하였는데, 실록 편찬의 기록으로는《七代實錄》이 처음으로 보인다. 즉 현종 때 黃周亮이 중심이 되어 태조에서 목종까지 7대의 실록을 편찬하였는데, 그것은 거란의 침입으로 인하여 소실된 부분의 보수와 편찬되지 못한 부분을 추가하기 위한 것으로 보여진다. 그 뒤에는 왕이 바뀔 때마다 역대 실록이 편찬되었으나, 왕에 따라서는 그 실록 편찬의 기록이 누락된 것도 적지 않다. 이 밖에 문종 때 朴寅亮이《古今錄》을 편찬하였으며, 예종 때 洪灌은 일찍이 편찬되었던《編年通載》를 이어서《續編年通載》를 편찬하였다. 그리고 찬자 불명의《舊三國史》가 있었는데, 인종 때 金富軾은 紀傳體의《三國史記》를 편찬하였다. 이것은 충렬왕 때 一然이 편찬한《三國遺事》와 함께 지금까지 전하는 대표적인 사서이다. 의종 때 金寛毅는《編年通錄》을 편찬하였고, 고종 때 승려 覺訓은《海東高僧傳》을 편찬하여 그 잔본이 지금까지 전한다.

문학부문은 漢文學이 크게 발달하였는데, 문자가 漢字밖에 없었으므로 지식계급의 문학은 한문학이 거의 전부였다. 한문학이 발달했던 가장 큰 원인의 하나가 과거제도였으니, 과거에서 製述業이 중요시됨으로써 자연 시문학(詞章學)이 발달하게 되었던 것이다. 그리하여 개인의 문집, 여러 사람들의 뛰어난 작품을 뽑아 모은 시문선, 기타 전기 · 역사 · 설화 등의 저서가 나왔다. 그러나 인종 이전의 문집으로 義天의 《大覺國師文集》이 전할 뿐이고, 역사서로는 김부식의 《삼국사기》가 전하는 정도이다.

무신정권기의 한문학으로는 설화문학이 새로 등장하여 발달하였다. 문신정권의 압박 아래 세상을 등지거나, 출세를 하더라도 한계를 느끼던 문인들 사이에는 새로운 문학의 세계가 형성되고 그 속에서 성장한 것이 바로 설화문학인 것이다. 그 가운데는 전설 · 일화 · 사화를 소재로 한 李仁老의 《破閑集》, 崔滋의 《補閑集》, 李奎報의 《白雲小說》 등이 있고, 또 사물을 의인화한 이규보의 〈麴先生傳〉, 林椿의 〈孔方傳〉 등이 있다. 그리고 시문집으로 이규보의 《東國李相國集》과 임춘의 《西河集》이 지금도 전한다.

국문학으로는 신라시대 이래의 鄕歌文學을 들 수 있는데, 이 향가문학은 주로 서민계층을 중심으로 하여 고려 초에도 전하여져 승려 均如가 향가 11수를 지어 남겼다. 그러나 향가체는 그 뒤에 오래 계승되지 못하고 時調(短歌)와 민요 또는 속가인 長歌의 형식으로 변형되었다. 장가로 〈動動〉 · 〈井邑詞〉 · 〈處容歌〉 · 〈靑山別曲〉 · 〈가시리〉 · 〈雙花店〉 · 〈鄭瓜亭曲〉 등이 있어 국문학적 가치가 매우 높다.

미술은 귀족사회의 발전과 함께 난숙해지게 되었다. 귀족들은 자신들의 사치생활을 충족시키기 위하여 여러 가지 미술품을 필요로 하였으므로 미술부문이 매우 발달하게 되었다.

먼저 건축은 도성 · 궁궐 · 사원 등의 건축사업이 활발하였으므로 그 발달에 볼 만한 것이 있었을 것이나, 오늘날 전하는 것이 거의 없어 자세한 것을 알 수 없다. 그러나 서긍이 지은 《고려도경》 궁전조에 "會慶殿은 閶闔門 안에 있는데, 따로 殿門이 있고 규모가 매우 웅장하다. 터의 높이가 5丈이 넘었으며 동서 양쪽의 섬돌을 붉게 칠하고 난간은 銅花로 꾸몄는데, 웅장하고 화려하여 모든 전각 중에 으뜸이다"라 한 것을 보면 고려 인종 때의 건축양식이나 그 건축이 매우 웅장하고 화려하였던 것을 알 수 있다.

석조물로는 석탑 · 석조부도 · 석등 등이 전한다. 이것들은 대개 신라의 양식을 계승하였으나, 오히려 퇴보된 느낌이 든다. 그러나 후대로 내려오면서 차츰 독특한 발달을 보게 되었다. 석탑으로는 신라의 직선미와는 달리 둥근 맛이 나는 현종 때 세운 개풍의 玄化寺 7층탑과 송의 영향을 받은 오대산의 月精寺 8각 9층탑이 고려 전기의 대표적인 것이다. 그리고 석조부도로는 광종 때 세운 여주 高達寺址의 元宗大師慧眞塔과 현종 때 세운 충주 淨土寺址의 弘法大師實相塔(경복궁으로 옮김)이 걸작으로 꼽히고 있다. 또 석등으로는 고려 초기에 가장 우수한 것으로 꼽히는 여주 고달사지의 雙獅子石燈(경복궁으로 옮김), 형태가 장엄하고 수법이 웅장한 灌燭寺石燈 등이 있다.

조각은 불상이 주류를 이루며 그 중 석조가 가장 많고 동제 또는 철제의 것과 塑造도 있다. 석불상은 고려 초기의 것으로 보이는 灌燭寺彌勒佛이 있는데, 거대하기는 하나 전체의 규형이 잘 잡히지 않았다. 마애불상 역시 고려 초기의 것으로 보이는 北漢山磨崖釋迦如來像은 거대한 화강암벽에 우아하고 의장이 아름답게 조각되어 신라시대의 것으로 의심할 정도이다. 철불상으로는 忠州鐵佛坐像이 우수하고, 소조불상으로는 고려 중기의 것으로 알려진 영주 浮石寺의 塑造釋迦如來坐像이 걸작품으로 꼽힌다.

회화는 신라 이래의 화풍에 송의 영향을 받아 발달하였다. 고려 전기의 화가로는 禮成江圖로 유명한 인종 때의 李寧과 그의 아들 李光弼이 있으며, 그 밖에 명종 때의 高惟訪, 고종 때의 李子雲·李佺 등이 있다. 그리고 서예는 고려 전기의 경우, 신라의 뒤를 이어 歐陽詢體가 널리 쓰여졌다. 서예가로는 문종 때의 柳伸, 인종 때의 坦然, 고종 때의 崔瑀가 유명하여 신라의 金生과 함께 神品四賢이라 일컬어졌다. 그 밖에 목종 때의 蔡忠順, 예종 때의 洪灌, 명종 때의 文克謙·柳公權 등을 들 수 있다.

공예로는 도자기가 발달하였는데, 고려의 미술을 대표한다고 할 수 있다. 고려의 자기는 신라의 전통을 이어받아 그것을 한층 더 발전시키고 거기에 宋窯의 영향을 받아 인종 때에 이르러 매우 발달하였다. 대표적인 것은 青磁로, 黃綠色·黃褐色의 청자도 있으나 翡色의 청자가 가장 아름답다. 그리고 처음에는 양각 또는 음각으로 무늬를 새기었으나, 뒤에는 고려의 독특한 象嵌法을 창출하여 그 아름다움을 한층 더하게 되었다. 이리하여 고려 자기는 송이나 원의 것을 능가하는 경지에 이르렀고, 그 종류도 매우 다양하여 병·항아리·주전자·접시·연적·필통·향로·화병 등이 있다. 그 가운데 국화·연꽃·석류·참외·앵무·원앙·토끼·거북이·용 등 여러 동식물을 본떠 만든 향로·주전자·연적 등은 뛰어난 솜씨를 보여준다. 그리고 무늬도 운학·모란·국화·석류·포도·연꽃·당초 등 매우 다양하여 능숙한 솜씨를 발휘하고 있다.

금속공예품에는 범종과 불구류·동경·장신구 등이 있다. 범종은 매우 우수한 것이 많은데, 그 가운데 신라의 전통을 이어받아 현종 때 주조된 천안의 天興寺鐘(국립박물관 소장)은 고려 범종을 대표할 만한 우수작이다. 그 밖에 고려 초의 것으로 보이는 曹溪寺鐘은 신라의 양식과 중국의 양식을 절충한 특이한 범종이며, 고려 범종의 특징을 잘 지닌 부안의 來蘇寺鐘이 있다. 그리고 불구류로는 먼저 향로를 들 수 있는데, 고려의 향로는 寶相花 또는 蓮花 등을 銀入絲한 청동제인 것이 특징이며, 명종 때 만들어진 밀양의 表忠寺香爐가 지금까지 전하는 가장 오래된 것으로 알려져 있다. 그 밖에도 佛具類로서 문종 때 개조된 청도의 雲門寺銅壺가 있는데, 그 용도는 정확히 알 수 없으나 佛前供養의 기구로 보여진다. 그리고 동경은 고려의 창의적인 것보다 중국의 것을 모방한 것이 거의 대부분이며 무늬는 대개 각종의 식물·동물·인물·기물 등이고 형태는 圓鏡·方鏡·四菱鏡·五花鏡 등이 있다.

〈閔丙河〉

Ⅰ. 교　　육

1. 중앙의 교육기관
2. 지방의 교육기관

Ⅰ. 교 육

1. 중앙의 교육기관

1) 국자감

(1) 국자감의 성립과 운영

가. 성립 배경

國子監은 고려시대 최고 학부로서 관료 배출에 지대한 역할을 했다. 고려시대의 학제로는 중앙에 국립학교인 국자감과 東·西學堂(공양왕 이후는 5부학당)이 있고 사학으로는 崔冲 이후에 12徒가 있었으며, 지방에는 鄕校가 있어 교육을 주도해 나갔다. 최고 학부인 국자감의 성립이 고려사회에 새로운 교육전통을 마련하였음은 널리 알려진 사실이다. 국자감은 고려 건국 후 70여 년이 지난 成宗 때에 성립되었다. 그러나 국자감이 설립되기 30여 년 전에 이미 과거제가 운영되고 있었다는 사실은 무엇을 의미하는 것인가. 이것은 성종 이전에도 관료 수급을 위한 교육 전통이 있었음을 의미하는 것이기도 하다. 《高麗史》 選擧志 學校條가 "太祖 13년에 西京에 행차하여 학교를 설립하였다"[1]는 기사로부터 시작되고 있는 점과 광종 때에 이미 과거제도가 성립 운영되어 관료를 배출하고 있었다[2]는 사실은 많은 것을 시사하고 있다. 태조는 즉위 며칠 후에 설관 분직에 따른 인재등용의 조서를 발표하였다.

> 設官分職은 유능한 사람을 임명하여 그 職을 담당하게 하는 데 있고 利俗安民은 현명한 사람을 뽑는 것이 급한 일이다. …오직 사람을 알아보는 데 밝지 못하고 官을 살핌에 실수가 많아 어진 사람을 빠뜨렸다는 탄식이 일어나게 하

1) 《高麗史》 권 74, 志 28, 選擧 2, 學校 태조 13년.
2) 《高麗史》 권 74, 志 28, 選擧 2, 科目 2.

> 고 깊이 선비 얻는 일에 어긋날까 염려하여, 밤낮으로 걱정되는 것은 오직 이 것뿐이다. … (중략) 마땅히 列辟을 등용하는데 群公을 낱낱이 시험하여 정선에 힘써(歷試精選) 모두 고르게 할 것이니 … (《高麗史》 권 1, 世家 1, 태조 원년 6월 신유).

여기에서는 인재 등용과 이를 위한 제도적 장치로써 「歷試精選」의 원칙이 제시되고 있다. 이로 볼 때 국초부터 「역시정선」으로 인재를 등용할 수 있을 만큼 관료 후보자들이 많았음을 알 수 있고, 또 광종 때에 실시한 科擧制가 전국을 대상으로 하고 있고 당시의 합격자들이 대부분 지방 출신이었다는 것은 교육이 전국적으로 보편화되고 있었음을 나타내는 것이기도 하다. 이것은 신라적 교육전통에서 배양된 인재들이 고려 건국 후 관료의 자원으로 축적되고 있었음을 의미하는 것이다. 신라시대는 이미 國學이 있어 고급 인력을 배출하였고, 또 宿衛學生들도 있어 고도의 유학적 교양을 지닌 인재들이 많았다.[3] 또 9州·5小京을 비롯한 지방에는 學院의 명칭을 갖는 학교가 널리 보급되어 인재를 양성하고 있었다.[4] 그리고 신라 말 지방에 할거한 鄕豪들은 중앙의 통제에서 벗어나 독자적으로 그들 영역을 통치하던가 또는 그들 세력권을 확충하는 과정에서 지식계급의 행정능력을 필요로 하였을 것이다. 따라서 향호들은 그들 자체의 장기적인 인적 자원의 수급을 위하여 종래의 학교 교육을 장려하거나 새로이 학교를 창건하는 정책을 취하기도 하였다. 이와 같은 목적에서 나말에는 도처에 학원이란 명칭의 학교가 보편화되었을 가능성이 있고, 이것은 〈龍頭寺鐵幢竿記〉에 학원의 명칭이 보이는 것으로도 유추할 수 있다.[5]

태조 13年(930)은 통일 이전으로써, 이 때 태조가 서경에 행차하여 "別創學院"하였다는 사실은 조금도 이상할 것이 없다. 고려 건국 후 서경은 황폐되어 蕃人들의 수렵장이 되고 있었는데 태조가 즉위하자 그 곳에 관심을 가져 黃州·鳳州·白州 등의 민호를 徙民시키기도 하고, 大丞 質榮과 行波 등의 부형 자제 및 여러 주현의 양가 자제를 옮겨 충실을 기하였다. 또 축성과 아울러 관부와 관리를 두고 行政副都로서의 기능을 강화하였다. 태조 13년의 "별창학

---

3) 申瀅植, 〈宿衛學生考〉(《歷史教育》 11·12, 1969).
4) 朴贊洙, 〈高麗前期 國子監의 成立과 興替〉(《民族文化》 14, 民族文化推進會, 1991).
5) 金光洙, 〈麗末麗初 地方學校問題〉(《韓國史研究》 7, 1972).

원" 기사는 이러한 관점에서 볼 때 부도로서의 행정기능과 관련하여 설치된 제도로 보여진다. 즉 이곳에 옮겨 살게 된 명문가와 주·현의 양가 자제를 위한 학교의 설립은 행정부도로서의 서경이 갖추어야 할 필수적인 과제였을 것이며, 학원이라 한 것은 신라시대의 전통적 지방학교의 명칭을 그대로 답습하였다고 볼 수 있겠다.[6]

태조는 건국 후 유학과 관계된 관부들을 설치하고 유학자들을 수용하여 계속 학문에 전업할 수 있도록 하기도 하였고, 또 직접 인재를 양성하기도 하였다. 즉 태조는 국초부터 白書省·元鳳省·內議省을 설치하였는데, 백서성은 이후 秘書省·典校寺와 연결되는 것으로서 經籍祝疏를 담당한 학문적 관부였다.[7] 원봉성은 泰封 이래의 학문적 관부로서 유학이념을 보급하는 기능을 담당하였으며, 태조 13년에 설치된 것으로 보이는 내의성도 지식계급을 등용하여 이후 유교적 정치이념을 실현하는 관부로 발전하였다.[8] 특히 원봉성은 유학의 교육도 담당하였으며, 성종 때에 유교정치의 방향을 제시한 崔承老도 일찍이 이곳에서 원봉성 학생으로 수학하였다.[9] 이 밖에도 翰林院·光文院이 있어 학생 또는 서생의 명칭으로 학문을 연수하였다.[10] 이와 같은 배경을 전제로 할 때, 성종 이전까지 학교 설립에 대한 기사가 선거지에 나타나지 않은 이유를 이해할 수 있을 것이다.

그렇다면 성종 때에 와서「詣京習業」과 국자감 설립 등의 교육 개혁이 행해지는 것은 무엇 때문일까. 이것은 성종 때 정치체제의 정비와 관계가 있을 것이다. 성종 이전까지는 지방호족에 대한 강력한 통치가 불가능하였고, 지방은 鄕豪의 지배하에 행정이 주도되고 있었다. 태조는 "按賓以禮 惠和之意"라는 유교적 명분을 앞세워 향호들을 후한 예물과 겸손한 태도로서 포용하였고 이들에게는 지방의 통제권을 위임하였다. 이후 광종과 경종을 거치는 동안 이들에 대한 숙청 작업이 시도되었지만, 성종 이전까지는 외관이 파견

---

6) 申千湜,《高麗教育制度史研究》(螢雪出版社, 1983), 16~17쪽.
7)《高麗史》권 76, 志 30, 百官 1, 典校寺.
8) 李泰鎭, 〈高麗宰府의 成立〉(《歷史學報》56, 1972).
9)《高麗史》권 93, 列傳 6, 崔承老.
10) 〈龍頭寺鐵幢竿記〉에 翰林學生 金遠의 명칭이 보이고,《高麗史》권 93, 列傳 6, 韓彦恭條에서는 그가 15세에 光文院 書生으로 있었음을 보여준다.

되지 않았다. 외관이 파견되지 않았다는 것은 지방행정이 국가의 직접적인 지배와 통제력에서 벗어나 있었음을 의미하는 것이기도 하다. 따라서 지방교육도 이들 향호들에게 위임되고 있었다고 보아야 할 것이다. 그러나 성종 때에는 강력한 집권화정책이 수행되었다. 즉 성종 원년에는 唐制에 따라 중앙관제를 제정하여 3省 6部를 설치하고, 이어 다음해에는 12牧에 지방관을 파견하였으니, 이제 지방에서 자치권을 가졌던 호족들은 중앙정부의 통제권에 들어가게 되었다. 또 이 때에 개정된 鄕職은 호족들로 하여금 중앙에서 파견한 지방관의 보좌역인 향리의 지위로 격하시키는 계기가 되었다.[11] 성종 때에 나타나는 교육개혁도 이러한 관점에서 파악해야 할 것이다. 즉 집권적 국가체제로 정비되는 과정에서 지금까지 지방호족들에게 위임되었던 교육을 국가의 통치권 안으로 흡수하고, 또 중앙관료를 체계적으로 양성 배출시켜야 한다는 당면의 개혁정책이 국자감 설립을 비롯한 여러 가지 교육개혁으로 나타났다고 보아야 할 것이다.

나. 설치 연혁

국초 이래의 유교이념이 지배체제의 현실적 정치이념으로 정착되어 제도화된 것은 성종 때였다. 李齊賢이 성종의 치세를 평한 내용에서 이를 알 수 있다.

> 성종은 宗廟를 세우고 社稷을 정하였으며 學資를 넉넉히 하여 선비를 기르고 覆試로써 어진 이를 구하였으며 수령을 독려하여 백성을 구휼하고 효도와 절의를 권장하여 풍속을 아름답게 하였다…(《高麗史》 권 3, 世家 3, 성종 16년 10월 무오).

성종은 즉위 초부터 교육에 크게 관심을 보이고 있었다. 즉 박사 任老成이 宋으로부터 와서 大廟堂圖·社稷堂圖와 더불어 文宣王廟圖와 祭器圖 및 〈七十二賢贊記〉를 바친 것이라든지[12] 향호의 자제에게 서울에 와서 배움을 익히게 한 것이라든지 전국 12목에 교관을 파견한 것 등은 이를 말해주고 있다. 특히 괄목할 만한 것은 성종 11년의 국자감 관계기사이다.

> 有司는 勝地를 가려서 널리 書齋와 學舍를 세우고 田庄을 주어 學糧에 충당

11) 邊太燮, 《韓國史通論》(三英社, 1986), 164쪽.
12) 《高麗史》 권 3, 世家 3, 성종 2년 5월 갑자.

할 것이며, 또 국자감을 창건하라(《高麗史》 권 74, 志 28, 選擧 2, 學校 성종 11년 12월).

위의 기사는 국자감 창건에 관계되는 최초의 자료라는 점에서 일찍부터 관심의 대상이 되었다. 1980년대 이전에 학계에서는 일반적으로 이 기록을 국자감 설립에 대한 자료로 파악하여 이 때부터 국자감이 설립된 것으로 보아왔다. 그러나 1980년 이래 이에 대한 비판이 나타나고, 그 결과로서 국자감 설립연대를 소급하여 생각하려는 견해가 지금은 거의 통설화되고 있다.[13] 위의 기사는 성종 11년에 발표한 교서의 일부분인데, 이 때 발표된 교서의 내용은 다음과 같다.

王者가 천하를 교화함에는 학교를 세우는 것이 급선무이니, 堯舜의 風敎를 계승하고 周孔의 도를 닦으며 國家憲章의 제도를 마련하고 君臣 상하의 의례를 가려야 하는데 이를 어진 선비에게 맡기지 않고서야 어찌 軌範을 이룰 수 있겠는가…寡人이 미약한 몸으로서 부질없이 왕위에 처하게 됨에 9流의 설을 널리 밝히고 4術의 문을 널리 열고자 하노라. ① 童蒙을 일깨워 학교에 들어가게 하니, 黌中과 稷下에 경서를 가지고 오는 선비가 무리를 이루고, 夏序와 虞庠에 鼓篋의 무리가 저자를 이루었다. ② 綸闈를 열어 기예를 겨루고, 會府를 열어 인재를 가리되 省試에 나아가는 사람은 오히려 많아도 과거에 급제하는 사람은 아직 적다. 이것은 배우고자 하여도 塾堂이 없고 재주가 아직 자세히 다듬어지지 못한 때문이다. ③ 有司로 하여금 좋은 터를 가려서 널리 學舍를 세우고 田庄을 헤아려 주어 ④ 이들로 하여금 금을 단련하여 순금이 되게 하고 옥을 갈고 닦아 그릇을 이루도록 하라. 무릇 선비들은 나의 뜻을 잘 알라(《高麗史》 권 3, 世家 3, 성종 11년 12월 병인).

《고려사》 선거지의 기사는 위에서 살펴본 세가의 교서 중에서 ①, ②, ④ 항을 거두절미하고, ③ 항만을 수록하면서 다만 "또한 국자감을 창설하다"란 기사만을 보충하고 있을 뿐이다. 그러나 이 "또한 국자감을 창설하다"라는 기사는 "좋은 터를 가려 널리 학사를 세우라"는 학교 시설의 공간적 확충을 위한 성종의 諭旨에 포괄된 것으로 보아야 하며, 이 때부터 국자감 교육이 시행되었다는 것은 아니다. 이 기록은 撰者가 지방 학교와 중앙의 학교를 분

13) 朴性鳳, 〈國子監과 私學〉(《한국사》 6, 국사편찬위원회, 1975), 175~179쪽.
申千湜, 앞의 책, 30~35쪽.
朴贊洙, 앞의 글.

류하는 가운데 최고 학부인 국자감의 비중을 강조하려고 편술한 것으로 보아야 할 것이다.

성종 11년(992) 이전에 이미 국자감이 설립되어 있었음은 성종 8년 4월의 다음 기록에서도 명백하다.

> 大學助教 宋承演과 南海道 羅州牧의 全輔仁이 사람을 가르침에 게을리 하지 아니하므로 마땅히 奬勸하여 뽑아 씀이 옳을 것이니 承演은 가히 9등을 뛰어 國子博士를 제수하고 아울러 緋公服 한 벌을 내려 주라(《高麗史》 권 74, 志 28, 選擧 2, 學校).

위에서 당시 대학조교 송승연을 大學博士로 승진시키면서 포상하였음을 볼 수 있다. 이로 볼 때 성종 8년에는 국자감이 운영되고 있었으며, 대학박사·대학조교의 직제도 제도화되고 있었던 것이다. 그렇다면 국자감의 설치 연혁을 어느 때로 보아야 할 것인가 하는 문제가 대두된다. 관심을 끄는 것은 柳邦憲의 행장에 나타나는 교관직 경력이다.

> 公은 鄕貢進士로서 乾德 10년(광종 23, 972) 임신 9월 5일에 科首로 합격하여 攻文博士를 제수 받았다. 이로부터 光文校書郎을 거쳐 光文郎을 역임하고 國子主簿와 四門博士를 더하였다. 雍熙 4년(성종 6, 987) 정해에 성종이 즉위한 후 처음 儒臣對策을 명하였는데 이 때에 공은 科首로 합격했다. 왕은 이를 보상하여 御事右司員外郎을 제수하였다(〈柳邦憲墓誌〉, 《朝鮮金石總覽》 上, 265쪽).

그는 성종 6년에 성종의 儒臣對策에 으뜸으로 합격하고 있는데, 이 때에 그의 관직은 四門博士였다. 이로 볼 때 유방헌이 사문박사로서 유신대책에 응시한 성종 6년에는 국자감이 현실적 교육기관으로 운영되고 있었음을 알 수 있다.

또 성종 5년 7월의 교서를 살펴보자.

> ① 朕이 평소에 덕이 부족함을 부끄러워 하나 일찍이 유학을 숭상함이 간절하여 周孔의 풍을 일으키고 唐虞의 다스림을 바라, 庠序에서 이를 기르고 과목으로 이를 취하고자 하였다. ② 이제 諸州에서 올려 보낸 學士 중 고향을 그리는 사람이 있을까 염려되니 모두 편리한 대로 가고 머물게 하라. ③ 그 歸省을 원하는 학생 207인에게는 배 1,400필을 내려줄 것이요, 머물기를 원하는 자 53인에게는 또한 幞頭 106매와 쌀 265섬을 내려 주라. 곧 通事舍人 高榮嵒을 시켜 客省에 나아가 宣諭하고 술과 다과를 베풀어주도록 하였다(《高麗史》 권 74,

志 28, 選擧 2, 學校, 성종 5년 7월).

위의 ①에서 이 교서 발표 이전에 학교가 설치되어 있었으며, ②에서는 그 대상이 주로 여러 고을에서 薦貢한 학사였으며, ③에서는 그 수가 고향에 돌아갈 사람 207인과 더 머무르기를 원하는 사람 53인을 합해 260인이었음을 알 수 있다.

또한 《고려사》 선거지에 의하면 성종이 이 교서를 발표하기 몇 년전부터 모든 주현으로 하여금 자제를 선발하여 서울에 나아가 학업을 익히도록 하였다고 한다.14) 이 연대는 분명하지 않지만, 여러 각도에서 파악할 수 있다. 성종 5년의 교서 중 ①항에서 "…일찍이 …학교에서 이를 기르고…" 한 것으로 보아 그 전 해는 아닐 것이다.

> 요즈음 여러 州郡縣의 자제를 모집하여 서울에 와서 학업을 익히게 하였더니, 과연 바람을 타고 이르며 詔書에 따라 와 학교 안에는 학도가 자못 많았다. 그런데 집을 떠난 지 오래되어 정이 향수에 깊어졌다(《高麗史》 권 3, 世家 3, 성종 6년 8월).

위의 성종 6년 8월의 교서를 볼 때 성종 초기로 추측이 가능할 것 같다. 그러나 성종 원년(982)은 외관을 파견하기 이전으로 통치체제가 전국에 미치지 못하는 상태에 있었기 때문에 260명의 학생을 서울에 올라오게 한다는 것은 불가능하였을 것이다. 따라서 이것은 성종 2년의 외관 파견과 향직 개정 등 집권화정책이 진행되는 시기와 그 연대를 같이 볼 수밖에 없을 것이다.

주목되는 것은 성종 5년의 기사에서 귀향을 원하는 사람 207인을 고향으로 돌려 보내면서 동시에 남아 있기를 원하는 53인은 계속 교육을 허락하고 있는 점이다. 특히 이들에게 준 幞頭 106매는 당시 남아 있기를 원한 학생 53인에게 각각 2매씩 해당하는 것이다. 복두란 과거합격자가 紅牌를 받을 때 쓰는 영예의 冠으로, 일찍이 주나라에서는 公卿大夫의 자제인 國子들에게 착용하게 하였던 것이다.

이로 볼 때 당시 개경에 남아있던 53인에게 복두를 하사하여 공부를 계속

14) 《高麗史》 권 74, 志 28, 選擧 2, 學校 성종.

할 수 있도록 한 것은 이들을 국자로 예우하여 교육을 시켰다고 볼 수 있겠다. 이 항목 앞부분에서 이미 지적했던 유방헌의 교관 역임이 성종 5년을 전후한 시기와 연결되는 것도 이러한 배경 아래서 생각할 때 많은 시사를 얻을 수 있다.

다. 초기 국자감의 운영

성종 5년(986)을 전후하여 설립된 국자감은 성종 11년(992)에 국자감 시설을 준공함으로써 최고학부로서의 면모를 갖추게 된다. 성종은 국자감을 설치하고 그 주변을 禮賢坊이라 하였다. 그러나 이 국자감은 선종 때에 이르러 퇴락하여 교육기능의 수행이 불가능하게 되었다. 이에 선종은 국자감의 수리를 위하여 文宣王을 順天館으로 이전하였으며, 학생들의 교육도 이곳을 빌려서 임시로 사용하였다.[15] 그러나 이 때의 국학의 수리는 완성되지 못하여 국자감학생들은 독자적인 교육시설을 갖지 못하고 순천관의 건물에서 학습하였던 것으로 보인다. 그러나 예종 때에 이르러 예현방의 옛터에 새로이 건물을 복원 준공하여 이전하였다.[16]

이것은 인종 원년 國信使로 고려를 방문한 徐兢의 《宣和奉使高麗圖經》을 통해 알 수 있다.

> 國子監은 이전에 남쪽 會賓門 안에 있었다. 앞에는 대문이 있는데 榜을 국자감이라 하였다. (그 구조는) 중앙에 宣聖殿을 두고 그 양쪽 행랑에 齋舍를 설치하여 諸生을 거처하게 하였다. 이전의 제도는 극히 좁았는데 지금은 禮賢坊으로 옮겼다. 이로써 학생들이 많이 불어나고 그 제도가 사치스럽게 되었다(徐兢, 《宣和奉使高麗圖經》 권 16, 國子監).

위에서 서긍이 남쪽의 회빈문 안에 있었다는 국자감은 바로 순천관에서 교육할 때의 국자감을 말한다.

교육직제로는 《고려사》 백관지 기록 중 문종 때에 나타나는 직관들이 국자감 설립 초기부터 대부분 운영되고 있었던 것으로 보인다. 이것은 앞에서

---

15) 《高麗史節要》 권 1, 선종 6년 8월 계사.
16) 《高麗史》 권 74, 志 28, 選擧 2, 學校 예종 14년 7월조에는 "自國初肇立文宣王廟于國子監 建官置師 至宣宗將欲敎育而未遑 睿宗銳意儒術 詔有司 廣設學舍置儒學六十人武學十七人"이라 하였다.

도 언급했듯이 유방헌은 성종 때에 국자주부와 사문박사 및 國子司業을 역임하였고 성종 8년을 전후한 시기에 송승연도 이미 말한 바와 같이 태학조교와 국자박사를 역임하였다. 그리고 國子祭酒의 경우 현종 때에 劉徵弼·徐訥·李可道·黃周亮 등이 나타나고 있다. 또 태학박사는 목종 10년(1007) 10월에 田拱之가 배수받고 있음이 보이고, 國子丞에는 현종 때에 白玄禮가 보인다.17) 이미 국자감 설립 이후 현종대에 이르는 시기에는 國子祭酒·司業·丞·國子主簿·國子博士·國子助教, 太學博士·太學助教, 四門博士·四門助教 등의 교육직제가 운영되었던 것으로 볼 수 있다.

성종 때의 국자감 수학생들은 鄕貢과 연계된 지방호족의 자제였다. 이후 향공의 범위가 확대됨에 따라 長吏나 백성의 자제도 입학이 허용되었으며 가세가 어렵고 하찮은 자도 능력에 의하여 입학이 가능하였다.18) 그러나 현종 이후 국자감의 입학자격에도 서서히 변화가 수반된다. 즉 현종 15년(1024)에는 지금까지 제한이 없었던 향공의 정원이 고정되고,19) 덕종 때는 國子監試가 시행20) 됨으로써 국자감 입학에도 어느 정도 제재가 가해졌던 것 같다.21) 이러한 여러 가지 요인은 국자감 교육에 변화를 수반하였을 것이다. 그러나 무엇보다 국자감 교육의 변화를 촉진한 것은 당시 사회 성격의 변화였다. 현종 이후 고려사회는 귀족화의 성향으로 바뀌면서 문종 때를 전후해서는 사회성격으로 고착화되어 갔다. 한편 귀족 자제들은 향공들과 더불어 수학하는 것을 꺼렸으며, 또 당시 과거의 進士科 위주로 운영되어 갔음을 감안할 때, 이들은 구태여 국자감에 얽매이면서 과거와 직접 관계가 없는 經學을 수학하려 들지 않았을 것이다. 따라서 이들은 국자감 교육을 기피하게 되었고, 때마침 최충의 私塾이 나타나자 "선비와 평민의 자제가 그의 집과 마을에 차고 넘치게 되었다"22)고 할 정도로 많이 모여들게 되었으며, 이것은

17) 申千湜, 앞의 책, 146~147쪽 참조.
18) 申千湜, 위의 책, 126쪽.
朴贊洙, 앞의 글.
19) 《高麗史》 권 73, 志 27, 選擧 1, 科目 1 현종 15년 12월 判.
20) 《高麗史》 권 5, 世家 5, 덕종 즉위년 윤 10월.
21) 朴贊洙는 앞의 글에서 이들 제도의 설행으로 國子監은 퇴락할 수밖에 없었다고 보았다.
22) 《高麗史》 권 74, 志 28, 選擧 2, 學校 私學 문종.

결과적으로 국자감의 퇴락을 더욱 가속화시켰다. 최충의 사학이 설립된 지 얼 마되지 않은 문종 17년에 국자감은 이미 '近多廢業'[23] 하는 지경에 이르렀고, 마침내 숙종 7년에는 당시의 宰相 邵台輔에 의해 國學廢置論이 제기되기에 이르렀다.[24]

(2) 예종의 교육개혁과 국자감

《고려사》를 편찬한 史臣은 예종 때의 치세에 대하여 다음과 같은 贊을 남겼다.

> 예종은 천성이 명철하여 일찍이 東宮에 있을 때도 어진 선비를 禮로써 대접하고 또 효도하고 공손함이 독실하였다. 즉위하여서는 밤낮으로 염려하고 부지런하여 정신을 가다듬어 좋은 정치를 하려고 하였다. …學校를 개설하여 生員을 교양하고 淸讌·寶文 兩閣을 설치하여 날마다 문신들과 더불어 6經을 강론하고 武를 쉬고 文을 닦아 禮樂으로 풍속을 이루고자 하였다(《高麗史節要》 권 8, 예종 17년 4월 을미 史臣贊).

예종은 재위 중에 학교 교육의 부흥을 위하여 노력하였고, 또 청연각·보문각을 두어 학문을 권장하였다. 그는 즉위 초부터 새로운 교육질서의 확립을 정책이념으로 제시하여 3京·8牧의 通判 이상 및 知州事와 縣令으로서 문과출신자는 학사업무를 겸하게 하여 지방교육의 권장을 의무화시켰으며,[25] 또 당시 퇴락 일로에 있었던 국자감 부흥을 위한 여러 정책을 강력하게 추진시켰다.

> 「學」을 세워 賢士를 양성함은 三代 이래로 다스림을 이루는 근본인데 有司의 의논이 아직 결정되지 못하였으니, 마땅히 신속하게 시행하라(《高麗史》 권 74, 志 28, 選擧 2, 學校 예종 2년 制).

《고려사》 선거지는 위의 기사에 막연히 「學」이라 하고 있으나 《高麗史節要》를 보면 「國學」이라고 명백히 나타나 있다.[26] 따라서 선거지의 「학」은 「국학」의 생략이란 것을 알 수 있다. 그가 행한 국자감 중흥정책 중 주요한

---

23) 《高麗史》 권 74, 志 28, 選擧 2, 學校 문종 17년 8월.
24) 《高麗史》 권 74, 志 28, 選擧 2, 學校 숙종 7년 윤 6월.
25) 《高麗史》 권 74, 志 28, 選擧 2, 學校 예종 즉위년.
26) 《高麗史節要》 권 7, 예종 2년 判.

것을 살펴보면, ① 최고학부로서 국자감의 위상 정립(과거응시자의 국자감수학의무화), ② 국자감 건물의 중건과 三舍制度의 운영, ③ 國學 七齋의 운영 등을 들 수 있다.

가. 국자감의 위상 정립

과거제도를 개혁함으로써 국자감의 위상을 높이고자 하였다. 즉 예종 5년 9월에 새로이 과거제도를 개편하였는데, 그 근본취지는 "제술·명경 등 여러 과에 새로 추천된 사람들은 국자감에 3년 동안 속하게 한다"[27]는 것이었다. 지금까지는 과거 응시에 일정한 자격 기준이 없었고, 따라서 학생들은 私學 12徒에 예속하여 科業에 전념하고 국자감을 기피함으로써 숙종 때는 국자감의 폐치론까지 대두되었다. 예종의 과거제도 개혁론은 당시 이러한 국자감의 황폐화를 지양하고 명실상부한 최고학부로서 국자감의 위상을 높이고자 한 정책으로 볼 수 있다. 이로써 지금까지 과거 응시에 아무런 제한이 없었던 12도 출신이나 문벌귀족들의 자제들도 3년 동안 국자감에서 수학하지 않을 수 없게 되었다. 결과적으로 지금까지 국자감과 같은 비중으로 존재했던 12도는 국자감 하위의 교육기관으로 전락하지 않을 수 없게 되었던 것이다. 이것은 고려 말 牧隱 李穡의 국학 중흥을 위한 건의에서도 간접적으로 시사받을 수 있다.

> 국가는 안으로 成均館·12徒·東西學堂을 세우고 밖으로는 州郡에 이르기까지 각지 학교가 있어서 규모가 굉장히 크고 節目도 치밀하였습니다. 祖宗의 뜻을 살펴보건대 儒道를 숭상한 까닭은 깊고 또한 간절한 바입니다. 그러나 오늘날은 登仕者라도 반드시 과거에 급제한 자가 아니며, 급제자라도 반드시 國學을 거칠 필요가 없으니 누가 지름길을 버리고 어려운 길을 가려고 하겠습니까. 학생들이 흩어져 齋舍가 기우는 것은 실로 이 때문인가 합니다(《고려사》 권 115, 列傳 28, 李穡).

이것은 이색의 공민왕 원년(1352) 2월에 왕이 정사에 대한 求言을 요청한 데 대한 封事로 생각되는데, 그는 현재 과거제도의 폐풍을 "급제자라도 반드시 國學을 거칠 필요가 없다"는 데 두고 이것을 옛 제도에 어긋나는 것으로

27) 《高麗史》 권 73, 志 27, 選擧 1, 科目 1 예종 5년 9월.

평가하고 있다. 그렇다면 祖宗의 율법은 과거에 응시할 경우 반드시 국학을 거쳐야 한다는 명분이 제도화되었던 것으로 볼 수 있을 것이다. 이것은 바로 예종 5년(1110)의 科擧判文을 이해하는 데 많은 도움을 준다. 계속해서 이색의 건의를 더 살펴보자.

> 지방의 鄕校와 중앙의 學堂은 그 재능을 조사하여 12徒에 올리고, 12도에서는 이들을 모아 심사하여 成均館에 올려 보내 얼마 동안의 기한을 정하고 덕성과 기예를 연마케 하십시오(《高麗史》 권 74, 志 28, 選擧 2, 學校 공민왕 원년 4월조).

이것은 앞의 열전 내용과 연결되는 것으로 보이며 祖宗의 율법과도 연계될 것이다. 이와 같이 볼 때 예종 5년 과거 판문의 시행 이후에는 12도의 위상이 국자감과 향교[28]를 연결하는 중간 위치로 전락하였던 것으로 볼 수 있다.

나. 삼사제도의 운영

성종 11년에 창건된 국자감 건물은 선종 때에 이르러 퇴락되어 순천관으로 이전하여 교육하였으며, 국자감 복원사업은 예종 때에 이르러 겨우 완성을 보게 된다. 국자감이 복원된 시기에 대하여는 여러 가지 측면에서 생각할 수 있지만, 예종 9년 2월에 國子生 張仔 등 60여 인이 대궐에 나아가 국학 설립을 청원하고 있음을 볼 때,[29] 이 때까지는 국자감이 복원되지 못한 것을 알 수 있다. 그런데 관심을 끄는 것은 국자생 장자 등의「立國學」청원이 있은 6개월 후인 예종 9년 8월에 왕이 국학에 행차하시어 先聖·先師에 술잔을 올렸다는[30] 기사이다. 이 때 왕의 국학 행차는 선종 6년 국자감을 순천관으로 이전한 후 처음 보이는 행사이며 실로 28년만의 행사이기도 하다. 《고려사절요》는 이 때의 상황에 대하여 백관과 생원 700명이 "立庭聽講 各進歌誦"이란 말로 표현하고 있다.[31] 비록 "뜰에 서서 강의를 듣는다"는 단서가 붙어 있지만 회빈문 안의 국자감 시설로는 과연 이것이 가능했을까 하는 의문이 생기며, 이러한 관점에서 당시 왕의 행차는 단순한 국학

---

28) 당시에는 學堂은 없었다.
29) 《高麗史》 권 74, 志 28, 選擧 2, 學校 예종 9년 2월.
30) 《高麗史》 권 13, 世家 13, 예종 9년 8월 을묘.
31) 《高麗史節要》 권 8, 예종 9년 8월 을묘.

행차가 아니라 국자감 건물의 준공에 대한 국가적 행사였을 가능성이 있다. 그러나 당시 준공되었던 국자감 시설이 서긍의 표현대로라면, 비록 국자생들의 「立國學」 청원 이후에 바로 건물을 시공하였다고 하더라도 불과 6개월만에 준공할 수 있었을까 하는 의문이 제기된다. 한편 《고려사》 선거지 예종 14년 7월조에 養賢庫 설립을 설명하면서, "널리 有司에 조서를 내려 學舍를 설립하고 문·무 양학을 두었다"[32]는 기사가 있는데, 아마도 이 때에 국학을 준공하면서 문·무 양학을 설치하고 또 국자감 기금으로 양현고를 설치하는 등 국자감 교육에 대한 일대개혁이 단행되지 않았을까 하는 생각도 든다. 하여튼 예종 14년에는 이미 국자감은 준공되어 있었다. 이 때에 준공된 국자감은 송의 三舍制度에 입각한 설계였던 것으로 보인다. 삼사제도란 송의 국자감에서 운영되던 교육제도로서, 국자감의 교육체제를 外舍·內舍·上舍로 구분하고, 학생들의 교육성과에 따라 상급의 齋舍로 陞補시켜 최후로 상사의 과정을 거쳐 관로와 연결시킨 교육제도였다. 예종은 삼사제도에 많은 관심을 가지고 있었다. 이것은 예종 10년 權適 등 유학생을 송에 뽑아 보내면서 올린 表文에서도 나타난다.[33]

국자감 시설이 삼사제에 입각한 설계였음을 보여주는 기록으로 주목되는 것은 당시 국자생인 장자가 그들의 국학 취학을 사례하여 올린 〈諸生謝就養表〉에서 나타나는 내용이다.

> 先王의 盛典을 드높여 천년의 聖代에 거행하여 널리 三舍의 규모를 넓히고 사방의 선비들을 불러와서 經術을 가르치고 土田을 하사하셨습니다(《東文選》 권 36, 表箋, 張仔 諸生謝就養表).

장자는 예종 9년(1114) 2월에 「국학을 세울 것」을 청원한 사람이었다. 위의 글은 국학시설이 중건된 이후 새로운 국자감에서 공부하게 된 것을 사례하는 표문으로 볼 수 있는데 당시 국자감의 시설이 삼사제의 설계였음을 알려준다.

또 같은 시기의 학생으로 보이는 成上田도 국왕의 국학행차와 제생들과 더불어 강론한 데 대한 사례로 표문을 올렸다.

---

32) 《高麗史》 권 74, 志 28, 選擧 2, 예종 14년 7월.
33) 《高麗史》 권 13, 世家 13, 예종 10년 7월 무자.

대개 聖上께서는 하늘이 내신 재능과 날마다 새로운 덕으로 비록 萬機를 다스리는 번잡한 사무에 계시면서도 먼저 三舍의 큰 규모를 숭상하시어 사방을 고무하고 하늘이 돌고 땅이 열림을 본받아 많은 선비를 성취시켜 모두 '물고기가 뛰고 솔개가 날아가는 것 같은' 밝음으로 經文을 토론하고 도리를 해명하셨습니다(《東文選》 권 36, 成上田, 幸學命講經論諸生謝許難疑表).

이상의 사실을 종합할 때 국자감의 운영에 대한 예종의 의도는 송나라 제도에 입각한 삼사제의 활용이었던 것으로 보인다.

고려 국자감 교육시설이 삼사제에 의한 내부설계였으며, 또 이후 삼사제에 의하여 국자감 교육이 운영되었을 것이라는 것은 당시 국자감 수학생들의 교육 경력에서 확인된다. 대표적인 사례로 李文鐸과 趙冲을 들 수 있는데 이들은 모두 대학에 입학하여 이후 상사생으로 승보하여 과거에 합격하고 있다.

이문탁의 입신 경로[34]를 살펴보자.

- ○ 인종 3년(1125) 17세로서 京師에 들어와 비로소 취학하였다.
- ○ 尹顔頣의 문하에서 成均試에 합격하였다.
- ○ 인종 17년(31세, 기미)에 大學에 입학하였다.
- ○ 이후 이곳에서 8년간 수업하였다.
- ○ 의종 즉위년(38세, 병인)에 上舍 제2인으로 과거에 급제하였다.

다음은 조충의 경우도[35] 살펴보자.

- ○ 門蔭으로 補官되었다.
- ○ 大學에 입학하였다.
- ○ 上舍에 올랐다.
- ○ 명종 때에 급제하였다.

이들 두 사람의 경우 공통되는 과정은 대학에 입학하여, 이후 상사로 진출하고 있는 점이다.

명종 때이지만 李仁老의 입신 과정도 주목된다. 그는 豹牓·賢關·考藝·首登龍門의 네 단계를 거쳤다.[36] 표방은 국자감시의 별칭이며, 현관[37]은 대

---

34) 〈李文鐸墓誌〉(李蘭暎 編, 《韓國金石文追補》, 亞細亞文化社, 1968).
35) 《高麗史》 권 103, 列傳 16, 趙冲.
36) 李仁老, 《破閑集》 跋(《高麗名賢集》 2, 成均館大 大東文化硏究院, 1981) 참조.
37) 許興植은 賢關을 升補試로 보아 國子監生들의 上舍 진출을 위한 자격시험으

학의 별칭이다. 따라서 그는 국자감시를 거쳐 국자감에 입학하였으며 이후 고예로써 상사에 올라 과거에 진출하였던 것으로 볼 수 있다.

이상 살펴본 바의 이문탁·조충·이인로의 경우, 이들은 모두 內舍生으로 대학에 입학하였으며, 이후 교육성과에 따라 上舍生으로 올라가는 과정을 밟고 있다. 이와 같이 볼 때 당시 국자감의 교육 운영은 내사→상사로 연결되는 교육체계였음을 확인할 수 있다. 이것은 송나라 太學의 교육체제와 일치한다.

다. 국학 7재의 운영

예종의 교육 개혁으로 특기할 만한 것은 국학 7재의 운영이다. 이에 대한 최초의 기록은 다음의 《고려사》 선거지 예종 4년(1109) 7월조 기사다.

> "國學에 七齋를 두었는데, 《周易》을 공부하는 곳을 麗擇이라 하고, 《尙書》를 공부하는 곳을 待聘이라 하고, 《毛詩》를 공부하는 곳을 經德이라 하고, 《周禮》를 공부하는 곳을 求仁이라 하고, 《戴禮》를 공부하는 곳을 服膺이라 하고, 《春秋》를 공부하는 곳을 養正이라 하고, 武學을 공부하는 곳을 講藝라 하였다. 大學에서 崔敏庸 등 70인과 武學에서 韓自純 등 8인을 시험쳐 뽑아 나누어 여기서 공부하도록 하였다(《高麗史》 권 74, 志 28, 選擧 2, 學校 예종 4년 7월).

앞의 인용문의 내용을 정리하면 다음 〈표 1〉과 같다.

〈표 1〉 예종 4년 國學 七齋

	齋名	分野	定員
儒學齋	麗擇齋	周易	70명
	待聘齋	尙書	
	經德齋	毛詩	
	求仁齋	周禮	
	服膺齋	戴禮	
	養正齋	春秋	
武學齋	講藝齋	武學	8명

로 보고 있다(《高麗科擧制度史硏究》, 一潮閣, 32쪽). 그러나 國子監試 합격 후 바로 上舍生으로 입학한다는 것은 모순이며, 따라서 賢關은 《辭海》의 "大學者賢士之所關也"라는 주석과 연계할 때, 大學의 약칭으로 파악해야 할 것이다.

주목되는 것은 학문의 분야를 儒學齋와 武學齋로 구분한 점과, 유학재의 경우 전문강좌별로 齋舍를 나누어 해당 분야의 학문을 전업화시키고 있다는 점이다. 지금까지 국자감 교육에서 제외되어 왔던 무학이 이 때에 국자감 교육분과의 하나로서 등장하였다는 것은 당시 사회의 시대상을 반영하고 있다고 보아야 할 것이다. 복잡한 국제정세 아래 특히 북방 민족의 침입에 대비하려는 국방상의 필요성은 지배층으로 하여금 무인관료의 필요성을 느끼도록 했을 것이며, 더 나아가 북방민족에 능동적으로 대처할 수 있는 將材 양성의 필요성도 아울러 절감하였을 것이다. 이러한 필요성은 지금까지 문사만을 중용하던 지배층의 반성을 수반하였을 것이며, 이것은 예종 때에 "文武之道 不可偏廢"라는 정치의식의 표현으로 나타난다.[38] 이러한 정치의식이 반영된 것이 바로 무학재의 설치로 볼 수 있다. 또 유학재의 경우, 전문강좌로 나누어 재사를 설치한 것은 경학 부흥을 위한 예종의 학교중흥책과도 연계된다.

예종의 교육 개혁에 대한 구상은 시·부 위주의 전통적인 교육 내용보다는 경의에 통달할 수 있는 실천적 교육이었다. 종래의 학교 교육은 과거와 연계되어 과목에 입각한 학습이 일반적인 경향이었다. 목종 7년 三場制에 의한 과거제도가 정착되고 이것은 예종 때에 이르기까지 거의 변함없이 지켜지고 시행되었다. 3장제에 의한 과목의 배열은 初場에서 經義, 中場에서 詩賦, 그리고 終場에서 策論이었다.[39] 그러나 초장의 경의는 《禮經》 10조를 貼經으로 시험하는 것으로써 전반적인 유학 경전에 대한 경의는 아니었다. 따라서 국자감 학생들은 경전 공부를 소홀히 하였고, 시부 공부에 치중하여 과거에만 전념하는 것이 일반적 추세였다. 이러한 경향은 서긍이 《고려도경》에서 "대체로 聲律만을 숭상하고 經學에 있어서는 심히 정교하지 못하다. 그들의 문장을 살펴보면 마치 당나라의 잘못된 폐단을 닮은 듯하다"[40]고 지적한 바와 같이, 당시의 학풍은 겉만 화려하였지 실용적인 학문이 아니었다. 예종의 교육개혁은 이러한 교육상을 지양하고 경학 중심의 교육으로 학교 교육

38) 《高麗史節要》 권 8, 예종 11년 8월 制.
39) 《高麗史》 권 73, 志 27, 選擧 1, 科目 1, 목종 7년 3월.
40) 徐兢, 《高麗圖經》 권 40, 儒學.

을 개혁하는 것으로 보아야 하겠다.

경학에 대한 예종의 관심은 과거에서도 보이고 있다.

> 諸業의 응시자 추천은 11월부터 明經을 먼저 뽑고 進士는 이듬해 2월 밤과 낮이 같아질 때에 뽑으며, 응시자의 行卷·家狀 및 試官을 결정하는 등의 여러 가지 일은 都省 및 樞密院·國子監에서 왕에게 보고하고 시행해야 한다(《高麗史》 권 73, 志 27, 選擧 1, 科目 1, 예종 11년 11월 判).

이상은 지금까지의 진사시 우선주의를 지양하고 명경업을 일차적으로 중시한 것으로, 예종 14년에는 東堂試에서 처음으로 경의를 채택하였다.[41]

이러한 예종의 경학 위주의 이념이 국자감 교육에 반영되어 나타난 것이 국학의 유학 육재였다. 그러나 예종의 이러한 교육 개혁에 대하여 당시 전통적 귀족들은 크게 반발하였다. 지금까지 優文劣武의 전통에 젖어왔던 문반귀족들이 무학의 설치에 반발하였을 것이며, 또 지금까지 詞章的 전통에 젖어 왔던 문신들이 경학 위주의 교육 개편에 대하여 반발하였을 것은 당연한 추세였다.

> 文武 두 가지 학문은 국가 교화의 근본이므로 일찍이 지시하여 두 가지 학교를 세우고 학생들을 양육하여 장래의 將師와 宰相을 준비하려고 하였다. (그러나) 有司들이 각기 다른 의견을 고집하여 아직 결정하지 못하였으니, 마땅히 속히 아뢰어 정하고 시행하도록 하라(《高麗史》 권 74, 志 28, 選擧 2, 學校 예종 11년 4월 制).

위에서처럼 유사의 반대에도 불구하고, 예종은 강력한 의지로써 국학 7재의 교육을 강행하여 동왕 14년에는 그 체제를 정비하였다. 이것은 다음의 기사를 보면 알 수 있다.

> 有司에 명하여 學舍를 널리 세우고 儒學에 60명과 武學에 17명을 두어 近臣으로 하여금 그 사무를 감독하게 하고, 유명한 유학자를 선발하여 學官·博士로 삼아 經義를 강론하며 가르치고 지도하게 하였다(《高麗史》 권 74, 志 28, 選擧 2, 學校 예종 14년 7월).

관심을 끄는 것은 예종 4년의 7재에 비하여 무학생은 9명이나 증가하고 있는데 반하여 유학생은 10명이 감소되고 있다. 그러나 인종 때에 이르러 사

41) 《高麗史》 권 73, 志 27, 選擧 1, 科目 1, 예종 14년.

회성향이 다시 귀족화되면서 국학 7재에 대한 교육에 많은 변화가 일어나게 된다. 곧 인종 11년(1133)에는 무학재가 폐지되고, 국자감은 유학재만을 운영하게 된다.

> 武學齋의 생도는 과거 응시자가 적기 때문에 비록 策論에 합격하지 못하여도 점수에 따라 뽑으니 급제하기 매우 쉬우므로 모든 학생이 다투어 武學에 들어가고 있다. 이것은 근본을 버리고 말단을 따르는 것으로써, 선비들의 풍조가 다만 요행만 바랄 뿐 아니라 모두 재주와 기량이 노둔하고 졸렬하여 혹 兵事를 맡기더라도 유명무실하다. 또 武學이 점차 성하여져 장차 文學人과 대립하여 불화하게 되면 매우 불편하게 될 것이다. 지금부터는 이미 과거에 급제한 자는 문사와 같이 등용하되, 앞으로는 武學으로 인재를 선발하는 제도와 무학재의 칭호는 모두 폐지하라(《高麗史》 권 74, 志 28, 選擧 2, 인종 11년 정월 判).

여기에서 당시 무학재생들의 관로 진출에 대한 상황을 이해할 수 있거니와 특기할만한 것은 이들의 진출에 대한 문반 관료군의 위기의식이다. 위의 글에 나오는 '문학인과의 불화에 의한 불편한 관계'란 이를 말해주고 있다.

그렇다면 국학 7재의 성격은 어떠했으며 7재와 기존 국자감과의 관계는 어떠하였는가 하는 문제가 제기된다. 기존의 학설은 국자감을 개편한 것이 국학 7재라고 보아왔다. 그러나 여러 가지 정황으로 볼 때, 국자감을 개편하여 국학 7재로 하였다는 것은 검토의 대상이 되어야 할 것이다.[42]

(3) 학식의 제정과 성격

가. 학식의 제정

學式은 인종 때 式目都監에서 제정된 학교 운영의 법규로서, 고려시대 국자감 운영을 이해하는데 크게 도움이 된다. 이 학식은 그 규정에서 입학자격·교육과정·학생정원에 이르기까지 국자감 운영 전반에 대한 내용을 자세히 설명하고 있다.

이 학식은 《고려사》 선거지 학교조에서, "仁宗때에 式目都監이 學式을 제

---

42) 이에 대해 許興植은 앞의 책, 87쪽에서 예종 때 국자감 운영이 三舍制度에 입각했음을 전제로 이 國學七齋를 上舍生의 齋舍로 처리하였다. 또 申千湜은 앞의 글, 74~83쪽에서 국학의 儒學 6齋生들의 신분과 교육과정 및 睿宗의 교육이념을 추적하면서 國子監 안에 설치한 經學 위주의 별도 교육시설로 파악하였다.

정하였다"라고 하면서 그 내용을 구체적으로 전하고 있지만, 그것이 제정된 시기에 대하여는 기록되어 있지 않다. 그렇다면 학식이 제정된 시기는 언제일까 하는 문제가 제기된다. 일차적으로 생각할 수 있는 것은 인종 5년 3월 이전이었을 가능성이다. 이것은 《고려사》 선거지 학교조에서 연대불명으로 학식에 대한 조항이 나타나고, 이어 인종 5년 3월 기사가 나오면서 "모든 州에 학교를 세워 교육의 길을 넓히라"는 내용이 계속되고 있기 때문이다. 그러나 실제로 인종 5년 이전에 학식이 제정되었을 지는 여러 가지 측면에서 볼 때 의문이다. 인종은 14세의 어린 나이에 즉위하여 동왕 5년까지는 스스로 한탄한 바와 같이 災變이 연속하여 평안한 날이 없었다. 그리고 인종 5년의 학교를 널리 세우라는 조서도 李資謙의 난이 평정된 후 서경에 행차하여 발표한 維新政治 15개항 중의 하나였는데,[43] 선거지에서는 이것만을 떼어 수록하였다.

한편 인종 7년도 일단 검토의 대상이 된다. 인종 7년 3월에 왕은 국학에 행차하여 先聖에 대하여 釋奠하고 은소반 두 벌과 綾絹 30필을 올리고, 또 敦化堂에 거동하여 대사성 金富轍에게 명하여 《書經》 無逸篇을 강의하게 하고 기거랑 尹彦頤 및 학생들로 하여금 그 대의를 토론하게 하고 재추·시신·학관·제생들에게 술과 음식을 하사하였다.[44] 이것은 인종이 즉위한 후 처음 있었던 국학 행차였다는 점에서 관심의 대상이 된다.

또 인종 11년은 국자감 교육에 대한 제도적 개혁이 나타나고 있다는 점에서 주목된다. 이 해 정월에 국학의 7재를 개편하여 무학을 폐지하였는데 이러한 국학교육의 제도적 개혁이 단행되던 인종 11년 전후에 학식이 제정되었을 가능성도 배제할 수 없다.

나. 성격

《고려사》 선거지 학교조에 나타나는 학식의 내용을 살펴보면 다음과 같다.

◎ 入學資格

○ 國子學;

ㅇ 文武官 3품 이상의 子孫

---

43) 《高麗史節要》 권 9, 인종 5년 3월 무오.

44) 《高麗史》 권 16, 世家 16, 인종 7년 3월 계묘.

○ 勳官 2품으로서 縣公 이상의 직위를 가진 자의 子
○ 京官 4품으로서 3품 이상의 勳封을 받은 자의 子

◯太 學;
○ 文武官 5품 이상의 子孫
○ 文武官 정·종 3품의 曾孫
○ 勳官 3품 이상의 봉작이 있는 자의 子

◯四門學;
○ 勳官 3품 이상의 봉작이 없는 자의 子
○ 勳官 4품 이상의 봉작이 있는 자의 子
○ 文·武官 7품 이상의 子

◯律·書·算學;
○ 文武官 8품 이상의 子[45)]
○ 庶 人
○ 文武官 7품 이상의 子로 원하는 자

※ 입학 부자격자(國子學·太學·四門學)
○ 雜路에 관계되는 자 및 工·商·樂 등 賤業 종사자의 子孫
○ 大小功親을 범하여 결혼한 자와 家道가 바르지 못한 자의 子孫
○ 惡逆을 저지르고 귀향한 자의 子孫
○ 賤鄕部曲人의 子孫
○ 자신이 私罪를 저지른 자

◎學生定員;國子學·太學·四門學은 각각 300인씩.

◎敎 官;國子學·太學·四門學에는 각기 博士와 助敎를 둔다. 반드시 經學에 우수하고 덕행이 높아서 능히 스승이 될 만한 자를 택한다. 경서 한 가지씩을 나누어 학생들에게 가르치되 반드시 그 경서를 마치도록 해야 한다. 그것을 다 마치지 못하면 다른 과목으로 바꾸지 못하게 한다. 博士와 助敎는 연말에 강의한 분량을 계산하여 이것으로서 근무성적의 평가 자료로 활용한다. 律·書·算學에는 박사만을 둔다.

◎敎科目;《周易》·《尙書》·《周禮》·《禮記》·《毛詩》·《春秋左氏傳》·《春秋公羊傳》·《春秋穀梁傳》을 각각 한 가지 경서로 하고, 《孝經》과 《論語》는 반드시 겸하여 통달하도록 한다.

◎課 業;《孝經》과 《論語》는 합하여 1년, 《尙書》·《公羊傳》·《穀梁傳》은 각

---

45) 이는 8品 이하의 子로 수정하여야 한다는 견해가 있으나(閔丙河, 〈高麗學式考〉, 《成均館大論文集》 11, 1966), 學式이 唐의 제도를 轉寫하고 있다는 점에서 하자가 없다는 다른 견해도 있다(申千湜, 앞의 책, 103쪽).

> 각 2년 반(필자주 : 1년 반의 잘못인 듯), 《周易》·《毛詩》·《周禮》·《儀禮》는 각각 2년, 《禮記》·《左傳》은 각각 3년으로 한다.
> 먼저 《孝經》과 《論語》를 읽은 다음에 여러 경서를 읽으며 아울러 算術과 함께 時務策을 배운다. 여가가 있으면 겸하여 반드시 글씨를 익히는데 하루에 한 장씩 쓰도록 하고 또 《國語》·《說文》·《字林》·《三倉》·《爾雅》를 읽게 한다.

위의 학식은 고려시대 국자감의 교육 내용을 알려주는 대표적인 것이며, 따라서 지금까지 학계의 연구는 이 학식의 내용을 통해 국자감의 교육 운영을 이해하려 하였다. 그러나 적어도 입학자격을 비롯한 학사 운영은 여러 가지 면에서 의심을 자아낸다.

학식에서 보이는 국자감 입학자격에 대한 규정은 철저한 귀족주의의 성향이다. 이것은 당·송의 제도를 모방하였다고 볼 수 있지만, 당·송의 그것보다 철저한 귀족주의의 성향을 갖고 있는 것이 특징이다. 학식이 규정하고 있는 바에 의하면 문·무관 3품 이상의 경우 아들과 손자에 이르기까지 國子學에서 수학할 수 있는 특전을 보장하고 있으며, 그 증손까지도 太學에 입학할 자격을 주고 있다. 문·무관 5품 이상은 아들과 손자에게는 태학에서 수학할 수 있도록 하였으며, 문·무관 7품 이상은 아들에 한해서만 四門學에서 수학할 수 있도록 하였다. 당나라 국자감에서는 사문학의 경우 서인에게까지 개방되었던 데 반하여 고려 국자감은 보다 폐쇄적 성향으로 귀족화되고 있음을 볼 수 있다. 勳官 또는 勳封者는 거의 공신 및 3품 내지 5품 이상에 한하고 있다는 것을 감안할 때 실제로는 문·무관 5품 이상이 이에 해당한다고 볼 수 있다. 그런데 위의 학식에서 문·무관의 관품을 규정하면서 동시에 훈관 또는 훈봉자를 포함시키고 있는 것은 그들의 사회적 지위를 다시 강조하고 있음에 불과하다.

인종 때의 학식이 귀족주의에 입각한 폐쇄적 성향을 띠고 있음은, 이 학식이 규정하고 있는 국자감 입학 부자격자의 규정에서도 나타난다. 그렇다면 이 학식이 제정된 인종 때 이후에는 이 학식에 의하여 국자감이 운영되었는지는 의문이다. 특히 인종 이후에 국자감에 진출한 학생들의 신분을 검토할 때 더욱 그러한 의문이 짙어진다. 즉 의종 때에 尹文節·胡愼修·劉穎·尹惇義·廉行若은 국자생 또는 태학생으로 있었는데, 이들 중 대부분이 이 학식

의 규정에 적용되지 않는다.[46)]

또 이 학식에서 문제가 되는 것은 학생정원이다. 학식에 보이는 학생정원은 국자학·태학·사문학에 각각 300명으로 규정하여 모두 900명으로 되어 있다. 그러나 이것은 도저히 불가능한 일로서, 당시 고려의 학제에서 이와 같은 학식의 규정에 따라 학생정원을 운영한 실례는 한 번도 없었다. 이런 점으로 보아 인종 때의 학식은 당시 귀족화되어 갔던 사회성향에 맞추어 나타난 형식적인 律式이었을 뿐, 적어도 입학자격과 학생정원의 경우 실제로 운영하는 데에는 적용되지 않았던 것으로 보아야 할 것이다. 따라서 이 학식으로 고려시대 국자감 운영의 실태를 파악하려 들지 말아야 할 것이다.[47)]

(4) 국자감의 직관과 학제 운영

가. 직 관

국자감에는 설립 이후부터 현종 때에 이르기까지 國子祭酒·司業·丞·主簿·國子博士·國子助教, 大學博士·大學助教, 四門博士·四門助教 등의 직관이 설치되어 있어 교육을 운영하였다. 그러나 목종 때의 田柴科에서는 이 가운데 국자좨주·승의 직관이 나타나지 않는 것으로 보아[48)] 이 직관의 설립은 현종 때로 보여진다.

〈표 2〉 목종 원년 12월 田柴科의 教育職官

田柴科	第8科	第9科	第11科	第13科	第15科	第16科	第18科
教育職官	國子司業	國子博士	國子助教 大學博士	四門博士 大學助教	四門助教 律學博士	書·算博士 律學助教	國子典學

위의 〈표 2〉 직관은 목종 원년(998)을 기준으로 하고 있다는 점에서 볼 때 성종 때에 운영되었던 국자감 직관으로 파악할 수 있다. 백관지의 관계기사

46) 申千湜, 위의 책, 106~107쪽.

47) 위의 책, 102~110쪽.
朴贊洙, 〈高麗學式에 대한 再檢討〉(《國史館論叢》 21, 1991).

48) 《高麗史》 권 78, 志 32, 食貨 1, 田柴科 목종 원년 12월 改定文武兩班及軍人田柴科.

와 마찬가지로 아직 좨주는 나타나지 않고 있으며, 국자사업이 당시 국자감 교육의 책임자였음을 알려주고 있다. 박사와 조교가 특색적으로 나타나며, 국자조교와 대학박사 그리고 대학조교와 사문박사는 같은 예우를 받아 각각 제11과·13과에서 田柴를 지급 받고 있다. 위에서 주목되는 것은 國子典學이란 직관이다. 국자전학은 백관지나 이후의 관계기사에는 나타나지 않는다. 따라서 문종 때의 직제에서는 소멸되었던 것으로 보인다.

문종 때는 고려정치제도가 일차적으로 정비되는 시기인데, 교육직관도 이 시기에 몇 차례의 변화를 보이면서 고려 교육전통으로 정착되어 갔던 것으로 보인다. 이 시기에 찾아볼 수 있는 교육직제로는 우선 백관지의 기록을 살펴볼 필요가 있고, 또 食貨志의 문종 30년(1076) 更定兩班田柴科條에 보이는 교육직관 및 같은 해의 文·武班祿俸條에 보이는 교육직관을 유의해 볼 필요가 있다.

〈표 3〉 백관지의 문종대 국자감 교육직관[49]

교육직관	提舉·同提舉·管勾	判事	祭酒	司業	丞	國子博士	大學博士	主簿	四門博士	學正	學錄	學諭	直學	書學博士	算學博士
품 계	?	?	종3	종4	종6	종7	종7	종7	정8	정9	정9	종9	종9	종9	종9
정 원	각 2인	1인	1인	1인	?	2인	2인	?	?	2인	2인	4인	2인	2인	2인

위의 〈표 3〉에 보이는 백관지의 직관 가운데 提舉·同提舉·管勾는 다른 관직의 겸관으로서 2품 이상의 宰臣이 겸대하였을 것으로 볼 수 있고, 판사는 예종 때에 대사성으로 명칭이 변경되고 있는 것으로 보아 적어도 정3품 이상이 겸직하면서 학사에 깊이 관여한 것으로 보인다. 그러나 당시 실질적인 교육행정 책임자는 종3품관의 좨주였다. 이 〈표 3〉에서 보는 바와 같이 국자승과 주부는 정원이 누락되어 있지만, 《唐書》 百官志 國子監條[50]나 《宋史》 職官志 國子監條[51]에는 정원이 모두 1인씩으로 되어 있는데, 職制의 성격상 고려 국자감에서도 1인이 정원이었을 것으로 보인다. 사문박사의 경우

49) 《高麗史》 권 76, 志 30, 百官 1.
50) 《唐書》 권 44, 百官志 24, 職官 3, 國子監.
51) 《宋史》 卷 165, 志 118, 職官 5, 國子監.

도 정원이 누락되어 있지만, 충렬왕 34년(1308)의 직관에서 바뀐 직관으로 나타난 諄諭博士의 정원이 2명이었음을 감안할 때 사문박사도 국자박사・태학박사와 같이 정원이 2명이었을 것으로 보인다. 이와 같은 전제하에서 문종 때에 확립된 국자감 직제를 살펴보면 모두 17개 직관에 인적 구성 30여 명이라는 방대한 체제가 된다.

문종 30년 제정된 경정전시과는 정치체제가 확립된 이후의 국자감 교육직관에 대한 내용과 예우를 알려주고 있다.

〈표 4〉 문종 30년 更定兩班田柴科의 교육직관[52]

직　관	國子祭酒	國子司業	國子博士	太學博士	國子助敎	四門博士	太學助敎	四門助敎 律學博士	律學助敎 ・書・算博士
전시과	5科	7科	8科	10科	11科	12科	13科	14科	15科

위의 〈표 4〉에 나타나는 문종 때 전시과의 교육직관을 백관지의 교육직관과 비교할 때 특기할 만한 사실이 나타난다. 즉 백관지에서는 일률적으로 조교를 누락시킨 반면에 이 전시과에서는 조교가 교육직관으로 계승되고 있는 점이다. 그런데 관심의 대상이 되는 것은 전시과가 제정되던 문종 30년에 별도로 상정된 문무반녹봉조의 직관 명칭이다.

〈표 5〉 문종 30년 文武班祿俸條의 교육직관[53]

교육직관	國子祭酒	試國子祭酒	國子司業	試國子司業	國子大府	試國子大府	國子主簿
녹　봉	8科 233石 5斗	9科 213石 5斗	14科 153石 5斗	15科 140石	27科 53石 5斗	28科 46石	31科 40石

試國子主簿	國子博士	太學博士 試國子博士	試大學博士	四門博士 武學博士	律學博士	國學學正・學錄・律學助敎・書・算博士
32科 36石10斗	35科 30石	36科 27石	38科 25石	42科 20石	44科 16石10斗	47科 10石

위 〈표 5〉의 문종 30년 녹봉조의 교육직관에서는, 백관지의 문종 때 교육직관 중 겸관인 제거・동제거・관구・판사를 제외하고는 전부 수록되어 있

52) 《高麗史》 권 78, 志 32, 食貨 1, 田柴科 문종 30년 更定兩班田柴科.

53) 《高麗史》 권 80, 志 34, 食貨 3, 祿俸 문종 30년.

다. 단 백관지에 등장하고 있는 국자승만이 여기서 누락되어 있는데, 그러나 이것은 국자대부로 계승되고 있음을 확인할 수 있다. 〈표 5〉에서 주목되는 것은 문종 때의 전시과 지급대상에서는 모두 전시의 대상이었던 조교가 누락되고, 대신 모든 교육직관에 「試」라는 명칭을 갖는 새로운 직관이 등장하고 있는 점이다.

그렇다면 문종 30년에 같이 제정된 것으로 나타나는 전시과와 녹봉조에서 그 직관이 서로 다른 것은 어떻게 파악해야 할 것인가. 이것은 전시과와 녹봉제의 제정을 같은 시기에 이루어졌다고 파악하는 것보다는 시기상의 전후가 있었을 것으로 보아야 할 것이다. 일차적으로 문종 30년에 기존의 직관을 기준으로 하여 전시과가 제정되었을 것이며, 그 이후에 관제 개혁이 수반되었던 것으로 볼 수 있다. 이 개정된 직관을 전제로 편제한 것이 바로 녹봉조의 직관으로 파악해야 할 것이다. 왜냐하면 이후 인종 때의 직관은 다음 〈표 6〉에서 보는 바와 같이 문종 때의 녹봉제 직관을 대부분 계승하고 있기 때문이다.

〈표 6〉 인종대 祿俸表의 교육직관54)

교육직관		判國子監事	國子大司成	國子祭酒	試國子大司成	試國子祭酒	國子司業	試國子司業
녹봉	반차	5科	6科	7科	8科	9科	12科	13科
	지급액	250石	246石	233石 5斗	213石 5科	200石	153石 5斗	120石

國子博士	太學博士	四門博士·明經博士·試國子博士·試太學博士	律學博士	明經學諭·國子學諭·學正·書·算博士
23科	24科	26科	27科	28科
30石	27石	20石	16石10斗	10石

위의 〈표 6〉에서 신설된 직관으로 判國子監事와 國子大司成·明經博士 등이 보이고 있다. 이것은 예종 때의 교육개혁으로 나타난 직관이며, 비록 국자대부·국자주부의 직관이 누락되어 있으나, 그 외는 문종 때의 녹봉제에 나타나는 직관을 그대로 계승하고 있다.

이후 위의 직관은 무인집정기를 거쳐 고려 후기 공민왕 11년(1362)의 직제

54) 《高麗史》 권 80, 志 34, 食貨 3, 祿俸 인종.

개편까지 대부분 운영되었던 것으로 보인다. 이것은 공민왕 초기까지 試官이 보이고,55) 다른 직관들도 명칭상의 개정을 제외하고는 거의 운영되었음을 볼 수 있기 때문이다.56)

고려후기, 특히 충렬왕 이후는 국자감 교육의 중흥을 위한 다양한 개혁이 나타났던 시기이다. 국자감의 명칭만 하더라도 충렬왕 원년에 國學으로 개칭한 것을 비롯하여, 이후 成均監→成均館→國子監→成均館으로 변화하였고, 직제상으로는 백관지에 나타난 것만 하더라도 충렬왕 원년 祭酒를 典酒로 개칭한 것을 비롯하여 이후 공민왕 18년까지 5차에 걸쳐 직제를 개혁하였다. 고려 후기 수차의 변혁을 거쳐 백관지에 마지막으로 정리된 국자감(성균관으로 개칭)의 직관을 살펴보면 다음과 같다.

〈표 7〉 고려 후기 國子監 교육직제57)

직관	大司成	司成	司藝	直講	典籍	成均博士	諄諭博士	進德博士	學正	學錄	直學	學諭
정원	1	1	1	1	1	2	2	2	2	2	2	4
품계	정3	종3	종4	종5	종7	정7	종7	종8	정9	정9	종9	종9

이 〈표 7〉의 직제는 조선조의 태조 원년에 제정된 성균관 직제와도 거의 동일하다.58) 그러나 백관지에는 누락되어 있지만 공민왕 18년 이후에도 직제상의 개편이 있었던 것으로 보인다.

이 당시 직관의 변화로 관심을 끄는 것은 成均祭酒와 成均司業의 직관 명칭이다. 백관지의 기록에 의하면 국자좨주는 공민왕 18년 마지막 직제 개편에서 사성으로 고정되었으며, 사업은 공민왕 11년의 개혁에서 사예로 개칭되

55) 충렬왕 30년에 全信은 試國學直講을 역임하였으며(《朝鮮金石總覽》 上, 618쪽), 李穡은 공민왕 6년에 試國子祭酒를 역임하고 있다(《高麗史》 권 115, 列傳 28).

56) 申千湜, 앞의 책, 147~162쪽.

57) 《高麗史》 권 76, 志 30, 百官 1, 成均館.

58) 태조 원년의 成均館 직제는 고려 말의 것을 대부분 계승하였다(《太祖實錄》 권 1, 태조 원년 7월 정미).

명칭	大司成	祭酒	樂正	直講	典簿	成均博士	諄諭博士	進德博士	學正	學錄	直學	學諭
정원	1	1	2	1	1	2	2	2	2	2	2	4
품계	정3	종3	정4	정5	종5	정7	종7	정8	정9	정9	종9	종9

어 고정되었던 것으로 정리되어 있다. 그러나 우왕 때에 王康과 姜淮伯은 성균좨주로 나타나고 있으며, 尹紹宗도 우왕 때에 성균사업으로 나타난다. 이러한 실증적 자료를 전제할 때 공민왕 18년의 직제 개혁 이후 우왕 초에 성균관 직제에 대한 개혁이 또 있었음을 알 수 있다.[59] 고려 후기의 직제 개편에서 특기할만한 것은 諄諭博士와 進德博士의 직관이다. 이 때는 바로 국자감을 성균관으로 개칭하는 변화가 나타났던 시기이기도 하다. 그러나 이후 공민왕 5년 국자감으로의 명칭 환원과 더불어 이들 관직의 명칭도 소멸된다. 또 6년 후 공민왕 11년에 다시 성균관으로 개칭되면서 이들 직관도 부활하여 이후 고려 말까지 성균관 직제로 고정되었다.

나. 학제 운영

가) 입학 자격

성종 때의 국자감 교육은 주·군·현 자제들이 서울에 올라가 배움을 익히는 것에서 시작되었다. 성종 5년(986)에는 이렇듯 상경하여 배움을 익히던 주·현 자제들 중에서 귀향을 원하는 207인을 本鄕으로 돌려보내고, 남아있기를 원한 53인으로 새로이 교육체제를 정비하였다. 이것이 이후 국자감 교육으로 계승되어 발전하였는데 당시 이 학생들은 鄕貢과 연계된 지방호족의 자제였다. 성종 6년 8월의 교서에서 각 주·군·현의 장리나 백성으로 하여금 가르칠만한 아들이 있으면 훈계하여 학교에 나아가도록 독려하고 있음[60]을 볼 때, 이들 자제에 대한 국자감 입학도 개방되었을 것으로 보인다. 또 이 교서에서 "부모가 나라의 풍속을 알지 못하고 집안살림만 경영하기 위하여 자식들로 하여금 '공부를 해서 무엇하는가, 글을 읽어도 소용없다'고 하여 공부를 못하도록 하고 나뭇짐만 지라고 한다면 그 자식은 생애에 이름을 내지 못할 것이며, 그 어버이는 영화를 누리지 못할 것"[61]이라고 한 것을 볼 때, 일반 서인에 대한 국자감 교육도 폐쇄적이 아니었던 것 같

---

59) 申千湜, 앞의 책, 159~162쪽.
60) 《高麗史》 권 74, 志 28, 選擧 2, 學校 성종 6년 8월.
61) 《高麗史》 권 3, 世家 3, 성종 6년 8월 을묘.

다. 실제로 고려사회가 귀족화되기 이전에는 가세가 빈한한 하찮은 자로써 국자감에 진출하는 자도 있었던 것 같다. 그 대표적인 예로 李周佐를 들 수 있다.

인종 때에 式目都監에서 제정된 학식의 국자감 입학자격은 철저한 귀족적 성향을 풍기고 있다. 그러나 이것은 이미 앞에서 살펴본 바와 같이 唐制를 모방한 형식적인 규정이었을 뿐, 실제로 국자감 입학에는 크게 구속력이 없었다. 특기할 만한 것은 덕종 즉위년에 실시되었다고 하는 국자감시이다.[62] 국자감시에 대한 학계의 견해는 다양하지만 지나칠 수 없는 것은 국자감 입학자격과도 크게 연계되어 있다는 점이다.

다음의 사례를 살펴보자.

① **李文鐸** : 公은 17세(인종 3년, 1125)에 京師에 들어와 취학하고 이후 成均試에 합격하여 太學에 입학했다. 인종 24년에 上舍 제2인으로 급제했다(〈李文鐸墓誌〉, 《韓國金石文追補》).
② **柳公權** : 公은 의종 9년(1155) 成均試에 합격하고 다음에 太學에 들어갔다. 의종 14년 乙科로 등제하였다(〈柳公權墓誌〉, 《朝鮮金石總覽》 上).
③ **金存中** : 公은 南省試에 올라 太學에 입학했으며 인종 말년에 등제했다(〈金存中墓誌〉, 《韓國金石文追補》).
④ **吳闡猷** : 명종 19년(1189)에 司馬試에 합격하고 뒤이어 太學에 입학하여 명종 24년에 등제했다(〈吳闡猷墓誌〉, 《朝鮮金石總覽》 上).
⑤ **金 冲** : 19세에 司馬試에 오르고 곧 太學에 뽑혀 입학하였다. 명종 8년(1178)에 丙科로 등제하였다(〈金冲墓誌〉, 《韓國金石文追補》).
⑥ **崔 寔** : 신종 4년(1201)에 司馬試에 합격하고 이 해에 太學에 입학했다(〈松廣寺眞覺國師圓炤塔碑〉, 《朝鮮金石總覽》 上).
⑦ **李仁老** : 명종 5년(1175) 豹榜에 올랐고 다음해 가을 賢關에 들어갔다. 명종 10년 으뜸으로 龍門에 올랐다(崔滋, 《破閑集》 跋 ; 《高麗史》 권 102, 列傳 15, 李仁老).

위의 모든 사람들은 한결같이 국자감시를 거쳐 국자감에 진학하고 있다. 이로 볼 때 국자감 입학에는 국자감시가 일차적인 자격 요건으로 작용하였음을 알 수 있다. 그러나 국자감이 반드시 국자감시 합격자들에 한하여만 입

62) 朴龍雲은 國子監試가 顯宗代에 이미 성립되었을 것이라는 추정을 하고 있다(《高麗時代 蔭叙制와 科學制硏究》, 일지사, 1990, 19쪽).

학을 허용하였는가 하는 것은 의문이다. 조선시대 성균관의 경우 정규생인 生員·進士 외에도 5품 이상관의 자제들에게 「寄齋生」이란 명칭으로 입학이 허용되고 있음을 볼 때, 고려 국자감도 품관 이상의 자제들에게는 입학이 허용되지 않았을까 생각된다. 이것은 국자감 수학생 가운데 국자감시 합격이라는 전력이 없는 자도 다수 보이고, 조선시대 세종 때에 領集賢殿事左議政 黃喜와 右議政 孟思誠이 흥학조건을 지어 올리면서 "古者 公卿大夫元士之嫡子皆入大學"[63]이라 한 기사에서 유추할 수 있다. 물론 「古者」를 고려시대를 의미하는 것이라고 볼 수 없지만, 고려사회의 성향이 귀족화되고 있었음을 전제할 때 이러한 원칙이 고려시대에도 적용되었을 것으로 보인다. 이 밖에 고려 중기 이후에는 사학 12도생에게도 국자감 입학이 허용되었을 가능성을 배제할 수 없다. 인종 때의 교육개혁으로 12도의 위상이 격하되었고, 또 이들 12도생들도 과거에 응시하기 위하여 3년 동안 국자감에서 의무적으로 수학하지 않을 수 없었기 때문이다. 이후 이것은 정치적 혼란이 계속되는 와중에서 그 의의를 잃어버린 것 같다. 공민왕 5년(1356) 4월에 이색은 과거와 교육제도 전반에 대하여 다음과 같이 시무책을 올렸다.

> 지방의 鄕校나 중앙의 學堂에서는 그 재질을 살펴 12徒에 진급시키고, 12徒에서는 다시 이들을 모아 시험하여 成均館에 진급시키도록 하소서(《高麗史》 권 115, 列傳 28, 李穡).

이러한 건의의 수용 여부는 기록에 나타나지 않아 알 수 없지만, 이후 공민왕 16년 국자감 교육에 대한 일대 개혁이 수반되고 있음을 감안할 때 이색의 건의안도 수용되었을 가능성을 배제할 수 없다.

나) 학생 정원

學式에 보이는 학생 정원은 국자학·태학·사문학만 하더라도 각각 300명씩 규정하고 있으므로 모두 900명이다. 이것은 조선시대 성균관의 정원 200명에 비하면 무려 4~5배가 된다. 따라서 학식에 규정된 학생 정원은 재검토되어야 할 것이다. 예종 때 國學 七齋는 고려 국자감의 개편이란 전제하에서 칠재의 정원을 국자감 학생 전체의 정원으로 파악하여 6, 70여 명으로 규정

---

63) 《世宗實錄》 권 43, 세종 11년 정월 경술.

하는 견해도 있으며,[64] 국학 정원 각각 300명은 잘못된 것으로 그 모두를 합쳐 300명인 듯하며 실상은 200명 정도를 넘지 못했을 것으로 추정하는 견해도 있다.[65] 그런데 국학 7재를 국자감 교육에 개편으로 보아, 이의 정원을 국자감 전체의 정원으로 파악하려는 견해는 검토되어야 할 것 같다. 이것은 《고려사》 선거지에 보이는 인종 8년 7월 국자감 생도들의 上書에서 "국학의 생도가 200명에 지나지 않는다"고 한 내용이 실증해 주고 있다. 이 점에서 오히려 「합계 300인」설이 더 설득력을 가질 수 있을 것으로 보인다.

성종 초기 서울에 머무르던 학생들은 모두 260명이었다. 성종 5년(986)에는 귀향을 원하는 자 207인을 돌려보내고 남아있기를 원하는 자 53인으로 새로이 교육체제를 정비하였다. 이후 성종은 몇 차례에 걸쳐 홍학에 대한 그의 의지를 교서로써 발표하였으며, 이와 같은 그의 의도에 따라 학생들은 크게 증가하였던 것으로 보인다.

성종 11년 12월 국자감 건물의 창건에 즈음한 교서에서 "童蒙을 일깨워 학교에 들어가게 하니 黌中과 稷下에 경서를 가지고 오는 선비가 무리를 이루고 夏序와 虞庠에 鼓篋의 무리가 저자를 이루었다"고 한 것은 이를 반영하고 있다. 따라서 이 학생들의 수용을 위한 학교 창건이 시급한 과제로 등장하였으며, 이에 국자감 건물을 창건하지 않을 수 없었던 것으로 볼 수 있다. 또 같은 해 《고려사》 선거지에 보이는 "又創國子監"의 기사는 이러한 시대상을 반영한 산물로 파악할 수 있다. 그러나 성종 때의 국자감은 이후 문종 때를 전후하여 당시 사회의 귀족화 성향과 결부되어 문벌귀족에게 외면당하였다. 또 이들 문벌귀족들은 당시 사회적 성향에 부응한 12도를 비롯한 사학에 집중되는 과정에서 국자감 교육은 침체상태를 벗어나지 못하고 정원도 대폭 감소되었던 것으로 보인다. 이것은 문종 17년(1063)에 "국자감 학생들이 근래에 대부분 학업을 폐하고 있다"는 《고려사》 선거지의 기사와 숙종 7년(1102)에 제상 邵台輔 등이 건의한 국학 폐치론이 잘 말해주고 있다. 그러나 예종의 국학 중흥정책은 국자감 정원 확충에 크게 기여하였던 것으로 보인다. 주목되는 것은 예종 때를 전후하여 국자감시의 합격정원이 대폭 증

64) 閔丙河, 〈高麗時代에 있어서 成均館의 成立과 發展〉(《大東文化硏究》 6·7, 成均館大 大東文化硏究院, 1969~70), 16~17쪽.

65) 朴性鳳, 〈國子監과 私學〉(《한국사》 6, 국사편찬위원회, 1975), 211쪽.

가하고 있다. 예종 때는 국자감시에서 한 차례마다 100명 전후의 인원을 선발하고 있다.[66]

앞에서 이미 언급한 "국학의 생도가 200명에 지나지 않는다"고 한 인종 때 국자감 생도들의 상서에서 당시 국자감은 정원 200명을 유지하고 있었음이 확인된다. 그런데 "200명에 지나지 않는다"는 말은 많은 시사점을 던져준다. 즉 이전에는 국자감 수학생이 보다 더 많았다는 역설적인 이론이 가능할 수 있다. 예종 때의 국자감 중흥정책으로 국자감 수학생들의 수는 200명 이상이 되었을 것이다. 그런데 인종 때에 이르러 귀족화의 성향에 따라 門蔭子弟들의 문음 입사의 보편화와 일반계층의 국자감시 합격률의 저하 등으로 국자감 정원이 이 때에 이르러서는 200명 정도로 감소되었던 것이 아닌가 하는 추리를 가능하게 한다.

그러나 이후 무신 정권을 거치는 동안 국자감 교육은 침체를 면하지 못하였으며, 이러한 상황은 고려 후기에도 예외는 아니었다. 이것은 공민왕 16년(1364) 국자감 교육에 일대 혁신을 단행하는데 "이 때 生員을 늘려서 항상 100명으로 하였다"[67]라는 기사는 이를 말해준다. 즉 공민왕 16년까지는 국자감의 정원이 100명도 되지 못했다는 것이다. 공민왕 16년에 확정된 정원 100명은 이후 고려사회에 정착되어 조선사회의 초기 성균관 정원으로 계승되고 있다.

다) 수업 연한

국자감의 교육 연한으로서 관심을 끄는 것은 인종 때 학식에서 나타나는 교육과정의 이수 연한이다. 학식에 나타나는 교육과정과 그 이수 연한을 살펴보면 다음과 같다.[68]

- 論語·孝經 도합 1년
- 尙書·公羊傳·穀梁傳 각각 2년 반(1년 반의 잘못)
- 周易·毛詩·周禮·儀禮 각각 2년
- 禮記·左傳 각각 3년

---

66) 《高麗史》 권 74, 志 28, 選擧 2, 科目 國子監試 選場條를 보면 예종 원년 3월에 安之忠 등 89인이 선발되고 있으며, 동 11년 2월에는 兪坦升 등 99인, 동 12년 3월에는 王存 등 103인이 선발되었다.

67) 《高麗史》 권 74, 志 28, 選擧 2, 學校 공민왕 16년.

68) 《高麗史》 권 74, 志 28, 選擧 2, 學校 인종.

위의 원칙에 입각하여 수업 연한을 합하면 8년 반(尙書·公羊·穀梁의 과정을 1년 반으로 시정하면 7년 반)이 나온다.

그렇다면 정종 2년(1036) 7월 "생도가 입학하여 만 3년이 되면 바로 監試를 보도록 허가하였다"와 예종 5년(1110) 9월 "製述·明經 등 여러 과업에 새로 추천된 사람은 國子監에 3년간 소속시켰다"는 판문과는 크게 배치가 된다.

학식에 규정되고 있는 각 경서의 이수기간은 경서 이수를 위한 최장기간으로 설정한 것이지, 모든 학생으로 하여금 이 이수기간 동안에 정해진 경서만을 수업해야 한다는 의무규정은 아니었을 것이다. 문종 17년(1063)에 "儒生으로서 국자감에 재학한 지 9년이 되고 律生으로서 6년이 된 사람으로 공부에 어두워 성과가 없는 자는 모두 퇴학시킬 것"[69]을 판문으로 규정하고 있는데, 이것은 국자감에서 수학할 수 있는 최장 연한일 것이다. 신라 국학의 경우에도 수업 연한을 9년으로 한정하면서 이 동안 학업을 성취하지 못한 자는 朴魯不化者로 취급하여 퇴학하였다. 그러나 讀書三品科의 규정을 볼 때 五經·三史·諸子百家에 겸통하는 자는 품등을 뛰어 발탁하여 등용할 것을 규정하고 있다.[70]

고려 국자감생은 신라 국학과 마찬가지로 학업 성적이 뛰어난 자는 그 승차과정에 특전이 있었을 것이다. 즉 국자감 학생은 자신의 수학능력에 따라 정해진 경서를 이수하고는 바로 다음 경서로 올라갈 수 있었을 것이다. 그 기준은 국자감 학생의 성적평가인 月書季考에 의하였을 것이다. 月書란 국자감생에게 행하는 매월의 성적평가였으며, 季考는 季春(3월)·季夏(6월)·季秋(9월)·季冬(12월)의 4계절에 행하는 데 이 때에 달마다 성적을 종합하여 行藝에 대한 分數를 평가하였다. 행예분수는 국자감 수학기간과도 연계되어 14분 이상을 받은 자는 바로 과거의 終場에 응시할 수 있는 특전을 가졌으며 4분 이상을 받은 자도 詩賦場에 나아갈 수 있었다.[71] 이것은 바로 국자감 졸업성적과도 연계가 될 수 있을 것이다. 따라서 고려 국자감은 四季私試의 평

69) 《高麗史》 권 74, 志 28, 選擧 2, 學校 문종 17년 8월 制.
70) 《三國史記》 권 38, 雜志 7, 職官 上 國學.
71) 《高麗史》 권 74, 志 28, 選擧 2, 學校 인종 13년 制.
《高麗史》 권 73, 志 27, 選擧 1, 科目 1 인종 14년 8월 中書門下奏.
《高麗史》 권 73, 志 27, 選擧 1, 科目 1 의종 8년 5월.

가로서 수업 받는 경서를 끝마칠 수 있었을 것이며, 곧 이어서 상급의 다른 경서로 옮겨 이수할 수 있었던 것으로 볼 수 있다. 이로 미루어 보아 정종과 예종 때 판문에서의 국자감 재학 3년은 그대로 국자감의 수업 연한과도 연계될 수 있을 것이다.

2) 동·서학당

(1) 설립

學堂은 고려시대의 초등교육기관으로서, 이에 대한 기록은 원종 때에 처음 나타난다.

> 東·西學堂을 설치하고 각각 別監·敎學·敎導를 파견하였다(《高麗史》 권 74, 志 28, 選擧 2, 學校 원종 2년 3월).

즉 원종 2년(1261)에 동부학당과 서부학당을 설치하고, 직제로서 別監·敎學·敎導를 두었다는 것이다. 그런데 주목되는 것은 《고려사절요》의 같은 해 기사에서는 "復置東西學堂"72)이란 내용으로 기술되어 있는 점이다. 《고려사절요》의 기사에 나타나는 「復置」란 말을 음미하면 동·서학당은 이전에 이미 설립되어 있었던 것을 이 때에 와서 다시 설치했다는 것이 된다. 그러나 고려전기에는 학당에 대한 기록이 전혀 없어 확실한 것은 알 수 없다. 다만 과거를 위한 고등교육이 있었다면 초학자를 위한 초등교육도 존재하였을 가능성을 배제할 수는 없다. 위 기록에서 동·서학당이 설치된 것으로 나타나는 원종 2년 3월은 아직도 開京으로 환도하기 이전임을 감안할 때, 이 때 설치된 학당은 江都에서의 일로 파악해야 할 것 같다. 따라서 원종 11년에 개경으로 환도하자 얼마 후 학당도 개경으로 이전되었던 것 같다. 이에 대하여 《고려사》에는 누락되어 있지만, 《고려사절요》에는 다음과 같은 기사가 있다.

> 東·西學堂을 설치하고, 判秘書省 金帆과 尙書左丞宣 文烈을 別監으로 삼았다(《高麗史節要》 권 18, 원종 13년 6월).

---

72) 《高麗史節要》 권 18, 원종 2년 3월.

별감은 학당 교육의 최고 책임자로서, 이 때에 임용된 判秘書省 金帆은 동부학당, 尙書左丞宣 文烈은 서부학당의 별감으로 각기 임용되었던 것으로 보인다.

이로써 학당 교육은 고려의 교육전통으로 정착되게 되었는데 이후 국내 정세의 불안과 外寇의 침입 등으로 학교 교육이 전반적으로 침체되어 가는 과정에서 학당도 퇴락을 면하지 못하였던 것 같다. 이러한 사실은 공민왕 원년(1352) 2월에 成均館·12徒와 더불어 학당시설의 복구를 촉구하는 왕명을 내리고 또 동 6년에는 "서울과 지방의 학교를 수리하라"[73]는 왕명을 내리고 있는 데서 찾아볼 수 있다. 공민왕은 고려 후기에 교육중흥을 주도하였는데 그의 노력으로 학교 교육이 크게 활성화됨과 아울러 학당 교육도 번창하게 되었음은 주지의 사실이다.

그러나 공양왕 원년(1389)을 전후한 시기에는 동·서학당은 크게 침체되어 교육적 기능을 거의 상실하였던 것 같다.[74] 이로서 공양왕 2년에는 학당교육에 대한 일대 개혁이 수반된다. 즉 기존의 동·서학당을 개편하여 개경의 5부의 儒學敎授官을 파견함으로써 5부 학당으로 그 체제가 변모하게 된다. 이것은 《고려사》 선거지의 "서울의 5部와 西北面의 府·州에 儒學敎授官을 파견하였다"[75]란 기사에서 확인된다. 당시 이러한 개혁은 "都城 안에 5부 학당을 세우고 지방에는 鄕校를 설치하여 儒術을 일으켰다"[76]는 鄭夢周의 노력에 기인하는 것이기도 하다.

(2) 운영과 성격

동·서학당은 별감을 교육책임자로 하고, 敎學과 敎導라고 일컬어지는 교관이 있어 교육을 운영하였고, 5부 학당으로 개편하고 난 후에는 유학 교수관이 파견되어 교육을 전담하였다. 동·서학당도 성균관과 마찬가지로 學田

73) 《高麗史》 권 74, 志 28, 選擧 2, 學校 공민왕 6년 정월.

74) 이것은 恭讓王 원년 12월에 大司憲 趙浚 등이 "…近因兵興 學校廢弛 鞠爲茂草…"라 상소하는 데서 알 수 있다(《高麗史》 권 74, 志 28, 選擧 2, 學校).

75) 《高麗史》 권 74, 志 28, 選擧 2, 學校 공양왕 2년 2월.

76) 《高麗史》 권 117, 列傳 30, 鄭夢周.

을 지급받아 운영하였을 것이며,[77] 교관에게는 월봉이 지급되었던 것 같다.[78]

학당 교육의 성격은 공민왕 원년 4월에 진사 이색이 "지방의 鄕校와 중앙의 學堂에서는 그 재능을 심사하여 12徒에 올리자"[79]고 건의한 내용에서 알 수 있는 바와 같이 향교와 동격의 수준이었다. 이후 《고려사》에는 한결같이 "內而學堂 外而鄕校"라 하여 같이 취급하고 있으며, 이것은 조선시대에도 마찬가지이다.[80]

학당의 입학자격도 향교와 동일하였을 것이며, 조선 개국 후 鄭道傳이 찬진한 《朝鮮經國典》에는 "部學敎授를 두어 童蒙을 가르쳤다"[81]고 하여 그 대상이 어린 아이임을 밝히고 있다. 구체적으로 태종 13년(1413) 6월, 당시 성균관 대사성인 權遇를 비롯한 성균학관들이 교육 개혁안을 건의하고 있는데, 이 건의안의 첫머리에 "옛적에 따르면 사람이 태어나 8세가 되면 모두 부학에 들어갔다"[82]고 한 것을 보면 8세 이상이 그 대상이었을 것으로 보인다.

원종 때 설립된 동·서학당은 고려 말에 이르러서는 대사헌 조준이 "여러 차례 전란으로 무성한 풀밭이 되었다"고 할 정도로 그 교육적 기능을 상실하였고, 이로써 공양왕 2년에는 정몽주의 건의를 수용하여 기존의 동·서학당을 개편하여 5부 학당의 체제로 정비하였다. 그러나 당시는 고려의 운명이 경각에 달려 있던 시대로서 비록 학당 교육에 대한 개혁이 행해졌으나 학사를 비롯한 교육시설은 갖추지 못하였고, 수업은 단지 사원의 승방을 빌려 행하여졌을 뿐이다.

> 처음 5部學堂을 설립하였으나 黌舍는 건립하지 못하였다. 그러므로 동부학당은 학생들을 順天寺에 모아 수학하였고, 서부학당은 彌勒寺에 모아 수학하였다(《定宗實錄》 권 5, 정종 2년 8월 계축).

---

77) 《高麗史》 권 74, 志 28, 選擧 2, 學校 공민왕 12년 敎書에 "…成均十二徒東西學堂諸州郡鄕校…其土田人口 或被豪强所兼幷者 官爲析辨 以贍學用"이란 기사에서 學田을 지급받았음이 확인된다.

78) 이것은 《世宗實錄》 권 52, 세종 13년 5월 무진조에 당시 吏曹判書 權珍이 學堂의 교관 증원을 요청하면서 "乞依前朝設敎官給月俸之例…"라 한 데서 알 수 있다.

79) 《高麗史》 권 74, 志 28, 選擧 2, 學校 공민왕 원년 4월.

80) 申千湜, 〈朝鮮前期 學堂의 設立과 運營에 대한 硏究〉(《明知史論》 2, 1989).

81) 鄭道傳, 《朝鮮經國典》 上, 學校.

82) 《太宗實錄》 권 27, 태종 13년 6월 정축.

위 기사는 고려 말부터 조선 초기의 학당 교육에 대한 상황을 잘 보여주고 있다. 이 학당 교육은 이후 조선사회로 계승되어 세종 때에 4部學堂의 체제로 정비되면서 조선의 교육전통으로 정착되어 갔다.

3) 10학

十學은 일반적으로 雜學이라고 불리던 기술학 교육의 10개 분야를 의미한다. 이에 대한 기록은 《고려사절요》 공양왕 원년(1389) 4월조에 "10학 교수를 두었다"는 기사에서 처음 나타나고 있으나,83) 그 내용이 무엇인지는 기술되어 있지 않다. 그러나 《고려사》 백관지에서는 그 내용의 대강을 알 수 있다.

> 공양왕 원년 十學에 敎授官을 두었는데 禮學은 成均館에, 樂學은 典儀寺에, 兵學은 軍候所에, 律學은 典法司에, 字學은 典校寺에, 醫學은 典醫寺에, 風水陰陽學은 書雲觀에, 吏學은 司譯院에 나누어 예속시켰다(《高麗史》 권 77, 志 31, 百官 2, 諸司都監各色).

그렇지만 위의 기사에서 확인할 수 있는 것은 禮學·樂學·兵學·律學·字學·醫學·風水陰陽學·吏學 등 8개 부문이며, 나머지 2개 분야는 누락되어 있다. 이것을 이해하는 데는 조선 초기 6학 및 10학을 살펴보면 도움이 될 수 있을 것이다.

> 六學을 설치하여 良家子弟로 하여금 肄習하도록 하였으니 (그 내용은) 1. 兵學, 2. 律學, 3. 字學, 4. 譯學, 5. 醫學, 6. 算學(《太祖實錄》 권 4, 태조 2년 10월 무술).

> 十學을 설치하였는데, 이는 左政丞 河崙의 上啓에 따른 것이다 (그 내용은) 1. 儒, 2. 武, 3. 吏, 4. 譯, 5. 陰陽風水, 6. 醫, 7. 字, 8. 律, 9. 算, 10. 樂이다(《太宗實錄》 권 12, 태종 6년 11월 신미).

위의 기사로 미루어 볼 때 고려시대 10학에서 누락된 2개의 분야는 譯學

83) 《高麗史節要》 권 34, 공양왕 원년 4월.

과 算學이었음을 알 수 있다. 특히 태조는 점진적 개량주의를 지향했던 군왕으로서 즉위 2년(1393)에 먼저 6학을 설치하면서 역학과 산학을 그 속에 포함시켰다는 것은 많은 시사를 주고 있다. 그리고 앞에서 제시한 《고려사》 기사에 보이고 있는 학문분야에 역학과 산학을 포함시켜 10학으로 보는 경우, 예학을 유학으로 칭하고 병학을 무학으로 칭하는 명칭상의 변화를 제외하고는 태종 6년(1406) 하륜의 건의에 의해 설립되는 10학의 내용과 일치한다.

공양왕 원년에 설치된 10학은 지금까지 단편적으로 행해 왔던 이들 분야에 대한 교육을 국가정책적 차원에서 통합하여 체계화했던 것으로 보아야 할 것이다. 이들 교육은 국초부터 국가의 관심대상이 되어 왔다. 율학·서학·산학에 대한 교육은 일찍부터 중요시하여 국자감에서 교육되어 왔는데, 고려 말기 국자감이 성균관으로 명칭을 바꾸면서 유학 전문 교육기관으로 전환하자 이들에 대한 교육은 해당 관서로 이관되었다. 즉 10학의 성립은 성균관이 유학 전업의 교육기관으로 전환함에 따라 고려의 학제가 성균관 교육과 기술학 교육으로 이원화되는 시기에 나타난 학제 개편으로 파악할 수 있다.

10학에 입학할 수 있는 자격은, 조선시대 6학의 경우 「良家子弟」라 하였고, 고려 인종 때에 식목도감에서 제정한 학식에서 율·서·산학의 경우 「文武官 8품 이상의 子 및 庶人」으로 규정하고 있음을 볼 때, 일반적으로 하급관리의 아들이나 일반 서인이 그 대상이었을 것이다.

① 禮學 ; 일명 儒學이라고도 하며 기초적인 유학적 교양과 행정실무를 교육하였는데 공양왕 원년에 10학의 하나로 정비되면서 성균관에서 유학 교수관이 담당하였다. 이로 볼 때 이 때의 성균관 교육은 상급관료를 배양하던 전통적 유학 교육과 하급관료를 양성하던 예학 교육으로 이원화되었음을 알 수 있다. 수학과목은 기록이 없어 알 수 없으나 조선시대 유학의 과목이 《五經》·《四書》·《通鑑》·《宋鑑》이었음을 감안할 때[84] 고려시대도 이 범주에서 크게 벗어나지 못했을 것으로 짐작된다.

② 樂學 ; 廟社 및 궁중의 주요 의례 및 행사에는 반드시 악공의 行禮가

84) 《世宗實錄》 권 47, 세종 12년 3월 모우.

전제되고 있었는데 이들 악공의 양성이 그 목적이었다. 악공의 양성은 국초부터 관심의 대상이 되어 왔다. 따라서 제사 및 贈謚를 관장하는 典儀寺는 일찍부터 박사의 직을 두고 있었는데,[85] 이는 악공의 양성과도 관계가 있을 것이다. 공양왕 원년 4월에는 악학을 두면서 전의시로 하여금 관할하게 하고 악학 교수관을 제도화하였다.

③ 兵學 ; 일명 武學이라고도 하며, 무예와 병서를 학습하였다. 문종 30년(1076)에 제정된 文·武班祿에 무학박사가 사문박사와 같은 반열에서 20석의 녹봉을 받았음이 나타나고,[86] 예종 때에는 국학 7재를 설치하면서 무학재를 두어 이에 대한 교육을 전문화하였다.[87] 그러나 예종 때에 국학 7재의 하나로 설치된 무학재는 얼마 후 인종 때에 폐지되었고, 이후 공민왕 20년(1371)에 "문·무의 등용은 한쪽만을 폐할 수 없으니 중앙의 성균관으로부터 지방의 향교에 이르기까지 문·무 양학을 개설하여 인재를 양성하여 등용에 대비하라"[88]는 왕명을 내려 부활을 시도하였다. 고려 말에는 왜구의 침입이 잦았고, 이에 따른 국방강화책이 국가의 당면과제로 부각되게 된다. 이 때문에 우왕 10년(1384)에는 驛人 중랑장 郭海龍이 건의하여 武藝都監을 설치하였다.[89] 또 공양왕 원년에는 10학의 하나로 정비되면서 병학이란 명칭으로 소관 부서인 軍候所에서 교육을 담당하게 되고 교수관이 설치되었다.

④ 律學 ; 刑政訟事의 실무기능을 수학하는 것을 목적으로 하였다. 국가는 일찍부터 율학을 국가통치의 기무로 파악하여 국자감에서 이를 교육하도록 하였다. 인종 때 식목도감에서 제정한 학식에서는 문무관 8품 이상의 子, 서인, 문무관 7품 이상의 子로서 원하는 자는 수학할 수 있도록 하였다.[90]

비록《고려사》백관지에서는 이들의 교육을 담당하는 율학박사·율학조교가 공민왕 5년(1356)의 직제에 정8품·종9품으로 처음 나타나지만,[91] 목종 원

85)《高麗史》권 76, 志 30, 百官 1, 典儀寺.
86)《高麗史》권 78, 志 32, 食貨 1.
87)《高麗史》권 74, 志 28, 選擧 2, 學校.
88) 위와 같음.
89)《高麗史》권 77, 志 31, 百官 2, 諸司都監各色.
90)《高麗史》권 74, 志 28, 選擧 2, 學校.
91)《高麗史》권 76, 志 30, 百官 1.

년(998) 3월에 제정된 문무반전시과에서[92] 이 직관이 나타나고 있음을 볼 때 이 직관은 일찍부터 제도화되어 이 분야의 교육을 담당해 왔음을 보여준다.

그러나 인종 대 京師六學이 성립되기 이전까지는 刑部에 예속되어 운영되었다. 또 율령으로 시험하는 과거로서 明法業이 있어 그 합격자를 이 분야의 관리로 발탁하였다. 고려 말 공양왕 원년에 성균관이 유학 교육기관으로 전문화되는 과정에서 율학 교육은 10학의 하나로 편제되어 소관 부서인 典法司에 이속되고, 율학 교수관이 설치되었다.

⑤ 字學 ; 書學이라고도 하며, 經籍·祝疏를 위한 실무행정 관리의 양성을 목적으로 하였다. 그 역할의 중요성으로 인하여 일찍부터 국자감에 편제되어 수학하였다. 목종 원년 3월에 제정된 문·무반전시과에 書學博士·篆書博士가 보인다. 수학 대상은 율학과 같으며, 교과 내용은 《說文》·《五經字樣》을 비롯하여 眞書·行書·篆書·印文 등의 실기를 주로 하였다.[93] 明書業이라는 과거를 통하여 이 분야에 우수한 자를 발탁하였다. 율학과 마찬가지로 고려 말 공양왕 원년에 10학의 하나로 편제되어 소관 부서인 典校寺에 이속되고, 자학 교수관이 설치되었다.

⑥ 醫學 ; 의업 및 치료에 대한 학문을 수학하는 것으로 일찍부터 活人之方으로 인식되어 국가의 관심 대상이 되어왔다. 성종 6년(987) 전국 12목에 경학박사와 더불어 의학박사를 파견하여 의학을 전국적으로 확산시키고자 하였다.[94] 교육은 典醫寺에서 담당하여 목종 때 이미 박사의 직제가 마련되었으며, 문종 때는 박사와 더불어 조교와 呪噤博士의 직제도 제도화되고 있었다.[95] 또 문종 30년(1076)에 제정된 양반전시과에서는 獸醫博士의 직제도 보인다.[96] 주요교과내용은 《素問經》·《甲乙經》·《本草經》·《明堂經》·《脈經》·《針經》·《難經》·《灸經》·《劉涓子方》·《瘡疽論》 등이었는데, 이것은 이 분야의 과거 과목에서 확인된다. 의학을 수학한 자들은 그 전공분야에 따

92) 《高麗史》 권 78, 志 32, 食貨 1.
93) 《高麗史》 권 73, 志 27, 選擧 1, 明書業.
94) 《高麗史》 권 74, 志 28, 選擧 2, 學校 성종 6년 8월.
95) 《高麗史》 권 76, 志 30, 百官 1, 典醫寺.
96) 《高麗史》 권 78, 志 32, 食貨 1.

라 의업과 주금업으로 구분하여 과거에 응시하였다.[97] 공양왕 원년 10학의 하나로 편제되면서 교수관이 설치되었다.

⑦ 風水陰陽學 ; 天文·災祥·曆數·測候 등에 대한 학문을 학습 대상으로 하였다. 국초부터 太卜監과 太史局을 설치하여 卜博士를 두었으며,[98] 광종 9년(958) 처음으로 시행된 과거에서도 진사과·명경과와 더불어 이 분야의 과거인 卜科를 실시하였다. 또 인종 14년(1136)에 규정한 과거 과목 중에 卜業과 더불어 地理業도 나타난다.[99] 목종이 즉위 후 내린 조서에 "地理學生으로서 10년이 된 자는 모두 脫麻를 허락하였다"[100]라 한 내용을 볼 때 이 분야 교육은 일찍부터 관심의 대상이 되어 왔음을 알 수 있다.

《고려사》 백관지에는 공민왕 5년(1356)에 "卜助敎를 두고 종6품으로 하였다"고 되어 있으나, 문종 30년 양반전시과에서 복조교가 수의박사와 더불어 제16과에 배열되고 있음을 볼 때[101] 박사와 더불어 복조교의 직제도 일찍부터 제도화되었음을 알 수 있다. 교육은 해당 관서인 書雲觀에서 행하였다.

주요 교과 내용은《新集地理經》·《劉氏書》·《地理決經》·《經緯合》·《地鏡經》·《口示決》·《胎藏經》·《謌決》·《蕭氏書》 등이었음을 지리업 과목에서 알 수 있다.[102] 풍수음양학은 그 전공 분야에 따라 복업과 지리업으로 구분하여 과거에 응시하였던 것으로 보이며, 공양왕 원년에 10학의 하나로 편제되면서 교수관이 설치되었다.

⑧ 吏學 ; 吏文의 전문적인 학습을 목적으로 설립된 것이며, 외교문서의 작성 등이 주요 기능이었다.[103] 《고려사》 백관지 10학조에서는 이학의 교육 담

---

97) 《高麗史》 권 73, 志 27, 選擧 1, 醫業.

98) 《高麗史》 권 76, 志 30, 百官 1, 書雲觀.

99) 혹 卜業을 呪噤業과 동일한 것으로 보는 견해도 있으나(金斗鍾,《韓國醫學史》, 1966, 232쪽·三木榮,《朝鮮醫學史及疾病史》 1962, 85쪽),《高麗史》 百官志에 呪噤博士는 典醫寺에 소속되어 있으며, 呪噤業의 과목 또한 의학과 연계되는 것으로 보아 이는 의업의 일종으로 파악해야 할 것이다. 복업과 관계가 있는 卜博士·卜助敎는 書雲觀에 예속된 직관임을 감안할 때 복업은 地理業과 더불어 風水陰陽學의 진출로로 보아야 할 것이다.

100) 《高麗史》 권 74, 志 28, 選擧 2, 恩例.

101) 《高麗史》 권 78, 志 32, 食貨 1.

102) 《高麗史》 권 73, 志 27, 選擧 1, 인종 14년 11월 地理業.

103) 고려시대의 기록에는 吏學의 구체적인 내용에 대하여 서술된 것이 없다. 그러나 조선시대 이학의 기능에 대하여《太宗實錄》 권 16, 태종 8년 12월 "吏文事

당기관을 司譯院이라 하였으나 이것은 아마도 잘못된 것 같다. 사역원은 충렬왕 2년에 설립된 通文館이 개칭된 것으로, 그 주요 직무는 譯語를 관장하는데 있었다.[104] 그러나 吏學은 交聘에 따른 외교문서의 작성을 위한 실무적 기능이 그 목적이었으므로, 단순히 역어를 관장하는 사역원에서 이러한 기능까지 담당하였을까는 의문이다. 10학이 주로 전문 담당 부서에서 행해졌다면, 이학도 교빙을 전담하고 있던 典理司에서 행해졌을 가능성이 많다. 왜냐하면 전리사는 충렬왕 원년에 吏部와 禮部를 병합하여 개칭된 것인데, 예부의 주요 기능의 하나가 교빙 등에 있었음을 주목할 필요가 있으며, 또 조선시대에는 承文院에서 이학을 교수하였다.[105] 이학에 대한 중요성은 고려 말에 對元관계로 더욱 높아져, 충혜왕 원년에는 吏學都監을 설치하기에 이르렀고,[106] 충목왕 4년에는 여기에 판사 7인, 부사 3인, 판관 3인, 녹사 4인을 두었다.[107] 이학은 이후 공양왕 원년 10학의 하나로 편제되면서 교수관이 설치되었다.

⑨ 算學 ; 《고려사》 백관지 10학조에는 산학이 나타나지 않지만, 기록과정에서 나타난 결락이었을 뿐 산학은 고려 말에도 중요한 기술학의 하나였을 것이다. 이것은 조선 건국 후 처음으로 제정 반포되는 문·무백관제에 算學博士가 종9품으로 나타나고 있는 데서도 알 수 있다.[108] 산학은 국가의 재정 및 회계와 연계되는 학문으로 일찍부터 국가의 주요한 관심 대상이 되어 율학·서학과 더불어 국자감에 편제되어 있었다. 목종 원년 3월에 제정된 문무반전시과에서도 산학박사는 16과에 배열되어 있다.[109]

大急務 年前擇吏學可當三十員口傳"의 내용을 보면, 외교문서 등의 작성이 중요 기능이었음을 알 수 있다.

104) 《高麗史》 권 76, 志 30, 百官 1, 通文館.

105) 《高麗史》 권 77, 志 31, 百官 2, 諸司都監各色에서는 十學을 설명하면서 "分隷禮學于成均館 樂學于典儀寺 兵學于軍候所 律學于典法寺 字學于典校寺 醫學于典醫寺 風水陰陽等學于書雲觀 吏學于司譯院"이라 하여 8學만을 기술하고 있다. 그런데 필자의 견해로는 마지막 이학 부분에서 문자의 결락이 있었던 것으로 보인다. 즉 "吏學于典理司 算學于版圖司 譯學于司譯院"이었을 것인데 방점 부분이 결락되어 "吏學于司譯院"으로 표기되었던 것 같다.

106) 《高麗史》 권 77, 志 31, 百官 2, 諸司都監各色.

107) 《高麗史》 권 77, 志 31, 百官 2, 諸司都監各色.

108) 《太祖實錄》 권 1, 태조 원년 7월.

산학 교육에 대하여는 단지 "산학(박사)는 산술을 맡아 가르친다"[110]라는 기록이 있을 뿐 구체적인 내용은 나타나고 있지 않다. 그러나 明算業의 과목이 九章·綴術·謝家·三開 등[111]이었음을 감안할 때, 이들 과목이 그 주요 교과였을 것이다. 고려 말 국자감이 성균관으로 개칭되고 유학 교육기관으로 전문화되는 과정에서 산학은 공양왕 원년 10학의 하나로 편제되어 소관 부서인 版圖司로 이속되고 산학 교수관이 설치되었을 것이다.

⑩ 譯學 ; 역어는 대외적인 정책을 수행하는 데 있어 필수적인 조건이다. 따라서 역학은 일찍부터 국가에서 장려하였을 것으로 보이나 고려 전기에는 이에 대한 기록이 없어 알 수 없다. 그러나 고려 전기의 경우 송·요·금과의 관계가 복잡하였음을 감안할 때 이 분야에 대한 교육이 행해졌을 것으로 추측된다.[112] 고려시대의 역학에 대한 비교적 구체적인 기록은 충렬왕 2년(1276)에 설치한 通文館에 관한 기사이다.

> 禁內學官 등 叅外로서 나이 40세 미만인 자로 하여금 漢語를 습득하게 하였다. 때에 舌人(驛人 : 필자 註)들이 대부분 미천한 데서 입신하여 통역하는 것이 부실하고 또 못된 마음을 품고 사사로운 이익을 도모하였으므로 叅文學事 金坵가 건의하여 이를 설치하였다. 후에 司譯院을 두고 譯語를 관장하게 하였다(《高麗史》 권 76, 志 30, 百官 1, 通文館).

위의 내용을 살펴보면, 통문관 설립의 목적이 漢語의 습득에 있었음을 확인할 수 있다. 그 이전에도 舌人이 있었음을 감안할 때 驛人의 양성을 위한 제도가 있었을 것으로 보인다. 이것은 통문관의 설치 이전에도 《고려사》에 譯語都監의 명칭이 나오는 데서 알 수 있다. 즉 고려 후기 鄭子琠은 역어도감 녹사로서 蒙語를 전습하고 있다는 기록이 보인다.[113] 또 통문관의 기능으로는 한어 습득이 제시되어 있는데 반하여 사역원으로 개칭한 후에는 한어라는 용어 대신에 역어라는 용어로 표현하고 있다. 이것은 한어 이외에 다른

109) 《高麗史》 권 78, 志 32, 食貨 1.
110) 《高麗史》 권 74, 志 28, 選擧 2, 學校.
111) 《高麗史》 권 73, 志 27, 選擧 1, 科目.
112) 宋春永의 〈高麗時代의 譯學敎育〉(《大丘史學》 35, 1988)에 의하면, 《高麗史》 百官志 中書門下省條에 驛吏·通事가 설치되고 있으므로, 譯官 양성을 위한 역학교육이 제도화되었을 것이며, 그 종류는 漢語·契丹語·女眞語·倭語·蒙古語 등이었을 것으로 보았다.
113) 《高麗史》 卷 123, 列傳 36, 康允紹 附 鄭子琠.

역어도 습득할 수 있도록 한 것으로 볼 수 있다. 당시 국제관계상 생각할 수 있는 것은 몽고어인데, 고려 후기 원나라와의 밀착성으로 보아 몽고어의 교육도 행해졌을 것이다. 이것은 통문관 설치 이전에도 역어도감이 있어 몽고어를 가르쳤다는 사실과, 또 조선 건국 초기의 사역원에서도 한어와 더불어 몽고어가 교육되고 있는 데서114) 이러한 가능성을 더욱 짙게 한다. 공양왕 원년에 이 역학은 10학의 하나로 편제되었던 것으로 보인다.

4) 사학 12도

(1) 설 립

私學 12徒란 문종 때 문헌공 최충이 설립한 文憲公徒를 비롯한 12개의 사학을 지칭하는 개념이다. 이에 대한 내용은《고려사》선거지를 통해 알 수 있다.

> 私學은 문종 때 大師 中書令 崔冲이 후진을 모아 교육하기를 게을리 하지 아니하니 선비와 평민의 자제가 그의 집과 마을에 가득하였다. 마침내 9齋로 나누어 (그 명칭을) 樂聖·大中·誠明·敬業·造道·率性·進德·大和·待聘이라 하였다. 이를 일컬어 侍中崔公徒라 하였으며 양반의 자제들로서 무릇 과거에 응시하려는 자는 반드시 먼저 徒中에 속하여 공부하였다. 매년 여름철에는 승방을 빌려 夏課를 하였으며, 徒中에서 급제하여 학문이 우수하고 재능이 많으나 아직 관직에 나아가지 않은 자를 택하여 敎導로 삼아 9經 3史를 학습하였다. 간혹 선배가 찾아오면 촛불에 금을 그어 한정된 시간에 시를 짓게 하고, 그 차례대로 榜을 내어 이름을 불러 들어오도록 하여 술자리를 베풀었다. 童子와 冠子가 좌우로 벌려 있으며 술상을 받드는데 進退에 예의가 있고 長幼의 질서가 있었다. 이와 같이 하면서 해가 지도록 시를 읊어 주고받으니 보는 사람마다 아름답게 여기고 감탄하지 않는 이가 없었다. 그 후부터는 무릇 과거에 나아가려는 이는 9齋에 이름을 올리게 되니 이름하여 文憲公徒라 하였다. 또 儒臣으로서 徒를 세운 이가 11인이 있으니, 弘文公徒는 侍中 鄭倍傑이 세웠는데 다른 이름으로 熊川徒라고 칭하며, 匡憲公徒는 叅政 盧旦이, 南山徒는 祭酒 金尙賓이, 西園徒는 僕射 金無滯가, 文忠公徒는 侍中 殷鼎이 세운 것이다. 良愼公徒는 平章事 金義珍

114)《太祖實錄》권 6, 태조 3년 11월 을묘.

이 세운 것이라고도 하고 또는 郎中 朴明保가 세운 것이라 하기도 한다. 貞敬公徒는 平章事 黃瑩이, 忠平公徒는 柳監이, 貞憲公徒[115]는 侍中 文正이, 徐侍郞徒는 徐碩이 세웠으며, 龜山徒는 누가 세웠는지 자세하지 않다. 이들과 文憲公(崔冲)徒를 합하여 세상에서는 12徒라 일컬었는데, 그 중에서 崔冲의 徒가 가장 성황이었다(《高麗史》 권 74, 志 28, 選擧 2, 學校 私學).

위 기사를 근거로 12도와 그 설립자를 정리하면 다음 〈표 8〉과 같다.

〈표 8〉 12徒

도 명	설 립 자	최종관직
文憲公徒	崔冲	大師 中書令
弘文公徒 (또는 熊川徒)	鄭倍傑	侍中
匡憲公徒	盧旦	叅政
南山徒	金尙賓	祭酒
貞敬公徒	黃瑩	平章事
西園徒	金無滯	僕射
文忠公徒	殷鼎	侍中
良愼公徒	金義珍 (또는 朴明保)	平章事
忠平公徒	柳監	?
貞憲公徒	文正	侍中
徐侍郞徒	徐碩	?
龜山徒	?	?

12도는 최충의 문헌공도가 그 시초인데, 그렇다면 문헌공도를 설립한 배경은 무엇이며, 또 설립한 시기는 언제인가 하는 의문이 나온다. 먼저 최충이 문헌공도를 설립한 배경을 살펴보기 위하여는《고려사》최충의 열전을 주목할 필요가 있다. 즉 崔冲傳에 12도에 대한 설명에 "현종 이후에 干戈가 겨우 멈추었으나 文敎에는 겨를이 없었다"는 기사가 전제되고 있다.[116] 이로 볼 때 현종 때의 거란과의 전쟁 이후 고려사회는 전후 복구사업과 당면한 국가 시무로서 교육에는 크게 관심을 가질 수가 없었음을 알 수 있다.

115) 貞憲公徒는 貞獻公徒의 誤記일 것이다. 文正은 宣宗 10년에 죽은 후 貞獻公이란 시호를 받았다.

116)《高麗史》권 95, 列傳 8, 崔冲.

또 《고려사》 선거지 학교조에서는 현종 이후 문종 이전까지는 학교 교육에 대한 기사가 하나도 보이지 않으며, 또 科擧 운영의 경우 목종 때는 매회 합격자 수가 진사·명경을 합하여 20명이 넘고 있는데 반하여, 현종 이후에는 그 합격자 수가 20명 이하로 대폭 감소되고 있다. 합격자의 등급을 보더라도 목종 때까지는 거의 갑과·을과에 집중되고 있으며, 同進士의 경우는 성종 12년(993)의 과거와 목종 원년 3월의 과거를 제외하고는 찾아볼 수 없는 데 반하여 현종 이후에는 거의 매회에 동진사를 선발하였다. 특히 주목되는 것은 현종 때까지는 恩賜로서 선발된 자는 겨우 1명에 불과한 데 반하여, 덕종 이후에는 거의 보편화되고 있음을 보여준다.[117]

이것은 과거 응시자의 학문적 소양을 반영하고, 아울러 고려사회의 성격 변화를 반영하는 것이기도 하다. 즉 목종 때까지는 갑과 합격자를 배출할 수 있을 정도로 응시자의 학문적 소양이 높았다는 것을 의미하는데, 이것은 교육이 활성화되었음을 말해주는 것이기도 하다. 그러나 현종 때는 전란으로 교육도 황폐화되지 않을 수 없었을 것이며, 따라서 응시자의 학문적 소양도 크게 저하되었을 것이고, 결과적으로 동진사를 배출하지 않을 수 없었을 것이다. 또 恩賜科의 성격이 "進士明經科에 열 번 응시하고 급제하지 못한 이를 대상으로 하였다"[118]는 점에서 볼 때, 덕종 이후에 은사과가 보편화되고 있다는 것은 당시 학습자의 질적 수준이 크게 저하되고 있었음을 반영하는 것이기도 하다. 당시 학문이 침체되었다는 것은 학교 교육의 침체를 의미하며, 특히 국자감의 교육이 활성화되고 있지 못했음을 의미하는 것이기도 하다.

국자감의 교육도 현종 이후 성격에서 많은 변화를 보인다. 국자감 설립 초기에는 그 곳에서 수학할 수 있는 자들의 문호가 크게 개방되고 있었다. 그러나 현종 15년(1024)에는 과거에 응시할 수 있는 鄕貢의 수가 크게 감소하였다.[119] 또 덕종 즉위년(1031)에는 국자감시를 설행하여[120] 국자감 입학

117) 《高麗史》 권 73, 志 27, 選擧 1, 選場.
118) 《高麗史》 권 74, 志 28, 選擧 2, 恩例.
119) 《高麗史》 권 73, 志 27, 選擧 1, 科目 1 현종 15년 12월 判, "諸州縣千丁以上歲貢三人, 五百丁以上二人, 以下一人, 令界首官試選…依例送京 國子監更試入格者許赴擧 餘並任還本處學習"의 기사에서 처음으로 鄕貢의 정원이 정해지고 있음을 알 수 있다. 이는 國子監 입학 자격과도 관계가 있을 것이다. 즉 위의 기사에서 보이는 "餘並任還本處學習"이란 기사는 지금까지 국자감 입학에 지장이

자격에 제한이 가해졌으며, 靖宗 2년(1036) 7월에는 국자감에 입학한 후 만 3년이 지나야 監試에 응시할 수 있도록 하는 제도[121]가 생김으로써 국자감생의 감시 응시에 제재가 가해졌다. 그리고 동왕 8년에는 "國子監 諸業學生으로 장년이 되어도 재주와 기량을 키우지 못하는 자는 光軍에 충당하라"는 판문[122]이 반포됨으로써 成業의 가망이 없는 학생들에 대하여는 군역의 특혜를 박탈하게 된다. 그리고 동왕 11년에는 五逆·五賤·不忠·不孝와 鄕·部曲 및 樂工·雜類子孫에 대한 과거 응시자격을 박탈하였는데[123] 이는 바로 국자감 입학자격의 박탈과도 연계된다.[124]

이것은 당시 사회의 성향을 대변한 것이기도 하다. 즉 당시 사회가 귀족화되는 과정에서 교육의 문호를 사회성향에 맞게 개편하려는 의도였을 것이다. 그렇다고 해서 귀족의 자제들이 국자감 교육을 원한 것은 아니었다. 국자감에서의 교육은 주로 경학이 그 대상이었는데, 당시 과거의 주류는 진사과로서 과목은 시·부·송과 시무책이었다. 따라서 귀족 자제들은 과거와 직접 관계가 없는 경학을 배우기 위하여 국자감에 소속되어 구속된 생활을 하는 것보다는 가숙이라든가 독학을 원했을 것이다.[125] 이러한 시대상에서 당시 대대로 儒宗이며 삼한의 耆德이라고 추앙 받던 최충이 사학의 문을 열자 학생들이 운집한 것은 당연한 추세였을 것이다.

최충은 해주 출신으로 목종 8년에 지공거 崔沆의 문하에서 갑과에 장원으로 급제하였다. 그 후 현종·덕종·정종·문종에 이르기까지 주요 관직을 거쳐 문하시중이 되었고, 죽은 뒤에는 정종의 廟庭에 배향되는 영광까지 누렸

없었던 이들을 본 고장에서 학습하도록 명문화함으로써 국자감에서의 수학을 폐쇄하고 있다. 朴贊洙도 이와 비슷한 견해를 밝히고 있다(朴贊洙, 〈國子監의 成立과 興替〉, 《民族文化》 14, 1991).

120) 《高麗史》 권 5, 世家 5, 덕종 즉위년 윤 10월.

121) 《高麗史》 권 73, 志 27, 選擧 1, 科目 1 정종 2년 7월 判.

122) 《高麗史》 권 81, 志 35, 兵 1, 兵制 1 정종 8년 判.

123) 《高麗史》 권 73, 志 27, 選擧 1, 科目 1 정종 11년 4월 判.

124) 이것은 인종대에 제정되는 學式에 그대로 반영되어 있다.

125) 이러한 사조는 조선시대의 교육을 살펴보면 이해할 수 있다. 즉 講經이 과목으로 채택된 경우에는 成均館이 활성화되는데 반하여, 詞章이 과목으로 채택될 경우는 성균관은 거의 수학생이 없었다(申千湜, 〈朝鮮初期 成均館 운영과 敎育改革에 관한 연구〉, 《關東史學》 2 및 〈世宗朝 成均館敎育史潮와 學風改善論에 대한 연구〉, 《金龍德敎授停年退任記念史學論叢》 참조).

다. 그는 유학적 덕목이 뛰어나 대대로 유종이라는 칭송을 받았고, 수차에 걸쳐 修撰官을 역임하여 실록을 편수하기도 하였으며, 법률과 書算法까지 교감하는 등 다방면으로 학덕이 풍부하였다. 특히 국방에도 일가견이 있어 여러 차례 종군하기도 하였고 대외정책에 관여하기도 하였다. 또 관직에 있으면서 두 번에 걸쳐 지공거로서 인재를 선발하기도 하였다. 특히 정종 원년 3월의 과거에서 을과에 김무제 등 4명을, 병과에 4명, 동진사에 6명 등 모두 14명의 진사를 선발하였다. 그런데 이때 을과로 합격한 金無滯·李從現·洪德成은 모두 상서를 역임하였고, 李象廷·崔尙·崔有孚 등은 모두 참지정사를 역임하였으며, 金淑昌·金正·金良贄·吳學麟 등은 학사를 역임하여 모두 현달하였다. 이로써 세상에는 이 때의 科榜을 일러 尙書榜이라고 하기도 하였다.[126] 특히 그는 덕종 초에 《說苑》의 六正六邪文과 漢刺史六條令을 내외 諸司에 써서 붙이도록 上奏하였는데, 이것은 호족의 억압과 관료제의 기능화를 강하게 의도했던 성종 때 金審言의 封事정신을 계승하고 있다고 볼 수 있을 것이다.[127]

그러나 최충의 큰 업적은 관직에 있을 때의 활동보다는 관직에서 물러난 후의 활동일 것이다. 그가 언제부터 후학을 위한 교육활동을 하였는지는 여러 관점에서 볼 수 있지만,[128] 대체로 그가 관직에서 은퇴한 문종 9년(1055) 7월 이후로 보는 것이 타당할 것이다. 왜냐하면 관직에 있을 때에는 공무 때문에 바빴을 것이고, 또 관직에 임하는 그의 자세가 《설원》의 六正六邪의 정신에 철저했을 것으로 보아 사적인 교육활동을 행하지 않았을 것이다. 그는 은퇴한 후, 입조하기 전 해주의 가숙에서 수학했던 경험을 살려, 당시 학문적 풍토에 맞게 평소에 생각했던 교육의지로서 후학을 위한 교육에 전념했을 것이다. 海東孔子라고 불리던 학문적 명망과 지공거를 역임한 관력은 당시 교육자로서의 그의 입지를 크게 강화하였을 것이며, 이 때문에 당시 사회에서 크게 환영을 받았을 것이다. 열전에는 "崔冲의 徒가 가장 성황"이라

---

126) 崔滋, 《補閑集》 권 上.

127) 尹南漢, 〈高麗儒學의 性格〉(《한국사》 6, 국사편찬위원회, 1976), 244쪽.

128) 紫霞洞遺墟碑에서는 崔冲이 科擧에 합격하기 전에 海州에도 家塾을 세웠고 조정에 들어온 뒤에는 자하동에 가숙을 세웠다 하여, 紫霞洞 文憲公徒의 설립을 관직에 있을 때로 보고 있다(《耳溪集》 권 30).

하였고, 徐居正이 《東國通鑑》에서 "이로부터 빼어난 文士가 많이 나오고 중국에서도 詩書의 나라로 일컬어져 지금에 이른 것은 다 沖의 덕택이다"[129]라고 한 것이나, 고려 말 李齊賢이 "文物이 이로 말미암아 더욱 성했다"[130]라고 한 것은 이를 말해준다. 그는 이후 문종 22년 85세로 세상을 떠날 때까지 후진들의 교육에 전념하였을 것이다. 그가 학교를 개설하자 학도들이 운집하여 "學徒坌集 塡溢街巷"할 지경에 이르렀고, 이에 학사를 송악산 기슭 紫霞洞에 마련하고 학당을 9재로 나누어 수용하였다. 이들 9재의 학생들은 최충의 관호를 따서 侍中崔公徒라 불렀으며, 죽은 뒤에는 시호를 따 문헌공도라 일컬었다. 이후에도 그의 학통은 고려 학문의 중추를 이루면서 공양왕 3년(1391)에 폐지될 때까지 계승되어 갔다.

최충의 9齋學堂이 크게 환영을 받게 되자 이후 사학이 계속 설립되었는데, 개경에만도 그 수가 11개에 이르렀다. 이로써 최충의 문헌공도와 합하여 세상에서는 이들을 12도라 불렀다. 최충의 문헌공도에 대하여는 이미 살펴보았으므로 제외하고, 나머지 학교의 설립자를 살펴보기로 하자. 《고려사》 선거지에서 龜山徒의 경우 그 설립자를 알 수 없다고 하였다. 忠平公徒를 설립한 柳監이나 徐侍郎徒를 설립한 徐碩의 경우도 기록에 나타나지 않아 전혀 알 길이 없다. 나머지는 貞憲(獻)公徒를 설립한 文正만이 열전에 기술되어 있어 그의 행장을 파악하는 데 도움을 줄 뿐, 그 밖에는 세가와 선거지 및 열전에 간혹 나타나므로, 그 단편적 모습만을 파악할 수 있을 뿐이다.

① **鄭倍傑** : 현종 8년(1017) 3월에 知貢擧禮部侍郎 郭元의 문하에서 을과로 등제하였으며, 정종 원년(1035) 12월에는 左拾遺知制誥를 역임하였고, 문종 원년(1047)에는 中樞院副使로서 지공거가 되어 金鼎新 등 진사를 선발하였다. 그 후의 관직은 나타나지 않으나 문종 34년에 弘文廣學推誠贊化功臣의 호와 開府儀同三司守太尉門下侍中上柱國光儒侯로 추봉되면서 故禮部尙書中樞使 鄭倍傑이라 하고 있음을 볼 때, 최종 관직은 예부상서 중추사였음이 확인된다. 《고려사》 선거지 사학조에서 그의 관직을 侍中이라 한 것은 이 때에 추봉된 직함임을 알 수 있다. 생몰 연대는 밝혀져 있지 않으나, 아들 文이 문종 당시 15, 6세로 국자감시에 응하였고 선종이 國原公으로 있을 때(문종 32년경), 등제하여 그 府의 錄事가

129) 徐巨正, 《東國通鑑》 권 17, 문종 22년 按說.
130) 李齊賢, 《益齋亂藁》 권 9 上.

되었던 전후관계를 참작하면 문종 15년경에 별세한 듯하다는 견해가 있다.[131] 그렇다면, 그가 弘文公徒를 창건한 것은 늦어도 문종 15년 이전으로 보아야 할 것이다. 희종 때에 홍문공도 생도들이 崔冲獻에 호소하는 기록이 있는 것으로 보아[132] 홍문공도는 무인집권기에도 번창하였음을 알 수 있다.

② **盧 旦** : 문종 19년(1065)을 전후한 시기에 侍御史를 지냈고, 동왕 27년에는 中書舍人으로 遣宋使가 되어 송에 다녀왔다. 동왕 28년 7월에 尙書禮部侍郞右諫議大夫를 제수 받았으며, 동왕 31년 12월에는 直門下省을 역임하였고, 동왕 32년 6월에는 兵部尙書로서 송의 國信使를 영접하였다. 동왕 34년 5월에는 禮部尙書로서 지공거가 되어 金尙磾 등을 선발하였고, 동왕 35년 12월에는 右僕射翰林學士承旨가 되었으며, 선종 2년(1085)에는 중추원사로서 지공거를 역임하고, 선종 3년 4월에는 尙書左僕射叅知政事로 승진하였다가 얼마 후 致仕하였다. 동왕 8년 7월에 죽으니 匡憲이라 시호하였다. 그가 학교를 설립한 연대는 기록이 없어 알 수 없으나, 상서좌복야참지정사를 제수 받고 얼마 후 치사했다는 것을 보면 학교 설립은 선종 3년 4월 이후가 될 수밖에 없을 것이다.

③ **金尙賓** : 靖宗 7년(1041) 10월에 右拾遺의 관직에 있으면서 왕의 鎬京(西京 ; 平壤) 행차에 호종하였으며, 문종 3년 2월에 右副承宣으로서 국자감시의 시관이 되어 韓復 등 39인을 선발하였다. 《고려사》 선거지의 사학 설립 기사에 그의 관직이 國子祭酒로 나타나고 있음을 볼 때, 최종 관직이 국자좨주였음을 알 수 있으나 어느 시기에 역임했는지는 알 수가 없다.

④ **金無滯** : 《고려사》에서는 靖宗 원년 3월에 지공거 최충의 문하에서 등과하였다는 기록 외에는 찾아볼 수가 없다. 그러나 《補閑集》에 尙書房을 설명하면서 "靖宗 원년에 崔冲의 문하에서 배출된 인재들 중 金無滯는 李從現·洪德成 등과 더불어 尙書를 拜受하였다"고 기록하고 있는 것[133]으로 보아 상서를 역임한 것이 확인된다. 사학 설립 기사에 僕射로 나타나고 있음을 볼 때, 복야로서 치사하고 學塾을 개설한 것 같다. 복야로서 치사한 것이 어느 때인지는 알 수 없으나, 상서와 복야의 직을 거친 것을 보아 정상적인 관로생활을 마친 것 같고, 이로 볼 때 학숙을 설치한 시기는 문종 말년이 아니었을까 생각된다.

⑤ **殷 鼎** : 문종 25년에 秘書少監右副承宣이 되었다는 기록 외에는 찾아볼 수 없다. 단지 《고려사》 선거지의 사학 설립 기사에는 최종 관직이 侍郞이라고

---

131) 《高麗史》 권 95, 列傳 8, 鄭文.
朴性鳳 〈崔冲의 人間象과 私學十二徒〉(《崔冲硏究論叢》, 慶熙大 傳統文化硏究所, 1984), 141쪽.
132) 《高麗史》 권 21, 世家 21, 희종 원년 6월 갑오.
133) 崔滋, 《補閑集》 권 上.

나타나 있으나, 언제 역임했는지는 알 수 없다.

⑥ **金義珍** : 문종 원년 7월에 殿中侍御史를 제수 받았으며, 동왕 14년에는 知尙書吏部事가 되었고, 동왕 15년에는 左散騎常侍同知中樞院事가 되었다. 동왕 19년에는 참지정사로서 지공거가 되었으며, 동왕 22년에는 判尙書兵部事가 되고, 이어 平章事로 치사하였다가 동왕 24년 8월에 죽었다. 그렇다면 良愼公徒를 창설한 시기는 문종 23년을 전후한 시기가 될 것이다.

⑦ **黃　瑩** : 숙종 즉위년(1096) 12월에 禮部尙書同知樞密院事를 배수하였고, 동왕 2년 3월에는 참지정사가 되었으며, 동년 4월에는 지공거가 되어 林元通 등을 선발하였고, 동왕 4년 2월에는 中書侍郞同中書門下平章事가 되었다. 《고려사》 선거지의 사학 설립 기사에 따르면 그의 최종 관직이 평장사임을 볼 때, 얼마 후 치사한 것 같다. 그렇다면 貞敬公徒는 숙종 4년 이후에 설립된 것으로 볼 수 있겠다.

⑧ **文　正** : 長淵人으로 문종 초에 등제하고 문종 24년 4월에는 兵部侍郞左諫議大夫로서 西北面兵馬副使가 되었다. 동왕 31년 11월에는 참지정사로서 西京留守使를 겸하였고, 동왕 32년에는 지공거가 되어 禹元齡 등을 선발하였으며, 동왕 34년 12월에는 中書侍郞平章事로서 判行營兵馬事를 겸하였다. 문무 양면으로 공이 많았던 유신으로서 항상 군직을 겸대하여 국가 비상시에 공을 세웠다. 동왕 34년 東蕃을 격퇴한 공로로 推忠贊化蕩寇靜塞功臣의 호와 特進檢校司徒門下郞平章事判尙書禮刑部事兼太子太傅上柱國長淵縣開國伯을 받았다. 선종 10년에 守太尉門下侍中으로 치사되고 죽으니, 貞獻이란 시호가 내려졌으며, 이후 선종 묘정에 배향되었다. 그의 행장으로 볼 때 정헌공도를 개설한 것은 선종 년간일 것으로 추측된다.

이상에서 충평공도를 설립한 유감, 서시랑도를 설립한 서석, 설립자 미상의 구산도를 제외한 나머지 사학의 설립자에 대하여 그 대략을 살펴보았다. 이들의 대부분은 당대의 명유로서 과거를 통해 입신하였으며, 또 지공거로서 인재를 선발하기도 하였다. 12도는 문종 때부터 숙종 때까지 이르는 시기에 설립되었으며, 따라서 12도가 고려 교육사에 그 체제가 정착되는 것은 숙종 때로 볼 수 있을 것 같다.

(2) 운영

문종 때부터 설립되기 시작한 사학 교육기관은 이후 12도로 정착되면서 고려 교육사에서 큰 역할을 담당하게 된다. 12도 교육의 성과에 대하여 고려 말의 이제현은 "위로는 公卿嫡庶로부터 아래로는 州縣學者에 이르기까지 모두 9齋籍中에 이름을 걸고 성인의 道를 익혔다"[134]라고 평하기도 하였다. 그렇다면 당시 12도의 교육 운영은 어떠하였을까 하는 의문이 생긴다. 《고려사》 선거지 사학조에는 최충의 학교 설립의 기사에서 "선비와 평민의 자제가 그의 집과 마을에 가득하였다. 마침내 9재로 나누어 樂聖·大中·誠明·敬業·造道·率性·進德·大和·待聘이라 하였다. 이를 일컬어 侍中崔公徒라 하였으며 양반의 자제들로서 무릇 과거에 응시하려는 자는 반드시 먼저 徒中에 속하여 공부하였다"라고 하였는데 여기에서 주목되는 것은 9재의 성격이다. 고려 말에 국자감이 성균관으로 개편되면서 9재를 설치하여 운영하였는데, 이 성균관의 9재와 최충의 9재의 성격은 어떠한 관련이 있으며, 12도의 교육이 모두 문헌공도와 같이 9재로 편성되어 운영되었는가 하는 것도 문제가 된다. 그렇다면 먼저 최충이 설립한 9재의 이름을 분석해 봄으로써 그 운영상의 특수성을 구명해 볼 필요가 있을 것이다.

「樂聖」은 성인의 道를 즐겨 익힌다는 뜻이니 성인의 도란 갑자기 배울 수 없는 것이기 때문에 「樂」字를 더 붙여서 배우는 사람들로 하여금 발을 딛고 나갈 수 있는 여지를 만든 것이다. 그래서 9재의 첫머리를 악성이라 하였던 것이다.

「大中」은 《書經》 周書 洪範편의 "大中의 道"와 《易經》의 "大中而上下應之"에서 따온 것이다. 성인의 도를 즐기는 자가 있다면 반드시 대중에 표준을 세워야 한다고 해서 악성 성명 다음의 재명으로 하였던 것이다.

「誠明」은 周子의 《通書》에 "誠이란 것은 성인의 근본으로, 성인이라는 것은 誠일 뿐이다"라 한 것에서 취한 말이다. 誠이라는 것은 자기의 몸을 성실히 하는 것이며, 明이라는 것은 善을 밝힌다는 뜻이다. 따라서 성명은 대중의 도를 전제하지 않으면 불가능하다고 보았다. 그래서 대중 다음에 성명으로 재명을 삼았다.

「敬業」은 악성·대중·성명에서 닦은 正心·修心을 바탕으로 학문에 전념한다는 것이다. 그래서 성명 다음의 재명으로 하였다. 이것은 《禮

134) 李齊賢, 《益齋亂藁》 권 9 上.

記》에서 "三年視敬業樂群"이라고 한 것에서 유래한다.

「造道」는 《孟子》의 "深造之以道"에서 나온 말로, 朱子는 이를 주석하여 "造라는 것은 나간다는 것이며 道라는 것은 나아가는 방법이다"라고 하였다. 따라서 조도는 모든 분야에서 관통되는 학문의 자세이기도 하다.

「率性」은 《中庸》에서 "天命을 性이라고 하고 率性을 道라 하며 修道를 敎라 한다"고 한데서 나타나며, 천성을 좇아 느끼는 바를 긍정하여 어긋남이 없게 함을 말한다. 《大學》에서는 조도를 "明明德"에 근본을 두었고 《중용》에서는 조도를 학문의 思辨에 두었으므로 조도의 다음에 솔성을 둔 것이다.

「進德」은 《易經》에 "君子進德修業"이라고 하였으니, 品德을 쌓아 성인의 도로 진취함을 의미한다. 그러므로 솔성 다음에 진덕을 둔 것이다.

「大和」는 《역경》의 "各正性命하고 保合大和"에서 유래한 것인데, 《중용》에서 "中和를 이루면 천지가 자리잡고 만물이 化育한다"고 한 宋儒의 이상을 반영한 것으로 性의 도에 화합함을 의미하는 것이다.

「待聘」은 《孔子家語》에 "席上之珍以待聘"이라 하였고 聘은 迎師의 禮인 것이다. 그러므로 이 단계는 학문의 완숙 단계를 의미하며 師儒로나 관로로 진출할 수 있는 자격을 갖추었음을 의미한다. 따라서 9재 중에서 대빙을 마지막 재명으로 한 것이다.[135]

이와 같이 볼 때 9재의 이름은 단순한 학사의 배치가 아니고, 상호 연계성을 갖는 단계식 교육과정의 차례로 보인다. 즉 誠明齋는 초학자로서 학문에 입문하는 자를 위해 개방된 齋舍로 보이고, 마지막 待聘齋는 학문을 수료하는 단계로 보인다. 그렇다면 9재의 교육과장은 악성·대중·성명·경업·조도·솔성·진덕·대화·대빙의 과정을 순차적으로 교육에 나갔다는 의미가 된다.[136] 그러나 당시 교육상에 비추어 볼 때 과연 학생들이 9재의 순서

---

135) 이 부분은 《崔冲硏究論叢》 중 〈九齋衍義〉를 참고로 필자가 주석하였다.

136) 洪良浩, 〈文獻書院九齋記〉(《崔冲硏究論叢》, 1984), 386~9쪽에서는 "文憲 崔先生께서 海州에 살며 생도들에게 학문을 강론할 때 9재를 설치하여 학자들로 하여금 거처하게 하였으니…학문을 이루는데 있어 순서대로 나아가서 학문을 연마하고 감히 순서를 뛰어넘지 못하게 하였으니 마치 주나라에서 선비를 양성하는 법도와 흡사하다"고 하고 있다. 이 견해는 齋名을 교육의 단계적 陞次 과정으로 파악한 것이다. 尹南漢, 〈高麗儒學의 發達〉(《한국사》 6, 국사편찬위원회, 1975), 248쪽에서도 "齋名은 유교적 作成의 功과 經書의 要諦를 빌어 진학의 階梯로 삼았던 바"라고 같은 의견을 내고 있다.

로 수학하였겠는가 하는 데는 많은 의문이 있다. 이것은 실제로 9재학당에 수학한 자들을 살펴보면 도움이 될 것이다.

> 명종 때에 監察御使 李勝章은 그의 父業을 잇기 위하여 嶺南에서 文憲公徒 率性齋에 유학하고 무자년(의종 22년, 1168) 봄에 大司成 金敦中의 문하에서 두 번째로 급제하였다[137](〈李勝章墓誌〉,《朝鮮金石總覽》上, 418쪽).

> 李奎報는 명종 11년 14세 때에 文憲公徒 誠明齋에 入徒하여 번번이 夏課에서 거듭 壯元하였고…16세에 司馬試에 응시하였으나 합격하지 못하였다(《東國李相國集 年譜》).

위에서 李勝章과 李奎報는 처음부터 솔성재와 성명재에 입학하였다. 만약 9재의 교육이 단계적 승차과정이었다면 이들은 첫 단계인 악성재에 입학하여 그 단계를 밟아야 했을 것이다. 그리고 대빙재까지 승차한 후 과거에 응시했어야 할 것이다. 그러나, 이승장은 솔성재에 들어가 다음 단계를 거치지 않고 솔성재생으로서 과거에 응시하였고, 이규보도 성명재에 들어가 성명재생으로서 과거에 응시하였다. 만약에 악성재가 9재 교육의 첫 단계였다면 초학 입문자를 교육하는 초등교육으로 보아야 할 것인데,「보한집」에 "樂聖齋學堂에 이르러 재생들과 더불어 운을 내어 시를 지었는데 유창하였다"는[138] 기사를 보면 악성재생들은 초학 입문자들이 아니었음을 확인할 수 있다. 악성재가 초학 입문자들의 학사였다고 한다면 왕이 특별히 승선에게 명하여 당대의 문사와 재상들과 함께 이곳에서 강습하고 시회를 열게 했을까 하는 점이다. 이와 같이 본다면 9재는 단계적인 수직관계가 아니고 횡적으로 연결되는 동일 교육수준으로 단지 재명만 달리하여 교육하였던 것으로 보아야 할 것이다. 이것은《고려사》최충열전에서 "양반의 자제들로서 과거에 응시하려는 자는 반드시 徒中에 속하여 공부하였다"고 한 기록을 보더라도 수학생들의 수준은 초학 입문자가 아니라 상당한 수준이었음을 알 수 있다. 그렇다면 나머지 사학도 최충의 문헌공도와 같이 9재로 나누어 교육하였겠는가

---

137) 大司成 金敦中이 國子監試官을 역임한 것은 의종 21년이다. 따라서 위의 무자년은 의종 21년 정해의 誤記인 것이다.

138)《補閑集》권 上 仁宗 21년(1143) 4월에 왕이 承宣 金을 시켜 두 侖公으로 하여금 日月寺 樂聖齋學堂에서 강습하게 하고 시를 짓게 한 것에 대한 평가이다.

하는 문제가 나온다.

> 각 徒의 유생이 일찍이 수업한 스승을 배반하고 다른 徒에 이속한 자는 東堂監試에 赴擧할 수 없도록 하라(《高麗史》 권 74, 志 28, 選擧 2, 私學).

위의 인종 11년(1133) 기사를 볼 때, 12도는 횡적으로 동등한 자격을 인정받고 있었음이 드러난다. 또 이후 12도를 일러 9재 학당이라고 총칭하던 것으로 보아 나머지 사학들도 9재로 나누어 교육하였을 것으로 볼 수 있다.[139] 이들은 주로 재사에서 수업에 전념하였지만, 여름철에는 더위를 피하여 산사의 승방이나 산속 또는 개울가를 활용하는 경우가 많았다.[140] 이를 《고려사》 선거지 사학조에서는 「夏課」라는 용어로 표현하고 있다.

교관은 설립자나 그 후예 및 그 徒의 출신자로서 명망이 높은 자가 되었겠지만 敎導를 많이 활용하였다. 《고려사》 선거지 사학조에서도 "徒中에서 급제하여 학문이 우수하고 재능이 많은 데도 관직에 나아가지 않은 자를 택하여 敎導로 삼았다"고 하였다. 실제로 교도에 의해 교육이 행해졌음은 秦始皇이라고 불리울 정도로 엄격한 崔元中의 사례가 있다.[141]

교육 내용은 《고려사》 선거지 사학조에서도 "그 학문은 9經과 3史였고 혹 先進이 찾아오면 촛불에 금을 그어 시를 짓게 하였다"고 하여, 그 대강이 알려진다. 즉 9경은 《詩經》, 《書經》, 《易經》, 《春秋左氏傳》, 《春秋公羊傳》, 《春秋穀梁傳》, 《禮記》, 《周禮》, 《孝經》이었을 것이고, 3사는 《史記》, 《漢書》, 《後漢書》였을 것이다. 특히 당시 교육이 과거와 연계되어 있고 또 9재학당 출신으로 과거에 합격한 자가 많았던 것으로 보아 과거의 주류를 이루었던

---

139) 金忠烈도 나머지 私學의 경우 科擧라는 큰 목표가 같았으므로 크게 다르지 않았을 것으로 보았다(《高麗儒學史》, 高麗大出版部, 1984, 98쪽).

140) 《高麗史》 권 74, 志 28, 選擧 2, 學校 私學條에서는 "山寺僧房이나 山間川邊에 노닐다가 어른과 아이가 차례를 지어 서로 시를 주고 받으며 저녁 때 돌아오는 광경을 보고는 경탄하지 않는 이가 없었다"고 하였다. 또 《補閑集》 권 中에서는 "12徒의 어른과 아이들은 여름철마다 山林에 모여서 공부하다가 가을이 되면 헤어졌는데 龍興寺·歸法寺 두 절에 많이 왔었다"고 한 것이 그 실례이다.

141) 李齊賢, 《櫟翁稗說》 前集 2, "尙書 崔元中은 學士 雍의 아들인데 일찍이 登第하여 9齋의 敎導가 되었다. 매질하는 법이 엄격하여 털끝 만큼도 용서함이 없었다. 생도들은 이를 원망하여 秦始皇이라고 불렀는데 그의 酷刑을 일러 말한 것이다."

교과를 집중적으로 교육하였을 것이다. 따라서 詩·賦·頌·策의 製述은 필연적으로 수학되었을 것으로 보인다.

12도는 고려 말 공양왕 3년(1391)에 폐지될 때까지 맥락을 계승하여 갔다. 강화천도 때에도 고종은 12도에 관심을 가져 시랑 李宗冑로 하여금 왕명으로 9재의 생도를 모아 하과를 행하고 여기서 우수한 자 55인을 선발하였고,[142] 충렬왕 11년(1285)에는 친히 歸山寺에 행차하여 9재 하과를 보고 격려하였다.[143] 공민왕도 12도에 대하여 지대한 관심을 가졌으므로 동왕 원년(1352)에는 12도의 교사 중수를 위한 명령을 내렸고, 동왕 12년에는 12도의 교육을 중흥하기 위한 명을 내리기도 하였다.[144] 이색도 일찍이 韓淸城 등과 함께 9재에 놀러가 安心精舍(安心寺)에서 촛불에 금을 긋고 시를 지으면서 "十二徒稱曰九齋, 國中童冠集山崖, 賦詩刻燭才何疾, 勸學興文意甚佳"란 칠언시를 짓기도 하였고,[145] 또 왕에게 상소하여 12도를 중흥시킬 것을 건의하기도 하였다.[146]

12도의 운영에서 한 가지 지나칠 수 없는 것은 재정에 관한 문제이다. 12도는 그 규모상 막대한 운영기금이 소요되었을 것으로 생각되는데, 단지 학생들의 기부금만으로 운영될 수 있겠는가 하는 의문이 생긴다. 이에 대한 것은 기록이 없어 정확하게 구명할 수는 없지만 《고려사》 세가편에 다음과 같은 참고할 만한 기사가 있다.

> 十二徒에 양곡의 비축이 없으므로 徒官을 여러 道에 보내어 베를 팔아 米를 사들이는 것으로서 規例로 삼으라 하였다. 宰樞는 이 때에 海漕가 통하지 않으므로 그 베를 취하여 尙乘局의 馬粟을 사려했는데, 徒官 曹漢卿 등이 公牒을 꾸며 사사로이 米를 楊廣道에서 사다가 일이 발각되었다(《高麗史》 권 39, 世家 39, 공민왕 7년 5월).

공민왕 7년(1358) 5월의 위 기사에서 볼 수 있는 바와 같이 국가는 12도에 대한 재정 지원에 관심을 나타내고 있음을 알 수 있다. 여기서 徒官은 국가

142) 《東國輿地勝覽》 권 12, 江華都護府, 樓亭 燕尾亭.
143) 《高麗史》 권 30, 世家 30, 충렬왕 11년.
144) 《高麗史》 권 74, 志 28, 選擧 2, 學校.
145) 李穡, 《牧隱詩藁》 권 24.
146) 《高麗史》 권 115, 列傳 28, 李穡.

의 행정관리인지 아니면 사학 자체내의 실무관인지는 확실하지 않으나, 12도의 재정을 담당하던 직분임은 분명한 것 같다. 12도에 대한 재정 지원이 단순히 이 때부터 비롯된 것인지 아니면 전례를 계승하였는지는 알 수 없지만 다음의 공민왕 12년 교서를 주목해 볼 필요가 있다.

> 근년에 干戈로 인하여 교양이 자못 해이해졌다. 지금부터 成均·十二徒·東西學堂과 諸州郡鄕校에 엄하게 가르침을 가하여 인재를 양성하고 그 둔토전과 인구를 혹 豪强이 겸병한 바 있으면 관에서 이를 분변하여 贍學用으로 한다(《高麗史》 권 74, 志 28, 選擧 2, 學校).

위의 기사를 음미할 때, 12도는 성균관·동서학당·향교와 더불어 학전과 노비를 지급 받고 있었음이 확인되고, 이것은 이전부터 제도화되어 있었음을 알 수 있다. 이로 보아 12도도 설립 당시부터 국가에서 國子監과 함께 학전을 지급 받지 않았을까 생각된다.

(3) 성 격

대대로 儒宗으로 존경을 받았던 최충이 문종 9년 치사하고 사학을 설립하여 교육에 전념하니, 당시 國子監의 교육에 불만을 갖고 있었던 학도들이 운집하여 크게 번창하였다. 이로써 과거에 응시하려는 사람들은 먼저 徒中에 적을 두게 되어, 이후 이들 중에서 과거에 합격하는 자가 많이 나오게 된다. 따라서 국자감 교육이 더욱 침체상태를 벗어날 수 없게 된 것은 당연하다.

> 國子監 학생들이 근래에 와서 대부분 폐업하니 이는 學官에게 책임이 있는 것이다. 지금부터 학관들은 성실하게 면려를 더 하도록 하여 연말에 성적(善惡)을 평가하여 떠나고 머무름을 정하도록 하라. 또 儒生으로서 국자감에 있은 지 9년이 되고 律生으로서 6년이 되어도 허황되고 우매하여 성취함이 없는 자는 물리쳐 버리도록 하라(《高麗史》 권 74, 志 28, 選擧 2, 學校 문종 17년 8월 制).

이상과 같은 문종 17년의 왕명에서 국자감 교육의 부진을 잘 알 수 있다. 그렇다면 국자감 생도들이 근래에 학업을 대부분 그만두는 이유는 어디에 있었는가. 이것은 앞의 「설립」 항목에서도 살펴보았지만 현종 이래 정책에서의 교육부재와 당시 사회의 성격 변화에서 찾아볼 수 있다. 그렇지만 이를 더욱 가속화시킨 것은 바로 사학의 설립이었다. 위 문종 17년의 制書는 바로 최충이 사학을 설립한 지 얼마 되지 않아서 나타났다는 것에 주목할 필요가 있다. 이것은 당시 학도들이 국자감을 기피하고, 또 그나마 국자감에서 수학하던 학생들이 국자감을 버리고 사학으로 진출하였음을 의미하는 것이기도 하다. 이러한 현상은 역으로 사학의 번창을 더욱 촉진시켜, 숙종 초에는 12도의 완성을 보게 된다. 이들 12도는 단순한 사학이 아니라 과거에 직접 연결될 수 있었던 국가적으로 공인된 학제였다. 따라서 국가는 12도 출신에게 예종 이전까지는 바로 최종시험인 禮部試에 응시할 수 있도록 하였다. 또 학전을 지급하여 재정을 지원하기도 하였다. 이로 볼 때, 12도의 성격은 국가에서 학력을 인정한 제도권적 사학으로 평가해도 좋을 것이다. 따라서 사학 12도가 완성을 보게 되는 숙종 때에는 이들이 국자감을 대체할 수 있을 정도로 그 체제의 정비와 활성화가 이루어졌다. 이로써 식자들 사이에는 국자감 무용론이 대두하게 된다.

> 國學에서 선비를 기르는 것은 비용이 많이 드니 실로 민폐가 됩니다. 또 중국의 제도를 우리 나라에 시행하기는 어려우니 청컨대 이를 혁파하소서(《高麗史》 권 74, 志 28, 選擧 2, 學校 숙종 7년 윤 6월).

이것은 12도 체제가 정비된 지 얼마 되지 않은 숙종 7년(1102)에 당시 재상이었던 邵台輔 등이 올린 글이다. 이들 주장은 단순히 재상 소태보의 개인적인 의견이 아닐 것이며 당시 조정의 일반적인 사조를 고위관료의 입장에서 대변하였다고 보아야 할 것이다. 그러나 예종 때에 와서 국자감 중흥정책을 실시함으로써 사학 12도의 성격도 변질된다. 예종은 당시 문벌 귀족들의 반대에도 불구하고 침체 일로에 있었던 국자감의 중흥을 위한 여러 가지 정책을 강력하게 추진하였다.

> 學[147]을 세워 賢士를 양성함은 三代 이래로 다스림을 이루는 근본인데, 有司의 의논이 아직 결정되지 못하였으니 마땅히 신속히 시행하라(《高麗史》 권 74, 志 28, 選擧 2, 學校 예종 2년 制).

147) 《高麗史》 에서는 단순히 「學」이라고 하였으나, 《高麗史節要》에서는 國學이라고 하였다(《高麗史節要》 권 7).

위에서 보는 예종의 교서에서도 국자감 중흥을 위한 의지를 읽을 수 있지만 그는 재위 중에 국학 7재의 실시, 養賢庫의 설치, 국자감 건물의 준공 등 국자감 부흥을 위한 적극적인 정책을 수행하였다.[148]

사학과 연계하여 특히 주목되는 것은 예종 5년(1110)의 판문으로 나타나는 과거제도에 대한 개혁이다. 즉 지금까지 과거에 직접 응시할 수 있었던 12도와 기타 문벌 자제들도 국자감에 예속시켜 3년 동안의 수학을 의무화한 것으로서 사학 12도에게는 큰 타격이 아닐 수 없었을 것이다. 이로써 사학 12도는 종래 大學的 위치에서 국자감에 예속되는 하위적 위치로 전락하지 않을 수 없게 된다. 이후 사학 12도의 교육이 국자감의 예속 아래 놓이게 되지 않을 수 없었던 것은 인종 17년의 기사를 통해 알 수 있다. 즉 동당감시 이후에 행하는 諸徒儒生의 都會도 국자감에서 관할하여 50일 동안 학습시킨 다음 해산시키고 있다.[149]

한편 국자감에서의 교육이 활성화되자 사학 12도의 위상은 크게 변화하여, 본래 수업하던 스승을 떠나 다른 도에 옮겨 공부하는 경향이 팽배하였다. 이러한 경향을 타개하기 위하여 인종 11년(1133)에는 스승을 배반하고 다른 도에 옮긴 자들이 동당감시에 응시하지 못하도록 하는 명령을 내리기에 이르렀던 것이다.[150]

사학 12도의 위상에 대하여 주목할만한 자료는 공민왕 원년에 이색이 올린 상소이다.

> 進士 李穡이 상소하여 청하기를 '지방의 鄕校와 중앙의 學堂에서는 그 재능을 심사하여 12徒에 올려 보내고, 12도에서는 다시 이들을 종합하여 成均館에 올려 보내어, 기한을 정해서 그 덕성과 여기에 대한 등급을 매겨 禮部에 추천하게 하소서. 예부에서는 이들 중 합격한 자에게는 전례에 따라 관직을 제수하고 합격하지 못한 자에게도 出身의 길을 열어 주도록 하소서. 관직에 있는 자로서 과거에 응시하려는 자를 제외하고는 國學生이 아니면 시험에 응시하지 못하게 하소서'(《高麗史》 권 74, 志 28, 選擧 2, 學校 공민왕 원년 4월)

148) 申千湜, 〈高麗中期 敎育理念과 國子監運營(1)〉(《高麗敎育制度史研究》, 螢雪出版社, 1983).
149) 《高麗史》 권 74, 志 28, 選擧 2, 學校 私學 인종 17년 7월 判.
150) 《高麗史》 권 74, 志 28, 選擧 2, 學校 私學 인종 11년 6월 判.

이 내용은 당시 교육의 위계를 파악하는 데 많은 시사를 준다. 즉 향교와 동서학당생을 12도에 올려 보내고 12도에서는 다시 성균관에 올려 보낸다는 내용이다. 주목할 만한 점은 이 때부터 새로이 시행하자는 것이 아니고, 전례에 따라 행하라는 것이다. 즉 지금까지의 관례에 따르라는 것인데, 그렇다면 과거에는 위와 같은 방법대로 행해 왔음을 의미한다고 하겠다. 위에서 제시한 이색의 상소는 전례를 계승하면서, 예종 5년의 판문인 "國子監에서 3년 동안 공부한 후에 과거에 응시하라"는 원칙이 예외의 규정에 의하여 많이 변질된 데 대하여 이를 바로잡아 성균관의 위상을 정비하려 했던 것이라고 볼 수 있다.

이색의 상소로 미루어 보면 고려 후기에는 12도 교육이 크게 위축되어 갔을 듯하다. 그러나 이보다 앞서 충렬왕 때에는 安珦의 노력으로 학교 교육이 크게 활성화되어 "七官十二徒의 諸生이 경서를 끼고 수업하는 자가 거의 수백 명을 헤아리게 되었다"[151]고 할 정도로 교육 중흥상을 보이고 있었다.

> 國學은 유명무실하고 十二徒와 東西學堂은 퇴폐하여도 수리하지 않으니 마땅히 수리하여 생도를 양육하고 一經이라도 능통한 자 있으면 錄名하여 아뢰도록 하라(《高麗史》 권 74, 志 28, 選擧 2, 學校 공민왕 원년 2월).

한편 이상에서 보이듯이 공민왕 원년에 반포된 교서를 통해 보면, 공민왕이 즉위할 즈음에는 국자감과 아울러 12도의 교육기능은 거의 마비되어 있었음을 알 수 있다. 동왕 6년(1357) "中外의 學校를 수리하였다"는 기사가 보이지만, 사학인 12도의 교육시설도 중수를 보게 되었는지는 의문이다. 왜냐하면 《고려사》 선거지에서 공민왕 12년의 교서에서 12도의 명칭이 나온 후, 공양왕 3년 폐지될 때까지 12도에 대한 내용은 거론되지 않고 있기 때문이다.

〈申千湜〉

151) 《高麗史》 권 74, 志 28, 選擧 2, 學校 충렬왕 30년 5월.

2. 지방의 교육기관

1) 향 교

(1) 향교 설치의 배경

고려시대의 지방 교육을 담당한 관학기관은 鄕校였다. 고려의 향교가 언제부터 설치되었는지는 기록이 없어 분명히 알 수 없으나 그 연원은 통일 신라기의 지방 교육의 전통에서 찾아야 할 것으로 보인다. 통일신라기에는 유학 교육기관뿐만 아니라 잡학 교육기관을 세우고 教授官을 설치한 것을 보면, 지방에도 관학 교육기관을 설치하였을 가능성은 배제할 수 없다. 이러한 사실은 州治所에 조교를 파견하고,[1] 菁州(晋州)의 老居縣을 학생녹읍으로 삼았으며,[2] 淸州 지방에 學院이라는 교육기관이 나말 여초의 호족에 의하여 지배·운영되어 왔다[3]는 사실이 밝혀진 것 등으로 보아 충분히 짐작하고도 남음이 있다.

통일신라기의 큰 읍에 설치되었던 학원과 같은 지방학교는 나말의 중앙집권체제가 이완된 틈을 타서 호족들이 장악·운영하였으나 성종조에 이르러 중앙의 통제와 지배를 받게 되었다.

성종은 유교적 정치이념에 바탕한 중앙집권적 귀족국가체제를 정비하면서 누구보다도 교육에 대한 깊은 관심을 표명하였다. 그는 유교적 소양을 갖춘 인간을 길러 지배체제에 이바지할 관인을 등용하고자 향호들의 자제 260명을 서울에 와서 학업을 익히도록 하였다. 그러나 이 중 207명을 동왕 5년(986)에 고향으로 돌려보내고,[4] 그 이듬해에는 귀향생들의 교육을 위하여

1) 《東京通志》 권 3, 경덕왕 6년 정월.
《東史綱目》 제 4하, 경덕왕 6년 정월.
2) 《三國史記》 권 10, 新羅本紀 10, 소성왕 원년 3월.
3) 金光洙, 〈羅末麗初의 地方學校問題〉(《韓國史硏究》 7, 1972) 참조.
4) 《高麗史》 권 74, 志 28, 選擧 2, 學校 성종 5년 7월.

12牧에 경학박사 등의 교수관을 파견하였다.[5] 12목은 통일신라 이래 지방 행정상 중요시되었던 곳으로 이곳에 박사를 파견하였다는 것은 전국의 주요 거점에 있던 지방 교육이 명실공히 중앙정부의 통제하에 들어가 그 지배를 받게 되었음을 의미한다. 고려의 향교 설치는 이 때부터 보아도 좋을 듯싶다.

(2) 향교의 설치와 변천

고려시대의 지방학교에 관한 최초의 기록은 태조 13년(931)에 설치한 西京學校가 효시이다. 그러나 서경학교는 고려의 副都인 서경에 설치한 학교로서 고려의 정치적 변천과정에서 서경의 위치가 변천함에 따라 그 명칭과 규모·성격 등이 몇 차례 바뀌었으며, 고려 말에 이르러서는 향교화하였다.[6] 그러므로 서경학교는 비록 고려시대에 설치한 최초의 지방 관학이지만, 처음에는 향교와 그 성격이 달랐다고 보아야 할 것이다. 고려시대의 향교 설치의 시기에 관해서는 인종 때로 보려는 견해가 있으나[7] 성종 때로 봄이 옳은 듯싶다.

지방 교육에 대해서 남다른 관심을 가지고 있었던 성종은 지방의 자제 260명을 뽑아 개경에 불러 올려 학업을 닦도록 하였다. 그러나 그 효과가 미진하자 성종 5년 7월에 고향으로 돌아가려는 207명의 학생을 그들의 향읍으로 귀향하도록 허락하였으며 1년 뒤인 성종 6년 8월에는 귀향생을 지도하기 위하여 12목에 경학박사와 의학박사를 각 1인씩 파견하였다. 이러한 조치는 성종 2년에 지방관제가 정비됨과 아울러 나말려초기의 향호들에 의해 운영되어 왔던 지방학교인 학원이 중앙의 지배와 통제하에 들어가 재정비되어 향교로 개편되었음을 의미하며,[8] 전국의 주요 거점인 12목에는

---

5) 《高麗史》 권 74, 志 28, 選擧 2, 學校 성종 6년 8월.
6) 宋春永, 〈高麗時代의 西京學校〉(《大丘史學》 28, 1985), 32쪽.
7) 고려시대 향교의 설치 시기를 仁宗朝로 보려는 견해는 한국교육사를 연구하는 학자들에 의해 주로 주장되었다.
韓基彦, 《韓國敎育史》(博英社, 1963).
李萬珪, 《朝鮮敎育史》(乙酉文化社, 1947).
渡部學, 《朝鮮敎育史》(東京, 講談社, 1975).
韓東一, 《朝鮮時代 鄕校敎育制度硏究》(成均館大 博士學位論文, 1981).

향교가 발족되었음을 말하여 준다.

성종 6년에 경학박사 등이 교육하는 중앙 통제하의 학교가 있었다는 것은 성종 8년 4월의 교서를 통해 알 수 있다.[9] 그 내용은 학교를 확장하여 나라를 다스리고, 과거를 통하여 俊士를 뽑으며, 박식한 儒士를 얻어 왕의 정치를 돕고자 한다고 밝히고, 교육에 성과를 거둔 羅州牧의 경학박사 全輔仁을 포상하라[10]는 것이다. 또 수령이나 학관의 지방 교육에 대한 책임을 물어 포폄하도록 하였다.[11] 그리고 성종 11년(991) 정월에 "서울에는 庠序를 열어 儒術을 높이고, 외방에는 학교를 설치하여 생도를 권과하라"[12]고 하였다. 이러한 교서의 내용을 보아서도 지방에 학교가 설치되었음을 알 수 있다. 비록 향교라는 명칭이 보이지 않지만 이들 지방학교는 향교로 보아야 할 것이다.

현종·문종 때에 이르면 지방 행정제도가 확립되고 향리에 대한 통제를 제도적으로 강화함으로써[13] 중앙정부의 지방에 대한 실질적인 지배가 큰 읍을 중심으로 침투되어 갔다. 이처럼 성종 6년의 향교 발족은 지방 행정뿐만 아니라 지방 교육도 중앙의 지배하에 들어가 국가의 통제를 받으면서 점차 정비 보급되어 갔음을 의미한다. 그리하여 현종 9년(1018)에는 4都護府·8牧·56郡·28鎭·20縣이 설치되었던 전국의 주요 지역에는 상당수의 學官이 파견되었으며 문종 때에 이르러서는 더욱 학관의 파견이 확대되어 갔다.[14]

이처럼 성종 이후 지방 관학인 향교가 전국적으로 보급되어 감에 따라 지

---

8) 宋春永, 〈高麗時代 鄕校의 變遷史的 考察〉(《歷史敎育》 41, 1987), 49~50쪽.

9) 《高麗史》 권 3, 世家 3, 성종 8년 4월 敎.

10) 全輔仁에 대한 포상은 《高麗史》 권 74, 志 28, 選擧 2, 學校 성종 8년 4월 敎에서 찾아볼 수 있다.

11) 《高麗史》 권 74, 志 28, 選擧 2, 學校 성종 8년 4월 敎.

12) 《高麗史節要》 권 2, 성종 11년 정월 敎.

13) 현종 9년(1018)에는 州縣의 대소를 丁의 과다에 두고, 그에 따라 향리의 숫자를 정하였으며(《高麗史》 권 75, 志 29, 選擧 3, 銓注, 鄕職), 그 해에 향리의 公服도 규정하여(《高麗史》 권 72, 志 26, 輿服, 冠服 長吏公服) 향리를 통제하였다. 문종 5년(1051) 10월 判文에서는 향리의 승진 규정을 9단계로 나누었음을 볼 수 있는데(《高麗史》 권 75, 志 29, 選擧 3, 銓注 鄕職), 이와 같은 조처로 중앙의 지방에 대한 통제가 강화되었음을 알 수 있다.

14) 《高麗史》 권 77, 志 31, 百官 2, 外職條에 보면 南京·大都護府·諸牧·大都督府에 文師(9품)를 각 1인씩 두었고, 防禦鎭 및 州郡에는 文學 각 1인을 둔 것을 보면 전국의 주군현에 상당수의 학관이 파견되었음을 알 수 있다.

방의 학생들에게는 교육받을 기회를 많이 제공해 주었고 이로 인하여 鄕貢의 수적 증가와 이에 따른 향공의 질적 저하를 가져왔을 것이다. 이에 중앙정부에서는 이러한 향공의 수적 증가에 따른 질적 저하를 막고 지방세력 의 중앙 진출을 조금이나마 막아보고자 界首官試의 엄정한 관리를 통하여[15] 향공의 질적 향상을 꾀하려 하였다.

고려의 향교는 예종과 인종 때에 이르러 그 확립기를 맞는다. 예종은 학문을 좋아하는 왕으로서 국학을 부흥시키고자 노력하는 한편 수령으로서 문과 출신자는 학사 사무를 겸하도록 하였다.[16] 곧 「修明學校」가 守令事目의 하나가 되게 함으로써 지방 교육이 수령의 치하에 들어가 행정적 지배를 받게 되었다.

인종은 학문을 좋아했던 왕이었다. 재위 24년간에 李資謙의 난과 妙淸의 난을 겪으면서도 학제와 과거제를 재정비하여 문풍을 크게 진작시킴으로써 고려 교육사에서 분수령을 이루었다. 인종은 이자겸의 난을 치르고 난 후 동왕 5년(1131) 3월 서경에 행차하여 「維新敎書」를 반포하였다. 그 속에서 지방관학을 진작시키고자 "諸州에 學校를 세워 敎道를 넓혀라"고 하였다.[17] 이처럼 지방 교육을 강조한 것은 이자겸의 난을 겪고 난 뒤 정치적 면목을 일신하여 민심의 안정과 집권체제를 확립하고 그 동안 침체하였던 향교 교육을 강화하고자 취해진 조치라 생각된다.

그런데 인종 5년 3월에 반포한 지방 교육에 관한 조서를 근거로 향교의 설치 시기를 인종 5년으로 보고, 그 명칭은 鄕學이었다는 설명이 오늘날까지 정설화되다시피 되었다. 이같은 견해는 인종 5년 3월에 반포한 교서 외에 金守雌가 쓴 〈幸學記〉라던가,[18] 인종 20년의 판문[19] 중에 향교라는 명칭이 사용되었다는 데 그 근거를 두고 있다. 그러나 성종 이후의 지방 관학의 보급 상황을 감안하면 향교의 설치 시기를 인종 초로 보려는 견해는 옳지 못한 것 같다. 따라서 인종 5년 3월의 "諸州立學 以廣敎道"란 주현에

15) 《高麗史》 권 73, 志 27, 選擧 1, 科目 1, 현종 15년 12월 判.
16) 《高麗史》 권 74, 志 28, 選擧 2, 學校 예종 즉위년 判.
17) 《高麗史》 권 74, 志 28, 選擧 2, 學校 인종 5년 3월 詔.
18) 《東文選》 권 64, 記, 金守雌幸學記.
19) 《高麗史》 권 73, 志 27, 選擧 1, 科目 1, 인종 20년 2월 判.

향교를 세우고 가르치도록 하라는 것이 아니다. 곧 지방 교육을 진흥시키고자 향교가 설치되지 않은 지역에는 향교를 널리 설치하고, 이미 향교가 설치된 지역이라도 그 시설이 미비된 지역의 향교는 시설을 정비하여 널리 교육의 장으로 넓히라고 지시한 것으로, 향교의 발전적 측면에서 해석하고 이해하여야 할 것이다.[20] 이렇게 보면 인종 때에는 여러 주군현에 상당수의 향교가 설치되거나 재정비되어 전국 규모로 발전하였으며, 그 교육 수준 또한 상당한 정도에 이르렀던 것으로 보인다.

이러한 사실은 인종 20년 이전에 晋州·富平·江華 등지에 향교가 설치되어 있었다는 사실이 밝혀져 있고,[21] 김수자의 〈행학기〉에 "글 읽는 소리가 중앙에서 멀리 외방에까지 이르고 있으니 옛날에 없었던 일이다"라고 한 것이라던가, 《高麗圖經》 儒學條에 "經館書社가 늘어섰고 백성의 자제들이 무리를 지어 스승을 따라 경전을 수업하였다"는 것을 보아서도 알 수 있다.

고려시대 향교의 명칭 또한 향학으로 볼 것이 아니라 향교로 봄이 옳은 듯하다. 향교라는 명칭은 김수자가 쓴 〈행학기〉에 처음으로 보이지만, 그것은 성종 이후 지방 관학이 보급 정비되어 가면서 사용된 지방 관학의 공통된 명칭으로 보아야 할 것이다. 고려의 주·부·군·현에 설치된 학교는 州學·府學·郡學·縣學 등으로 불렸겠지만 이들 전체를 부르는 명칭은 향읍의 학교라는 향교로 보아야 할 것이다. 향교라는 명칭은 고려 후기에 오면서 그 기록이 많이 나타나고 있는데 그것을[22] 보아서도 고려의 지방 관학기구의 명칭은 향교로 봄이 옳은 듯하다.

인종 때에 향교가 전국적으로 설치·발전되었지만, 무신정권 이후 약 1세기간에는 문무가 교체되고, 몽고의 침입으로 국토가 황폐되어 민생이 도탄에 빠짐에 따라 중앙과 지방의 교육이 부진하였던 것 같다. 그렇다고 무신집권기에는 교육과 과거제도를 실시하지 않았다는 것은 아니다. 고종 7년(1220)에 李世華가 白翎鎭將으로 가서 그 곳에 향교를 설치하고 학업에 힘쓰

20) 宋春永, 앞의 글(1987), 57쪽.

21) 朴贊洙, 〈高麗時代의 鄕校〉(《韓國史硏究》 42, 1983), 45쪽.

22) 李成茂, 〈朝鮮初期의 鄕校〉(《漢坡李相玉回甲紀念論文集》, 敎文社, 1970), 237쪽에 보면 고려의 향교가 대체적으로 고려 후기 때 세워지는 것으로 파악하였다.

도록 하여 과거에 응시하는 자가 많이 나오니 고을 사람들이 경모하였다.[23] 그리고 李奎報가 猬島로 귀양가던 도중에 保安縣에 이르렀을 때 이곳의 교생들이 술을 가져와 위로하니 답례로써 시를 지어주었다[24]는 것을 보면 무신정권기에도 향교가 존속되었음을 알 수 있다. 그러나 무신정권의 교육과 과거는 무신집권체제를 운영하는 데 필요한 文翰官을 확보하여 그들의 정권을 유지하려는 데 그 목적이 있었던 것이다.[25]

庚癸의 난 이후 쇠퇴하였던 지방 관학은 개경 환도 후인 몽고 간섭의 초기까지에도 교육적 기능을 다하기 어려웠던 것 같다. 충렬왕 때에 비록 유학교육을 부흥시키려는 興學策을 폈으나 그것은 국학을 부흥시키려는 데 중점을 두었을 뿐, 지방 관학의 부흥을 위한 노력은 보이지 않는다. 무신정권 이후 내우외환으로 교육이 부진하였던 실상은 수 십년 동안을 유사들은 전쟁 에 동원되었고, 독서자는 열 중 하나 둘도 안되며, 老儒는 죽어 六籍(六經)이 겨우 전할 정도였다.[26]

그러나 충선왕과 충숙왕 때의 적극적인 홍학책으로 향교 교육은 점차 회복되어 간 것으로 보인다. 충선왕은 즉위년에 오래된 폐단을 개혁하려고 사정쇄신을 위한 7개조의 교서를 내려 인재를 등용하는데 世家의 자제에 한하지 말고 茂才碩德하고 孝廉方正한 유사가 있으면 그 고을수령이 천거하도록 하였다. 또 藝文館으로 하여금 군현에 茂才者가 있으면 직첩을 주어 訓導에 임하도록 하여[27] 지방 관학의 교수관 확보를 위한 조처를 취하였다.

충숙왕은 학교는 풍속을 교화하는 근원이므로 교육을 엄히 하여 인재를 뽑아 쓰도록 하였으며,[28] 化民成俗은 반드시 학교로 말미암는다고 하여 교육의 중요성을 강조하면서 유능한 유사를 관할 고을수령이 천거하여 쓰도록 하였다.[29] 이

---

23) 李奎報, 《東國李相國集》 後集 권 12, 墓誌 李世華墓誌.
《東文選》 권 123, 墓誌.
24) 李奎報, 《東國李相國集》 全集 권 17, 古律詩 十二月移寓保安縣.
25) 李成茂, 〈武臣執權下의 文人知識層의 動向〉(《嶺南大 三十周年紀念國際學術會議論文》, 1977), 275쪽.
許興植, 《高麗科擧制度史硏究》(一潮閣, 1981), 34쪽.
26) 李齊賢, 《櫟翁稗說》 前集 2.
27) 《高麗史》 권 75, 志 29, 選擧 3, 銓注 薦擧 충선왕 즉위년 11월.
28) 《高麗史》 권 74, 志 28, 選擧 2, 學校 충숙왕 12년 敎.
29) 《高麗史》 권 75, 志 29, 選擧 3, 銓注 薦擧 충숙왕 12년 10월 敎.

와 같은 조치는 지방 교육을 진작시키는 활력소가 되었을 것이다. 충선왕 5년(1313)부터 충목왕 2년(1346)까지 33년간에 9개의 향교가 중수되거나 새로 설치되었다는 것은[30] 고려 후기의 향교 교육이 회복되어 간 것을 말하여 준다. 그렇다고 충선왕 이후의 향교 교육이 전국적으로 활성화되었다는 것은 아니다. 병화로 향교가 소실되어 옛터조차 알 수 없는 경우도 있었고,[31] 廟學이 퇴폐되고 교생은 학업을 게을리 할 뿐만 아니라 그 수도 몇 명되지 않았다는[32] 것은 중앙정부의 노력에 비하여 지방 관학의 성과는 생각만큼 실효를 거두지 못하였던 것 같다.

고려 후기의 향교 교육은 공민왕 이후에야 새로운 모습으로 나타난다. 공민왕은 유능한 인재를 골라 쓰고자 山林鄕曲에 經明行修하고 茂才高節한 유사가 있으면 천거하여 탁용하도록 하였으며,[33] 학교는 風化의 근원이니 퇴폐한 학사를 수리하여 생도를 기르도록 하고 경학에 능통한 자를 보고하도록 하였다.[34] 李穡은 향교와 학당에서 생도들의 재능을 심사하여 유능한 자는 12徒에 올리고, 12도에서도 다시 심사하여 成均館에 올려 일정한 과정을 수학한 후 과거에 응시하도록 하였다.[35] 이같은 조처는 학교 교육의 질적 향상을 도모할 수 있었을 것이다. 또한 공민왕은 개경과 지방의 학사를 수리하도록 하였고,[36] 동왕 12년(1363) 5월에는 "근년에 전쟁으로 교육이 퇴폐하니 성균관·12도·동서학당 및 제군현의 향교는 교육을 엄히 하고, 土田·人口(노비)를 豪强들이 부당한 방법으로 겸병한 것은 관에서 분별하여 學糧에 충당하도록 하라"는 교서를 내렸다.[37] 공민왕은 과거제도에 있어서도 원의 鄕試·會試·殿試를 처음으로 채택하여 규정으로 삼도록 하였다.[38] 또 공민왕 23년 3월에는 각 도의 향시 유생으로서 다른 도의 시험에 응시하는 자가 있으면 회

30) 朴贊洙, 앞의 글, 55~56쪽.
31) 《江陵鄕校誌》, 花浮山鄕校律詩序.
32) 安軸, 《謹齋集》 권 1, 記, 襄陽新學記.
李穀, 《稼亭集》 권 2, 記, 金海府鄕校水軒記.
33) 《高麗史》 권 75, 志 29, 選擧 3, 銓注 薦擧 공민왕 원년 2월 敎.
34) 《高麗史》 권 74, 志 28, 選擧 2, 學校 공민왕 원년 2월 敎.
35) 《高麗史》 권 74, 志 28, 選擧 2, 공민왕 12년 5월 敎.
36) 《高麗史》 권 74, 志 28, 選擧 2, 공민왕 6년 정월.
37) 註 35)와 같음.
38) 《高麗史》 권 73, 志 27, 選擧 1, 科目 1, 공민왕 18년.

시에 응시하지 못하도록 하였다.[39] 이것은 예비고시를 교육과정의 승급시험으로 정비함으로써 지방 교육의 정상화를 가져와[40] 향교의 부흥에 하나의 활력소가 되었을 것이다.

그 후 창왕은 州縣學에서 貢士가 정해진 수에 차지 않으면 수령에게 그 책임을 물어 죄를 다스리도록 하교함으로써[41] 수령의 지방 교육에 대한 관심을 고조시켰다. 공양왕 원년(1389) 12월에 대사헌 趙浚 등은 지방 교육을 진작시키고자 학교의 중요성을 강조하면서 병화로 퇴폐한 학교를 부흥시키는 방안을 제시하였다. 곧 중앙에서 각도에 교수관을 1인씩 파견하여 군현을 돌면서 교육을 엄히 하도록 하고, 지방에 한가로이 살면서 유학을 학업 하는 유사들을 뽑아서 그 지역의 교도로 삼아 교육에 힘쓰도록 하고, 인재를 많이 양성한 교도관은 차례를 뛰어넘어 관직을 높여 주도록 할 것을 상주하였다.[42] 이같은 상소에 따라 공양왕 2년에는 개경의 5부와 서북면의 주・부에 유학교수관을 설치하였고,[43] 그 이듬해에는 각도의 목・부에도 교 수관을 설치하였다.[44] 그리고 개경에는 5부 학당을, 외방에는 향교를 설치하여 유학을 진흥시켰다.[45] 이러한 조치로 여말에는 儒風이 크게 진작되었고 향교 교육은 새로운 모습을 갖추게 되었다.

고려 말의 지방 교육을 부흥시키려는 노력을 주도한 사람들은 신진사대부들이었다. 이들은 주자학을 새로운 정치적・사상적 이념으로 수용하고 연구하였다. 고려 후기에 성리학이 보급되면서 유학의 학풍은 唐宋絶句를 중심으로 한 詞章 중심에서 修己治人을 위한 경학풍으로 바뀌어 갔다.[46] 이에 따라

39) 《高麗史》 권 73, 志 27, 選擧 1, 科目 1, 공민왕 23년 3월 敎.
40) 許興植, 앞의 책, 47쪽.
41) 《高麗史》 권 73, 志 27, 選擧 1, 科目 1, 신창 敎.
42) 《高麗史》 권 74, 志 28, 選擧 2, 學校 공민왕 원년 12월.
43) 《高麗史》 권 74, 志 28, 選擧 2, 學校 공양왕 2년 2월.
44) 《高麗史節要》 권 35, 공양왕 3년 정월조에 "置各道牧府儒學敎授官"이라 하였고, 《高麗史》 권 77, 志 31, 百官 2, 外職 공양왕 3년조에 "置各道牧府儒學敎授官 四年罷 尋復之"라 한 것을 보면 공양왕 4년에 일시 폐지되었다가 곧 설치하였던 것 같다. 《高麗史節要》 권 35, 공양왕 4년 6월조에 "復置諸道州郡儒學敎授官"이라 한 것을 보아서도 알 수 있으며, 공양왕 4년 6월에는 유학 교수관의 설치가 더욱 확대되었던 것 같다.
45) 《高麗史》 권 117, 列傳 30, 鄭夢周.
46) 許興植, 앞의 책, 97쪽.

유학교육에서는 유교의 경전인 4서 5경이 교육과정으로 정착되었고 과거에 있어서도 예부시의 출제 과목으로 중요시되었다.[47]

여말의 향교 교육을 부흥시키려는 신진사대부들의 홍학책은 교육을 통한 주자학의 보급과 확대였다. 그 후 조선을 개국하는데 앞장선 신진사대부들에 의해 여말의 향교 교육은 조선시대의 향교로 정형화되었다.

(3) 향교의 운영실태

가. 시설과 재원

향교의 기능은 先聖先賢을 봉사하는 기능과 지방 자제들을 교육하는 교학적 기능이었다. 이러한 기능을 담당하여 수행하기 위해서는 성현을 봉사하는 祠宇, 교육하는 장소로 명륜당, 재생이 기거하는 동·서재 등의 기본시설과 기타 부속건물이 있어야만 하였다. 그러나 고려시대의 향교는 조선시대와는 달리 이러한 기본시설이 완전한 체계를 갖추지 못하고 廟·學이 같은 건 물 안에 있었던 듯하다. 李穀이 지은 다음의 기문을 보면 이러한 사정을 잘 묘사하고 있다.

> 본국 향교의 제도는 문묘와 학당이 같은 건물 안에 있어서 외람되다. 더구나 童子들이 들어와 大成殿 뜰에 모여서 떠들썩하니 외람됨이 더욱 심하다(李穀, 《稼亭集》 권 5, 記, 寧海府新作小學記).

이와 같이 사우와 학당을 분리시켜 설치하지 않고 廊廡도 갖추어지지 않았던 상태에 있었음을 알 수 있게 해준다.[48] 그러나 〈寧海府新作小學記〉에는 대성전을 따로 설치하여 공자상을 모시고 左右廡를 지어 강학소로 삼았다는 것이라던가, 〈堤州鄕校記〉에도 대성전과 학당이 따로 설치되었고 東西廡에서 강학하였다는[49] 것 등을 보면 고려시대도 초기와는 달리 후기로 내려오면 문묘와 학당이 분리되었으며, 강학은 동서무에서 실시하였음을 알 수 있다. 이와 같은 변화는 봉사적 기능의 중요성이 점차 고조되어 갔음을 의미하며,[50]

---

47) 宋春永, 〈高麗時代의 鄕校敎育政策〉(《歷史敎育論集》 11, 1987), 95~96쪽.
48) 朴贊洙, 앞의 글, 60~62쪽.
朴龍雲, 앞의 책, 381쪽.
49) 權近, 《陽村集》 권 12, 記, 堤州鄕校記.

조선시대 향교로의 정형화과정에서 나타난 현상이 아닌가 생각된다.

고려시대의 문묘에는 옛 성현의 圖像을 봉안하였다. 성종 2년(983) 5월에 박사 任老成이 송으로부터 오면서 文宣王廟圖 등과 〈72현찬기〉를 가져왔으며, 선종 8년(1091) 9월에는 송의 국자감 예에 따라 72현의 도상을 국학의 벽상에 걸었다.[51] 이것은 고려 문묘제의 발족으로 보아야 할 것이다. 성현의 도상을 국학에만 설치한 것이 아니라, 서경이나 주현의 문묘에도 봉향하였던 것 같다. 충숙왕 12년(1325)에 평양부의 사우에 성현을 봉향하였으며,[52] 다른 주현의 문묘에서도 釋奠儀를 올린 것은[53] 이러한 사실을 잘 말하여 주고 있다. 성현의 상을 향교에 설치한 시기는 분명히 알 수 없다. 그러나 서경을 제외한 다른 주현의 향교는 界首官鄕校에 먼저 설치되고 인종 때는 상당수의 향교에까지 확대되어 간 것으로 보이며,[54] 그 시기는 선종 8년 국자감의 문묘제가 발족된 이후로 보인다.

성현의 상은 묘·학이 한 건물 안에 있었던 고려 전기에는 도상을 봉안하였으나, 묘·학이 분리된 고려 후기에는 塑像이나 위패를 만들어 봉안하였던 것 같다. 충숙왕 7년에 왕이 은병 30개를, 宰樞는 재물을 내어 문선왕의 소상을 만들었으며,[55] 그리고 《신증동국여지승람》 성주군 향교조에 소상은 개경의 대성전을 모방하여 만든 것이라 하였고, 성주향교의 문묘조에는 5聖 10哲은 옛날에는 소상을 썼으나 목사 康仲珍이 신주의 위판으로 바꾸었다고 한다.[56] 영해부 향교의 대성전에도 공자의 소상을 봉안하였으며,[57] 〈제주향교기〉에도 향교에 先聖之神을 봉안하였다[58]는 것 등을 보면 소상과 위패가 병용되었던 것으로 짐작된다.

《佔畢齋集》의 〈謁夫子廟賦)에 "景泰 5년(조선 단종 2 ; 1454) 金叔滋가 성주

50) 宋春永, 앞의 글(1987b), 77쪽.
51) 《高麗史》 권 62, 志 16, 禮 4, 文宣王廟 선종 8년 9월 경술.
52) 《高麗史》 권 35, 世家 35, 충숙왕 12년 10월 을미.
53) 《高麗史》 권 63, 志 17, 禮 5, 諸州縣文宣王廟.
54) 宋春永, 앞의 글(1987b), 76쪽.
55) 《高麗史》 권 35, 世家 35, 충숙왕 7년 9월 무인.
56) 《新增東國輿地勝覽》 권 48, 星州郡, 鄕校.
57) 李穀, 《稼亭集》 권 12, 記, 寧海府新作小學記.
58) 權近, 《陽村集》 권 12, 記, 堤州鄕校記.

교수로 가서 학생들을 거느리고 문묘에 입례하였는데, 大聖 이하 4성 10철이 모두 소상으로 오래되었다"고 하였다.[59] 《신증동국여지승람》 개성부 향교조에는 "大成殿에는 5성 10철의 소상을, 동서무에는 70현의 위판을 봉향하였다"고 하였다. 조선 초기의 기록을 보면 문선왕과 4성 10철은 소상을, 그 제자인 70현은 위패로 봉안하였던 것 같다. 이런 점으로 보아 고려의 향교는 조선시대의 향교와는 그 구조에 다른 점이 많았던 것 같으며, 이러한 변화는 여말 선초의 과도기에 나타난 현상이라 생각된다.

향교의 경비를 충당하려는 재정책으로 學寶를 설치하거나 公廨田이나 鄕校田 같은 토지를 지급하기도 하였던 것 같다. 태조가 서경학교를 설치한 후 홍학의 소식을 듣고 곡식 100석을 내려 그 이식으로 경비를 충당하도록 하였으며[60] 성종 11년(992)에는 학사를 널리 짓고 田庄을 지급하여 學粮에 충당하도록 하였고[61] 명종 8년(1178) 4월에는 서경학교인 諸學院에 공해전 15결, 서적위전 50결, 문선왕 油香田 15결 등을 지급하여 경비에 충당하도록 하였고,[62] 우왕 14년에도 향교전을 지급한 사례를[63] 찾아볼 수 있다. 그러나 무신집권 후 오랫동안의 병화로 국토가 황폐해지고 권문세족의 토지겸병으로 전제가 문란해져 공해전이나 학전의 관리가 어려웠고, 소속이 불명확한 토지(공해전·향교전)는 호강들에게 강점 당하게 되었을 것이다. 이에 공민왕 12년(1365) 5월에는 퇴폐한 교육을 엄히 하도록 하면서 호강에게 강점 당한 토전이나 인구(노비)를 관에서 분별하여 장학에 충당하도록 하였다.[64]

향교 교육을 위한 재정이 부족하였을 때에는 국가적 지원책 외에도 수령이 사사로이 마련해 주는 약간의 재원으로 이식을 받아 경비에 충당하기도 하였으나[65] 그것은 열악한 것이었다. 이처럼 향교의 재정부족은 유능한 교수관 확보의 어려움과 함께 향교의 쇠퇴를 가져온 요인이 되었다.

---

59) 金宗直, 《佔畢齋集》 文集 권 1, 謁夫子廟賦·年譜.
60) 《高麗史》 권 74, 志 28, 選擧 2, 學校 태조 13년.
61) 《高麗史》 권 74, 志 28, 選擧 2, 學校 성종 11년 12월 敎.
62) 《高麗史》 권 78, 志 32, 食貨 1, 田制 公廨田 명종 8년 4월.
63) 《高麗史》 권 78, 志 32, 食貨 1, 田制 신우 14년 7월.
64) 《高麗史》 권 74, 志 28, 選擧 2, 學校 공민왕 12년 5월 敎.
65) 權近, 《陽村集》 권 12, 記, 延安府鄕校記.

나. 교수와 생도

고려시대에 지방 관학을 위하여 學官을 설치한 것은 태조 13년(930) 왕이 서경에 행차하여 廷鶚을 書學博士로 삼아 6부의 생도를 모아 가르치도록 한 것이 효시이다. 그러나 전국의 주요 거점인 12목에 학관을 파견한 것은 성종 6년(987) 8월이다. 이것은 성종 5년 7월에 상경 수학생 260인 중 207인을 귀향시킨 후 1년 뒤에 취해진 조처였다. 이후 여말에 이르기까지 서경을 제외한 주군현에 파견한 학관 직명의 변천상을 보면 다음의 〈표 1〉과 같다.

〈표 1〉 지방 관학의 학관직명 변천

시대	성종 6~8년	성종 14년	목종 6년	문종 30년	의종 22년
학관직명	경학박사 1 의학박사 1	文師 1(9품) 醫師 1(9품)	박사 師長	문사 1(9품) 의사 1(9품) 文學 1 醫學 1	문사
파견지	12목	동경	3경 10도	서경, 대도호부 방어진, 지주군	주현군
전거	고려사 74, 지 28, 선거 2, 학교	고려사 77, 지 31, 백관 2, 외직	고려사 74, 지 28, 선거 2, 학교	고려사 80, 지 34, 서경관록 고려사 77, 지 31, 외직	고려사 74, 지 28, 선거 2, 학교

시대	충선왕즉위년	공양왕 원년	공양왕 2년	공양왕 3년	공양왕 4년	미 상
학관직명	訓導 敎導	敎授	교수	교수	교수	교수 조교 문사
파견지	군현	5도	개경 5부 서북면 부·목·주	목·부·주	좌와 같음	제주현 문선왕묘
전거	위 의종 22년과 같음	좌와 같음	좌와 같음	고려사 77, 지 31, 백관 2, 외직	좌와 같음	고려사 63, 지 17, 예 5

성종 6년 지방에 파견한 경학박사는 목종 때에도 존치되었으나 그 이후에는 《고려사》의 기록에서 찾아볼 수 없다. 성종 14년 東京에 文師를 설치한 것을 보면 성종 때에는 경학박사와 문사 등의 학관을 설치하였던 것으로 보이며, 이는 교수관인 박사의 명칭이 문사로 바뀌어져 가는 과도기에 사용되었던 것 같다. 그러나 목종 때에 師長이란 학관 직명이 보이는데, 이

것은 문사 내지 문학인 듯하나 유학적 소양과 식견을 갖춘 유사로서 교화를 담당한 사람을 지칭한 이름이기도 하다.

고려시대의 지방에 파견한 학관직은 무신정권 이전에는 대읍인 3경·대도호부(대도독부 포함)·목 등지에는 문사를 파견하여 강학을 담당하도록 하였으나, 방어진·주·군과 같은 소읍에는 문학을 두어 교육을 담당하도록 한 것으로 보아 지방행정구역의 대소에 따라 파견한 학관이 달랐던 것 같다.

그러나 원의 간섭 이후 여말에 이르러서는 지방 관학의 학관 직명이 바뀌어 대읍인 경·목·부 등에는 교수를, 소읍인 군현에는 훈도를 두었던 것 같다. 이러한 사실은《고려사》선거지 학교조에서 확인된다. 곧 충선왕 즉위년(1308)에 예문관으로 하여금 군현의 茂才(秀才)를 불러 직첩을 주고 훈도에 임하도록 하였으며, 공양왕 원년(1390) 12월에는 대사헌 조준 등이 교육의 중요성을 강조하면서 "지금부터 부지런하고 학문에 박통한 자를 교수관으로 삼아 5도에 각 1인씩 파견하고 지방에서 유학을 연구하는 사람을 그 고을의 敎導로 임명하여 4서 5경을 읽게 하라"고 상소함에 따라 지방에 교수관을 설치하였다. 이를 보면 교수와 훈도를 두었음을 알 수 있다.

지방 교육을 담당한 것은 교수관 외에도 掌書記나 司錄같은 외관이나 수령들도 학사 사무를 수행하면서 교육을 담당하였던 것 같다. 의종은 문신 수령에게 학사 사무를 관장하도록 하였고, 시랑 朴椿齡은 完山의 수령으로 있을 때 聯句로서 학동들을 선발하고「完山3崔」인 崔陟卿·崔均·崔松年의 취학을 권장하였다.[66] 김해부사 李國香은 생도들의 교육을 맡아보았고,[67] 공민왕 때에는 강화부윤 沈德符가 학사를 복구하여 지방자제를 모아 시·서·예의를 가르치도록 하였다는[68] 것 등은 이러한 사실을 말하여 준다. 또 장서기인 李天年이 禮州 小學을 확장하고 하루에 한 번씩 나가서 교육을 제대로 실시하는가 여부를 살피니 춥거나 덥거나 관계없이 항상 교육을 게을리 하지 않았다는[69] 것도 이러한 실례라 하겠다.

---

66)《高麗史》권 99, 列傳 12, 崔陟卿.
67) 李穀,《稼亭集》권 2, 記, 金海府鄕校水軒記.
68)《東文選》권 117, 行狀, 特進輔國崇祿大夫青城伯沈公行狀.
69) 李穀,《稼亭集》권 5, 記, 寧海府新作小學記.

무신정권 이후 병화로 향교시설이 소실되었거나, 강학당이 퇴폐하여 교육이 어려웠을 때는 精舍나 사찰·관아 등을 빌어 쓰기도 하였으며, 釋子를 따라 章句를 배우기도 하였다.[70]

고려시대 향교의 학생은 生徒·學生·諸生·諸儒·儒生·校生 등으로 칭하였으나 같은 개념이다. 향교에 입학할 수 있는 자격은 인종 때에 정해진 學式에 주현학생의 자격이 8품 이하의 子와 庶人으로 되어 있으나[71] 7품 이하의 아들 중에서도 원하는 자는 입학이 허락되었다. 이러한 규정이 어느 정도 적용되었으며, 시대의 변천에 따라 어떻게 달라졌는지는 분명히 알 수 없다.

그러나 성종 6년 지방의 12목에 교수관을 파견하면서 여러 주군현의 長吏나 백성에게 가르칠 만한 아들이 있으면 아울러 訓誨하도록 한 것을 보면 향리나 백성의 자제가 입학할 수 있었던 것 같다. 여기서 서인이나 백성이 구체적으로 어떤 신분을 지칭하는지 분명치 않지만, 모든 향중 자제를 다 말하는 것이 아니라 지방에서 상당한 세력을 누리고 있었던 土姓鄕吏의 자제라 생각된다.[72] 이러한 사실은 이세화가 백령진장으로 가서 그 곳에 향교를 세워 향리의 자제를 모아 가르쳤다는 것을 보아도 알 수 있다.

향교 교육의 목적이 교화교육에만 있는 것이 아니라 과업교육도 중요한 기능의 하나였다. 문종 2년(1048) 10월의 판문에 의거하면 과거의 兩大業(제술·명경)에 서인이라도 樂工·雜類가 아니면 응시할 수 있게 허락하도록 하였으

---

70) 利川鄕校의 경우 창왕 원년(1389) 監務 李愚가 安興精舍에 학생을 모아 學長을 두어 가르쳤고 延安鄕校는 교수 鄭達蒙이 부임하여 학교 건물이 퇴락하였기에 절을 빌어 학생을 가르쳤으며, 1485년 金馹孫이 쓴 〈重修淸道學記〉(《濯纓集》 권 3, 記)에는 고려조에서 조선 초까지 學宮이 따로 없고 절같은 큰 건물을 빌어 향교의 구실을 하였다는 것 등은 당시의 사정을 잘 나타내 준다. 儒者들이 僧舍에서 독서를 한 예는 많은 자료를 찾아볼 수 있으나《牧隱文藁》 권 15, 韓文敬公墓誌銘에 「子年十六七喜從詩僧 游至妙蓮寺 儒釋雜坐 啜茶聯句 文敬公年年才 十二三 每有的對 衆皆驚歎」이라 한 것이라던가,《櫟翁稗說》 前集 2에 「故郎中 兪咸子爲僧者(中略) 能讀史漢 驛召至京(下略)」이라 하였고, 李齊賢이 충선왕과의 대화 내용에 「學者從釋子習章句 其源盖始于此」(《櫟翁稗說》 前集 1)라 한 것 등은 당시의 상황을 잘 알려주는 사례이다.

71) 學式의 「8品以上」을 8품 이하로 보아야 한다고 한 것은 閔丙河의 〈高麗學式考〉(《成均館大論文集－人文科學》 11, 1966), 174쪽에서 밝힌 바 있다.

72) 李樹健,《韓國中世社會史硏究》(一潮閣, 1984), 251쪽.

며,[73] 인종 때에는 잡류의 자손도 군인 자손의 예에 따라 諸業選路를 허통하도록 하였다.[74] 그리고 명경업 이하의 여러 과업에 白丁과 庄丁도 시취하였던 것을[75] 보면 향교의 입학자격도 점차 완화되어 갔던 것으로 믿어진다.

향교에 입학하는 연령은 잘 알 수 없으나 鄭云敬은 10세에 榮州향교에 입학하였고[76] 李嵒이 향교에 입학하여 17세 때 癸丑科에 합격하였으며,[77] 河允潾이 9세에 입학하였다.[78] 이것을 보면 개인적 차이는 있었으나 10세 전후로부터 많은 경우는 冠童에 이르기까지 입학의 연령 폭이 넓었던 것 같다.

향교의 학생 수는 행정구역의 대소나 인구수, 수령의 교육에 대한 관심과 향교의 재정 여하에 따라 다르겠으나 〈堤州鄕校記〉에는 자제 약간 인을 모아 가르쳤다고 하였으며,[79] 〈永興府鄕校記〉에는 金濂 등 60여 인을 모아 가르쳤다고 하였고,[80] 또 〈南原府新置濟用財記〉에서는 3개 반으로 나누어 가르쳤다고 하는[81] 것을 감안하면, 적은 경우는 10여 명으로부터 많은 경우는 수십 명 또는 몇 개의 반으로 나눌 정도였던 것 같다.

고려시대의 향교는 교학적 기능과 봉사적 기능을 담당하면서 인재를 양성하는 데도 적지 않은 공헌을 하였다. 진주향교에서 수학한 姜民瞻은 목종 때에, 姜君實은 충숙왕 5년(1318)경에, 河楫이 충숙왕 때에, 鄭乙輔는 충숙왕 7년경에 등재하였다. 또 河允源은 충혜왕 때에, 河乙沚는 충혜왕 복위 5년(1344)경에, 河崙은 공민왕 14년(1365)에, 鄭以吾는 동왕 23년경에 각각 등재하였다.[82] 이것을 보면 진주향교와 시대적 배경이 같았던 다른 지역의 향교에서도 많은 인재를 양성하였을 것이며, 나아가 여말의 성리학 보급에도 적지 않은 영향을 미쳤을 것이다.

---

73) 《高麗史》 권 73, 志 27, 選擧 1, 科目 1, 문종 2년 10월 判.
74) 《高麗史》 권 75, 志 29, 選擧 3, 限職 인종 3년 정월 判.
75) 《高麗史》 권 73, 志 27, 選擧 1, 科目 1, 인종 14년 11월 判.
76) 鄭道傳, 《三峰集》 권 4, 行狀, 鄭先生行狀.
77) 李穡, 《牧隱文集》 권 17, 碑銘, 鐵城府院君李文貞公墓誌.
78) 卞季良, 《春亭集》 권 12, 碑銘, 河公神道碑銘幷序.
79) 權近, 《陽村集》 권 12, 記, 堤州鄕校記.
80) 《東文選》 권 80, 記, 永興府鄕校記.
81) 李穡, 《牧隱集》 권 1, 南原府新置濟用財記.
82) 《新增東國輿地勝覽》 권 30, 晋州, 鄕校 四敎堂記.

다. 교육과정과 수업연한

고려시대 향교의 교육과정이나 수업연한은 학식이 남아 있지 않기 때문에 그 내용은 잘 알 수 없다. 그렇다고 학교절목이나 학령이 제정되지 않았던 것은 아니다. 《고려사》 이색전에 규모가 대단히 크고 그 절목이 치밀하였다는 기록이 보인다.[83] 그리고 예종 12년(1117)에는 송나라의 制科에 갑과 제1등으로 급제한 權適이 귀국하자 왕은 그에게 국학박사를 제수하고, 국학 禮儀規式을 만들게 하였다.[84] 이러한 사실을 보면 인종 이전에도 학규나 학령이 만들어졌던 것으로 보이지만, 전해지지는 않는다. 고려시대의 학식은 인종 때에 式目都監에서 상정한 내용을 《고려사》 선거지 학교조에서 찾아볼 수 있으나, 이것은 국학에 관한 것일 뿐 향교에 관한 학규는 아니다.

향교의 교육과정은 향교의 교육이 교학적 기능뿐 아니라 과업교육도 중요시하였던 점을 보면 과거과목과 관련이 있는 과목들이 중심이었을 것으로 짐작된다. 광종 9년(958)에 시·부·송·책으로 제술업 시험을 처음 치른 후 여말에 이르기까지, 제술업의 출제 과목은 試場과 시대에 따라 과목의 종류가 달랐던 것 같다.[85]

고려 전기에는 시·부·송·책과 경의 등이 출제 과목으로 중요시되었으나, 성리학이 전래되고 수용 보급되어 갔던 고려 후기에는 6經義와 4書疑가 중요시되었던 것 같다. 이같은 예부시의 출제 과목은 유학교육에도 변화를 가져오게 하였다. 즉 고려 전기에는 당송절구의 시·부 등 사장풍에서 고려 후기에는 4서 5경을 중심으로 하는 경학풍으로 바뀌었다. 특히 성리학의 기저인 修己治人을 위한 《小學》이 강조되면서,[86] 《소학》은 향교 교육의 중요한 과목으로 자리잡게 되었다. 비록 후대의 자료이긴 하지만 조선시대의 명종 때에 만든 서울과 외방의 《學校節目》 동몽훈조에 보면, 토족 및 범민의 자제들은 8·9세부터 15·16세까지는 먼저 《소학》을 배우고 구독에 능하고 문리가 튼 연후에 《大學》·《論語》·《孟子》·《中庸》을 가르쳤으며(제4항), 성균관의 생원·진사와 寄齋 유생의 수업연한은 《대학》 1개월, 《중용》 3개월,

83) 《高麗史》 권 115, 列傳 28, 李穡.
84) 崔滋, 《補閑集》 권 上, 權學士適.
85) 許興植, 앞의 책, 95~97쪽.
86) 《高麗史》 권 73, 志 27, 選擧 1, 科目 1, 충숙왕 17년 12월.

《논어》·《맹자》 각각 4개월, 《詩經》·《書經》·《春秋》 각 6개월, 《周易》·《禮記》 각 7개월로 한정하였다(제2항). 이 기사는 고려의 향교에 관한 것은 아니다. 그러나 四學이 향교와 동격에 있는 학교였으며 여말의 향교가 조선시대 향교의 전신이라는 점에서 볼 때, 여말의 향교 교육은 입학 후 《소학》·《대학》·《중용》·《논어》·《효경》을 학습한 다음 《시경》·《서경》·《예기》·《주역》·《춘추》 등을 학습한 것으로 짐작된다.

이러한 과목을 이수하는 데 소요되는 수업연한은 위에서 볼 수 있는 바와 같이 43개월에 달하므로 3년 7개월이 걸리는 셈이다. 이러한 수업연한은 개인의 능력에 따라 다르겠으나, 고려시대의 향교의 교육과정을 이수하는데 소요되는 연한으로도 산정해 볼 수 있지 않을까 생각된다.

향교의 교육과정은 유학과정이 중심을 이루었을 것이다. 그리고 국자감에도 율·서·산학과정이 설치되었고 국자감 재생들이 산학과 시무책을 익히고, 여가에는 習書하였으며,[87] 외방에 法曹·算士 등을 파견한 것을 보면 향교에서도 유학교육과정에서 이렇게 기술교육을 교양으로서 수학하였을 것으로 짐작된다. 더욱이 고려의 잡업에 대한 출제 과목이라던가, 문종 10년(1056) 8월에 서경유수의 요청에 따라 9經·《漢書》·《晋書》·《唐書》·《論語》·《孝經》·諸家文集·醫卜·地理·律算學書 등을 각인하여 제학원에 보내준 것을[88] 보면, 향교에서도 율·서·산학과 같은 잡학교육이 실시되었던 것으로 믿어진다.

향교에서는 유학교육 외에 武學교육도 실시되었던 것으로 짐작된다. 성종 이후 북방민족의 침입을 받았던 고려로서는 이들의 침입에 대비하기 위하여 무학교육의 중요성을 느꼈을 것이다. 문종 30년에 제정된 文武班祿에 무학박사에게 20석의 녹봉을 지급하였다는[89] 것을 보면 여초에도 무학에 대한 관심이 높았음을 알 수 있다. 예종 4년(1109)에는 '문무양학은 국가의 근원'이라고 하면서 문무양학을 설립하여 생도들을 길러 장래의 將宰를 뽑아 쓰는 데에 대비토록 하고, 국학에 講藝齋를 두고 韓自純 등 8인을 시취하여

---

87) 《高麗史》 권 74, 志 28, 選擧 2, 學校 인종 式目都監 詳定學式.
88) 《高麗史節要》 권 4, 문종 10년 8월.
89) 《高麗史》 권 80, 志 34, 食貨 3, 祿俸 文武班祿 문종 30년.

분처하였으며, 동왕 14년에는 무학생 17인을 선발하여 교육하였다.[90] 그러나 강예재는 인종 11년(1133)에 폐지되었다. 무학교육의 중요성은 홍건적과 왜구의 침노가 극심하였던 여말에도 고조되었다. 그것은 공민왕 20년(1371)의 다음과 같은 교서를 통해서도 알 수 있다.

> 문무 채용은 어느 한쪽만을 폐할 수 없으니 성균관으로부터 향교에 이르기까지 문무 양학을 개설하고 인재를 양성하여 뽑아 쓰는 데 대비하도록 하라(《高麗史》 권 74, 志 28, 選擧 2, 學校 공민왕 20년 12월).

공양왕 2년(1390) 4월에는 무과를 설치하기에 이르렀다.[91] 이처럼 공민왕 이후 경외의 학교에 무학을 설치하고 인재를 양성하여 외침에 대비하도록 한 것을 보면 향교에 있어서도 무학교육을 하도록 하였던 것 같다. 그러나 그 실현을 보지 못한 것 같고, 무학은 공양왕 원년에 10학의 설치로 軍候所에서 교육을 맡게 되었다.

2) 서경학교

(1) 설치 배경

고려시대의 지방에 설치한 최초의 관학교육기관은 태조 왕건이 세운 西京學校였다. 태조가 서경에 학교를 설치한 이유는 기록이 없어서 잘 알 수 없지마는 서경의 경략과정에서 이루어진 崇儒興學策과 관련이 있으며, 그 연원은 통일신라기의 지방학교인 學院에서 찾아야 할 것으로 보인다.

서경은 일찍부터 대륙문화를 받아들이는 요충지였으며, 241년간이나 고구려의 도읍지로서 정치·문화·역사의 중심지였다. 그러나 신라가 삼국을 통일한 이후에는 서북변경에 놓여져 있어 중앙의 통제력이 미치기가 어려웠다. 특히 나말의 중앙집권체제가 이완되고 중앙정부의 통제력이 약화되었을 때에는 서경에 대한 중앙의 지배력이 미치지 못하여 蕃人의 침노가 심하여 그

---

90) 《高麗史》 권 74, 志 28, 選擧 2, 學校 예종 4년 7월·14년 7월.
91) 《高麗史》 권 74, 志 28, 選擧 2, 武科 공양왕 2년 윤 4월.

해가 적지 않았다.[92]

태조는 이러한 서경을 국방상 咽喉之地로 삼고,[93] 왕권의 유지세력을 부식시켜 창업의 안정과 化民成俗을 도모하고자 하였다.[94] 그는 창업 초부터 서경을 충실히 하기 위하여 새로운 관부와 관원을 설치하고,[95] 重臣과 양가 자제들을 옮겨 살게 하면서[96] 북변을 자주 순행하였다.

태조는 서경을 경략하면서 이곳의 사람들을 유교적 정신으로 교화시키고자 적극적인 숭유흥학책을 폈다. 태조가 흥학책을 실현하는데 이바지한 사람들은 나말의 6두품 출신인 崔彦撝·崔凝·崔知夢·朴光胤 등이 대표적 인물이었다. 이들은 태조 밑에서 요직을 맡아 보필하면서 그의 유교적 정치이념과 교육정책의 실현에 크게 기여하였다. 서경학교의 설치는 이러한 태조의 서경 경략과정에서 실시한 숭유흥학책의 하나로 보여진다.

태조가 평양을 서경이라 일컬은 것은 태조의 서경 경략에 일대 정책전환을 의미한다고 생각된다.[97] 태조 5년(923) 11월에는 大丞 質榮과 行波 등의 부형자제, 여러 군현의 양가 자제를 옮겨서 서경을 충실히 하고, 새로이 관부와 관원을 두고 在城을 쌓아 친히 牙善城의 백성이 살 곳을 정하였다.[98]

이처럼 중신과 양가의 자제를 사민하고, 새로이 관부와 관원을 설치하였다는 것은 서경 행정기구의 일대 전환으로 이것은 서경 경영의 목적이 군사적

---

92) 宋春永, 〈高麗時代의 西京學校〉(《大丘史學》 28, 1985), 7쪽.

93) 《高麗史節要》 권 2, 성종 9년 9월.

94) 宋春永, 앞의 글(1985), 11쪽.

95) 태조 5년에 설치한 서경의 官府員吏는 廊官·衙官·兵部令·納貨府·珍閣省·內泉府令 등 6개의 관서에 45인을 두었다. 그 후 동왕 6년에는 內泉府를 珍閣省에 병합하고, 9년에는 國泉府令 具壇 1인, 卿 2인, 大舍 2인, 史 4인, 동 17년에는 官宅司를 증치하고 卿 2인, 大舍 2인, 史 2인, 都航司 卿 1인, 大舍 1인, 史 1인, 大馭府 卿 1인, 大舍 1인, 史 1인을 두어 태조 5년에 설치된 관부원리에 비하여 4개 관서와 그에 소속된 원리는 21인이 더 증치되었다(《高麗史》 권 77, 志 31, 百官 2, 外職 西京留守官 其屬官沿革).

96) 태조 원년 9월에는 평양을 大都護府로 삼아 堂弟인 王式廉과 廣評侍郎 列評을 보내고 參佐 4, 5인을 두었으며 黃·鳳·海·白·鹽州 등 諸州의 戶民을 분송하여 살게 하였고, 태조 5년 11월에는 大丞 質榮·行波 등의 부형자제와 諸郡縣의 양가 자제들을 옮겨 살게 하였다(《高麗史節要》 권 1, 태조 원년 9월·태조 5년 11월).

97) 河炫綱, 《高麗地方制度의 硏究》(韓國硏究院, 1977), 146쪽.

98) 《高麗史》 권 1, 世家 1, 태조 5년 11월 신사.

인 면에서 정치상의 목적으로 바뀌어졌음을 의미한다고 하겠다. 태조 5년에 6개의 관부에 45인의 員吏를 두었는데[99] 이것은 태조 원년에 설치한 대도호부와 거기에 두었던 인원이 바탕이 되었으며, 후일 分司制度의 틀이 되었다.

태조 5년에 설치된 서경의 행정기구는 그 후 세 차례의 개혁을 거쳐[100] 성종 14년(995)까지 계속되었다. 태조 왕건은 동왕 5년 이후에도 8회나 서경에 행차하였으며[101] 그 중에서도 동왕 13년(930)에는 두 차례나 행차하였다. 서경학교의 설치는 태조 13년 12월의 제2차 행차 때에 이루어진 것이다.

태조는 서경을 도읍지로까지 생각하기도 하였으며,[102] 訓要 10條의 제5조에서도 "西京은 水德이 순조로워 지맥의 근본이며, 대업을 만대에 전할 땅이니 춘하추동 네 계절의 仲月(2·5·8·11월)에는 순수하여 백일이 지나도록 머물러 안녕을 도모하도록 하라"[103]고 한 것을 보면 圖讖說을 바탕으로 서경을 도읍지로까지 생각하고 있었던 것 같다. 그러나 이는 민심의 안정과 복리를 얻고자 하는 임시적인 방편으로 받아들인 것이지 국리민복의 근본으로 삼으려 하였던 것은 아닌 것 같다. 崔凝이 태조에게 불교와 음양설에 현혹되지 말 것을 간하자, 태조는 "다만 佛神의 음조와 산수의 영응을 생각함은 혹시 일시적으로 효과가 있을까 하기 때문으로 … 난이 평정되고 안정되기를 기다려서 바로 풍속을 고쳐 교화함이 가할 것이다"라고[104] 하였다. 이것에서 불교

---

99) 태조 5년에 설치한 서경의 관부는 廊官·衙官·兵部·納貨府·珍閣省·內泉府 등 6개 관서였다(《高麗史》 권 77, 志 31, 百官 2, 外職 西京留守官 其屬官沿革).

100) 태조 6년에 珍閣省을 內泉府에 병합하였고 동왕 9년에는 內泉府令를 증치하고 9인의 員吏를 두었으며, 동왕 17년에는 官宅司(6인), 都航司(3인), 大馭府(3인)를 증치하여 태조 5년에 설치된 관부와 관리에 비하여 4개의 관서와 21인의 員吏가 증치되었다.

101) 태조 원년부터 26년에 이르기까지 약 20년 동안 태조가 서경에 행차한 것을 《高麗史》 太祖世家에서 살펴보면 8년 3월, 9년 10월 계미, 12년 4월 을사, 13년 5월 임진, 13년 12월(서경학교설치), 14년 11월 신해, 17년 정월 갑진, 18년 9월 갑오 등 8회나 된다.

102) 《高麗史》 권 2, 世家 2, 태조 15년 5월 갑신.

103) 《高麗史》 권 2, 世家 2, 태조 26년 4월.

104) 崔滋, 《補閑集》 권 上.

나 도참설을 취한 목적이 민심의 안정과 국리민복을 위하여 일시적으로 받아들인 것임을 알 수 있다.

태조가 서경을 중시한 이유를 도참설에서 찾아보려는 견해가 있으나,[105] 정치적 목적과 민심의 안정을 위하여 일시적으로 도참설을 이용하였다는 주장이[106] 주목을 끈다. 창업 초기에 안으로는 호족연합적 상태 하에서 왕권이 안정되지 못하고, 밖으로는 신라와 후백제가 병립하여 있었으며, 북으로는 야인의 침노가 심하였던 당시에 태조가 고구려의 고토를 회복하고 북방민족에 대항하기 위해서는 토착적 세력이 부식하지 못했던 황폐한 서경을 착목의 대상으로 삼아[107] 서경을 경영함으로써, 백성을 교화하고 좋은 풍속을 이루게 해서 호족세력을 견제하며 북방정책을 효과적으로 수행하고자 하였다. 태조 왕건은 이러한 목적을 달성하고자 서경 출신이 아닌 중신과[108] 명문 양가의 자제를 옮겨 살게 하고, 새로운 관부와 관원을 설치하였으며, 서경인을 유교정신으로 교화시켜 이들의 적극적인 도움을 받고자 하였을 것이다. 서경학교의 설치는 이러한 태조의 서경 경략과정의 하나로 이루어진 것이라 생각된다.[109]

(2) 서경학교의 설치

태조 왕건은 3경의 하나인 서경을 적극적으로 경영하면서 이곳에 학교를 설치하였다. 이것은 태조가 재통일하기 6년 전의 일로서 서경학교의 설치에 관하여 다음과 같은 기사가 있다.

> 태조 13년 12월 서경에 행차하여 학교를 창설하였다. 이에 앞서 서경에는 학

105) 李丙燾, 《高麗時代의 硏究》(乙酉文化社, 1948 ; 亞細亞文化社, 1980), 7쪽.
106) 河炫綱, 앞의 책, 151~153쪽.
107) 河炫綱, 위의 책, 47~48쪽.
108) 태조 원년에 서경으로 보낸 王式廉은 왕의 堂弟이고 列評은 廣評侍郎이며, 태조 5년에 서경에 보낸 大丞 行波는 태조가 서경에 행차하였을 때 자신의 두 딸(大西院夫人과 小西院夫人)을 왕건에게 바쳐 하룻밤을 모시도록 하였다. 이 같은 사실로 보아 行波가 상당한 세력을 가지고 있었던 사람임에 틀림없으며, 이후 그는 서경으로 옮겼다. 이런 점으로 보아 태조가 서경에 부식시킨 세력은 왕권을 떠받쳐 줄 非西京 출신이었던 것 같다(《高麗史》 권 88, 列傳 1, 后妃 1).
109) 宋春永, 앞의 글(1985), 11쪽.

교가 없었는데 수재인 廷鶚을 서학박사로 삼아 머물도록 하였다. 정악은 學院을 따로 창설하고 6部의 생도를 모아 가르쳤다. 후에 태조는 興學의 소식을 듣고 비단[綵帛]을 하사하여 이를 권장하고 醫·卜 2業을 겸해 두었다. 또 곡식 100석을 내려 학보로 하였다. 寶는 방언으로 전곡을 시납하여 그 이식을 받아 오래도록 교육 경비로 쓰게 하였다(《高麗史節要》 권 1, 태조 13년 12월).

위의 내용에서 보면 몇 가지 의문점을 느끼게 된다. 첫째, 학교와 학원의 관계를 어떻게 보아야 할 것인가. 둘째, 6부의 생도란 무엇인가. 셋째, 수재란 무엇인가 등이 그것이다.

첫째에 대한 견해로는 학원을 학교의 상위기구로 보고 정악을 학교에 소속된 교관으로 보려는 견해와,[110] 서경학교는 학원보다 상위의 학교로서 서경의 교육을 통제 관리하는 기구로 보려는 견해,[111] 서경학교를 먼저 세운 후 학원을 따로 두었다고 보는 견해,[112] 학원이 설립되었다가 차차 기초가 잡히면서 서경학교는 서학박사제와 학원을 설치한 것이라는 학원 발전설과 서경학교를 이원적 구성으로 보려는 견해[113]가 있다. 이에 대하여 학교와 학원 설치기사를 태조의 서경행차 때의 기록으로 보고, 학교를 주제로 보아 학원은 학교를 보완 설명하는 자료에 불과하다고 보는 견해와,[114] 서경학교는 국자감의 모방으로 보려는 견해,[115] 서경학교는 중앙의 유학대학제도를 모방하여 설치한 分司의 형태로 보려는 견해[116]가 있다.

그러나 태조가 창업한 지 13년밖에 되지 않아 중앙의 관제가 신라와 태봉의 제도를 완전히 벗어나지 못하였고, 비록 창업 초부터 서경을 경략하였다 하더라도 아직 교육여건이 충분히 갖추어지지 못하였던 당시에 서경 한 곳에 명칭과 성격이 다른 두 개의 교육기구를 동시에 설치하기란 어려웠을 것이다. 이러한 점으로 보아 서경학교란 구체적인 어떤 고유한 학교명을 말하는 것이 아니라, 「서경에 설치한 학교」라는 일반적이고 보편적인 명칭으로

110) 韓基彦, 앞의 책, 54~55쪽.
111) 朴天植, 〈高麗前期의 國子監沿革考〉(《全北史學》 6, 1982), 72쪽.
112) 李丙燾, 《韓國史－中世篇－》(乙酉文化社, 1962), 135쪽.
金庠基, 《高麗時代史》(서울大出版部, 1984), 243~244쪽.
113) 朴性鳳, 〈國子監과 禮學〉(《한국사》 6, 국사편찬위원회, 1981), 225쪽.
114) 申千湜, 《高麗敎育制度史研究》(螢雪出版社, 1983), 16쪽.
115) 閔丙河, 〈高麗時代의 敎育制度〉(《歷史敎育》 2, 1957), 44~45쪽.
116) 辛虎雄, 〈高麗前期의 敎育政策과 官學〉(《關東史學》 1, 1982), 81쪽.

보이며, 「서경에 설치한 학교」란 곧 학원이라 생각된다.[117] 이와 같은 사실은 태조 13년 이후의 《고려사》의 기록에서 서경학교라는 명칭을 찾아볼 수 없으나 학원이라는 명칭은 자주 산견되는 점으로 보아서도 알 수 있다.[118]

그런데 서경학교인 학원의 명칭은 고려시대에 처음으로 사용된 것이 아닌 것 같다. 신라 말의 청주지방에서는 학원이라는 교육기구가 호족에 의하여 운영되고 있었다는 것을 보면 창업 초에 서경에 설치한 학원이란 신라 말의 지방 교육기구였던 학원과 연관이 있는 것으로 믿어진다.[119]

다음은 6부의 생도에 대해서 살펴보고자 한다. 6부의 생도에 대한 견해로는 6부가 서경 관내를 총칭하는 것으로 보는 견해,[120] 서경의 행정구획인 部坊里制로 보려는 견해,[121] 尙書 6部(吏·戶·禮·兵·刑·工部)로 보려는 견해[122] 등이 있다. 그러나 개경의 행정구획을 5부방리제로 하였던[123] 창업 초에 서경의 행정구획을 6부방리제로 하였다는 것은 이해하기 어렵다. 태조 17년 이전에 설치된 서경의 9개 관서 중 상서 6부와 같은 직능을 가진 관서는 兵部令뿐이며[124] 개경에도 상서 6부에 입사할 생도를 모아 가르친 사실이 없었던 점을 생각하면 상서 6부로 보려는 견해는 쉽사리 납득이 가지 않는다.

그런데 고구려가 멸망한 후에도 평양에는 고구려계의 잔여 귀족이나 양가의 후예들이 전시대적 행정구획인 5부(동·서·남·북·중)지역이나 그 변읍에 다수의 대소 집단세력이 상당한 기반을 가지고 살고 있었을 것이다. 이러한 지역에 태조는 개국 초부터 관부와 관원을 설치하고 명문 양가의 자제와

---

117) 宋春永, 앞의 글(1985), 15쪽.

118) 學院이라는 명칭은 《高麗史》 권 74, 志 28, 選擧 2, 學校條에, 諸學院이라는 명칭은 《高麗史》 권 77, 志 31, 百官 2, 西京留守官條와 《高麗史》 권 80, 志 34, 食貨 3, 祿俸條에서 찾아볼 수 있다.

119) 宋春永, 앞의 글(1985), 15~16쪽.

120) 河炫綱, 앞의 책, 24쪽.
辛虎雄, 앞의 글, 80~81쪽.

121) 金庠基, 앞의 책, 243~244쪽.

122) 李萬珪, 앞의 책, 198쪽.
韓基彦, 앞의 책, 54~55쪽.
小田省吾, 〈朝鮮教育制度史〉(《朝鮮史講座-分類史-》, 朝鮮史學會), 136쪽.

123) 《高麗史》 권 1, 世家 1, 태조 2년 정월.

124) 註 95) 참조.

여러 주현의 양인을 사민시켜 평양을 충실히 하였다. 그리하여 평양의 도성 안과 도성 밖의 近畿지역에는 고구려계의 세력과 사민집단세력, 서경의 관원들이 지배귀족을 중심으로 여러 부를 형성하게 되었을 것이다. 6부란 도성 안의 5부와 도성밖에 살고 있던 이들 집단인 諸部를 가리키던 명칭이 아닌가 생각된다.[125]

끝으로 秀才에 대해서 살펴보고자 한다. 수재는 과거에 급제하지 않은 사람을 칭하는 명칭으로 보려는 견해[126]와 성명 앞에 관직이나 관계를 썼던 일반 예로 보는 견해,[127] 수·당에서 과거 합격자로서 관직을 제수 받지 않은 자에 대한 칭호로 보려는 견해[128] 등이 있다. 그런데 과거에 합격하지 않은 사람이란, 구체적으로 어떤 사람을 의미하는지 분명하지 않다. 또한 관직이나 관계로 사용하였던 예로 본다면 그러한 사례를《고려사》에서 찾아볼 수 있어야 함에도 이러한 사례가 잘 발견되지 않는다. 따라서 수재란 관로에 진출할 수 있었을 정도의 재주가 뛰어나고 식견이 넓어 학문에 걸출한 자를 말하던 호칭이라 생각된다.[129] 정악을 서학박사로 삼은 것은 이 때문이라 하겠다. 정악은 서경사람인지 아니면 개경사람인지는 알 수 없으나 태조가 서경에 행차할 때 왕을 수행하였던 개경인으로서 유학에 박통하였던 사람으로 보인다. 그리고 서학박사란 서학뿐만 아니라 유학을 교수하였던 학관직으로 성종 때 12목에 경학박사를 파견하기 전에 최초로 파견한 學官職이라 생각된다.

(3) 서경학교의 변천

태조 13년에 설치한 서경학교인 학원은 서경 경략과정에서 서경의 위상이 바뀌는 것과 궤를 같이 한 것 같다. 서경은 광종 때에 西都라 하여 副都로서의 위치를 차지하였으나, 광종 때는 서경학교에 관한 홍학책은 찾아볼

---

125) 宋春永, 앞의 글(1985), 17쪽.
126) 韓基彦, 앞의 책, 54~55쪽.
小田省吾, 앞의 글, 135~137쪽.
127) 朴天植, 앞의 글, 72쪽.
128) 申千湜, 앞의 책, 130쪽.
129) 宋春永, 앞의 글(1985), 18쪽.

수 없다. 성종 때에는 修書院을 설치하고 생도들을 시켜서 서적을 초하여 비치하도록 하였고,[130] 동왕 14년(995)에는 서경의 관제를 개혁하여[131] 서경에 대한 지배체제를 강화하였다. 그 후 문종 때에는 서경유수관제가 확립되고, 외방에 문사나 문학 등을 설치하여 강학을 담당하도록 하였으며, 동왕 10년(1056)에 서경유수관은 서경인 자제들의 과거 준비를 위한 교재를 갖추도록 조처하기도 하였다.[132] 이같은 성종과 문종 때의 서경학교에 대한 홍학책은 서경인의 지적 수준이나 학문적 요구에 부응한 것으로 보이며 서경인의 교육열을 자극시켰을 것이다.

서경의 행정기구가 확립되고 그 관원의 수가 늘면서, 서경의 정치적·경제적 안정에 따른 서경인의 증가로, 창업 초에 설치한 학원이라는 한 교육기구에서 서경인의 자제들을 가르친다는 것은 시설이나 官班上 어려움이 없지 않았을 것이다. 따라서 서경인의 자제들을 부별로 나누어 교육하기 위한 새로운 교육기구를 설치할 필요성을 느꼈을 것이다. 그리하여 문종 때에는 태조 이래로 존속되어 왔던 학원을 諸學院으로 확대 정비하였던 것 같다. 문종 때에 제학원이 설립되었음은 문종 10년 8월에 서경유수의 요청으로 秘書閣에 있는 서적을 각인하여 제학원에 송부한 것이라든지 동왕 30년에 제정된 녹봉조의 문무반록에 제학원의 副使에게는 13석 5두, 판관과 의학원 박사에게는 8석 10두를 각각 지급하였다는 것을[133] 보아 알 수 있다. 어떤 학원을 구체적으로 제학원이라고 말하는지 분명히 알 수 없지만, 제학원의 관원으로 부사·판관 등이 있었던 것을 보면 유학과 율·서·산학 등의 잡학을 총괄하였던 기구로 짐작된다. 이 제학원은 유학교육을 위한 학원이 중심을 이루었던 것 같으며, 제학원으로 확대 정비된 시기는 늦어도 문종 10년 이전이라 생각된다.

문종 때에 확대 정비된 제학원은 이후 계속 존속되었으며, 숙종 7년(1102)

---

130) 《高麗史》 권 77, 志 31, 百官 2, 外職 西京留守官.

131) 성종 14년(995)에는 태조 때의 관제로부터 벗어나 西京留守官制를 설치하여 知西京留守事 1인(3품이상), 副留守 1인(4품이상), 判官 2인(6품이상), 司錄 參軍事 2인, 掌書記 1인(모두 7품이상), 法曹 1인(8품이상)을 둠으로써 정치적 행정기구로 바뀌어졌다.

132) 《高麗史節要》 권 4, 문종 10년 8월.

133) 《高麗史》 권 80, 志 34, 食貨 3, 祿俸 西京官祿.

이후에는 諸學士院으로 개칭되었던 것으로 보인다. 숙종 때에는 서경의 문무 관반체계를 설정하고 서경을 5부로 나눔으로써 서경의 관료 질서체계를 더욱 강화시켰다.[134)]

숙종 때의 이러한 관료체계의 확립과 함께 서경학교에 대한 재정비 작업도 아울러 추진되었을 것이며, 제학사원은 이러한 과정에서 제학원을 학사 중심의 교육기구로 개편하고 유학 중심의 교육기구로 개혁하였던 것 같다. 그러나 제학사원은 예종 11년(1116)까지 존속되었으며, 그 위상은 제학원보다 상위의 교육기구로 격상되었던 것으로 보인다.[135)]

고려시대의 學士院은 翰林院의 전신으로, 태봉 이래의 元鳳省을 계승한 문한기구였다. 그리고 국왕의 詞命을 제찬하는 기구인 점에서[136)] 양인 이상의 자제 교육을 담당하였던 순수 교육기구와는 성격이 달랐던 것 같다. 그러나 국초에 교육기구가 정연하게 갖추어지지 못하였던 상황 하에서 원봉성이 인재 양성의 기능을 지니고 있었다는 것은[137)] 주목을 끌게 한다. 숙종 7년 이후에 개혁된 제학사원은 예종 11년에 分司國子監으로 개혁되었다.[138)] 분사국자감은 분사제도가 실시되면서 개경의 국자감을 본받아 제학사원을 통합 승격시켜 국자감에 준하는 교육기구로 개편한 것이다.

분사국자감의 직제 구성은 개경의 국자감의 직관체계와는[139)] 달리 判事·祭酒·司業은 모두 경관직이며 교관직으로 박사와 조교를 두었다. 학관의 겸직은 귀족의 권력 집중과 예산의 절감이라는 점에서 널리 시행되었던 것으로 보인다.[140)]

제학사원이 분사국자감으로 승격 개편됨에 따라 서경의 교육은 고려의 교

---

134) 《高麗史》 권 58, 志 12, 地理 3, 西京留守官.
135) 宋春永, 앞의 글(1985), 25쪽.
136) 《高麗史》 권 76, 志 30, 百官 1, 藝文館.
137) 許興植, 앞의 책, 13쪽.
138) 《高麗史》 권 77, 志 31, 百官 2, 外職 西京留守官 其屬官沿革 예종 11년.
139) 개경의 국자감은 문종 때에 判事 1인(경관직)을 두었으나 예종 11년에 判事를 大司成(종3품)으로 고쳐 대사성이 실질적인 총장격이 되었으며, 그 아래에 祭酒(정4품), 司業(종4품), 丞(종6품), 國子博士(정7품), 大學博士(종7품), 注簿(종7품), 四門博士(정8품), 學正·學錄(정9품), 學諭·直學·書學博士·算學博士(종9품)를 두었다.
140) 張東翼, 〈高麗前期의 兼職制에 대하여〉(《大丘史學》 17, 1979), 57쪽.

육사상 절정기에 이르렀으며 훌륭한 문사를 배출하기도 하였다. 이러한 사실은 예종 때 서경 진사출신인 鄭知常이 예종 7년 임진년의 省試에서 장원으로 합격하여 등용되었으며 후일 당대 제일의 문사가 되었다는 것을 보아서도 알 수 있다.[141)]

분사국자감은 인종 때에 妙淸의 난을 겪고 난 뒤에는 서경의 행정기구가 축소되면서 제학원으로 환원되었다. 묘청의 난 이후 서경의 행정기구는 監軍과 分司御史臺를 제외한 다른 관서를 省官시킴으로써[142)] 서경의 위치는 부도로서의 지위를 상실하게 되었고 중앙정부의 예속적 지위로 격하되었다. 이에 따라 분사국자감도 문종 때의 제학원으로 환원되었다. 그리고 인종 16년(1138)에 축소된 서경의 관부는 명종 8년(1178) 일대 개혁이 단행되어, 행정기구의 속관을 직능별로 분류하여 6조에 분속시켰다.[143)] 명종은 관제 개혁과 아울러 서경학교에 대해서도 제학원의 관원을 경정하여 유학교육과 기술교육을 담당하도록 하였던 것 같다.[144)] 고종 20년(1233)에는 畢賢甫와 洪福源의 반란으로 서경이 폐허화되었으며,[145)] 더군다나 원종 10년(1269)에는 崔坦과 李延齡이 반란을 일으켜 몽고에 귀부함으로써 몽고는 서경에 東寧府를 설치하여 慈悲嶺 이북의 지역을 지배하였다.[146)] 그 후 충렬왕 16년(1290)에 서경을 돌려받자 서경의 행정과 교육은 그 기능을 회복하게 되었다.[147)] 그러나 다시 서경의 행정기구가 축소되고 서경의 속관이 土官職으로 굳어져[148)] 서경의 지위는 격하되었으며, 이와 아울러 서경학교인 제학원도 여말에 이르러서는 향교화하였다. 공양왕 2년(1390)에 개경과 서북면의 府·州에도 유학 교수관을 둔 것을 보면[149)] 서경학교에도 유학 교수관을 두었던 것으로 짐작되

---

141) 《高麗史節要》 권 8, 예종 9년 4월이나 인종 5년 3월 기사에 보면 西京의 학문적 수준은 우연한 것이 아니라 교육적 환경에서 찾아야 할 것이다.

142) 《高麗史》 권 77, 志 31, 百官 2, 外職 西京留守官 其屬官沿革 인종 14년.

143) 河炫綱, 앞의 책, 133쪽.

144) 명종 8년(1178)에 서경의 관제를 更定하면서 諸學院에는 文師 1인, 記事 2인, 算士 1인, 記官 2인, 書者 2인을 두었는데 산학은 算士가 담당하였던 것으로 보인다.

145) 《高麗史》 권 23, 世家 23, 고종 20년 5월.

146) 《高麗史》 권 58, 志 12, 地理 3, 西京留守官.

147) 《高麗史》 권 58, 志 12, 地理 3, 충렬왕 16년.

148) 《高麗史》 권 77, 志 31, 百官 2, 外職 西京留守官 其屬官沿革 공양왕 3년.

149) 《高麗史》 권 74, 志 28, 選擧 2, 學校 공양왕 2·3년.

며, 이는 서경학교인 제학원이 향교로 바뀌어졌음을 말하여 준다.

(4) 서경학교의 운영실태

가. 시설과 재원

서경학교의 시설이 어떠하였는지는 알 수 없으나 태조 13년(930)에 설치한 서경학교인 학원이 諸學院→諸學士院→分司國子監 등으로 변개되었던 것을 보면 서경에도 생도들을 교육할 강학소와 선성선현을 봉향한 사우, 기타 필요한 시설이 마련되었던 것으로 짐작된다. 특히 제학사원이 분사국자감으로 승격 개편되었을 때는 개경의 국자감에 준하는 시설이 갖추어지지 않았을까 생각된다.

서경학교에 설치된 사우와 강학소가 한 건물 안에 있었는지 아니면 따로 설치되었는지는 분명히 알 수 없다. 그러나 향교의 경우를 감안하면 처음에는 廟·學이 함께 있었으나 후기에 와서는 묘·학이 분치되었던 것으로 보이며, 東西廡를 강학소로 삼았던 것 같다. 서경의 사우에 봉향한 선현은 문선왕·10철·70제자와 본국의 文昌侯(崔致遠)·弘儒侯(薛聰)였다.[150] 이것은 국자감의 문묘에 봉향한 인물과 같다. 지방 행정구획의 대소에 따라 향교의 규모가 달랐던 것을 보면 고려 전기에는 서경이 고려 3경의 하나로서 역대 왕들이 일찍부터 중요시하였던 곳이었기 때문에 군현의 향교와는 달랐을 것이고, 그 규모가 개경의 국자감과 큰 차이가 없었을 것으로 보인다. 그러나 무신정권 이후 오랫동안의 내우외환으로 서경의 퇴락과 함께 서경학교도 쇠퇴하였으며, 사우 또한 크게 훼손되었을 것이다. 그리하여 충숙왕 때에는 퇴락한 평양의 사우를 다시 지어 선현을 봉향하였던 것이다.

서경학교를 운영하기 위해서는 재원의 뒷받침이 있어야만 하였다. 서경학교의 경비 충당을 위한 재정책으로는 學寶를 만들어 그 이식으로 경비를 충당하도록 하였으며,[151] 공해전을 지급하였다.[152] 그러나 무신정권 이후 여말

150) 《高麗史》 권 35, 世家 35, 충숙왕 12년 10월 을미.

151) 《高麗史節要》 권 1, 태조 13년 12월.

152) 西京의 諸學院에 지급된 公廨田은 15결, 書籍位田 50결, 文宣王油香田 15결, 先聖油香田 50결(先聖卽箕子)을 지급하였다(《高麗史》 권 78, 志 32, 食貨 1,

에 이르기까지 농장의 발달과 수취체제의 문란, 병화로 인한 국토의 황폐화, 민생의 도탄화 등으로 興學養士를 위한 재정책의 뒷받침이 어렵게 되었다. 이에 공민왕은 소속이 분명하지 않은 학전이나 공해전으로서 호강들이 강점한 것이 있으면 관에서 분별하여 장학에 사용하여 재정이 어려운 학교의 경비를 충당하도록 하였다.

나. 교수관과 생도

서경학교의 교수관으로서 처음으로 설치된 것은 서학박사였다. 이것은 태조 13년(930) 12월에 廷鶚을 서학박사로 삼아 6부의 생도를 모아 가르치게 한 것이 효시이다. 그 후 태조는 홍학의 소식을 듣고 의·복 2업을 설치하였다는 것을 보면, 의학박사와 복박사를 두었던 것으로 짐작된다. 이후 서경학교의 교수관이 어떻게 바뀌어져 갔는지 살펴보면 다음의 〈표 2〉와 같다.

서경학교는 〈표 2〉에서처럼 그 명칭이 바뀌어질 때마다 학관직도 마찬가지로 명칭이 바뀌어졌음을 알 수 있다. 서경학교의 학관 중 부사와 판관은 학사 사무와 행정 실무를 관장하였던 학관으로 보인다. 그러나 분사국자감으로 승격 개편되면서 학관의 직제 또한 개경의 국자감의 직제에 준하여 개편되었다. 곧 최고 행정책임자인 판사, 부책임자인 좨주, 학사 전반에 관한 관리책임자인 사업을 두었다. 이들 학관직은 모두 경관직이었으며, 실제 교수를 관장한 것은 박사와 조교였다. 이러한 직제의 구성은 대사성이 최고 행정책임자였던 개경의 국자감과는 다르다.

그후 분사국자감은 묘청의 난 이후 제학원으로 환원되면서 학관직도 문종 때의 학관직으로 바뀌어졌다. 그리고 명종 8년(1178) 이후에는 서경의 행정기구가 축소되는 데 따라 속관은 토관화되어 갔다. 교수관의 부임 기피로 말미암은 교수관의 부족은 물론 교관과 학생의 질적 저하를 가져왔을 것이다. 고려 후기의 쇠퇴한 교육을 부흥시키고자 산골에 숨어살고 있는 유능한 자를 소재관이 천거토록 하고,[153] 예문관으로 하여금 재주있는 자를 뽑아 직첩을

公廨田 명종 8년 4월 西京 公廨田).

153) 《高麗史》 권 75, 志 29, 選擧 3, 銓注 충선왕 즉위년 기사나 같은 銓注條 공민왕 원년 2월 기사 등은 이같은 사실을 잘 나타낸다.

〈표 2〉 西京學敎의 學官職 변천

學校名 / 時代	學　院	諸學院	諸學士院	分司國子監	諸 學 院	鄕　校
태조 13년 (930)	書學博士					
문종 30년 (1076)		副使・判官 醫學院博士				
예종 11년 (1116)				判事1(3품겸) 祭酒1(少監 이상 겸) 司業 1(員外郞 이상 겸) 博士・助敎 각 1(9품)		
인종 16년 (1138)					判官 1	
명종 8년 (1178)					文師 1・記事 2・算士1・記官 2・書者 2	
공양왕대						敎授・訓導
전　거	《高麗史節要》 권 1, 태조 13년 12월	《高麗史》 권 80, 志 34, 食貨 3, 西京官祿		《高麗史》 권 77, 志 31, 百官 2, 西京留守官 其屬官沿革 예종 11년	《高麗史》 권 77, 志 31, 百官 2, 西京留守官 其屬官沿革 인종 16년・명종 8년	《高麗史》 권 74, 志 28, 選擧 2, 學校 恭讓王 원년 12월・2년 2월・3년 정월

주어 훈도에 임명하도록 한 것 등[154]은 당시의 사정을 잘 나타내준다. 여말의 교육 진흥을 위한 제반 조치는 신진사대부들이 중심이 되었다. 그 중 지방에 교수관과 훈도 등을 설치하여 교육을 일신하고자 한 것은 서경도 예외는 아니었다.

154) 《高麗史》 권 75, 志 29, 選擧 3, 銓注 충선왕 즉위년.

서경학교의 입학자격은 자세히 알 수 없으나, 율학과 서학·산학 및 주현 학생의 경우 8품 이하의 아들과 서인으로 하되 7품 이상의 자로서 원하는 자는 입학을 허락한 것을 보면 서경학교의 학생도 이에 준하였을 것으로 짐작된다. 그러나 분자국자감에서는 개경의 국자감 학생의 입학자격과 거와 같지 않았을까 생각된다.

서경학교의 생도 수는 그 규모를 알 수 없으나 교육과정별로 차이가 있었던 것으로 짐작된다. 서경학교의 생도 수 또한 향교의 생도 수와 같이 시대에 따라 차이가 있었을 것이다. 입학 연령은 향교의 입학 연령과 같지 않았을 까 생각된다.

다. 교육과정과 수업연한

서경학교의 교육과정은 유학교육이 중심을 이루었으나 율·서·산학과 같은 기술교육과정도 설치되었던 것 같다. 유학교육과정에서 교수하던 과목은 알 수 없으나 문종 10년(1056) 8월에 서경의 제학원에 9經·《漢書》·《晋書》·《唐書》·《論語》·《孝經》·子史·諸家文集·醫卜地理·律算學 등의 각종 서적을 보내 비치한 것이라든지,[155] 국자감의 교과목 및 제업의 고시과목 등을 보면 과업교육이 중요시되었던 당시의 서경학교에서도 과업교육을 위한 과목이 중요시되었던 것으로 짐작된다. 그러나 주자학이 수용 보급되던 고려 후기에 이르러서는 4서 5경이 중요시되면서 유학의 학풍이 고려전기의 시·부 등 사장풍에서 경학풍으로 바뀌어져 갔으며, 여말에는 수기·치인을 위한 소학이 기본 교과목으로 등장하게 되었다.[156]

서경학교에 있어서는 유학과 기술학 외에도 武學敎育도 때로는 강조되었던 것 같다. 거란 침입 이후 북방민족의 침입에 대비하고자 문종 때는 무학박사를 두기도 하였으며, 예종 때는 국학에 講藝齋를 두어 무학생을 선발하였다. 그러나 강예재는 인종 때에 폐지되었다. 고려 후기에 홍건적과 왜구의 침노가 심하여짐에 따라 공민왕 때는 성균관으로부터 향교에 이르기까지 문무학을 개설하여 將宰를 양성하도록 하였으며, 공양왕 2년(1390)에는 무과를

155) 《高麗史節要》 권 4, 문종 10년 8월.
156) 宋春永, 앞의 글(1985), 44쪽.

설치하게 이른다. 이처럼 시대에 따라 중외의 학교에서 무학교육을 중요시한 것을 보면 북방의 정치적·군사적 요충지였던 서경의 학교에 있어서도 무학교육을 하였던 것으로 믿어진다.

서경학교의 수업연한은 개인의 능력에 따라 달랐을 것이다. 그러나 분사국자감의 수업년한은 국자감의 수업연한과 같았을 것이며, 제학원의 수업연한은 향교의 수업연한과 같았던 것으로 짐작된다.

3) 서 재

고려시대의 私學 교육기관으로는 12도와 서재·서당 등이 있었다. 그 중 서재는 고려 후기에 조명된 사대부의 개인 독서실로 가내에 한정된 폐쇄적 형태의 家學的 성격을 지녔던 것이다. 그런데 점차 외부인에게 개방·확대된 교육기관으로서의 기능을 가지게 되었다. 이러한 서재는 고려의「家塾黨庠」의 교육적 전통을 계승하려는 사대부들의 욕구 즉 학문적 전통과 지배층으로서의 지위를 전승시키려는 의욕에서 자신들의 자손이나 근친에 한하여 교육의 기회를 부여한 가학에서 비롯되었던 것 같다.[157)]

고려시대의 서재에 관한 기록은 성종 11년(993) 12월에 내린 다음의 교서에서 처음으로 보인다.

> 勝地를 가려 널리 書齋와 學舍를 짓고 田庄을 지급하여 學粮에 충당하도록 하라(《高麗史》권 74, 志 28, 選擧 2, 學校 성종 11년 12월 敎).

그러나 이 교서 중의 서재는 사립의 교육기구가 아니라 관학의 성격을 지닌 것으로 믿어진다.

고려시대에도 사학 교육기구가 널리 설치되었음은《高麗圖經》을 통해 알 수 있다.

---

157) 李秉烋,〈麗末鮮初의 科業敎育－書齋를 中心으로－〉(《歷史學報》67, 1975), 48～49쪽.

> 아래로는 여염집거리에도 經館·書社가 두세 집 건너 바라보고 있어 백성의 미혼 자제들이 무리 지어 스승에게 글 공부를 받았다(《高麗圖經》 권 40, 儒學).

여기에 나오는 經館·書社가 구체적으로 어떤 것이었는지는 확실히 알 수 없으나 서재나 서당과 같은 성격의 것으로 보아도 좋을 듯싶다.

고려시대에 서재가 조영되어 교육활동을 전개하기 시작한 것은 무신정권기 이후로 보인다. 무신정권기에는 문무가 교체되고 잇따라 몽고의 침략으로 국토가 황폐되어 민생이 도탄에 빠지게 되었다. 이러한 상환 하에서는 국가의 교육재정 부담 능력의 한계와 교수관의 부족 등으로 개경과 지방의 관학 교육기능이 약화되어 향촌의 교화교육이나 관인 양성을 위한 과업교육은 물론 문운이 크게 쇠퇴하였다. 이와 같은 상황하에서 국가는 향촌사회의 교육기능을 보강하려는 현실적 필요성을 느꼈을 것이며, 향촌사회의 재지세력들은 스스로의 힘으로 향촌을 교화하고 유교적 지배질서를 수립하여 그들의 지위를 유지하려는 욕구를 갖게 되었을 것이다. 여기에 무신정권 이후 산림이나 산사에 은둔한 文儒나 낙향한 顯官들은 그들의 가학적 전통을 계승하고 이를 통하여 그들의 지위를 유지하기 위하여 연고가 있는 곳에 서재를 지어 학문을 닦으면서 후진 양성을 위한 교육활동을 전개하게 되었다. 국가는 약 화된 관학교육의 기능을 보강하고자 과업교육을 서재에 맡겨 이를 묵인하거나 어떤 경우에는 권장하기도 하였던 것 같다.[158]

초기적인 서재의 존재는 韓彦國의 서재에서 찾아볼 수 있다. 이 서재는 경관이 수려한 산간에 마련된 독서실이었던 것으로 보인다.[159] 그러나 그것이 교육장으로 활용되었는지는 알 수 없지만 서재의 초기적인 존재였음은 분명하다. 서재교육은 사대부가의 가학에서 비롯되었던 것으로 믿어진다.

사대부가의 가학의 사례는 金九容이 그의 외조인 閔思平에게서 수업한 것을 비롯하여[160] 金台鉉이 그의 숙부에게서,[161] 尹澤은 그의 고조부에게서,[162]

---

158) 李秉烋, 위의 글, 50쪽.
159) 李仁老, 《破閑集》 권 上.
160) 李穡, 《牧隱文集》 권 13, 題惕若齋學吟後.
161) 崔瀣, 《拙藁千百》 권 1, 金文正公墓誌.
162) 李穡, 《牧隱文集》 권 17, 墓誌銘 栗亭先生尹文貞公墓誌銘.

安輔는 그의 형에게서,163) 崔瀁과 朴訔은 그의 妻父에게서,164) 李原은 그의 매형에게서,165) 鄭麟趾는 그의 아버지에게서,166) 각각 수업한 것 등을 찾아볼 수 있다. 이러한 가학은 자기의 자손이나 근친에게 한하여 폐쇄적 형태의 성격을 띠었으나 여말에 이르러서는 외부인에게 개방·확대되어 갔다.

여말 辛旽의 전횡, 권문세족과 신진사대부간의 정치적 세력 다툼, 홍건적과 왜구의 침입 등은 정치 정세의 불안을 가져왔다. 왕조교체기라는 격동기에는 관인사회 내부의 정치투쟁에서 패배하여 도태되었거나 현실에 적응하기를 거부한 사대부들이 일시적으로 또는 일생 동안 재지적 기반이 있는 향촌이나 산간에 은둔하여 서재를 조영하고 학문을 연찬하는 한편 후진 양성을 위한 교육활동을 전개하였다. 이들은 여말의 서재교육을 담당한 주체로 등장하였으며, 여말의 정치적·사회적 변화는 서재교육의 발전을 자극한 중요한 요인이 되었다. 吉再가 선산의 金烏山 아래 낙향하여 대규모적이고도 본격적인 서재교육을 하였으며,167) 趙庸이 謫所에서도 교육활동을 전개하여 명유·고관을 배출시켰던168) 것은 여말 격동기에 서재교육의 발전상을 보여주는 사례이다.

여말의 면유나 현관으로서 서재교육을 담당하였거나 그 곳에서 수업을 한 경력이 없는 이는 드물었을 정도였다.

다음 〈표 3〉은 여말의 명유나 현관이 서재교육을 담당하였거나 그 곳에서 수업을 한 경력을 나타내주는 자료로서,169) 이를 보면 서재교육이 외부인에게까지 개방·확대되었음을 알 수 있다.

서재교육은 교육을 담당하는 師儒의 능력이나 교육목표·수준에 따라 몇 개의 유형으로 나누어지며, 그로 인하여 교육내용이나 양상도 달라지게 된

163) 安軸,《謹齋集》권 4, 墓誌銘.
164) 李行,《騎牛集》권 2, 附錄, 杜門洞七十二賢錄 崔瀁.
《國朝人物考》권 1, 相臣, 朴訔.
165)《國朝人物考》권 1, 相臣, 李原.
166)《朝鮮金石總覽》下, 鄭麟趾墓表.
167) 吉再,《冶隱先生言行拾遺》.
成俔,《慵齋叢話》권 3.
168)《新增東國輿地勝覽》권 25, 慶尙道 眞寶縣, 人物.
169) 李秉烋, 앞의 글, 56쪽.

〈표 3〉

授業者	受業者	전　거	授業者	受業者	전　거
禹 倬		高麗史 권 109, 列傳 22	鄭夢周	李之直	遁村先生世稿 1, 附錄
尹 澤	李 穡	牧隱文集 8, 序	〃	朴 融	朝鮮歷代名臣錄 3
安 輔	〃	謹齋集 4, 墓誌銘	〃	朴 昭	〃 3
〃	李 集	遁村集 4, 師友淵源錄	〃	朴 聰	〃 3
〃	禹玄寶	朝鮮歷代名臣錄 2	〃	朴 調	〃 3
李 穡		牧隱文集 10, 說	李 行	李 播	〃 3
〃	文益漸	朝鮮歷代名臣錄 2	權 近	卞季良	〃 3
〃	崔元道	〃 2	〃	許 稠	國朝人物考 1, 相臣
〃	卞季良	〃 3	〃	金 泮	朝鮮歷代名臣錄 3
〃	李文和	〃 3	權 遇	鄭玉潤	〃 3
〃	吉 再	冶隱集 上, 行狀	吉 再	〃	〃 3
秦中吉		牧隱文集 20, 傳	〃	王 沾	〃 3
鄭夢周	卞季良	朝鮮歷代名臣錄 3	〃	曺尙治	〃 3
〃	李文和	〃 3	〃	金叔滋	佔畢齋集彝尊錄 上
〃	吉 再	冶隱集 上, 行狀	鄭道傳		東國輿地勝覽 권 25,
〃	河 演	朝鮮歷代名臣錄 3			奉化 人物
〃	鄭師仲	〃 3	趙 庸	尹 祥	別洞集 年譜
〃	洪彦修	〃 2			

다. 서재 가운데는 초보적인 교과교육(유학교육)에서부터 과업교육, 더 나아가서는 성리학의 이론 탐구까지의 폭넓은 영역을 모두 감당해 낼 수 있는 교화적·과업적·위학적인 성격의 것이 있었다.170)

李穡·鄭夢周·吉再 등에서 비롯하여 金叔滋 부자로 이어지는 성리학자들의 서재는 위학적 교육의 서재에 속할 수 있을 것이나, 학문적 깊이와 교육대상의 범위가 성리학 연구보다는 과업교육의 성격이 강하다 할 것이다. 그렇다고 처음부터 교화적 교육이 배제된 것은 아니나 과업적·위학적 수준의 高弟的 서재의 성격이 강하였던 듯싶다.171)

다음은 문과를 목표로 한 과업교육을 위한 고제적 서재는 朴恒의 서재에서 찾아볼 수 있다. 박항은 현직 관인으로서 과업교육을 실시하여 그가 殿試의 고시관이 되었을 때 자신의 제자들을 많이 급제시켰는데, 이것은 과업교

170) 李秉烋, 위의 글, 57쪽.
171) 李秉烋, 위의 글, 58쪽.

육의 한 예이다.[172]

끝으로 유학의 기본교육이나 유교도덕교육을 목표로 한 교화교육을 위한 서재가 있었다. 여말의 羅興儒가 과거에 급제하지 못하자 塾舍를 열어 동몽을 교육한 것은 그 예이다.[173] 이러한 서재는 처음부터 교화 수준의 교육만을 목표로 한 것이 아니라 수업자와 師儒의 수준이 그에 상응하였기 때문이었을 것이다.

이러한 서재는 수적 규모나 그 확산범위에 있어서 당시의 사학 교육기관의 주축을 이루었다. 그리고 사학 교육기구이면서도 집권적 관인사회의 보호와 장려를 받으면서 조선시대로 이어져 발전하였다.

서재의 교육내용은 儒士의 능력·수준이나 교육목표에 따라 다를 것이나 과업교육이 중요시되었던 당시에 있어서는 유교의 경전이나 제자백가서 등이 주축을 이루었던 것으로 보인다. 비록 조선 초의 사실이지만 김숙자는 자신의 자제를 교육하면서 《동몽훈》·《효경》·《대학》·《논어》·《중용》·《시경》·《서경》·《춘추》·《주역》·《예기》·《통감》·諸史·百家 등을 그 讀誦순서에 따라 차례를 거치지 않고 뛰어넘는 일이 없이 학습하도록 당부하였다.[174] 이것을 보면 여말 서재교육의 과목도 이와 큰 차이가 없었을 것으로 짐작된다. 그러나 이러한 많은 과목을 아무리 훌륭한 사유라도 능통하게 가르친다는 것은 쉬운 일이 아니었으므로, 때로는 서재를 편력하면서 복수의 사유가 수업하기도 하였던 것 같다. 길재가 어렸을 때 商山의 司錄 朴賁에게 수업하고, 뒤에 상경하여 이색·정몽주·권근 등에게 편력하면서 수업한 뒤 등제한 사실은[175] 이를 말하여 준다. 특히 성리학이 전래되어 사대부들의 새로운 이념적 철학으로 수용 보급되면서 여말에는 성균관에 4서 5경 재가 세워졌고, 과거에 있어서도 고려 후기에는 경학을 중요시하였다.[176] 이처럼 여말의 학풍이 전기의 사장풍에서 경학풍으로 바뀌어짐에 따라 서재교육의 과목도 경학을 중요시하게 되었을 것이다.

---

172) 《高麗史》 권 106, 列傳 19, 朴恒.
173) 《高麗史》 권 114, 列傳 27, 羅興儒.
174) 金宗直, 《佔畢齋集》, 彝尊錄 下, 先公事業.
175) 吉再, 《冶隱先生言行拾遺》 권 上, 行狀.
176) 許興植, 앞의 책, 97쪽.

여말의 서재교육은 광주·천녕 여홍(여주) 등 근기지방 중심의 양상을 띠었던 것 같다.[177] 광주는 廣州 李氏의 본관으로 李集과 之直·仁孫·克培·克堪·克增 등으로 이어지는 그의 후손을 배출하였다. 그리고 천녕은 이집이 은거했던 곳이기도 하거니와[178] 여홍은 閔令謨의 후손으로 宗儒·頔·思平으로 연결되는 벌족 驪興 閔氏의 세력 근거지였으며, 驪州 李氏의 본관으로 李奎報·李行 등을 배출한 곳이었다.[179] 또한 廉興邦의 근거지이기도 하였다. 그러므로 이 지역을 중심으로 한 사대부들의 교류가 이루어졌다. 민사평의 외손인 김구용과 이집을 매개로 한 이색·정몽주·이숭인·이존오·이달충·이행·정도전 등이 연결되어 이곳을 중심으로 학문적 교류와 후진 교육에 힘을 기울였다.[180] 또한 선산과 밀양을 잇는 지역은 서재교육이 전형적으로 부각된 곳이기도 하였다.

여말 서재 중심의 과업교육은 사대부나 재지세력의 농장을 중심으로 전개되었는데 농장 내부에 있는 亭·軒·齋·菴·室 등의 건물이 교육장으로 활용되었던 것 같다.[181] 李晟의 「竹溪村舍」나[182] 李集의 「川寧江舍」는[183] 후진 교육에 활용된 한 예이기도 하다.

고려 후기에 조영된 사학 교육기구인 서재는 여말의 정치적 격동기를 겪으면서도 관학 교육기능의 약화로 인한 향촌사회의 유학교육을 보강하고 과업교육의 수행에 주도적 역할을 담당하였다. 나아가 爲學敎育의 기능도 수행함으로써 성리학의 발달에 공헌하였다. 이런 점에서 여말의 서재가 갖는 교육적 의의와 역사적 의의는 높이 평가되어야 할 것이다.

〈宋春永〉

---

177) 개경 중심의 지배체제하에서는 그 영역을 벗어나는 것은 곧 지배층의 지위를 상실하는 것으로 인식되었으므로 관인들은 대부분 개경이나 근기지방에 생활 근거를 가지고 있었던 것 같다(李秉烋, 앞의 글, 63쪽·文炯萬, 〈麗代「歸鄕」考〉, 《歷史學報》 23, 1964 참조).

178) 李集, 《遁村先生遺稿》 권 4, 附錄 遺事.

179) 李秉烋, 앞의 글, 64쪽.

180) 金九容, 《惕若齋學吟集》, 世系行事要略.

181) 李秉烋, 앞의 글, 65쪽.
柳洪烈, 〈麗末鮮初の私學〉(《靑丘學叢》 24, 1936), 92쪽.

182) 《高麗史》 권 109, 列傳 22, 李晟.

183) 李集, 《遁村先生遺稿》 권 4, 附錄, 遺事.

Ⅱ. 문　　화

1. 과학과 기술
2. 문자와 언어
3. 사서의 편찬
4. 문학
5. 미술

Ⅱ. 문 화

1. 과학과 기술

1) 천문 역산

(1) 천문 역산의 제도

고려는 개국과 함께 여러 가지 새로운 문물·제도를 확립하려는 노력을 기울였는데, 천문제도의 경우도 그런 경향이 아주 뚜렷하다. 《高麗史》 天文志에 밝혀 있는 것처럼 고려는 국초부터 천문기관을 太卜監과 太史局의 둘로 나눠 발전시켰음을 알 수 있다. 당시의 관점에서는 천문과 曆數는 태복감이 담당하고, 측후와 漏刻은 태사국이 맡았다고 할 수 있다.

이처럼 천문기관을 둘로 나눠 놓는 방식이나 그 이름은 당의 제도를 참고했던 것이다. 《三國史記》에 의하면 고대사회의 천문기관으로는 통일신라가 8세기 초에 漏刻典을 둔 경우밖에 분명한 기록이 없다. 그 전의 삼국 모두에 천문기관이 있었을 것은 짐작하기 어렵지 않지만, 분명한 기록은 없는 것이다. 그렇다면 고려 초기에 이와 같이 분명하게 천문기관으로 두 기구를 설치한 것은 고려 초기의 제도 발전의 한 모습을 보여주는 것으로 해석할 수 있다.

《고려사》가 말하는 「國初」가 정확히 언제를 가리킨 것인지 단언할 수 없지만, 광종(949~975) 때일 가능성이 높다고 보인다. 늦어도 성종(981~997)때에는 분명히 이런 제도가 시작되었음이 분명하다. 이렇게 시작된 두 천문기관은 그 후 이름을 바꾸면서 인원을 확충해 가는 변화를 겪고, 고려 후기에는 두 기관이 하나로 통합되어 조선시대로 넘어가게 된다.

고려 전기의 대표적인 천문기관 구성을 살피기 위해서는 문종 때의 경우를 살펴보는 것이 좋다. 국초에 태복감으로 시작되었던 기관은 현종 14년(1023) 이미 司天臺로 이름이 바뀐 다음 문종대에 계승되었는데,《고려사》백관지 書雲觀條에 따르면 사천대와 태사국의 품관 구성은 다음과 같다.

사천대 : 判事(정3품) 1명, 監(종3품) 1명, 少監(종4품) 2명, 春官正·夏官正·秋官正·冬官正(종5품) 각 1명, 丞(종6품) 2명, 注簿(종7품) 2명, 卜正·卜博士(종9품) 각 1명

태사국 : 判事·知事·令(종5품) 각 1명, 丞(종7품) 1명, 靈臺郎(정8품) 2명, 保章正(종8품) 1명, 挈壺正(종8품) 2명, 司辰(정9품) 2명, 司曆(종9품) 2명, 監候(종9품) 2명

이들 품관 아래에는 물론 많은 수의 吏隷가 부속되어 있었을 것이나 그 인원 등은 자세히 알 길이 없다. 이들 품계를 비교해 보면 분명하게 들어 나는 것은 시계 등을 담당하는 것보다는 천문을 보고 그 의미를 해석하는 자리가 훨씬 중요시되었음을 간파할 수 있다. 당시 천체의 관측이 어떤 의미에서 중시되었던가를 웅변해 주는 특징이라 할 수 있다.

이들 천문관이 고려 초기에 어떻게 양성되었고 또 어떻게 이들 기관에 채용된 것인지는 분명하지 않다. 다만 광종 9년(958) 시작된 과거제도에는 처음부터 雜科가 있었는데, 첫 과거에서의 합격자는 進士 2명, 明經 3명, 卜業 2명이었고, 그 후의 과거에도 복업 합격자가 있었음을 확인할 수 있다. 이들은 바로 사천대의 말단 품관이었던 복정과 복박사(종9품)로 발탁될 자격을 시험본 것이었다.

물론 이들 과거 합격자의 실질적 중요성에 대해서는 의문이 남는다.《고려사》에 남아 있는 기록에 의하면 과거의 일부로 잡과가 실시된 목종 원년(998)까지 복업에 합격한 사람은 겨우 6명에 지나지 않기 때문이다. 뿐만 아니라 복업을 포함한 잡과는 목종 원년 이후에는 정식 과거에 포함되지 않았다. 특히 인종 14년(1136)에 공포된 잡과 각 분야의 시험과목 가운데에 복업은 들어 있지 않은 점이 이상하다. 의학·지리학분야에 대한 시험 내역이 밝혀져 있으면서도, 천문학 또는 복업 등에 대한 실명은 누락되어 있는 것이다.

고려 초의 교육기관에서 천문학교육이 실시되었다는 증거도 보이지 않는다. 성종 11년(992) 설치된 國子監에도 천문학교육은 포함되지 않았고, 11세

기 이후 극성하기 시작한 私學에서도 천문학교육을 실시한 것으로는 보이지 않는다. 그러나 당시의 천문학이란 특히 왕실 또는 국가의 명운을 예측하는 중요한 분야로 여겨졌기 때문에 천문학교육은 천문 담당자와 담당기관에 의해 내밀하게 실시되었을 것으로 보인다.

(2) 천문 관측

가. 관측기구

고려 초기에 천문·기상현상의 관측을 위한 시설이나 기구에 어떤 것이 있는지에 대해서는 확실하게 따로 기록되어 있는 것이 없다. 그러나 우선 관측을 담당하는 기관으로서 사천대 또는 태복감과 태사국이 있었다는 사실로부터 이들 기능을 담당한 관청이 있었다는 것을 알 수 있고, 관측 담당자의 직함으로 보아 여러 가지 관측을 실제로 행하고 있었음을 알 수 있다.

또 관측의 주요 부분을 실시하던 국가 관측기구 즉 지금으로 치자면 중앙천문대와 중앙기상대에 해당하는 시설이 있었다. 지금 개성 만월대에 유적으로만 남아있는 고려의 첨성대 자리는 언제부터 설치되었던 것인지 밝혀지지 않았지만, 고려 초부터의 것일 가능성이 높다. 현존하는 유물은 높이 3m의 기둥 5개 위에 약 3㎡의 돌판을 올려놓은 모양으로, 돌판의 네 귀퉁이에는 난간을 세웠던 흔적으로 보이는 구멍이 있다. 이 석조물 자체는 고려 후기의 것일지 모르지만 그 자리에 고려 초기부터 천문 관측시설이 있었을 것으로 보이는 것이다.

실제로 이 첨성대 위에 어떤 시설물이 놓여 있었는지는 알 수 없다. 다만 앞에 소개한 고려 초의 관직에 이미 靈臺郎이나 春官正 등의 4官正이 있었음을 보더라도 천문 관찰전담자가 있었고, 그들은 渾天儀 등의 관측기구를 첨성대 위에 설치하고 천문을 관측했을 것이 분명해 보인다. 특히 다음에 설명할 曆法의 독립적 발전을 이룩한 10세기 무렵에는 독자적인 천문관측에 상당한 성과가 있었을 것임은 당연한 일이다. 《고려사》에 있는 여러 가지 관측의 기록으로 보더라도 이를 알 수 있는데, 구체적으로 어떤 관측기구를 썼는지에 대해서는 기록이 없어 단언하기 어렵다.

시각 측정의 기구, 즉 시계에 대해서는 이미 삼국시대 이래 해시계·물시계 등 여러 가지의 기구가 사용되었을 것이지만, 역시 분명하게 어떤 시계를 만들고 사용했는지 밝혀져 있지 않다. 역시 관직의 이름으로 挈壺正 또는 司辰의 명칭이 있는 것만 보더라도 시각 측정장치가 있었음을 알 수 있다. 특히 인종 때에 묘청이 「漏刻院事」라는 직책을 담당했던 사실로 보아[1] 물시계를 담당하는 누각원이란 기구가 별도로 있었을 가능성이 있다. 조선 초에는 蔣英實이 만든 自擊漏 등 여러 가지 물시계가 사용되었음이 알려져 있지만, 고려 초기의 물시계 가운데 이미 자격루 형태의 자동장치를 가진 물시계가 있었을 가능성도 생각할 수 있는 것이다.

나. 관측기록

일식, 월식을 비롯한 해와 달의 이상현상이나 5행성의 운동 등 천문현상에 대한 기록은 삼국시대 이래 열심히 관측되고 기록되어 전해지고 있다. 다른 자연 이상현상을 포함하여 《고려사》에는 약 6,500회의 자연 이상현상이 기록되어 있다. 《고려사》 天文志와 五行志에 남아있는 이 기록 가운데 약 반 가량은 천문현상인데, 잘 살펴보면 상당수는 고려 후기에 기록되었고, 고려 전기의 기록은 훨씬 적다.

특히 주목할 만한 사실은 이 기록 가운데 고려 개국 초부터 목종 12년(1009)까지의 기록은 훨씬 적고, 또 기록의 내용도 그 이후의 것보다 다양성이 떨어진다는 점이다. 예를 들어 일식의 경우 고려 전기와 후기의 관측기록에 큰 차이가 없이 고려 전 기간에 걸쳐 모두 138회의 기록이 남아있지만, 이 가운데 고려가 개국한 태조 원년(918)부터 현종 3년(1012) 사이에는 아예 기록이 남아있지 않다. 월식도 비슷한 상황이며, 다른 천문현상의 기록도 처음 1세기 동안에는 별로 남아있지 않다.

이에 대한 가장 자연스런 해석은 다른 역사기록과 마찬가지로 고려 초기 100년 가량의 역사가 제대로 보존되지 못하다가 덕종 3년(1034)에 고려 초기 7대의 실록을 함께 편찬했다는 사실로부터 찾을 수 있다. 조선 초 《고려사》를 편찬할 때까지 고려의 실록은 남아 있었던 것으로 보이고, 따라서 지

---

1) 《高麗史》 권 127, 列傳 40, 叛逆 1, 妙淸條에 의하면 인종 12년 묘청은 三重大統知漏刻院事에 제수되었다.

금의 《고려사》에 초기 100년의 기록이 빈약한 것은 당초의 실록에서 그 원인을 찾아야 할 것이다.

고려 초의 7대 실록이 후기의 실록에 비해 사료가 부족했다는 사실은 실록 편찬자의 잘못이 아니라 원래 사료가 빈약했기 때문이라고 보인다. 거란족의 침입 등으로 어느 정도 사료가 파괴되었을 것도 예상할 수 있지만, 그보다는 고려 초기에는 아직 사료를 충실하게 보존하고 기록해 둘 여건을 갖추고 있지 못했으며, 특히 천문기록에 관해서는 더욱 그랬다고 생각된다.

(3) 역법의 발전

고려시대의 역법에 대해서는 《고려사》 曆志 첫마디에 대단히 비관적인 평가가 나와 있다.

> 고려는 曆을 따로 만들지 못한 채 당의 宣明曆을 계속해 썼다. 당에서 선명력을 사용하기 시작한 長慶 壬寅年(822)으로부터 고려 태조가 건국한 때(918)까지 벌써 백년이 지나는 사이에 역법이 차이가 나게 되었다. 당나라도 이미 역법을 고쳤고, 그 후 중국에서는 22회나 개정하였지만 고려는 여전히 선명력을 사용하였다(《高麗史》 권 50, 志 4, 曆 1).

그러나 400년 동안 낡은 당의 역법만을 썼고, 고려는 아무 역법도 스스로 개발하지 못한 채였다는 조선 초 학자들의 위와 같은 평가는 잘못이다. 그들은 조선 초 세종 때에 역법이 발달했던 결과로 〈七政算〉을 완성했다는 성과 때문에 고려 때의 성과를 과소 평가했을 것이다. 또 전반적으로 고려시대를 과소 평가하려는 당시의 정치적 입장에서 기인했던 것일 뿐, 이 평가는 사실과 거리가 있는 것이다.

우선 당 이후 송에 걸쳐 22회의 역법 개정이 있었다는 사실은 과학적인 역법의 발달과는 거리가 먼 것이다. 원의 授時曆이 나오기까지 당에서 송에 걸쳐 이름 붙여졌던 수많은 새 역법은 모두 그 전의 것에 이름만을 바꿔 붙인 것이었다. 즉 정치적 목적에서 실행되었던 受命改制를 내세우기 위한 이름만의 새 역법이었을 뿐이다.

오히려 고려의 역학자들은 초기에 이미 중국의 역법을 뛰어 넘어 고려에 맞는 새 역법을 나름대로 만들어 사용하고 있었다는 사실을 간접적인 몇 가지 증거에서 찾아낼 수가 있다. 우선 당의 선명력 이후에도 중국으로부터 여러 차례 역법이 전해 왔다는 사실을 들 수 있다. 우선 태조 16년(933)에 後唐의 사신이 와서 태조의 책봉과 함께 역을 전했다는 기록을 비롯하여, 중국 五代의 각국은 다투어 고려와 교섭했고 고려 왕들은 중국 왕조들의 책봉을 받았다. 이 책봉과 함께 당시 중국의 역법이 전해졌음은 물론이다. 또 성종 13년(994)에는 거란의 역법을 채택한 흔적도 보이며, 현종 13년(1022)에는 송에서 돌아온 사신이 乾興曆을 가져온 기록도 보인다.

고려 초 역법의 발달을 보여주는 또 하나의 증거로는 고려에서 11세기 초부터 일식과 월식 예보를 독자적으로 하고 있었다는 사실을 들 수 있다. 동양의 전통사회에서의 역법은 곧 천문계산법이었고, 따라서 역법의 독자적 발달 없이는 일식과 월식의 독자적 예보란 기대하기 어렵다. 그런데 고려에서 일식 예보를 하지 못했다고 처음 문제가 된 기록은 문종 원년(1047)에 발견된다. 즉 늦어도 문종 때에는 고려 천문학자들이 독자적인 일식의 예보기술을 개발해 사용하고 있었다는 사실을 보여주는 것이다.

이 시기의 고려 역법이 독자적으로 발달하고 있었음을 보여주는 또 한가지 증거로는 당시 고려의 日辰 표시가 중국과 달라지기 시작했다는 점을 들 수 있다. 중국과 고려의 일진이 틀리기 시작하는 것은 현종 13년부터로 밝혀져 있는데,[2] 그 해 2일 1일이 고려에서는 경자일이었지만, 중국에서는 신축일이었던 것이다. 이런 현상은 물론 고려의 역법이 그 해 1월을 29일로 계산한 데 반해, 중국의 역법이 1월을 30일로 계산했기 때문에 일어난 것이므로, 한 달 뒤에는 다시 일진이 맞아 돌아가게 마련이다. 그러나 이런 현상이 특히 11세기에 아주 많았다는 사실은 고려의 독자적인 역 계산을 증명해 주고 있는 것이다.[3]

고려 초에 역법이 독자적인 발달을 이룩하고 있었다는 또 다른 방증은 일본에서 역법의 개량을 위해 송이나 또는 고려에서 역법을 배워 올 것을 문

2) 震檀學會,《韓國史－年表－》(乙酉文化社, 1959)의 朔閏表 참조.

3) 고려 일대를 통해 이런 차이가 있었던 해는 1022, 1025, 1032, 1040, 1041, 1049, 1055, 1059, 1065, 1079, 1096, 1114, 1118, 1147～1149, 1252, 1282, 1287, 1306, 1332년 등이다.

종 2년(1048 ; 日本 永承 3)에 논의했다는 일본측 기록에서 찾을 수 있다.[4)]

문종 6년에 제작된 다음의 다섯 가지 역은 바로 이와 같은 역법의 발달에 기인한 고려 천문역학자들의 자신감을 표현한 것으로 볼 수 있다. 그것은 金成澤의 十精曆, 李仁顯의 七曜曆, 韓爲行의 見行曆, 梁元虎의 遁甲曆, 金正의 太一曆 등이다. 그런데 이름에서도 드러나는 것처럼 일반적인 역법이라기보다는 어떤 특정한 목적을 위한, 주로 穰災를 위한 특수한 역법으로 발달한 것으로 보인다. 지금의 기준으로 볼 때 미신적인 역이었음이 분명하지만, 이런 역법을 개발해 냈다는 사실로부터 당시의 역법 발달의 한 단면을 짐작할 수 있는 것이다.

2) 지 리

(1) 지도와 지리지

고려 전기에 그려진 地圖로 지금까지 남아있는 것은 없다. 그러나 지도가 만들어 졌음은 여러 가지 사실에서 알 수 있다. 다만 당시의 지도 가운데에는 일부 외국에 대한 것도 있었으나 그 범위는 극히 제한된 것이 아니었나 생각된다. 예를 들면 중국에 대한 지도도 적지 않았고 인도까지 포함한 지도도 있었을 것으로 보이지만, 그 밖의 세계에 대한 지도적인 자료까지는 갖지 못했던 것으로 보인다.

구체적인 고려 지도에 대한 기록으로는 목종 5년(1002) 7월 고려에서 본국의 지리도를 거란에 보냈던 사실을 들 수 있다.[5)] 이 때의 지리도는 단지 지도만이 아니라 지도가 포함된 地理志 같은 내용의 것이 아니었나 생각된다. 인종 23년(1145) 金富軾이 펴낸 《삼국사기》에는 지리지가 들어있어 지금까지 전해지고 있다. 현존하는 《삼국사기》에 지도는 포함되어 있지 않지만, 삼국시대부터 전해 내려온 지도와 지리지 등을 근거로 김부식이 편찬한 것인만

4) Nakayama Shigeru, *A History of Japanese Astronomy*(Cambridge, Mass., Harvard University Press, 1969), 72~73쪽.

5) 《遼史》 권 14, 本紀 14, 聖宗 統和 20년 7월.

큼 고려 초에도 이에 준할 정도의 지리지가 있었음은 확실하다.

거란에 보낸 지리도가 이 정도의 것이었다면, 의종 2년(1148) 10월 고려의 李深이 송나라 사람과 결탁하여 고려의 柳公植의 집에 보관되어 있던 고려도를 송의 秦檜에게 보냈다는 《고려사》의 기록은[6] 당시의 상황을 암시해 주고 있다. 그 후에도 늘 그랬던 것처럼 지도는 국가의 기밀로 여겨져 함부로 다룰 수 없었다. 또 이들이 불법적으로 송에 보낸 「고려도」도 지도만이 아니라 지리지까지 포함한 것일지도 모르겠다.

지리지라면 고려 초의 사람들은 국내의 지리지뿐만 아니라 중국에 대한 것도 상당한 자료를 가지고 있었다. 선종 8년(1091) 중국에서는 자기 나라에서 사라진 옛책을 고려에서 구하려는 노력을 기울여 고려측의 협조를 구한 일이 있었다. 그런데 그 때 고려에 있던 자료로는 지리분야에서 《括地志》 500권, 《輿地志》 30권, 《高麗風俗紀》 1권, 《高麗志》 7권 등이 있었다. 이 가운데 앞의 두 가지는 중국에서 출판된 중국 지리지였으나, 뒤의 둘은 분명히 고려에서 나온 고려에 대한 지리지적인 자료였던 것으로 보인다.

현종 16년(1025)과 그 이듬해에 大食國人 100명이 고려를 방문하고 그들의 토산물을 바친 것을 비롯하여, 아랍인들은 고려 초기에 상당히 빈번하게 고려를 방문했고 여러 가지 문물을 전해 주었음을 알 수 있다. 이들과의 접촉으로 어느 정도 남방에서 아랍지역에 이르는 세계에 대한 지리적 지식도 얻었을 것으로 보이지만 구체적인 증거는 남아있지 않다.

(2) 풍수지리학

고려시대를 통해 지리학이라 부를 수 있는 지식 분야의 중심을 이룬 부분은 역시 풍수지리적인 것이었다. 당시의 風水地理學은 물론 오늘 우리들의 지리학이나 지구과학과는 상당히 거리가 있는 분야로서, 주로 사는 곳의 지리적 특성이나 죽어서 묻히는 장소의 지리적 형상－陽基와 陰宅－이 인간의 운명을 크게 좌우한다는 당시의 강한 믿음에 바탕을 둔 지식체계였다. 특히 당시의 풍수지리학은 圖讖思想과 어울려 더욱 강한 영향을 당시 사회에 미

6) 《高麗史》 권 17, 世家 17, 의종 2년 10월.

쳤는데, 고려왕조는 그 창건부터 풍수지리 및 도참사상과 밀접한 관련이 있었다는 것을 고려 초의 역사는 잘 보여주고 있다.

새 왕조 고려를 개창한 王建은 그의 정권 쟁취의 과정과 그 후 고려 태조로서의 통치이념에 모두 풍수지리실과 도참사상이 얽혀 있다. 우선 왕건에 의한 새 왕조의 개창을 예언한 사람은 다름 아닌 신라 말의 승려이며 풍수지리의 대가 道詵(827~898)이다. 도선은 왕건이 태어나기도 전에 이미 그의 부모를 만나 왕건의 왕조 창건을 예언한 것으로 《고려사》는 전하고 있다.

게다가 왕건이 고려 태조로서 후손에게 남긴 고려 왕조의 통치이념 「訓要十條」에서는 가장 중요한 부분에 대해 도선의 권위를 빌어 설파하고 있다. 제2조에 의하면 나라 안의 모든 사원은 이미 도선이 산천의 順逆을 고려하여 정해 준 곳이므로 함부로 사원을 지을 수 없다는 것을 분명히 하고 있다. 이 밖에도 제5조에서는 왕건이 나라를 새로 세울 수 있었던 것은 바로 地德을 얻었기 때문임을 주장하고, 특히 서경은 지덕이 뛰어난 곳임을 강조해 놓고 있다. 이어 제8조에서는 지형을 볼 때 車峴 남쪽의 사람들은 반역적이기 쉬우므로 조심하라는, 역시 중요한 풍수지리적인 이론을 적어 놓고 있다. 이런 풍수지리의 이론이 그 후의 고려 역사에 얼마나 절대적인 영향을 미쳤는지는 상당히 잘 알려진 일로, 고려 당대에 뿐만 아니라 그 후의 한국사에 중요한 몫을 한 것을 알 수 있다.

광종 9년(958) 과거제가 시작되자 잡과의 중요한 한 부분으로 地理業이 들어가게 되었다. 그런데 당시 가장 중요한 부문이었던 천문학이 제도화된 확실한 흔적을 보이지 않는 것과는 달리 지리학은 시험 요강이 정해져 시험대상이나 서적이름이 밝혀져 있을 정도이다. 그 교재들의 이름은 《新集地理經》·《劉氏書》·《地理決經》·《經緯令》·《地鏡經》·《口示決》·《胎藏經》·《謌決》·《蕭氏書》 등이다. 이 교재는 인종 14년(1136)의 것이므로, 혹시 이 가운데 한두 가지는 고려에서 만든 책일지도 모를 일이다. 그러나 대개는 중국의 지리서라고 보는 편이 합리적일 것이다.

고려 초기부터 지리학에 관한 서적은 여러 가지가 있었던 것이 분명하다. 지리학에 관한 한 고려사람들이 중국의 서적에 전적으로 의존할 수는 없는 일이었기 때문에 더욱 그랬을 것이다. 천문학이나 그 밖의 자연현상에 대한 해석을 위한 서적은 중국의 것에 전적으로 의존해도 대체로 무방할 수 있었지만, 지리학은 중국의 땅과 전혀 다른 고려 영토에서의 지리학이었기 때문이다.

당연히 고려 개국과 함께 절대적 권위를 누리게 된 도선의 저술이라는 책들이 잇따라 등장하게 되었다. 예종 원년(1106) 3월에 편찬된《海東秘錄》은 바로 이런 많은 책들을 중국에서 들여온 책들과 비교 검토하여 이론적 내지는 실무적으로 정리하기 위한 작업이었다.《해동비록》은 지금 전하지 않아 내용을 알 수 없지만, 상당히 방대한 분량에 당시의 풍수지리 및 도참의 전모를 정리한 것만은 분명한 것으로 보인다.

바로 이 책의 완성에 이어 고려는 이듬해인 예종 2년부터 10년 동안에 걸쳐 서경에 龍堰宮을 완성했다. 이 때는 고려가 개국한 지 200년이 가까워지고 있었고, 고려 지배층 사이에는 개성의 지덕이 200년을 넘지 못할 것이라는 위기감이 널리 퍼져 있었던 것 같다. 이에 앞서서 이미 고려 왕실은 여러 차례 離宮을 짓는 등의 노력을 기울여 개경의 지덕을 간접적으로 연장하려는 延基의 사상을 폈던 일도 있다. 문종 10년(1056) 왕은 도선의《街岳明堂記》에 예언되었다는 이유를 들어 西江(예성강) 강변에 長源亭이라는 이궁을 지었고, 지금의 서울지역에 남경을 두기로 했다. 반세기 이내에 숙종은 당시의 지리학자 金謂磾의 제안에 따라 실제로 남경에 궁궐을 짓기도 했다.

그러나 이런 노력에도 불구하고 오히려 李資謙의 난으로 개경의 궁궐이 거의 불타버리는 등의 혼란이 일어나자 인종 6년 서경출신 인사들의 지지를 받아 승려 묘청이 서경으로의 천도를 주장하고 나선 것이다. 인종 12년 김부식 등의 적극적인 반대로 일이 주춤해지고 드디어 묘청 일파의 반란사건으로 끝을 맺기는 하지만, 그 사이에 이미 왕을 비롯한 그 측근은 몇 차례 서경에 행차를 하고 궁궐을 짓는 등 천도의 일부 준비가 진행되었을 정도였다. 고려 전기의 가장 중요하고도 큰 사건이라 할 수 있는 묘청의 사건이 바로 당시의 풍수지리사상을 바탕으로 하고 있다는 사실만으로도 고려시대의 가장 중요한 과학분야가 여기 있었음을 알 수 있다.

3) 의 학

고려의 의학은 처음으로 독자적인 수준을 이룩하고, 제도적 장치도 완비했으며, 중국의학과 인도·아랍의학을 위시한 외국의 의학까지 받아들이는 모습을 보인다. 고려 후기에 이룩한 한국적 의학전통의 확립에 바탕을 만들고 있었다는 것을 알 수 있다.

(1) 의료제도

고려 초의 의약제도 가운데 가장 중요한 특징적인 것은 과거에 의학부분이 포함되었다는 사실이다. 광종 9년 처음으로 시작된 과거제도는 여러 가지로 한국역사에 중요한 획을 긋는 사건이지만, 바로 이 과거 속에 처음부터 醫業이 포함되고 있었다. 의업 이외에도 처음의 과거에는 明算, 卜 등 오늘의 수학과 과학분야도 잡과에 들어 있었다.

그러나 초기의 과거는 이름뿐 실제로 고려 초기 동안 인재의 채용에 큰 비중을 두고 있지는 못했다. 이는 잡과의 경우 더욱 심해서 반세기가 지난 목종 11년(1008)까지 과거에 급제한 의업 합격자는 모두 7명밖에 되지 않았다. 50년 동안 새로 배출된 의사가 7명이라면, 이런 의사 배출기구는 그리 의미가 없었다는 사실을 보여주는 것이라 할 수 있다. 따라서 고려 초기를 통해 의사는 과거제도를 통해 배출되었다기보다는 전통적인 의료기관에서의 徒弟的 훈련에 의해 양성되었음을 알 수 있다.

게다가 11세기부터는 과거에서 의업이 제외되었다. 물론 의업만 제외된 것이 아니라, 다른 잡과가 모두 과거시험에서 제외된 것이었다. 그 후 고려사회에서의 의사 양성은 완전히 의료기관에서의 내부훈련 등을 통해 이루어졌을 것으로 보인다. 그렇지만 과거제도에 의업이 포함되었었다는 사실은 과소평가되어서는 안될 것이다.

고려 초의 의업은 과거제도에 포함됨으로써 일정한 권위를 얻었고, 또 과거제도로 확정된 시험방법이 그 후 의료기관에서의 취재를 통한 의사양성에도 대체로 계승되었을 것이기 때문이다. 예를 들면 인종 14년(1136)의 의업시험과목은 다음과 같다.[7] 특히 당시의 의업이 의업과 呪噤業으로 나뉘어 있었음은 주의할 일이다.

의　업 : 《素問經》《甲乙經》《本草經》《明堂經》《脈經》《鍼經》《難經》《灸經》
주금업 : 《脈經》《劉涓子方》《瘡疸論》《明堂經》《鍼經》《本草經》

이들 시험과목은 전부 중국의학서로서, 대체로 삼국시대 후기에서 통일신라기에 이미 들어와 있던 것들로 보인다. 그러나 이들 교재를 어디서 체계적으로 공부시켜 어떻게 시험을 보았다는 것인지가 확실하지 않다. 이에 대해서는 《고려사》 백관지를 보면 그 대강을 짐작할 수 있는 기록이 보인다. 즉 고려는 목종 때에 처음으로 太醫監과 尙藥局의 중요한 두 의료기관을 두었다.[8] 정확히 언제인지는 분명하지 않지만, 목종의 재위기간은 997년부터 1009년 사이이다. 고려의 대표적 의료기관인 이들 두 기관을 1000년 전후인 목종 년간에 처음 두었다고 기록한 것은 바로 이 때쯤부터 과거에서 의업이 사라지고 의사의 양성이 의료전문기관에서 이루어졌을 것이라는 앞에서의 지적과 맞아떨어진다. 즉 고려는 목종 때에 와서야 비로소 의료기관을 정비하고, 의업의 과거도 바로 이 기관에서 맡게 하는 등의 조치를 취했다고 볼 수 있다.

특히 이들 두 의료기관 가운데 태의감은 교육기관을 겸하고 있었던 것으로 보인다. 태의감 직함 가운데 박사와 조교 등이 있었다는 사실이 이를 말해준다. 고려는 초기의 목종 때인 1000년경에 태의감·상약국을 설치하여 의료제도를 재정비하고, 그 때까지 실시되던 의업을 과거시험에서 삭제하는 대신 태의감이 의학교육을 담당하는 의과대학을 겸하게 했던 것이다.

태의감은 목종 때에는 監·少監·丞·博士·醫正 등의 비교적 간단한 직제로 시작되었다. 그러나 반세기 후인 문종 때에는 훨씬 복잡하고 많은 인원을 가진 기구로 바뀌었다. 문종 때의 태의감 인원은 다음과 같다.[9]

---

7) 《高麗史》 권 73, 志 27, 選擧 1, 科目 1 인종 14년 11월.
8) 《高麗史》 권 76, 志 30, 百官 1, 典醫寺 및 권 77, 志 31, 百官 2, 奉醫署.
9) 《高麗史》 권 76, 志 30, 百官 1, 典醫寺.

判事(종3품) 1명, 監(정4품) 1명, 少監(종5품) 2명, 博士(종8품) 2명, 丞(종8품) 2명, 醫正(종9품) 2명, 助敎(종9품) 1명, 呪噤博士(종9품) 1명, 醫針史 1명, 注醫 2명, 藥童 2명, 呪噤師 2명, 呪噤工 2명

고려 후기에 태의감은 이름을 司醫署, 典醫寺 등으로 바꾸기도 했고 기구 개편도 있었지만, 전기 동안은 대체로 문종 때의 이 구조가 계속되었던 것 같다.

그 다음으로 중요한 의료기관이 역시 목종 때 처음 만든 것처럼 기록되어 있는 상약국이다. 태의감이 의과대학을 겸한 의료행정의 총괄적인 기구였다면, 상약국은 그 기구 이름에서도 알 수 있는 것처럼 왕실의 건강을 우선적으로 담당한 기구였다. 따라서 그 중요성은 어떻든 기구는 태의감이 더 클 수밖에 없었다.

목종 때의 상약국은 비교적 간단한 기구로서 奉御·侍御醫·直長·醫佐로만 구성되었다. 이 기구 역시 고려 후기에는 掌醫署, 奉醫署 등으로 이름을 바꾸지만 전기에는 같은 이름을 계속 지녔다. 역시 반세기 뒤인 문종 때에는 기구가 확장되어 다음과 같이 구성되어 있었다.[10]

奉御(정6품) 1명, 侍醫(종6품) 2명, 直長(정7품) 2명, 醫佐(정9품) 2명, 醫針史 2명, 藥童 2명

또 중앙의 의료 관련의 기구로는 東西大悲院과 惠民局을 들 수 있다. 태의감과 상약국이 왕실과 고급관료들의 의료기구였다면, 당시 서울이던 개경의 동쪽과 서쪽에 있었던 대비원과 혜민국은 일반 서민을 위한 구료기관이었다. 또한 이 밖에도 濟危寶가 있었는데, 이 기관은 그 때 寶의 하나로 서민의 구료활동에 필요한 경비를 염출하려는 재단이었던 것으로 보인다. 기금을 마련하여 그 이자를 가지고 사업을 하는 방법으로서의 제위보가 처음 설치된 것은 상당히 이른 시기로, 고려 초인 광종 14년(963)의 일이었다.

다른 중앙 의료기관과 달리 이들 서민을 위한 구료기관은 그 조직과 연혁이 모두 확실하지 않다. 다만 문종 때의 녹봉을 규정한 기록에 의해 대비원에는 품관으로 院使·副使·院直 등이 있었음을 알 수 있을 정도이다. 또 대

10) 《高麗史》 권 77, 志 31, 百官 2, 奉醫署.

비원의 경우 정종 2년(1036)에 동대비원을 수리하여 굶주리고 병든 무의탁자들을 돕게 한 기록으로 보아 그 전부터 설치되어 있었음을 짐작할 수 있다. 혜민국은 대비원보다 훨씬 뒤인 예종 7년(1112)에 처음 세워진 것으로 기록되어 있다.

이들 서민을 위한 의료구호기관은 고려 후기를 거쳐 조선시대까지 거의 이름을 유지해 가며 계승되었는데, 실제로 서민들에게 의료 혜택을 주기보다는 주로 무의탁자, 굶주린 자 등의 구조에 그 목적이 있었다고 보인다. 물론 의사가 배치되어 있었고, 특히 전염병이 돌 때에는 그 역할이 더욱 중요했다. 아직 인구가 그다지 밀집되지 않았던 시대였기 때문에 조선 후기와 같은 대규모의 유행병은 적었던 것이 분명하지만, 고려 초기의 기록 가운데에도 疾疫·瘴疫·瘟疾·疫癘·疫疾·大疫 등으로 쓰여진 경우는 거의 모두 유행성 질환이었던 것으로 보인다.

그러나 고려 초기의 의학 수준이 이런 전염병이 대해서 어떤 치료방법을 동원하였는지 확실하지 않다. 분명히 기록된 처치 가운데는 神事와 佛事 그리고 도교적인 醮祭 등이 있는데, 기도를 통해 병마를 물리치겠다는 전통적 의학관이 두드러진다. 또 희생자를 처리했던 조치도 기록에 보인다. 그러나 구체적으로 어떤 의약품을 어떻게 썼는지 또 위생적 처리로는 어떤 일이 행해졌는지는 밝혀져 있지 않다. 또 때로는 이런 상설기관 이외에도 救濟都監 등의 이름 아래 임시기구를 만들어 전염병 처치 등을 맡게 했다.

중앙의 의료기관으로는 이들 이외에 한림원에도 의관을 두었다. 현종 때에 한림원이라 불리었던 이 기구는 고려 최고의 학문기관으로 뒤에는 예문관으로 이름을 바꾸었다. 한림원의 직제에 의하면 權務醫官 2명이 있었는데, 이들이 태의감과 상약국의 의관들과 직무가 어떻게 달랐는지 정확히 알 수 없다. 어쩌면 이 자리는 태의감과 상약국의 의관들이 겸직하게 되었던 것은 아닐까 하는 생각이 든다.

또 원래 궁중의 차[茶]를 담당하던 茶房도 궁궐 안의 의약을 담당하기도 했다. 그러나 다방이 정식 정부기구의 하나로 인정되었던 것으로는 보이지 않으므로, 이 역시 의약관계 직함이 겸칭된 경우가 아닌가 생각되기도 한다.

고려 전기의 중앙 의료기구에 대한 흥미있는 기록이 徐兢의 《高麗圖經》에 남아 있다. 12세기 초의 고려를 직접 구경하고 돌아가 남긴 그의 기행문에 의하면, 당시 고려에는 普濟寺 동쪽에 약국을 두었는데 거기에는 太醫·醫學·局生의 세 가지가 있다고 서술해 놓았다. 이것은 당시 고려를 방문했던 서긍이 고려에 있던 의료기관들을 그 이름 그대로가 아니라 보통 표현으로 바꾸어 기록한 것일 뿐이라고 하겠다.[11] 즉 태의감과 상약국의 두 기관을 가리킨 것으로, 태의감의 경우 중앙 의료본부로서의 기능과 의과대학으로서의 기능을 둘로 보아 이를 「태의」 및 「의학」으로 나타냈고, 상약국의 경우 「국생」으로 표현되었을 것으로 보인다. 따라서 서긍이 말한 고려의 「약국」이란 어떤 특정한 기구를 가리킨 말이 아니라 당시 의료기구 전체를 나타낸 말로 보면 될 것이다.

지방의 의약제도로 서경에는 국초부터 分司 형식으로 여러 중앙기구를 두었는데, 醫學院과 태의감 등이 그것이다. 동경과 남경에도 의사를 1명씩 배치했고, 도호부는 물론 지방의 주·부 군·현에도 각각 藥店司를 그 규모에 따라 1명부터 4명까지 두도록 규정하고 있었다. 또 인종 때에는 군대에도 藥員을 두었다는 기록이 있는데, 초기부터 군대에 종군 의약담당자가 있었음을 시사하고 있다.

(2) 의약 서적의 간행과 수입

고려 초기의 의학 수준이나 그 내용을 개관하는 가장 간편한 방법은 당시 사용되고 있던 의약 관련서적을 살펴보는 일이다. 고려는 개국 후 곧 적지 않은 책을 인쇄한 것으로 보이는데, 앞에 소개한 과거 또는 취재에 사용한 의학교육의 교재들은 처음부터 인쇄되었을 것이다. 어쩌면 그것들은 이미 신라 말기에도 인쇄되어 보급되었을지도 모른다. 물론 중국으로부터 수입된 책들이 있었고, 또 그것들이 필사되어 퍼졌음은 당연한 일이다.

그러나 실제로 인쇄된 것으로 기록에 남은 경우로는 문종 10년(1056) 서경 유수의 보고가 있다. 즉 각종 시험을 준비하는 사람들이 필요한 책을 베끼기

---

11) 金斗鍾, 《韓國醫學史》(探求堂, 1966), 173쪽에서는 徐兢의 기록을 사실로 받아들여, 이들 기관은 당시 宋의 의학을 배우기 위한 임시관제였을지도 모른다고 보았다.

때문에 착오가 많이 생기므로 이 폐단을 줄이기 위해 秘閣에 소장되어 있는 책들을 나눠주기를 청하였는데, 이에 대해 정부는 담당기관에서 책을 인쇄해 나눠주도록 지시하였다. 여기에 당연히 의업의 교재들이 포함되었을 것으로 보이지만, 정확히 어느 책을 얼마나 인쇄해 보급했는지는 밝혀져 있지 않다.

그런데 바로 2년 뒤인 문종 12년(1058) 9월에는 충주목에서 새로 인쇄한 다음의 책들을 바쳤고, 이 책들은 비각에 보관됐다고《고려사》는 전하고 있다. 이어 이듬해 문종 13년 2월에는 安西都護府에서 새로 찍은 다음의 서적을 바쳐 역시 비각에 두게 했다고 기록되어 있다.[12]

충 주 :《黃帝八十一難經》《川玉集》《傷寒論》《本草括要》《小兒巢氏病源》《小兒藥證病源十八論》《張仲卿五臟論》
안 서 :《肘后方》《疑獄集》《川玉集》

이들은 구체적으로 중국의 어느 책을 가리킨 것일까. 우선《황제팔십일난경》은 통일신라시대에 의학교육의 교재로 쓰고 있었던《難經》을 가리킨 것이 분명하다.[13] 중국의 기록에는 이 책이 秦越人 즉 扁鵲이 지은 것으로 되어 있으나, 이는 어디까지나 명목상의 저자일 뿐이다. 여하튼 당시 의학의 기본적인 저서였음은 분명하고, 신라 이래 의학교육의 기본적 자료였기 때문에 문종 때에 다시 인쇄되었을 것이다.

《천옥집》은 충주목과 안서도호부에서 모두 인쇄했는데, 지금은 사라진 의서의 하나로, 상세한 것을 알 수가 없지만 이 책이 川玉이란 호를 가진 어떤 의학자가 편집한《상한론》의 일부일 것으로 보인다.[14]《상한론》은 유명한 후한의 의학자 張仲景의 저술이다.《본초괄요》는 송의 張文懿가 지은《本草括要詩》3권을 가리킨 것으로 보인다. 본격적인 본초서가 아니라 본초의 중요한 내용을 외우기 쉽게 노래의 형식으로 설명한 것인 듯하다. 또《소아소씨병원》은 巢元方의《諸病源候論》가운데 소아부(권 45~50)를 가리킨 것으로

12)《高麗史》권 8, 世家 8, 문종 12년 9월 기사 · 문종 13년 2월 갑술.
13)《三國史記》권 39, 志 8, 職官 中, 醫學.
金斗鍾, 앞의 책, 106쪽.
14) 金斗鍾, 위의 책, 126쪽.

생각되고 있다.15)

《소아약증병원십팔론》에 대해서는 더욱 그 내용을 짐작하기 어렵다. 문헌 조사에 따르면 송의 劉景裕가 지은 《小兒藥證》 1권이 있는데, 여기에 고려 의학자들이 《소아소씨병원》을 지으면서 중요한 18가지를 더해 만든 것이 아닐까 하는 의견이 있다.16) 《장중경오장론》은 장중경의 《오장론》을 가리킨다. 다만 《고려사》에는 張仲景의 이름이 張仲卿으로 잘못 적혀 있다. 《주후방》은 葛洪의 작품인데, 그 후 陶弘景에 의해 《肘后百一方》으로 펴내진 일도 있다. 《의옥집》은 五代의 和凝과 그 아들 㠓이 지은 법의학에 관한 책으로, 고려의 법의학은 주로 이에 의존한 것으로 볼 수 있다.

이상은 《고려사》를 통해 밝혀져 있는 의학서적의 인쇄상황이지만, 이 밖에도 적지 않은 의서가 펴져 있었을 것은 당연한 일이다. 예를 들면 고려에 중국의 서적이 많다는 것은 당시 중국인들도 인정하는 사실이어서, 선종 8년(1091) 송에 사신으로 갔다가 돌아온 李資義 등은 중국이 원하는 서적목록을 가지고 왔다. 그런데 그 가운데 의학서로 보이는 것들은 다음과 같다.17)

《王方慶園亭草木疏》	27권	《古今錄驗方》	50권
《張仲景方》	15권	《深師方》	
《黃帝鍼經》	9권	《九墟經》	9권
《小品方》	12권	《陶隱居效驗方》	6권
《桐君藥錄》	2권	《黃帝大素》	30권
《名醫別錄》	3권		

이 의학서 가운데 고려가 2년 뒤 송에 보내준 것은 《황제침경》 뿐이었다. 물론 이 책밖에 없어서 이것만 보냈다는 증거는 없다. 여하튼 당시 중국에서 많은 서적을 구했다는 사실만으로도 당시 고려에는 의학서를 포함한 많은 중국의 서적이 있었음을 보여준다.

송 왕실은 현종 8년(1017)과 현종 13년에 고려 사신이 귀국할 때 《太平聖惠方》 100권을 보낸 일이 있다. 또 숙종 6년(1101)에는 역시 고려 사신이 귀국할 때 《神醫補救方》 1,010권을 보냈다. 공식적으로 들여온 이들 의서 밖에

15) 洪以燮, 《朝鮮科學史》(東京, 三省堂, 1944), 174쪽.
16) 金斗鍾, 앞의 책, 125~126쪽.
17) 《高麗史》 권 10, 世家 10, 선종 8년 6월 병오.

도 많은 의서가 중국에서 들어왔을 것을 짐작할 수 있다.

그 밖에도 고려 초부터 활발해졌던 불교서적의 도입과 함께 적지 않은 불교의학서가 수입되어 인도의학의 영향을 받은 것으로 보인다. 불행히 고려 전기 동안에 어떤 의학서가 고려인에 의해 집필되었던가는 잘 알려져 있지 않지만, 예종 때부터 의종 때까지 활약한 金永錫(1079~1167)의《濟衆立效方》은 그 대표적 저작이다. 이 책은 지금 전하지 않지만, 그의 묘지명에 의하면 이 책은 중국과 신라의 의서를 종합 정리하여 저술했다고 밝혀져 있다.[18] 고려 후기에 확연하게 드러나는 고려의 독자적인 의학 수준, 즉 民族醫學을 이룩해 가고 있음을 보여준 것으로 생각된다.

(3) 의약의 교류

앞에서 중국과의 의서 교류를 살펴보았지만, 중국과의 의학 교류는 그 밖에도 여러 방면에서 이루어졌다. 고려가 여러 가지 약품을 송에 보냈고 송에서 수많은 약품을 수입해 왔으며, 약품의 수입은 일본은 물론이고 인도와 아랍으로부터도 이루어졌다. 특히 송과는 의사의 교류도 빈번하게 진행되어 왕가의 질환 치료에 이바지했던 것으로 기록되어 있다.

송에서 의사를 고려에 보내온 경우로는 문종 때만 해도 13년, 26년, 28년, 32년의 4회가《고려사》에 기록으로 남아있고, 그 밖에도 숙종과 예종 때에도 몇 차례씩의 宋醫의 파견이 있었다. 이들은 대개 고려측에서 왕실의 질환 치료를 위해, 또는 고려에서의 의학교육을 위해 송에 사신을 보내 의사의 파견을 요청하여 온 것으로, 이들은 고려에서 융숭한 대우를 받았다.

약품의 교류에 관한 기록은 아주 많으나 고려에서는 주로 인삼·松子·香油·茯笭·白朮·硫黃 등이 보내졌다. 이에 비하면 중국에서 수입해 온 약품은 훨씬 다양하여, 온갖 약재가 모두 포함되어 있었다. 게다가 남방지역의 특산인 여러 약품 역시 중국을 통해 들여오는 것이 당연한 일이었다. 예를 들면 문종 33년(1079)에는 고려의 요청에 따라 송에서 100종의 약재를 보낸 것으로 기록되어 있기도 하다.[19]

---

18) 朝鮮總督府 編,《朝鮮金石總覽》上, 金永錫墓誌.
19)《高麗史》권 9, 世家 9, 문종 33년 7월.

인도의 의학이 얼마나 깊은 영향을 고려에 주었는지는 아직 밝혀지지 않았으나, 불교를 통해 어느 정도의 영향이 있었을 가능성이 있다. 예를 들면 고려 초부터 열심히 제작했던 대장경 가운데에는 적지 않게 인도의학을 반영하는 서적들이 있었으므로, 이 책들을 통해서도 일정한 영향을 생각하게 된다.[20] 또한 아랍의학도 어느 정도 직접적인 영향을 주었을 것을 짐작할 수 있다. 현종과 정종 때에 大食國 사람, 즉 아랍사람들이 입국하여 방물을 바쳤다는 기록이 있으며, 특히 정종 6년(1040)에는 아랍상인 保那盒 등이 찾아와 수은·龍齒·占城香·沒藥·大蘇木 등을 바쳤다.[21] 아랍의 의약품을 직접 아랍인들로부터 전해 받았다는 사실을 알려준다.

다음으로는 거란·여진·일본 등과의 관계를 보자. 거란과 여진에는 적지 않은 약품이 보내졌고, 또 의사들이 파견되었음을 기록에서 살펴볼 수 있는데, 고려의 태의감 金得宏은 현종 5년(1014)부터 현종 11년 이후 언제까지인지 거란에 억류된 일도 있다. 또 숙종 8년(1103)에는 여진 추장을 고려 의사가 고쳐주었다는 기록도 보인다.[22] 그 당시 상황의 한 부분을 전해주는 것이라고 생각된다.

일본과는 삼국시대 이래 많은 교류가 있었으나 고려에 들어와서는 별로 밀접한 관계를 유지하지 않은 것으로 드러난다. 일본으로부터 수은·유황·감귤 등 의약과도 관련 있는 물품이 들어온 기록은 몇 차례 보이지만 그 이상의 의약에 관련된 교섭은 거의 없었던 것으로 보인다. 일본이 平安시대의 고립주의로 접어들고 있었던 것이 중요한 이유였던 것으로 보인다.[23]

4) 기 술

"고려의 기술은 아주 발달되어 있다"고 인종 원년(1123) 고려를 찾아왔던 중국의 사신 서긍은 기록하고 있다.[24] 실제로 잘 알려진 도자기기술, 목판인

20) 金斗鍾, 앞의 책, 127~129쪽.
21) 《高麗史》 권 6, 世家 6, 정종 6년 11월.
22) 孫弘烈, 《韓國中世의 醫療制度硏究》(修書院, 1988), 147~148쪽.
23) 金斗鍾, 앞의 책, 131~132쪽.
24) 徐兢, 《高麗圖經》 권 19, 工技.

쇄기술을 비롯하여, 종·불상·무기·농기구 등의 제작에 기초가 되는 금속기술·종이·직물·선박기술 등이 발달하고 있었음을 알 수 있다. 그러나 한편으로는 기술을 천시하는 풍조가 유교적인 사회로의 전환과 더불어 고려 전기 동안 서서히 진행되고 있었음도 분명하다.[25]

지금까지 많은 유물을 남겨 세계적으로 높은 평가를 받고 있는 고려자기는 고려 전기에 이미 그 기술적 정점에 도달하고 있었음이 분명한데 지금 전국에 퍼져 있는 것으로 확인되고 있는 당시의 窯地들이 이를 부분적으로 뒷받침하고 있다. 당시의 도자기 제조기술의 상세한 내용은 그 후 잊혀져 전해지지 않지만, 작품의 우수성은 당시부터 이미 인정된 사실이었다. 예를 들면 12세기 초의 서긍은 고려의 青磁가 근래에 더욱 그 기술을 높여가고 있다고 했는데, 그는 고려사람들이 翡色이라고 부르는 색깔의 이 도자기가 근래 색깔과 광택에서 더욱 아름다워지고 있다고 말한 것이다.[26]

목판인쇄는 이미 신라에서 실용화되어 있었지만, 그것이 극도로 발달한 것은 고려 초기의 일이었다. 송에서 수입한 불경을 목판에 옮겨 보관하려는 노력이 현종 12년 6천 권 이상의 대장경 인쇄를 시작하게 했던 것이다 그러나 고려 초기에 완성되어 있던 대장경판은 고종 19년(1232)의 몽고 침입으로 불타버렸고, 오늘날 합천 해인사에 남아 있는 팔만대장경은 고려 후기에 완성된 것이다. 그리고 이런 목판인쇄술의 발달이 곧 세계 처음으로 고려에서의 금속활자 인쇄술을 낳게 되었음은 물론이다.

금속기술의 가장 대표적인 생산품으로는 우선 불상과 梵鐘을 들 수 있다. 고려 초기의 주조기술을 대표하는 범종 유물로는 현종 원년에 만들어진 天興寺 종과 그 후의 曹溪寺 동종을 들 수 있다.[27] 서긍은 현재 남아있지 않은 普濟寺의 대종에 대해 용 모양의 고리장식에 나는 듯한 두 신선의 상이 새겨져 있으며 갑술년에 백동 1만 6천 근을 들여 만든 것이라고 하였다.[28]

고려에서는 금속기술자가 鍮器匠·赤鎮匠·銅器匠·錬匠·鏡匠·白銅匠 등으로 나뉘어 분업화되어 있었고, 이들은 각각 도제식으로 훈련되었을 것으

25) 朴星來, 〈朝鮮儒教社會의 中人技術教育〉(《大東文化研究》 17, 1983), 267~288쪽.
26) 徐兢, 《高麗圖經》 권 32, 陶尊.
27) 全相運, 〈科學과 技術〉(《한국사》 8, 국사편찬위원회, 1974), 255쪽.
28) 徐兢, 《高麗圖經》 권 31, 巨鐘.

로 보인다. 고려 초기의 향로로는 表忠寺의 청동향로와, 일본 法隆寺에 보관되어 있는 金山寺 향로 등이 있다.

광산의 개발은 그리 활발하지 않았던 것으로 보이고, 고려 초기의 銅鏡은 별로 뚜렷한 발달의 흔적을 보이지 않는다. 성종 15년(996)에 처음으로 鐵錢을 쓰기 시작하여, 숙종 3년(1098)에는 銀甁이라는 은화를 사용했고, 숙종 7년에는 최초의 엽전으로 海東通寶 1만 5천 관을 제조하여 사용하기 시작하였다. 掌冶署가 국초부터 금속기술을 주로 담당했지만 주전을 위해서는 별도로 鑄錢都監을 두기도 했다.[29)]

고려 초부터 서적이 인쇄되었다는 사실에서 종이의 생산기술도 발달했었음을 짐작할 수 있다. 관청에는 紙田이란 명목의 토지가 지급될 정도였으니, 여기서 얻은 수입으로 각 관청은 종이 등의 문방구를 구입하거나 직접 제조했을 것으로 보인다. 다만 고려 초의 종이 제조기술이 어떻게 그 후 조선시대의 것과 달랐는지에 대해서는 밝힐 도리가 없다. 《고려도경》에 의하면 당시 고려에는 닥나무로만 종이를 만든 것이 아니라 藤皮紙도 있었다고 한다.[30)]

왕건은 원래 호남지역에서 수군활동을 활발히 전개하다가 고려를 건국하였다. 또 그에 앞선 청해진대사 張保皐의 활약도 있었으므로 신라 말과 고려 초의 선박기술은 상당히 높은 수준에 있었던 것이 분명하다. 이 무렵 왕건이 타고 다니던 배는 갑판 위에 다락을 꾸며 놓은 길이 96자의 큰 배였다. “수레를 몰고 말을 달릴 수 있을 정도”의 큰 배라고 과장하여 기록되었을 정도인 것이다.[31)]

고려 초에 漕運제도가 확립되게 된 배경에는 바로 이와 같은 선박 제조기술의 뒷받침이 있었기 때문에 가능했을 것이다. 지방에서 조세로 거둔 곡물을 서울로 해상을 통해 운반하는 데에 사용된 선박은 哨馬船이라 불리었는데 1천 석의 곡물을 실을 수 있었다. 고려 초에 조운제도가 시작된 것은 중국에 비해 2백 년이 뒤지지만, 바닷길을 통한 조운으로는 고려가 중국을 3백년이나 앞섰으며, 초마선은 「태조의 누선」이 조운용으로 개조된 것으로 생각

---

29) 《高麗史》 권 79, 志 33, 食貨 2, 貨幣.
30) 徐兢, 《高麗圖經》 권 23, 土産.
31) 金在瑾, 《우리 배의 歷史》(서울大出版部, 1989), 155~157쪽.

되고 있다. 그리고 바로 초마선이 사용되던 시기를 기준으로 한 11세기 초 정종 년간 전후에 韓船의 기술적 특징이 완성된 것으로 보인다.[32)]

특히 궁정 중심의 수공업으로 발전한 경우이기는 하지만, 직물의 생산을 담당하는 雜織署와 염색 등을 담당하는 都染署가 국초부터 설치되었고, 여기서는 錦匠·繡匠·羅匠·綾匠 등의 전문기술자가 배치되어 있었다. 서울뿐 아니라 각 지방에는 雜織甲坊이란 직물공장이 설치되어 있기도 했다. 또 초기부터 금과 은실을 넣어 짠 직물도 만들고 있었음을 알 수 있는데, 銅鐵線을 넣는 방식으로 응용되어 직조되기도 하였다.[33)]

〈朴星來〉

2. 문자와 언어

1) 문 자

고려시대에 사용된 문자는 漢字뿐이다. 그러나 문자를 어떻게 사용했느냐 하는 운용면에서 구분한다면 크게 두 가지 문자를 사용하였다고 말할 수 있다. 하나는 정통 한자이고 다른 하나는 借用 한자이다. 물론 이러한 문자사용의 전통은 통일신라시대에 이미 자리잡은 것을 그대로 이어받은 것이긴 하지만, 앞선 시기보다 훨씬 활용의 진폭이 넓고 깊었다. 첫 번째 정통 한자는 한자를 중국사람들과 똑같이 한문을 짓는데 사용하는 것이고, 두 번째 차용 한자는 한자를 이용하여 우리말을 적는 표기체계이다. 이 나중 문자를 흔히 漢字借用表記體系라고 한다. 우리 나라 문자체계에서 논의의 대상이 되는 것은 이 한자차용표기이다(간단히 줄여 '차자표기'라고도 한다).

한자차용 표기체계는 다시 크게 문장표기와 어휘표기로 나뉜다. 어휘표기는 「借名」이라는 한 가지 뿐인데 차자표기의 초기단계에서 사람 이름, 땅이름, 나라 이름, 벼슬 이름 등 여러 가지 고유명사를 적었던 표기자료를 가리

32) 金在瑾, 위의 책, 161쪽.
33) 洪以燮, 앞의 책, 126쪽.

킨다. 이 차명은 고유명사이기 때문에 한문으로 적을 때에도 사용되었다. 문장표기는 중국의 책을 우리말로 번역하여 적은 글 즉 번역문과 순수한 우리말을 글로 지은 것 즉 창작문의 두 가지로 나뉜다. 번역문은 중국식 한문에 우리말 吐를 붙여서 우리말로 읽을 수 있게 하는 방안이 일찍이 신라시대부터 개발되어 고려시대에도 그 맥을 이었다. "신라의 薛聰이 우리말로 아홉가지 경서를 해독하여 후생을 가르쳤으므로 오늘날까지 학자들이 그 방법을 으뜸으로 삼고 있다"는 《三國史記》의 기록이 바로 그것인데 이 때에 우리말 토를 흔히 口訣이라 하고 이 구결이 들어있는 번역문을 구결문이라 한다.[1] 한편 창작문은 다시 크게 둘로 나뉘는데 그 하나는 詩歌를 중심으로 한 문예창작문이요, 또 하나는 공문서를 중심으로 한 각종 글, 즉 실용문이다. 널리 알려진 바와 같이, 우리 나라의 초기 노래인 鄕歌를 적은 표기체계를 鄕札이라 하고, 鐘·塔·碑 같은 것에 주조하거나 새겨 쓴 금석문이나 공문서에 쓰인 다소 불완전한 우리말 표기체계를 吏讀라고 한다. 이두가 향찰에 비하여 우리말을 표기하는 데에 다소 불완전한 요소가 있는 것은 사실이다. 그러나 그 까닭은 문맥이 통하면 되었기 때문에 향가에서와 같은 정밀한 표기를 하고자 하지 않은 결과라고 생각된다. 그러므로 한자의 訓과 音을 빌어 우리말을 나타내고자 한 차자표기의 원칙은 향찰이나 이두나 구결이 한결같은 것이었다고 보아야 한다. 지금까지의 설명을 표로 보이면 다음과 같다.

- 차자표기
  - 어휘표기 ― 借名
  - 문장표기
    - 번역문
      - 완전번역 ― 釋讀口訣
      - 부분번역 ― 順讀口訣
    - 창작문
      - 완전창작 ― 鄕札
      - 부분창작 ― 吏讀

위의 네 가지 가운데 차명은 신라시대에 활발했던 것이었으나 고려시대에 오면 대부분의 고유명사가 한자화하여 쇠퇴하였다. 구결은 불교와 유교의 경전을 번역하는 일에 매우 활발하게 이용되었으나 고려 전기에 속하는 자료가 변변치 못하기 때문에 여기에서는 향찰과 이두의 사용 실태만을 살펴보기로 한다.

---

1) 《三國史記》 권 46, 列傳 6, 薛聰. 口訣文에 관하여는 곧 간행될 《한국사》 21, 고려 후기의 사상과 문화의 Ⅱ-2. 문화와 언어항목에서 언급될 것이다.

고려 시대의 향찰 자료는 均如大師(태조 6년～광종 24년 ; 923～973)의 〈普賢十願歌〉 11수와 예종(문종 33년～예종 17년 ; 1079～1122)의 〈悼二將歌〉 1수 도합 12수이다. 이들 향가의 해독은 1920년대부터 시작하여 어느덧 70여 년의 세월이 흘렀다. 이 향가의 완벽한 해독은 영원히 이루어지지 않을지 모르지만 그 동안 많은 시행착오를 거치며 상당한 부분이 만족할 만한 풀이에 도달하였다. 향가 해독에 활용되는 기본 원칙은 다음의 네 가지이다.[2]

첫째 一字一音의 원리이다.

하나의 글자는 하나의 음으로 읽히는 것을 원칙으로 한다. 만일에 같은 글자가 여러 가지 음으로 읽힌다면 차자표기체계 자체의 존립이 어려울 것이다.

둘째 訓主音從의 기준이다.

우리말 낱말을 나타내기 위하여 한자를 빌어올 때에, 처음 글자는 뜻을 빌고 나중 글자는 음을 빌어 그 낱말의 끝소리를 나타내는 수법을 가리킨다. "川理=나리, 心音=ᄆᆞᅀᆞᆷ, 慕理=그리-, 改衣=가싀-" 같은 것이 그 좋은 예이다.

셋째 脈絡一致의 기준이다.

이것은 향가가 문헌에 옮겨 적히는 과정에서 잘못되어 엉뚱한 글자로 변질되었을 수도 있음을 염두에 두고 바른 글자를 찾아내기 위한 방책이다. 부처님을 찬양하는 향가는 왕왕 절간 담벼락에 써 붙여 놓아 많은 사람들이 바라보며 읊조렸다고 한다.[3] 그러므로 옮겨 적는 과정에서 다른 글자로 얼마든지 바뀔 가능성이 있는 것이다.

넷째 律調的 기준이다.

향가가 詩歌이기 때문에 노래로 읊거나 낭송되었으리라는 것은 의심의 여지가 없다. 따라서 가락이 맞아야 할 것이다. 후대의 시조와 같은, 비교적 엄격한 정형성을 유지하였는지는 알 수 없으나 노래의 흐름에 거슬리는 말씨와 음절수가 사용되지는 않았을 것이다.

위의 네 가지 원칙 외에도 빠진 글자가 있다고 판단될 때에는 그 빠진 글자를 추정하여 집어넣고, 또 어떤 글자가 훈으로 읽힐 것인가 음으로 읽힐 것인가를 판별하는 등 면밀한 검토를 거쳐 대체로 수긍할 만한 풀이에 도달하였다. 더구나 균여의 〈보현십원가〉는 赫連挺이 지은 《均如傳》에 崔行歸의 한문 번역시가 실려 있기 때문에 신라시대 향가인 《三國遺事》 수록 14수보

---

2) 金完鎭, 《鄕歌解讀法硏究》(서울大出版部, 1980) 참조.

3) 赫連挺, 《大華嚴首座圓通兩重大師均如傳》 7, 歌行化世分에는 "이 노래가 널리 사람들의 입에 전파되었고 자주 담벼락에 써 붙여지기도 하였다"는 기록이 보인다.

다는 해독하기가 용이한 것이다.

〈普賢十願歌〉는 향가의 완성된 모습을 보여주는 10구체의 형식을 취하고 있다. 신라시대의 4구체 형식으로부터 발전하여 마지막 단계의 가장 원숙한 형식미를 보여준 것이라고 할 수 있다. 普賢菩薩의 열 가지 발원을 노래한 것으로 당시의 대중들에게 불교사상을 널리 전하기 위한 작품이다. 禮敬諸佛歌를 첫머리로 하고 그 뒤에 10수가 연이어 있어서 도합 11수로 구성되었다. 예경제불가의 원문과 최신의 해독을 소개하면 다음과 같다.[4)]

원 문 :	心未筆留	慕呂白隱佛體前衣
	拜內乎隱身萬隱	法界毛叱所只至去良
	塵塵馬洛佛體叱刹亦	刹刹每如邀里白爭隱
	法界滿賜隱佛體	九世盡良禮爲白齊
	歎曰 身語意業无疲厭	此世夫作沙毛叱等耶
해독문 :	ᄆᆞᅀᆞᄆᆡ 부드로	그리ᄉᆞᆯ본 부텨알ᄑᆡ
	져ᄂᆞᆫ 모마ᄂᆞᆫ	法界업ᄃᆞ록 니르거라
	塵塵마락 부텻刹이여	刹刹마다 모리 ᄉᆞᆯ본
	法界 ᄎᆞ신 부텨	九世 다ᄋᆞ라 절ᄒᆞᄉᆞᆲ져
	아아 身語意業無疲厭	이렁 ᄆᆞᄅᆞ 지ᅀᅥ 못ᄃᆞ야
현대역 :	마음의 붓으로	그리온 부처 앞에
	절하는 몸은	法界 없어지도록 이르거라
	티끌마다 부첫절이며	절마다 뫼셔놓은
	法界 차신 부처	九世 내내 절하옵져
	아아 身語意業無疲厭	이리 宗旨 지어 있노라

이와 같이 현실을 초탈하는 경지에서 부처님을 찬양하는 노래가 일반 백성에게서 널리 애송되었으니 이 무렵의 불교적인 생활 풍습이 어떠하였는가 짐작하고도 남음이 있겠다. 병든 사람이 이 〈보현십원가〉를 노래로 부르면 병이 나았다는 이야기까지 《균여전》에 전하고 있다.

그러나 한자를 이용한 향찰표기가 원숙해질수록 한문으로 된 불교경전과 유교경전의 이해도 깊어졌고 정통 한문으로 글을 짓는 사람도 늘어갔다. 최행귀가 〈보현십원가〉를 모두 한문으로 번역하고 거기에 덧붙여 번역의 이유를 밝힌 글을 보면 이미 이 당시 지식인들이 「정통 한문」만을 가장 이상적

4) 여기에 소개된 해독은 金完鎭, 앞의 책, 157~164쪽에서 옮긴 것이다.

인 언어 곧 '국제적으로 공인된 모범적인 의사소통 수단'이라고 생각했으며 우리 나라 말은 方言이라고 하는 통념이 확립되었다는 느낌을 받는다. 최행귀의 〈譯歌功德分〉의 내용은 다음과 같다.

> 그러나 詩는 한문으로 되었으므로 五言七字를 갈고 닦으면 되는 것이요, 노래는 우리말을 배열하는 것이므로 三句六名을 잘 다듬으면 되는 것이다. 소리를 논하기로 한다면 동쪽 별과 서쪽 별이 서로 떨어져 있는 것 같아서 중국과 우리 나라가 쉽게 구별이 된다고 하겠고, 이치를 따지기로 한다면 창과 방패가 서로 맞선 것과 같아서 강하고 약한 것을 구별하기 어렵다. 비록 글재주가 서로 맞설 만 하다고 하나 뜻풀이는 같은 자리에 돌아옴을 인정할 수밖에 없다. 중국의 시나 우리 나라의 향가가 모두 독특한 특징이 있으니 좋지 않은 것이 어디에 있겠는가.
>
> 다만 한탄스러운 것은 우리 나라의 재주있는 선비와 이름난 벼슬아치들은 중국의 唐詩를 이해하고 읊을 수 있으나 중국의 덕망있는 선비와 스님들은 우리 나라 향가를 알 길이 없다. 중국 글은 하늘에 그물이 잘 짜여진 것과 같아서 우리 나라 사람들도 쉽게 읽을 수 있으나 향찰은 비록 한자를 적어놓았다 할지라도 산스크리트 문자를 잇따라 늘어놓은 듯하여 중국사람은 알아보기가 어렵다. 그래서 梁나라 宋나라의 구슬 같은 작품은 끊임없이 우리 나라로 흘러 들어 왔으나 신라의 비단 같은 문학작품은 서쪽으로 전파되는 것이 거의 없었다. 우리 나라 안에서만 제한된 통용에 그치고 있으니 통탄할 일이다. 공자님이 이 땅에 살려고 하였으나 이르지 못했기 때문이라 할 것인가. 아니면 설총이 경전을 억지로 우리말로 바꾸려고 하다가 쥐꼬리만한 성과를 거두었기 때문이라 할 것인가.

이러한 개탄은 한문으로 기록된 것만이 온 세상에 두루 통용되는 보편적 언어체계이며 우리 나라 말이나 차자표기로 적은 향가와 같은 것은 우리 나라에서만 부분적으로 통하는 것일 뿐이라는 신념을 대변하고 있다. 다시 말하여 한문의 국제성과 효용성을 강조하였다. 이러한 고려시대 지식인들의 언어문자관은 그 후 면면히 이어져 내려와 조선왕조가 몰락하는 19세기 말까지 지속된다. 요컨대 우리는 이것을 편의상 「한자·한문 우월주의」라고 규정할 수 있겠다. 그럼에도 불구하고 향가는 그후로도 간간이 애송되었을 것이지만 오늘날까지 전해오는 것 가운데, 그 마지막을 장식하는 것은 〈悼二將歌〉이다.

이 〈도이장가〉는 고려시대 유학을 발전시키는 데에 크게 기여한 예종이 그 15년(1120)에 팔관회를 열고 金樂·申崇謙 두 사람의 개국공신을 추도하여

지은 노래로 《平山申氏壯節公遺事》에 실려 전한다. 그 노래는 다음과 같다.[5)]

원 문 :	主乙完乎白心聞	際天乙及昆
	魂是去賜矣	中三鳥賜敎
	職麻又欲望彌阿里刺及彼	可二功臣良
	久乃直隱跡烏隱	現乎賜丁
해독문 :	니믈 오올오ᄉᆞᆯ본 ᄆᆞᅀᆞᄆᆞᆫ	ᄀᆞᆺ 하ᄂᆞᆯ 밋곤
	넉시 가샤ᄃᆡ	몸 셰오신 말ᄉᆞᆷ
	셕 맛도려 활자바리 가ᄉᆡ와뎌	됴타 두 功臣ᅀᅡ
	오래옷 고ᄃᆞᆫ 자최ᄂᆞᆫ	나토신뎌
현대역 :	님을 온전케 하온 마음,	하늘 끝까지 미치니
	넋이 가셨으되	몸 세우시고 하신 말씀
	職分 맡으려 활 잡는 이 마음 새로와지기를	
	좋다, 두 功臣이여	오래 오래 곧은 자취는
	나타내신저.	

한편 이두(또는 이두문)는 고려시대 전반에 걸쳐 지속적으로 작성되었다. 향찰표기는 표기상의 완벽성을 전제로 하는 것이어서 까다로운 점이 있으나, 이두는 문맥이 통하는 정도에서 얼마간의 불완전성을 전제로 하는 것이어서 향찰보다는 부담이 적을 뿐 아니라 실용문이었다는 점에서도 이두의 발전은 필연적인 것이었다. 또 향가의 경우, 그 시가 장르가 점차 새로운 형태로 변모하여 한편으로는 景幾體歌 같은 것으로 흡수되고 또 다른 한편으로는 본격적인 한문시가 쪽으로 기울었기 때문에 향찰표기는 자연스럽게 쇠퇴한 것으로 보인다.

고려 전기에 활발했던 이두문은 상당량이 유실되었고 오늘날 우리가 접할 수 있는 것으로는 다음과 같은 것들이 있다.

1. 慈寂禪師凌雲塔碑陰銘(941년)
2. 星州石佛坐像背銘(967년)
3. 校里磨崖石佛(977년)
4. 開心寺石塔記(1010년)
5. 淨兜寺五層石塔造成形止記(1031년)
6. 普賢寺石塔記(1044년?)

---

5) 역시 金完鎭, 앞의 책, 210~216쪽에서 옮겨 적었다.

7. 通度寺國長生石標(1085년)
8. 密陽國長生石標(1085년)
9. 蔚州國長生石標(1085년)
10. 羅州西門內石燈記(1093년)
11. 僧正景廉石棺銘(1102년)
12. 川北觀世音寺鍾銘(1107년)
13. 密陽五層石塔造成記(1109년)
14. 楊等寺半子(1161년)

이들 이두자료 가운데 언어문자사의 관점에서 가장 중요한 가치를 지니고 있는 것은 첫번째 자료인 〈자적선사능운탑비음명〉이다. 이 탑비는 경상북도 醴泉郡 上里面 鳴鳳里 鳴鳳寺에 있는데, 중앙관서인 都評省에서 절에 있는 승도들에게 내린 帖文을 그대로 비석에 새겨 넣은 것으로 그 당시 고문서 양식 및 이두의 발달을 짐작할 수 있는 좋은 증거가 되고 있다. 그 원문을 옮겨 보면 다음과 같다(이 원문에서 밑줄 친 부분이 이른바 이두에 해당한다).

都評省帖洪俊和尙衆徒右法師. 師矣啓以僧矣段赤牙縣鷲山中新處所元聞爲成造爲內臥亦在之白賜縣以入京爲使臥金達含進置右寺原問內乎矣大山是在以別地主無亦在彌衆矣白賜臥乎只如加知寺谷中入成造爲賜臥亦之白臥乎未及白節中敎旨 然丁戶丁矣地段知事者國家大福田處爲成造爲使賜爲敎 天福四年歲次己亥八月一日省史臣光 五年辛丑八月廿一日允, 國家以山院名并十四州郡縣契乙用成造令賜之.
節成造使正朝 仁謙 停勵古寶

이 글 전체를 이두문이라 하지만 엄격하게 말하면 밑줄친 글자들만 이두에 해당하는 것으로서, 순수한 우리말의 격조사 또는 어미들이다. 현대어로 바꾸면 다음과 같다.[6]

都評省은 洪俊和尙(慈寂禪師)의 僧徒 右法師에게 帖文을 보낸다. 右法師의 啓狀에 따르면 '僧들은 赤牙縣 鷲山에서 處所를 처음 上奏하여 허락을 듣고 成造하고 있습니다'하고 아뢰었었다. 縣에서 入京使로 보낸 金達舍이 나아가 右寺의 터를 물음에, '大山이므로 따로 地主가 없으며 중들이 사뢴 바와 같이 加知谷의 寺谷에 들어가 成造하고 있습니다'하고 사뢰기에 이르렀던 때에 敎旨하기를, '그러하다면 戶丁의 땅이라도 知事는 국가의 大福田處로 삼아 成造하도록

---

6) 南豊鉉, 〈高麗 初期의 貼文과 吏讀〉(《국어국문학》 72·73, 1976) 참조.

하라' 下敎하시었다.

天福 4년 歲次 기해 8월 1일 省史臣光 5년 신축 8월 21일 국가로부터 山院名을 允許 받음. 아울러 14州郡縣의 契로서 成造시키다.

節成造使 正朝 仁謙 停勵古寶

위와 같은 해독은 아직 완전한 것이라고는 볼 수 없다. 판독에 어려움을 느끼는 글자가 있고 해석상 깨끗하게 풀리지 않는 부분이 없지 않다. 그러나 이 비문은 홍준화상의 제자들이 새로 절을 짓고자 하여 중앙정부가 허가를 내려준 통지문인데, 그 당시 문자생활의 모습을 극명하게 보여준다. 그 특징을 몇 가지 요약하면 다음과 같이 정리할 수 있다.

첫째, 한문 문장이 그대로 삽입된 부분이 있다. 곧 첫 문장 都評省帖洪俊和尙衆徒右法師는 한문으로 되어 있다. 둘째, 이두의 어미가 상당히 길어졌다. 곧 '爲內臥乎亦在之'는 일곱 개의 한자를 쓰고 있다. 셋째, 다양한 고유어의 표기가 생겼다. 矣가 소유격과 처소격을 나타내는데 사용되었고, 乙이 목적격을 나타내는 데 사용되었으며 段이 특수조사 {-인 것은}에 해당하는 것으로 사용되었다. 또 臥·亦·未·丁같은 것은 어미의 표기로, 進·置·用 등은 동사어간으로, 叱는 명사로 쓰인 것이 확인된다. 넷째, 종결사에 변화가 생겼다. 신라 이두문에는 之가 종결사로 쓰였으나, 이 비명 이후에는 齊가 사용된다.

이러한 이두문은 중앙관공서와 지방관공서 간에 주고받는 공문서 양식으로 정착되어 그 후 꾸준한 발전을 보였다. 이 무렵 이두문에 나타나는 이두를 간략하게 정리해 보면 다음과 같다.7)

명사류 : ( )안의 것은 15세기 이후의 한글표기임.

由(견ᄎᆞ)　時(ᄢᅴ·ᄣᅢ)　今(엳)　叱(즛)

後(뒤)　事(일)　所(바)　次(ᄎᆞ례)

喩(디)　等(ᄃᆞᆯ)　節(디위)　味(맛)

不喩·不冬·不得·毛冬(안디 , 아닌지)

向事(아안일)　向敎事(아이샨일)　向入(안드러)　向前(안전)

旦驛(아춤녁)　一旦(ᄒᆞᄅᆞ아춤)　捧上(받자)　水梁(므돌)

山枝(묏갓)　次知(ᄎᆞ디)　件記(ᄇᆞᆯ긔)　作文(질문)

爻周(엣더러 쇼쥬)

---

7) 여기에 인용한 이두 자료는 李丞宰,《高麗時代 吏讀에 대한 硏究》(서울大 博士學位論文, 1989)를 참고하였다.

통사류 :

無(어오－, 없－)	有・在(이시－, 잇－)	餘(남－)	想(너기－)
然(그러ᄒᆞ－)	進(낫－)	問(묻－)	聞(듣－)
同・如(ᄀᆞᆮ－)	成(일－, 이ᄅᆞ－)	令(이ᄅᆞ－, 시기－)	邀・陪(모시－)
立(셰－)	審(ᄉᆞᆯ피－)	斜(빗－)	了(ᄆᆞᆾ－)
望(ᄇᆞ라－)	仰(울월－)	實(신－)	除(덜－)
用(ᄡᅳ－)	仍(지즐－)	追(좇－)	白(ᄉᆞᆲ－)
敎(이시－・이샨)			

부사류 :

唯只(오직)	並只(다ᄆᆞ기, 다모기)	最只(안ᄌᆞ기)	必于(비록)
這這(ᄀᆞᆽᄀᆞᆽ)	科科以(ᄎᆞᄎᆞ)	日日以(나날이)	初亦(처음)
仔細亦(자세히)	更良(가ᄉᆡ아)	逢音(마좀, 마침)	並以(아오로)
加于(더욱)	如一亦(ᄒᆞᆫᄀᆞᆯ아티)	爲等如(ᄒᆞ트러 , 통틀어)	

이두에서 특히 주목되는 것은 격조사와 어미류라고 할 수 있다. 문법적 기능을 나타내는 이들 조사나 어미가 쓰이지 않으면 우리말다운 문체가 만들어지지 않을 것이기 때문이다. 그러므로 앞에 나온 명사・동사・부사류보다 일찍 발달하였는데 그것도 격조사보다는 어미류가 먼저 발달하였다. 다음은 고려시대 이두문에 나오는 격조사와 어미류들이다.

조사류 :

亦(－ᄯᅩ녀, －이)	戈只(－읫기)	矣(－의, －에)
叱(－ㅅ)	乙(－을, －에게)	亦中(－여히)
中・良中(－아히)	以(－로)	果(－와/－과)
元(비릇, －브터)	己只(ᄃᆞ록, －ᄭᆞ지)	置・投(－도)
段(－ᄯᅡᆫ)	乙良(－을랑)	沙(－ᅀᅡ)
乃(－나)		

어미류 :

賜(－ᄋᆞ시/－으시)	白(－ᄉᆞᆸ)	內(－ᄂᆞ－, －ᄋᆞᆫ/－는)
如(－더－)	去(－거－)	遣(－고)
弥(－며)	良(－아/－어)	沙(－ᅀᅡ)
丁(－이, －히)	亦(－이, －히)	兮(－히)
于(－오/－우)	乙(－놀/－늘)	而亦(－마ᄅᆞᆫ)
在乙(－견을〈은데,－으니〉)	去乙(－거늘)	如乙(－더늘)
在亦中(－견여히〈－인 것에 더하여)		在如中(－견ᄃᆞ히)
絃如(－시우러〈－때문에〉)	如可(－다가)	音可(－음직)

在以(-이므로)　去乃(-거나)　良置(-아도/-어도)
良尔(-아금〈-아서/-어서〉)　良結(-아져)　良只(-악/-억)
只爲(기ᄉᆞᆷ〈-ᄒᆞ도록〉)　於爲·乙爲(-늘ᄉᆞᆷ〈-ᄒᆞ도록〉)　等乙(-돌)
等以(-돌로)　乎矣(-호ᄃᆡ)　齊(-제)
之(-다)　如(-다, -라)　-乎(-온)
乙(-ᄋᆞᆶ/-읋)　音(-ᄋᆞᆷ/-음)

위에 열거한 이두를 보면 비록 불완전한 점이 없지 않으나 그 당시에 이런 글을 사용한 사람들은 특별한 불편이 없이 매우 원만하게 의사전달이 이루어졌음을 알 수 있다. 이러한 이두표기는 시대의 흐름에 따라 두 가지 방향으로 발전하였다. 하나는 과거의 관행에 따라 고정적인 상투어가 생긴 것이고, 다른 하나는 좀더 정교한 표현을 강구하여 어미나 격조사의 표기가 정밀해진 것이다. 이 두 가지 모순된 발전이 이두가 지니는 문자상의 특성이라 하겠는데, 결국 이 모순을 극복하여 言文一致를 추구하려는 노력이 조선시대에 들어와 훈민정음의 창제를 가져오게 되었다.

2) 언 어

고려의 건국은 우리 나라의 언어사에 중대한 의미를 갖는다. 후삼국시대를 종결시키고 한반도 안에서 최초로 명실상부한 통일국가를 형성했다고 하는 정치사적 업적에 못지 않게 한반도의 중앙인 개성지역이 高麗語의 중심이 되었기 때문이다. 그러나 개성을 중심으로 한 고려 공통어는 그 때까지 유일한 문화어 기능을 하였던 신라 공통어 곧 慶州語의 영향을 받았으리라는 것을 간과할 수 없다. 건국 초기의 개성지방은 이렇다 할 문화적 기반이 없었기 때문에 모든 문화활동은 전시대의 학문적·예술적·정치적 중심이었던 경주의 관행을 이어받는 형식을 취하였을 것이다. 그러나 경주어가 開城語에 어느 정도 영향을 미쳤는가를 확인할 수 있는 아무런 구체적 자료도 존재하지 않는다. 다만 개성지방은 과거 삼국시대에 고구려어의 옛 터전이므로 개성방언은 고구려어의 특성을 강하게 반영하는 북방계 언어를 기반으로 하고 있었을 터이므로, 거기에 문화적 우월성을 지닌 경주어가 들어오면서 그 남방계 신라어와 섞이는 현상이 일어났으리라는 사실을 추론할 수 있을 뿐이다. 이 때에 문화적 우월성을 지니는 경주어가 원래의 개성어보다 더 큰 영향력을 행사했으리라는 것은 짐작하기 어렵지 않다. 말하자면 고려 전기는 개성어를 底層으로 하고 경주어를 받아들여 개성 중심의 한반도 공통어를 정착시킨 시대라고 할 수 있다. 이것을 국어사에서는 中世國語가 형성된 시기로 삼는다.

한편 고려 전기는 대외적으로 북방의 여러 이민족과의 끊임없는 정치·군사적 충돌을 겪은 시기이기도 하였다. 아주 이른 시기부터 중국 漢族과의 접촉으로 중국어와 한문자에 대한 인식은 공고하게 확립되어 있었다. 더 나아가 그들 한족과 그들이 만든 역사상의 여러 국가에 대한 事大慕華의 기풍을 일으켰음은 이미 잘 알려진 사실이거니와, 중국과의 그러한 문화적·정치적 우호관계는 만주지역에서 변화무쌍한 흥망성쇠의 파노라마를 펼친 다른 민족들에게 더욱 가혹한 적대관계를 갖게 하는 요인으로 작용하였다. 고려는 말갈·거란·동여진 등의 침입에 끈질기게 항거하였다. 그 항거의 과정에서 고려는 그들 북방민족과 빈번한 군사적 접촉을 벌이기는 하였지만 그들과 문화적 교류를 가졌다는 사례는 발견되지 않는다. 이것은 고려 전기의 언어가 북방민족의 언어로부터 아무런 영향을 받지 않았음을 의미한다. 군사외교적 관계 이상으로 발전하지 않았다는 것은 문화적·사회적 교류가 형성되지 않았다는 것이고 그것은 곧 그들 언어를 외래어로 받아들이지 않았음을 뜻하는 것이다. 물론 성종 14년(995)에 童子 열 사람을 거란에 파견하여 거란어를 학습시킨 사례 같은 것이 없지 않으나 이것은 순전히 군사외교적인 사건이요, 일상의 언어생활에 거란어가 간여하였다는 증거는 발견되지 않는다.

반면에 중국측과의 문화적 교류는 가속화되었다. 後周의 評使 雙冀가 고려에 들어와 벼슬하면서 과거제도가 실시된 광종 9년(958) 이후 고려의 중국문화에 대한 열의는 더욱 심화되었다. 이러한 사실은 송나라와의 관계를 검토함으로써 확인된다. 광종 13년에 이미 송에 사신을 파견하여 방물을 보내고 송의 연호인 建德을 사용하였으며 광종 14년 고려 사람 金行成이 송나라 國子監에 입학하여 과거에 급제한 일도 있었다(경종 2 ; 977). 11세기에 접어들어서도 거란과는 여전히 적대관계를 갖고 姜邯贊에 의해 거란병을 격퇴하는 전과를 올리기도 한다. 그러면서도 송과의 우호관계는 더욱 돈독하게 유지된다. 현종 18년(1027)에는 송나라 사람이 서책 500여 권을 고려에 가져다 바친 일도 있었고, 때로는 송의 상인들에게 잔치를 베풀어주는 일까지 있었다(문종 9 ; 1055). 송에서 고려에 귀화한 張琬이란 사람에게는 벼슬을 내려 우대하였고(문종 11), 송의 사신들에게는 安興亭을 설치하여 특별대접을 하였다(문종 31). 심지어 임금의 동생이 송을 방문하고 임금이 행차할 때에 그 앞에《仁王般若經》을 받들고 나아가게 하는 것까지 송나라 제도를 따르기에 이른다. 이 무렵 개경에는 송에서 찾아온 상인과 관리들이 언제나 상당수 머물러 있었으리라 짐작된다. 이러한 사회문화적 배경에서 오늘날 고려 전기의 언어 실상을 알 수 있는 유일한 자료집《鷄林類事》가 간행되었다.

이《계림유사》는 송대의 孫穆이 지은 3권의 책으로 숙종 8년(1103)경 편찬된 것으로 추정된다. 원래 土風·朝制·方言의 3부와 부록으로 表文集이 들어 있었을 것이라고 짐작된다. 그런데 현재 전하는 것은 방언과 토풍·조제의 일부분만 명대에 편찬된《說郛》(일종의 백과사전 비슷한 총서)와 그 후《古今圖書集成》의 한 편으로 끼어 있을 뿐이다. 그 책의 앞부분에 적힌 기록에 따르면 손목은 奉使高麗國信書狀官이라 했으니, 그가 고려에 머물면서 관찰하고 수집하여 기록한 내용이 상당히 명확하리라는 것은 짐작하고도 남는다. 방언이라는 표제 밑에 당시의 고려어를 356항목에 걸쳐 開封音이라고 추정되는 당시의 한자음으로 적어 놓았다. 따라서 이들 어휘의 국어사적 가치는 실로 귀중한 것인데, 아쉬운 것은 송대의 한자음에 대한 지식이 충분치 않고 또한 방증자료들이 넉넉지 못하여 완벽한 해독에는 이르지 못한 점이다. 그러나 고려 전기의 언어가 어떤 것인가를 헤아리는 데에는 부족함이 없다. 이들 어휘는 다음과 같이 구성되어 있다.

天文類 14항	鬼神類 2항	仙佛類 2항	數詞類 21항
時日類 10항	上下類 2항	四方類 1항	地理類 4항
水火類 8항	草木類 14항	禽獸類 38항	人事類 18항
親族類 27항	身體類 18항	穀 類 4항	飮食類 11항
金銀類 5항	痲布類 9항	衣裝類 13항	針線類 5항
染色類 5항	度量類 4항	一般類 120여 항	

이 책은 일찍부터 우리 나라에 알려져서 權文海의《大東韻府群玉》(조선선조대), 韓致奫의《海東繹史》(조선 영조대), 李瀷의《星湖僿說》(조선 영조대), 李義鳳의《古今釋林》(조선 영·정조대) 등에 옮겨 적혔다. 이제 그 내용의 일부를 살피면서 고려 전기 언어의 모습을 추정해 보기로 하자[8](괄호 안의 한글표기는 15세기 언해문헌에 보이는 것이다).

1. 天曰漢捺(하ᄂᆞᆯ)　2. 日曰姮(ᄃᆞᆯ)　3. 月曰契(ᄒᆡ)
4. 雲曰屈林(구룸/구름)　5. 風曰李纜(ᄇᆞᄅᆞᆷ)　6. 雪曰嫩(눈)
7. 雨曰霏微(비)　8. 雪下曰嫩耻(눈디ー)　9. 雷曰天動(텬동)
10. 雹曰霍(ㅡ)　11. 電曰閃(ー)　12. 霜露皆曰率(서리)
13. 霧曰蒙(ー)　14. 虹曰陸橋(므지게)

위에 인용한 14개의 낱말은《계림유사》의 방언부 첫머리에 나오는 天文類를 순서대로 옮겨 놓은 것이다. 여기에 발음표기의 수단으로 적힌 한자들은 원칙적으로는 그 한자의 음만을 취하고자 한 것이다. 그러나 그 한자가 지니는 表意性을 완전히 배제하였다고는 볼 수 없는 일면이 있다. 가령 눈〔雪〕을 표기하면서「嫩」자(연약함·고움)를 선택한 것은 은연중 그 글자가 지닌 의미를 반영하고자 하였음을 엿볼 수 있다. 이것은 한자를 사용하여 다른 나라 말을 표기하려고 할 때, 중국인들이 취하는 본성적인 태도라고 생각된다.[9]「日曰姮」과「月曰契」는 분명히 서로 엇바뀌었음을 보여준다.《계림유사》원본의 잘못이라고는 생각할 수 없고, 후대에 옮겨 적는 과정에서 착오가 일어난 것이라 여겨진다.「雪下」는「눈다다」로 풀이되는데 이와 같이 동사와 결합한 어구도 낱말과 함께 적혀 있음이 주목된다. 그러므로 오늘날 우리가 생각하는 순수한 어휘집은 아니라고 보아야 한다.

雹·電·霧에 해당하는 15세기 정음 문헌의 낱말은 발견되지 않는다. 현대어 우박·번개·안개에 해당하는 15세기 낱말이 없으므로, 12세기《계림유사》의 표기는 여전히 안개 속에 묻혀 있는 셈이다. 그러나 雹에 대해서는

---

8) 그 동안《鷄林類事》에 대한 연구는 여러 사람들의 관심거리였다. 최근의 것으로는 姜信沆,《鷄林類事 高麗方言研究》(成均館大出版部, 1980)가 있다.
9) 오늘날 Coca Cola를 可口可樂이라 함으로써 발음표시 속에 의미의 투영을 시도하고 있는 것이 그 좋은 예이다.

「우박」의 「박」이, 電에 대해서는 현대어 「섬쩟하다」할 때의 「섬」이, 霧에 대해서는 「뭉개구름」에서의 「뭉」이, 이 《계림유사》에 적힌 한자와의 연계를 암시하고 있다. 虹曰陸橋의 경우에서 그 육교는 그 한자가 발음표기로 적힌 것이 아님을 증명하는 좋은 예이다. 그것은 15세기의 「므지게」에 대응하는데, 陸은 「뭍」에 橋는 掛(또는 肩掛)와 연관되어 「지게」와 통하기 때문에 그 당시 고려인이 이른바 訓音借로 적은 것을 그대로 옮겨 적은 것이 아닌가 하는 인상을 풍긴다. 또 雷曰天動에서 천동은 매우 이른 시기에 한자어로 굳은 것임을 밝히고 있다. 이렇게 몇 개 안 되는 어휘에서도 계열이 다른 것들이 섞여 있음을 보여준다.

그러나 14개의 천문류 어휘의 검토를 통해서 우리가 얻을 수 있는 결론은 이들 12세기 초의 고려어가 15세기 조선시대 초기 언어와 직결되어 있다는 점이며, 또한 경주를 중심으로 발전하였던 신라어와 맥이 닿아 있는 것으로 해석된다는 점이다. 고려의 문물·제도·언어를 정리하면서 옛날 경주의 별명인 「계림」을 책의 이름으로 끌어다 쓴 것부터가 언어의 계통적 흐름을 암시하는 듯하다. 이것은 앞에서 언급한 바와 같이 개성을 중심으로 한 고려의 중앙어 내지는 공통어가 신라문화의 전통을 이어간 것으로 해석된다는 점과도 부합하는 현상이다.

그러나 《계림유사》에서 특별히 해독에 어려움을 겪는 부분이 있다. 그것은 親族類인데, 이 부분을 살펴보면 혹시 해결되지 않는 부분이 중세 및 현대국어와 연맥이 약하게 닿아 있는 북방계(고구려) 언어가 아닐까 하는 추측을 가능케 한다. 다음에 친족어휘를 살펴보자.

1. 祖曰漢丫秘(한아비)
2. 父曰丫秘(아비)
3. 母日丫秘 丫彌(어미)
4. 伯叔皆曰丫子彌(아ᄌᆞ미)
5. 兄曰長官(－)
6. 嫂曰長漢吟(－)
7. 姉曰嫁妹(－)
8. 男子曰眇喃(ᄉᆞ나히)
9. 弟曰丫兒(아ᅀᆞ)
10. 妹曰丫慈(아ᅀᆞ)
11. 女子曰漢吟(하님)
12. 自稱其夫曰沙會(사회)
13. 妻亦曰漢吟(하님)
14. 自稱其妻曰細婢(－) 亦曰陡臂(－)
15. 男兒曰丫妲(아ᄃᆞᆯ) 赤曰同婆記(－)
16. 女兒曰寶妲(ᄯᆞᆯ) 亦曰古召育曹兒(－)
17. 父呼其子曰丫加(아가)
18. 孫曰丫寸丫妲(아ᄎᆞᆫ아ᄃᆞᆯ)

19. 舅曰漢丫秘(한아비)　　20. 姑曰漢丫彌(한어미)
21. 婦曰丫寸(아ᄎᆞᆫ)　　22. 母之兄曰訓鬱(－)
23. 母之弟曰次鬱(－)　　24. 姨妗亦皆曰丫子彌(아ᄌᆞ미)

위의 예에서 (　) 안에 적힌 15세기 국어의 어형과 대응을 이루는 祖, 父, 母 등은 그대로 현대국어에까지 이어지는 것이기 때문에 별 문제가 없다. 그러나 兄曰長官, 嫂曰長漢吟 등 15세기 국어의 대응 예를 찾을 수 없는 것은 우리의 상상을 자극한다. 兄曰長官은 虹曰陸橋처럼 훈음차로 적은 것이 아닐까 추측이 되나 그 참모습은 찾아낼 수 없다. 嫂曰長漢吟에서「長」은 長官의 長일 것이고 漢吟은 처와 여자에도 나타나는 것으로 보아 조선조 사대부 집안의 婢女를 지칭하는 뜻으로 의미가 바뀐「하님」과 관계가 있는 것으로 해석해 볼 수도 있다.

한편 姉曰嫞妹로 적힌 낱말은 12세기 당시에 개성에서 통용되던 고구려계통의 낱말이었는데, 이것이 그 뒤에 신라어계통의 낱말「누의」에 밀려 사라져 버리지 않았는가 추론해 볼 수 있다. 이처럼 15세기 조선 초기의 국어와 대응이 이루어지지 않는 것들 가운데에는 혹시나 고구려어가 아닐까 하는 생각을 갖게 하는 것들이 있다. 삼국시대 땅이름 표기를 보면,「谷」이 신라어에서는「실」이고 고구려어에서는「ᄐᆞᆫ」이라는 각기 다른 어형이었음이 확인된다. 이러한 사실에 근거하여 고구려계통과 신라계통의 어휘간에는 서로 다른 어형을 가지고 있었다고 이해되기 때문이다. 물론 고구려계통과 신라계통이 같은 어형을 나타내는 것이 더 많았음을 잊어서는 안될 것이다. 그러므로 아마도 12세기 개성언어의 특징은 저층에 깔려 있던 고구려어의 잔재가 신라어에 밀리어 신라어계통이 세력을 확장하는 한편, 한자어가 서서히 고유어를 잠식해 가는 상황으로 요약할 수 있을 것이다.

自稱其妻曰細婢 亦曰陡臂에서「細婢」는 한자어의 냄새가 짙고,「陡臂」는「妾(쳡)」의 발음표기일 가능성이 높다. 15세기의「아ᄃᆞᆯ, ᄯᆞᆯ」에 대응하는 남아, 여아는 또 다른 낱말「同婆記」「古召育曹兒」라는 난해의 어형을 제시하고 있는데 역시 오늘날 그에 대응하는 낱말을 찾아내지 못하고 있다. 오늘날 한자어「姨母」에 대응하는「天鬱」과「次鬱」도 마찬가지로 어형을 추적하여

옛말을 찾아낼 수 없는 잃어버린 고려어로 남아 있다. 이처럼 해독에 어려움을 겪는《계림유사》의 고려어 자료는, 그것이 사라져버린 북방계 언어일 수도 있고, 옮겨 적을 때 엉뚱한 글자로 잘못 적혔기 때문일 수도 있다.

《계림유사》에서 우리의 주목을 끄는 낱말을 하나 더 지적하자면, 그것은 時日類에 나오는「明日曰轄載」라는 항목이다.「轄載」는 현대어에서 한자어 來日에 밀려 사라져버린 낱말이 되었으므로 그것이 무엇인지를 단언할 수는 없으나, 혹시「호제」(또는 ᄒᆞ제)를 표기한 것이요, 이것이 오늘날「후제」로 남아 있는 것이 아닌가 생각된다.10)

《계림유사》가 비록 불완전한 어휘집이기는 하지만 이 자료를 면밀히 검토하면 그 당시 언어에 대한 상당한 정보를 얻을 수 있다. 音韻에 관한 것으로 두드러진 점은, 첫째 유성마찰음[Z]이 생성되었다는 것, 둘째 모음사이의「ㅂ」은 약화되지 않아서 아직 唇輕音은 발생하지 않았다는 것, 셋째 어두자음군(語頭子音群)도 발달하지 않았다는 것 등을 지적할 수 있다. 즉 弟曰丫兒, 四十曰麻刃은 각각 15세기 국어의「아ᅀᆞ」,「마ᅀᆞᆫ」에 그대로 대응된다. 아마도 모음 사이와「ㅅ」의 약화에서「ㅿ」이 발생했음을 보이는 예라 하겠다. 또 袴曰珂背, 裩曰安海珂背, 二曰途孛 등은 아직 순경음「ㅸ」이 생기지 않았음을 보이는 것이다. 白米曰漢菩薩, 女兒曰寶妲은 각각 15세기 국어의「ᄒᆡᆫᄡᆞᆯ」,「ᄯᆞᆯ」로 바뀐 것인데 12세기에는「ᄒᆡᆫᄇᆞ술」,「ᄇᆞ돌」이었음을 짐작하게 한다.

그 외에도 一曰河屯은 관형사형으로「ᄒᆞᄃᆞᆫ」을 나타내는 것으로 추정되는데 아마도 基數形은「ᄒᆞᄃᆞ나」임을 반증하는 것으로 생각된다. 扇曰孛采는 혀끝소리「ㅊ」앞에서「ㄹ」이 아직 탈락하지 않은「불체」를 나타내지 않나 생각된다. 箸曰折과 舌曰蝎도 각각「절」「혈」이었음을 알 수 있다. 이것들이 15세기에는「져, 혀」로 되었으나 12세기에는 아직 음절끝소리로「ㄹ」을 가지고 있었다고 보아야 할 것이다.11)

《계림유사》가 보여주는 어휘적 특성은 한마디로 고유어와 한자어의 이중구조를 명백하게 드러내 주는 것이라고 하겠다. 일상생활에서 사용하는 기초

---

10) 李基文,《國語語彙史硏究》(東亞出版社, 1991), 11~22쪽.

11) 李基文,《國語史槪說》(民衆書館, 1961) 참조.

어휘는 고유어이지만, 수사·방위·기물 등은 점차 한자어로 대체되었음을 보여준다.

고유어의 예 : 足曰潑(발)　火曰孛(블)　手曰遜(손)
水曰沒(믈)　雌曰暗(암)　齒曰你(니)
한자어의 예 : 茶曰茶(차)　銅曰銅(동)　旗曰旗(기)
海曰海(해)　江曰江(강)　泉曰泉(천)　兵曰軍(군)
千曰千(천)　萬曰萬(만)　東西南北曰東西南北(동서남북)

《계림유사》를 통하여 12세기 국어의 문법형태소도 확인할 수 있다. 대체로 명사는 독립형을 제시하고 있어서 격조사를 확인하기 어렵지만, 주격조사가 {－이}임을 밝히는 예로 面美曰捺翅朝勳(ᄂᆞ치됴ᄒᆞᆫ), 問物多少曰密翅易成(며치이셔), 木曰南記(남기) 같은 것을 찾을 수 있다. 용언의 경우에는 어간만 보여주는 것(暮曰占捺 或言占沒 져믈－, 讀書曰乞輔 글보－), －아/－어형으로 나타나는 것(凡洗濯皆曰時蛇 시샤, 凡飮皆曰麻蛇 마샤), 관형형으로 나타나는 것(高曰那奔 노픈, 深曰及欣 기픈) 등으로 나누어 볼 수 있다.

지금까지의 논의를 토대로 하여 고려 초기의 언어를 요약 정리하면 다음과 같다. 첫째, 우리 나라 역사상 최초로 한반도의 중앙에 위치한 개성이 공통어의 중심지가 되었다. 둘째, 개성공통어는 고구려계통의 언어를 저층으로 하고 신라계통의 경주어를 받아들였다. 셋째, 한자어의 확산이 두드러져서 어휘가 고유어와 한자어의 두 계열로 정착되었다.

〈沈在箕〉

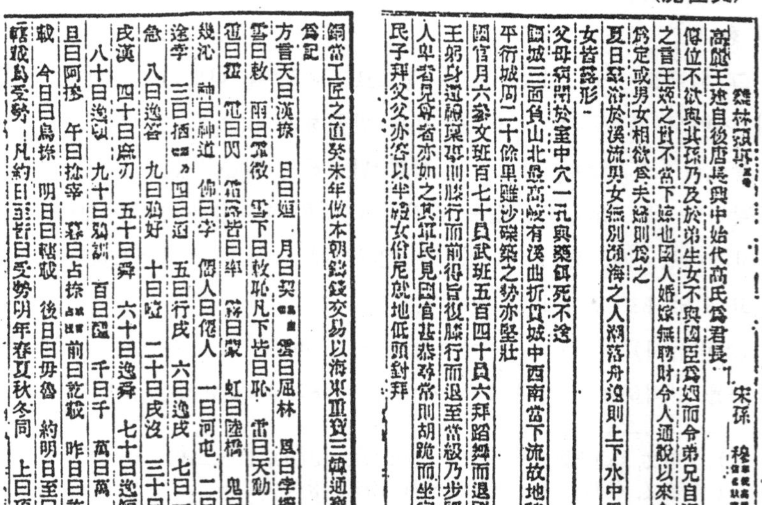
鷄林類事 宋孫穆
高麗王建自後唐長興中始代高氏爲君長
傳位不欲與其孫乃及於弟生女不與國臣爲姻而令弟兄自娶
之昔王娶之其不嘗下嫁也國人婚嫁無聘財令人通說以米食
爲定或男女相欲食夫婦則爲之
夏日浴於溪流男女無別瀕海之人溺落舟沒則上下水中男
女皆裸形
父母病閉於室中穴一孔與藥飼死不送
國城三面負山北最高峻有溪曲折貫城中西南富下流故地稍
平衍城周二十餘里雖沙礫築之勢亦堅壯
國官月六參文班百七十員武班五百四十員六拜蹈舞而退國
王躬身迎[illegible]行而前俗皆[illegible]行而退至當殺乃步國
人卑者見尊者亦如之其[illegible]民見國官甚恭常則胡跪而坐官
民子拜父父亦答以半[illegible]女僧尼並地低頭對拜

銅錢當工匠之直癸未年倣本朝鑄錢交易以海東重寶三韓通寶
爲記
方言天曰漢捺 日曰姮 月曰契黒隘 雲曰屈林 風曰孛纜
雪曰嫩 雨曰霏微 雪下曰嫩耻凡下皆曰耻 雷曰天動
電曰[illegible] 霜露皆曰率 霧曰蒙 虹曰陸橋 鬼曰
幾沁 神曰神通 佛曰孛 仙人曰僊人 一曰河屯 二曰
途孛 三曰洒厮乃 四曰迺 五曰打戍 六曰逸戍 七曰一
急 八曰逸答 九曰鴉好 十曰噎 二十曰戌沒 三十曰
戌漢 四十曰麻刃 五十曰舜 六十曰逸舜 七十曰逸短
八十曰逸頓 九十曰鴉訓 百曰醞 千曰千 萬曰萬
旦曰阿捺 午曰捻宰 暮曰占捺 前日曰訖載 昨日曰訖
載 今日曰烏捺 明日曰轄載 後日曰母魯 約明日至日
轄載烏受勢 凡約日至皆曰受勢 明年春夏秋冬同 上曰頂

3. 사서의 편찬

1) 7대실록 · 고려실록

(1) 7대실록

七代實錄이란 太宗·惠宗·定宗·光宗·景宗·成宗·穆宗의 7대에 걸친 고려 초기실록을 말한다. 현종 원년(1010) 제2차 거란침입으로 개경이 함락당하여 전적이 모두 소실됨에 따라 현종 4년 9월에 吏部尙書·參知政事 崔沆을 監修國史, 禮部尙書 金審言을 修國史, 禮部侍郎 周佇·內史舍人 尹徵古·侍御史 黃周亮·右拾遺 崔冲을 修撰官으로 임명한 기록이 보이지만,[1] 무슨 史書를 편찬하였는지는 명시되어 있지 않다.[2] 그러나 이것은 고려시대에 대량으로 修史官을 임명한 최초의 기록이다. 史館의 직제를 보면 監修國史·修國史·同修國史·修撰官·直史館으로 구성되어[3] 있는데, 위의 수사관 임명은 사관으로 하여금 관찬사서를 편찬케 하기 위한 것임이 틀림없다.

본래 우리 나라의 사서 편찬은 삼국시대로부터 비롯하여 고구려는 국초에 《留記》, 영양왕 11년(600)에 太學博士 李文眞이 《新集》, 백제는 博士 高興이 근초고왕 30년(375)에 《書記》, 신라는 大阿湌 居柒夫가 《國史》를 편찬하였는데, 모두 중국의 正史인 司馬遷의 《史記》처럼 개인편찬 사서이다. 중국의 사서 편찬은 처음 개인편찬 내지 家學을 거쳐 당에 이르러 정사를 史館에서 편찬하는 관찬사서와 分纂體制로 바뀌었는데, 고려도 국초에 사관을 설치하여 이 체제를 답습하였다. 分纂이란 사관에 많은 史官이 배속되어 손을 나누어 공동으로 사서를 편찬하는 것을 말한다. 따라서 현종 4년에 편찬된

---

1) 《高麗史》 권 5, 世家 5, 현종 4년 9월 병진.
2) 高柄翊, 〈三國史記에 있어서의 歷史叙述〉(《金載元回甲紀念論叢, 乙酉文化社, 1969), 56쪽. 高柄翊은 이 글에서 "이 때 구체적으로 어떤 史書가 엮어졌는지는 알 수 없다"하고, 七代實錄과는 다른 史書가 편찬되었을 가능성을 비치고 있다.
3) 《高麗史》 권 76, 志 30, 百官 1, 春秋館.

사서가 사관이 주관한 관찬사서이며 분찬사서였음은 두말할 나위도 없다.[4)]

현종 4년 9월부터 최항 등이 편찬하기 시작한 사서의 성격을 확실히 밝히기 위해서는 이 때 사관의 한사람으로 수찬관에 임명된 황주량의 경력을 분석할 필요가 있다. 그는 목종 7년(1004) 4월에 장원 급제하여[5)] 현종 4년 9월에 侍御史로서 수찬관이 되고, 동왕 20년 11월에 國子祭酒·翰林學士를 거쳐 덕종 원년(1032) 3월에 中樞使로서 수국사가 되었다. 그리고 동왕 3년 정월에 政堂文學·判翰林院事, 7월에 이부상서, 靖宗 4년(1038) 11월에 門下侍郎平章事, 동왕 9년 정월에는 드디어 人臣의 최고위직인 守太保·兼門下侍中·判尙書吏部事·上柱國으로 승진하였다. 한편《高麗史》열전을 보면, 거란의 제2차 침공 후 황주량이 조서를 받들어 태조로부터 목종에 이르기까지《七代事跡》36권을 찬집하여 바쳤다. 또 〈高麗世系〉에 의하면《太祖實錄》은 정당문학·수국사 황주량이 수찬한 것이라고 기록되어 있다.

이상에서 살펴본 황주량의 경력에서 다음 몇 가지 사실에 주의할 필요가 있다. 첫째는 황주량이《태조실록》과《7대사적》두 가지 사서의 편찬에 참여한 듯이 보이는 것, 둘째로《7대사적》은 편찬연대를 명시하고 있지 않은 것, 셋째로 7대실록의 일부인《태조실록》은 그가 덕종 3년에 정당문학으로 재직하고 있을 때 찬술한 것이 확실하다는 점 등이다.

그런데《7대사적》은 황주량이 현종 4년에 수찬관으로 임명되어 송의《歷代名臣事迹》을 본받아 편찬한 사서로서, 7대실록과는 다른 것이라는 주장도 있으나[6)] 이것은 잘못이다. 앞에서 서술한 것처럼 황주량은 현종 때 사관 수찬관이 되어 관찬사서의 편찬에 종사하다가, 덕종 원년 3월에 중추사·수국사로 승진하였다. 그리고 동왕 3년 정월에는 정당문학·판한림원사를 제수받고 있는데, 〈고려세계〉에 그가 정당문학·수국사로서《태조실록》을 편찬하였다고 한 것으로 보아, 덕종 3년 정월에 정당문학 판한림원사를 제수받을

---

4) 金成俊, 〈高麗七代實錄의 編纂과 史官〉(《民族文化論叢》1, 嶺南大, 1981, 91쪽 ;《韓國中世政治法制史硏究》, 一潮閣, 1985, 138쪽).

5)《高麗史》권 73, 志 27, 選擧 1, 選場.

6) 周藤吉之, 〈宋代の三館秘閣と高麗前期の三館と特に史館〉(《高麗朝官僚制の硏究》, 東京, 法政大出版局, 1980), 435~436쪽. 여기서 周藤吉之는 黃周亮이 찬수한 것으로 보이는《七代事跡》은 부문별로 편집된 것이고,《太祖實錄(七代實錄)》은 編年體로 되어 서로 편찬체제가 다른 史書라고 하였다.

때 수국사도 겸하게 된 것이 확실하다. 그리고 7월에는 이부상서로 전보되고 있으므로, 《태조실록》은 덕종 3년 정월에서 7월 사이에 편찬이 완료되어 헌납한 것으로 보인다. 따라서 《태조실록》이 7대실록의 일부인 것을 감안하면 7대실록도 이 때 완성되었을 것이 틀림없다.

여기서 한 가지 부언해야 할 것은 황주량이 사관의 차석인 수국사로서 7대실록을 편찬하여 바친 점이다. 당시 사관의 장관이었던 감수국사에는 현종 4년(1013) 9월에 최항이 임명되었다가 동왕 14년 12월에 內史侍郎平章事 李龔이 그 후임이 되었으며, 덕종 원년 3월에는 다시 王可道로 바뀌었다.[7] 왕가도(처음 이름 李子琳)는 성종 14년(995)에 장원급제하여[8] 여러 벼슬을 거쳐 현종 18년 정월에 참지정사에 이르고 동왕 20년 8월에 개경의 羅城을 축조하는 데 큰 공로가 있어 輸忠創闕功臣으로 책봉되고 王氏의 성을 하사받았다. 덕종 즉위년(1031) 10월에 門下侍郎同內史門下平章事로 승진하였다가, 동왕 원년 3월에는 감수국사를 겸하게 된 것이다.[9] 이 때 왕가도는 李端·柳韶 등과 더불어 거란에 대한 강경론자에 속하였다. 덕종 2년 9월에 천리장성 축조문제로 거란과 분쟁이 일어났을 때 출병을 주장하다가 뜻을 이루지 못하자, 실망 끝에 귀향하여 신병을 요양하다가 덕종 3년(1034) 5월에 죽었다. 그가 하향할 때 "骸骨을 빌어 고향에 돌아갔다"[10]고 한 것을 보면 왕의 윤허를 얻어 모든 벼슬을 사임하고 귀향한 것 같은데, 겸직이었던 감수국사를 다른 사람에게 제수한 기록이 보이지 않는다. 다른 사람으로 교체되었다면 수국사였던 황주량이 감수국사로 승진하였을 가능성이 크다. 그러나 황주량은 아직 벼슬이 낮았기 때문에 승진하지 못하고[11] 공석으로 남겨 두었으므로, 왕가도는 여전히 정당문학·수국사로서 《태조실록》을 비롯

7) 《高麗史》 권 5, 世家 5, 덕종 원년 3월 계사.

8) 《高麗史》 권 73, 志 21, 選擧 1, 選場.

9) 《高麗史》 권 5, 世家 5, 덕종 원년 3월 계사.

10) 《高麗史》 권 94, 列傳 7, 王可道.

11) 監修國史는 《高麗史》 百官志 春秋館條에 侍中이 겸한다고 되어 있다. 世家(前期)에 나오는 監修國史의 임명 기사를 분석해 보면, 崔沆과 같이 政堂文學(정3품)으로 겸한 일이 있기는 하나, 이것은 초기에 한 번 있었을 뿐이고, 실제는 정2품의 門下侍郎平章事, 中書侍郎平章事가 가장 많으며 다음이 門下侍中으로 나와 있다.

한 7대실록의 편찬을 마무리지었고, 그가 죽은 직후에 진헌하게 된 것으로 보여진다.[12] 그러므로 앞서 현종 4년에 최항 등이 수사관으로 임명되어 사서를 편찬하기 시작한 것은 그 후 수국사·감수국사 등의 제수와 결부시켜 볼 때, 하나의 계속적인 사업으로서 덕종 때에 이르러 정당문학·수국사 황주량의 《태조실록(7대실록)》 편찬과 연결되어 완성되는 것으로 결론지어야 할 것 같다.

한편 《7대사적》의 발자취를 더듬어 보면, 《高麗史》 黃周亮傳에서 제2차 거란침입 때에 황주량이 조서를 받들어 태조로부터 목종에 이르기까지 《7대사적》 36권을 편찬하여 바쳤다고 하였을 뿐, 그가 어떤 직임을 갖고 언제 완성하였는지는 밝히지 않고 있어서 혼란을 일으키고 있는 것이 사실이다. 그렇기 때문에 앞서 언급한 것처럼 《七代實錄》과 《七代事跡》은 별개의 사서라고 주장하는 사람도 나오게 된 것이다. 그러나 《고려사》 세가에서 현종 4년 9월부터 최항 등이 사서를 편찬하기 시작하였다고 한 것과 《고려사》 열전에서 황주량이 《7대사적》을 편찬하였다고 한 것은 문맥상 같은 성질의 것으로 보아야 한다. 이 때의 사서편찬을 둘로 나누어 현종 때에 황주량이 먼저 단독으로 《7대사적》을 편찬하고, 《7대실록》은 그 후 편찬을 계속하여 덕종 때에 《태조실록(7대실록)》을 완결지었다고 보는 것은 아무래도 사리에 맞지 않는 어색한 느낌이 들기 때문이다. 만약 《7대사적》을 《7대실록》과 달리 황주량이 현종 때 단독으로 편찬한 것이라 한다면, 몇 가지 문제점이 나타난다. 즉 당시 황주량의 상위직으로서 엄연히 정당문학·감수국사 최항과 예부상서·수국사 김심언이 건재하고 있었다. 게다가 《7대실록》이나 《7대사적》 등의 관찬 사서가 개인편찬이 아니라 수사관의 공동편찬 즉 분찬이었음이 틀림없고 보면, 《7대사적》이 36권이라는 방대한 분량인 것도 문제이지만 하위직인 수찬관 황주량이 단독으로 편찬하여 헌상할 수 있는 성질의 사서가 아닌 것이다. 따라서 《7대사적》은 《7대실록》을 가리킨다고 보는 것이 타당할 것 같다.

이와 같이 덕종 3년에 20여 년의 긴 우여곡절을 겪으며 완성된 《7대실록》은 그 후 어떻게 보존되어 내려갔을까. 鄭摠의 말처럼 조선 초기에 고려

---

12) 金成俊, 앞의 글, 123쪽.

국사를 편찬할 때 高麗實錄이 전부 남아 있었던 것은 사실이지만,[13] 그렇다고 《7대실록》이 원형 그대로 남아 내려왔는지는 알 길이 없다. 오늘날 고려시대를 연구하는 학자는 현존 《고려사》의 초기 부분이 너무 소략하여 연구에 많은 애로가 있음을 지적하고 있다. 어떤 학자는 거란의 침입으로 궁중의 서적이 모두 소실되어 《7대실록》이 간략을 면할 수 없게 되고, 따라서 《고려사》의 초기 부분도 그렇게 소략해 진 것이라고 주장하기도 하지만, 황주량이 편찬한 36권의 《7대실록》은 적은 분량이 아니므로 거란의 침공 때문이었을 것 같지는 않다.

《7대실록》은 원형이 언젠가 손상되었을 가능성이 크다. 그것은 충숙왕 원년 정월에 "政丞致仕 閔漬, 贊成事 權溥에게 명하여 태조 이래의 실록을 略撰하였다"고[14] 한 기록을 음미할 필요가 있다. 태조 이래의 실록이라 함은 태조부터 어느 왕까지의 실록을 말하는 것인지 확실히 알 수 없지만, 적어도 목종까지의 7대 실록은 포함되어 있었을 것 같다. 이 때 태조 이래의 실록은 왜 간략히 편찬되었는지 알 수 없으나, 그 당시 여러 병란으로 태조 이래의 일부 실록이 소실되거나 훼손되었기 때문에 略撰實錄을 만들게 된 것 같기도 하다. 《7대실록》 자체가 거란침입으로 사료가 소실된 후에 편찬되어 간략하였으나 그 분량이 36권이나 된 데 대하여, 오늘의 《고려사》 세가는 목종까지 3권이고, 《高麗史節要》는 2권인 점으로 보아 이 《7대실록》도 그대로 후세까지 존속한 것 같지 않다. 그러므로 《고려사》 편찬 때까지 전해진 고려실록 중 《7대실록》은 이 약찬실록이 아니었을까 하는 의문이 생기기도 한다. 그렇게 본다면 현존 《고려사》의 초기 부분이 소략해 진 이유를 알 수 있을 것 같기도 하지만, 이 이상 논급하기는 어렵다.

(3) 고려실록

고려는 국초에 사관을 설치하여 사서편찬의 실무를 관장하였다. 사관을 정확히 언제 설치하였는지는 《고려사》 백관지 춘추관조에 국초라고만 되어 있으므로 분명하지 않다. 그러나 광종 26년(975)에 건립한 高達寺元宗大師慧眞

---

13) 《東文選》 권 93, 進讎校高麗史序.
14) 《高麗史》 권 34, 世家 34, 충숙왕 원년 정월 을사.

塔碑[15]의 명문을 지은 金廷彦의 직함이 大丞·翰林學士·內奉令·前禮部使·參知政事·監修國史로 되어 있는 것을 보면, 적어도 광종 26년 이전에 설립되어 있었다는 것을 알 수 있다. 사관의 직제는 감수국사·수국사·동수국사·수찬관·직사관으로 구성되어 있어 당과 송의 제도를 혼용하고 있음을 알 수 있다. 즉 당의 사관에는 관직으로 監修國史·修撰·直館만 보이고 있지만, 송의 사관에는 당제에 修國·同修國史가 추가되어 있다. 송의 관제는 당제를 계승하고 고려는 당제를 모방한 것으로 기록에 명시하고 있는 것을 보면, 고려는 사관의 직제를 정할 때 당제를 주축으로 하여 송제를 증감시켰음을 알 수 있다.

사관의 기능을 보면 "時政을 기록하는 일을 맡는다"고 되어 있는데,[16] 고려는 이에 의하여 송나라처럼 時政記를 편집한 것이 아니라 日曆만 수찬한 것 같으며, 이는 고려실록 편찬의 기초자료가 되었다. 송나라는 고려보다 문서기록이 복잡하여 집정의 시정기, 起居郎·起居舍人의 起居注가 편찬되고 이것이 사관에 송부되면 수찬관이 일력을 작성하였다.[17] 그러나 고려에서는 시정기를 편록한 것 같지는 않고, 여러 관아의 기록이 사관에 보내지면 史官이 일력을 편찬한 것 같다.

일력에 관하여 좀더 살펴보면 명종 원년(1171)에 궁중에 화재가 일어났을 때 都校署令 朴仁碩이 침착하게 歷代日錄 및 黃白等物(문서류)을 피난시킨 일이 있고[18] 또 충숙왕 때 韓宗愈는 藝文春秋館의 檢閱로 있을 때 충숙왕을 따라 원에 들어가 行官日錄을 기록하였다는[19] 사실이 보인다. 이것으로 보면 예문춘추관의 사관은 일록을 여러 자료를 참고하여 기록하는 것으로 되어 있으므로 朴仁碩墓誌銘에 보이는 역대 일록도 史館의 사관이 기록한 역대의 일력과 같은 것임을 알 수 있다. 고려 말의 자료이기는 하지만 공민왕 원년(1389)에 사관 崔蠲이 "史官의 임무는 군왕의 언행 정사, 백관의 시비·득실을 直書하는 일"이라 하고, "사관은 史草(史藁) 2부를 작성하여 임기가

15) 〈高達寺元宗大師惠眞塔碑〉(《朝鮮金石總覽》 上, 朝鮮總督府, 1919), 207쪽.
16) 《高麗史》 권 76, 志 30, 百官 1, 春秋館.
17) 周藤吉之, 앞의 글, 380쪽.
18) 〈朴仁碩墓誌〉(《朝鮮金石總覽》 上), 433쪽.
19) 《東文選》 권 125, 韓宗愈墓誌.

끝나면 1부는 예문춘추관에 바치고 1부는 집에 보관하여 후일에 대비해야 하며, 또 경외의 대소 아문은 시행한 일을 일일이 예문춘추관에 보고하여 기록을 입증할 만한 증거로 삼게 하자"고 상소한 것을 윤허하였다.[20] 이것으로 보면 고려시대에 왕의 언행·정사와 백관의 시비·득실은 물론 사관의 사초 및 경외 각사의 문서는 모두 예문춘추관에 송부하고 이를 기초로 하여 일력이 편찬된 것을 알 수 있다. 조선시대에도 춘추관의 기능은 고려시대의 사관의 그것과 똑같은 문구로 표현되어 있고, 이에 의거하여 세종 때 춘추관에서 송나라 고사에 따라 시정기를 편찬하기 시작하고,[21] 또 승정원에서는 《承政院日記》가 찬집되어[22] 사초와 더불어 고려시대와 같이 실록 편찬의 가장 중요한 자료가 된 것은 물론이다.

이와 같이 일력 등 여러 자료를 바탕으로 편집된 고려실록의 경우 태조로부터 충숙왕까지 27왕의 실록이 편찬된 것은 《고려사》·《고려사절요》 및 기타의 기록을 통해 알 수 있으며, 충혜왕 이후의 실록도 편찬에 착수한 것 같기는 하나 완성시키지 못한 것 같이 보인다.[23] 이렇게 편찬된 고려실록은 조선초에 《고려사》를 편찬할 때까지는 존재하고 있어서 《高麗國史》의 서문을 쓴 정총도 시조 이래로부터 역대의 실록이 모두 있었다고 말하고 있는 것이다.[24] 이와 같이 고려실록은 조선 문종 원년(1451) 9월에 《고려사》 편찬이 끝난 후 춘추관에 수장된 것 같으나 임진왜란 때 소실된 것이 아닌가 생각된다.

고려실록의 편찬과정을 살펴보면 다음과 같다. 먼저 《7대실록》 즉 태조·혜종·정종·광종·경종·성종·목종의 7대에 걸친 고려 초기의 실록은 현종 원년 거란의 제2차 침입 때 개경이 함락되어 궁궐이 불타고 서적이 모두 소실됨에 따라 3년 후인 현종 4년(1013) 9월에 정당문학·감수국사 최항 등 여러 수사관에 의하여 편찬되기 시작한다.[25] 그러나 《7대실록》의 편찬은 자

---

20) 《高麗史》 권 76, 志 30, 百官 1, 春秋館.
21) 《世宗實錄》 권 66, 세종 16년 11월 무인.
22) 《文宗實錄》 권 12, 문종 2년 2월 병술.
《經國大典》 권 3, 禮典, 藏文書.
23) 《高麗史》 권 126, 列傳 39, 林堅味.
24) 《東文選》 권 93, 進讎校高麗史序.

료수집이 어려웠던가 20여 년이 지난 덕종 3년(1034)에 정당문학·수국사 황주량의 노력으로 겨우 완성을 보게 되는 것이다.26) 그런데 열전에 의하면 황주량은 제2차 거란 침입 후 조서를 받들어 《7대사적》을 편찬하여 진상한 것으로 되어 있다. 그런데 《7대사적》은 현종 4년에 그가 단독으로 수찬한 사서로서 《7대실록》과 별개의 것이라는 시각이 있다. 그러나 이것이 잘못된 해석임은 《7대사적》은 관찬이며 分纂史書라는 점에서 이 당시 황주량은 사관의 수찬관이었으므로 그보다 상위직에 감수국사 최항과 수국사 김심언이 건재하고 있었던 만큼, 《7대사적》은 하위직인 수찬관 황주량의 이름으로 편찬 진상될 리가 없다. 그러므로 《7대실록》과 《7대사적》은 별개의 사서가 아니라, 덕종 3년에 황주량이 정당문학으로서 편찬 진상한 책이름은 다르나 동일한 사서임이 틀림없는 것이다.

원래 고려시대에도 《7대실록》을 편찬한 후 역대 왕의 실록이 그 때마다 수찬된 것 같으나, 기록에는 편찬 사실이 전하지 않는 것도 있다. 즉 9대 《德宗實錄》은 편찬의 직접적인 상황은 보이지 않으나 《고려사》 德宗贊에 “실록을 상고컨대”라고27) 하여 《덕종실록》이 있었음을 보여주고 있다. 그리고 13대 《宣宗實錄》은 《世宗實錄地理志》 黃海道 白川郡 氈城의 註에 그 한 구절을 인용하고 있어28) 그 존재를 확인할 수 있다. 그러나 현종(8대)·정종(10대)·문종(11대)·순종(12대)·헌종(14대)의 실록은 그 편찬기록이 《고려사》와 《고려사절요》 등의 사서에 전혀 보이지 않는다. 그렇다고 수찬되지 않아서 그런 것이 아니라 기록의 소홀로 인해 편찬기록이 빠진 것 같다.

그 후 숙종(15대)·예종(16대)·인종(17대)·의종(18대)·고종(23대)·원종(24대)·충렬왕(25대)·충선왕(26대)·충숙왕(27대)까지의 13대의 실록은 《고려사》·《고려사절요》 등에 그 편찬 기록이 수록되어 있다. 즉 《肅宗實錄》에 대한 기록은 인종 2년(1124) 3월 하순의 李德羽卒去記事에 보인다.29) 곧 이덕우는 文翰으로 자임하여 일찍 《숙종실록》을 편수한 공으로서 호부시랑에 제

25) 《高麗史》 권 5, 世家 5, 현종 4년 9월 병진.
26) 金成俊, 앞의 글(1981, 77~78쪽 ; 앞의 책, 1985, 124쪽).
27) 《高麗史》 권 5, 世家 5, 덕종 李齊賢贊.
28) 《世宗實錄地理志》 권 152, 黃海道, 白川郡, 氈城.
29) 《高麗史》 권 15, 世家 15, 인종 2년 3월 기사.

수되었다고 한다. 이덕우는 예종 5년(1110) 5월에 中書舍人(종4품)이었고, 동왕 7년 8월에는 殿中監(종3품)으로 재직하고 있었던 만큼, 그가 호부시랑(정4품)으로 승직한 것은 예종 5~6년경이었을 것 같다. 그러므로《숙종실록》을 편찬한 것은 예종 5년 이전이 될 것이다. 한편《睿宗實錄》의 편찬에 대하여는, 예종이 죽자 인종 즉위년(1122) 5월에 참지정사·수국사 韓安仁은 중서시랑평장사로 승진하였는데, 그는 곧 송 왕조의 고사에 따라 전왕의 업적을 史冊에 실어 후세에 남길 것을 건의하여 실록편수관을 설치할 것을 청하였다.[30] 이에 그 해 9월 중순《예종실록》을 편찬하기 위하여 寶文閣學士 朴昇中, 翰林學士 鄭克永, 寶文閣待制 金富軾을 편수관으로 임명하였다. 이 때 한안인 등은 물론 수국사로서 실록 편찬에 동참하였을 것이다. 이와 같이 인종이 즉위하자 곧 전왕의 실록을 편찬하기 위하여 편수관을 설치한 것을 보면 전왕이 돌아가면 신왕은 곧 편수관을 두어 실록을 편수하는 것이 관례로 되어 있었던 것 같다. 그런데 한안인은 인종 즉위년 12월 李資謙에게 피살되고, 정극영도 이 사건에 연좌되어 유배되었으며, 동왕 4년 5월에는 박승중도 이자겸모반사건에 연좌되어 귀양갔다.《예종실록》이 언제 완성됐는지는 알 수 없지만, 여기서 주목해야 할 것은《고려사절요》예종 원년 12월조에 史臣 金富佾의 사론을, 동왕 7년 8월조에는 史臣 金富儀의 사론을 싣고 있는 점이다. 그들은 정극영·박승중의 후임으로 편수관이 된 것 같이 보이는 만큼, 그들의 사론은 실록편수관으로서의 사론임이 틀림없을 것이다. 따라서 고려실록에는 사신의 贊과 論이 수록되었을 것이라고 생각된다.[31]

《고려사》김부식전에 의하면, 김부식은 의종 즉위년(1146)에 樂浪郡開國侯로 책봉되어《仁宗實錄》의 찬수를 위촉받았다. 그리고《고려사》인종세가에는 사신 김부식의 사찬과 사신 金莘夫의 사론이 수록되어 있는데, 이는 김부식이 찬수한《인종실록》에서 취한 것으로 보여진다. 그리고《毅宗實錄》은 명종 때에 문신 文克謙과 무신 崔世輔가 편찬한 것이다. 본래 실록 편찬은 문신 중에서도 문필이 뛰어난 자를 수사관으로 선임하는 것이 상례였는데,

30)《高麗史》권 97, 列傳 10, 韓安仁.
31) 周藤吉之, 앞의 책, 437쪽.

이례적으로 무신이 실록 편찬에 참여하게 된 것은 무신이 집권하고 있던 시기였기 때문이다. 처음 문극겸이 수국사가 되어 무신이 의종을 살해한 것을 直書하려고 하자, 무신이 이를 저지하기 위하여 상장군 최세보를 同修國事(史)로 임명하여 문극겸을 견제하고 마음대로 사실을 개찬하였으므로[32] 탈락이 많이 생겨 부실해지게 되었다. 《의종실록》 편찬에는 이 밖에 林民庇·兪升旦·金良鏡 등이 참여하였음을 《고려사절요》에서 찾아볼 수 있다.

다음 《明宗實錄》은 고종 14년(1227) 9월에 감수국사·평장사 崔甫淳, 수찬관 金良鏡·任景肅·兪升旦 등이 편찬하여 사관에 보관하고, 1부는 해인사에 수장하였다. 權敬中·李奎報·趙文拔 등도 《명종실록》 편찬에 참가한 기록이 보인다. 《고려사》 권경중전을 보면 《명종실록》을 편찬할 때 연대를 나누어 편찬하였다고 하였는데, 이는 곧 고려실록도 朝鮮王朝實錄과 같이 편년체로 기록했음을 말하고 있는 것이다.[33] 그리고 신종·희종·강종의 3대 실록은 원종 8년(1267) 10월에 감수국사 李藏用, 동수국사 柳璥, 수찬관 金坵·許珙 등에게 명하여 편찬케 하였는데,[34] 오랜 몽고의 침구 때문에 편찬이 늦어진 것 같다. 《고려사절요》를 보면 희종 5년(1209) 6월의 기사에 사신 任翊의 사론을 싣고 있어, 임익도 그 3대 실록의 편찬에 참가한 것을 알 수 있다.

《高宗實錄》은 충렬왕 3년(1277) 5월에 감수국사 柳璥, 수국사 元傅, 동수국사 金坵에게 명하여 편찬케 하였다.[35] 그러나 충선왕 원년(1309) 2월에도 《忠憲王(高宗)實錄》을 편찬케 한 기록이 있는 것을 보면,[36] 《고종실록》은 충렬왕대에 완성을 보지 못하고 충선왕대로 넘어왔음을 알 수 있지만 언제 완결하였는지는 알 수 없다. 《고려사》 원부전에 의하면, 그가 유경·김구와 같이 《고종실록》을 찬수할 때 前樞密副使 任睦의 史藁(史草)를 얻어서 보니 백지였기 때문에 수찬관 朱悅이 이를 탄핵하려고 한 것을 유경과 원부가 저지한 기록이 보인다. 이는 崔瑀의 집권시대에 사관이 권력에 눌려 직서하지 않은

---

32) 《高麗史節要》 권 13, 명종 16년 12월.
33) 申奭鎬, 〈韓國の修史事業〉(《朝鮮學報》 89, 1978), 7쪽.
34) 《高麗史》 권 26, 世家 26, 원종 8년 10월 임오.
35) 《高麗史》 권 28, 世家 28, 충렬왕 3년 5월 임인.
36) 《高麗史》 권 33, 世家 33, 충선왕 원년 2월 무인.

것을 잘 말하고 있는 좋은 사례이며, 또한 이 때 수찬관 중에 주열도 포함되어 있었던 것을 알 수 있다. 한편《元宗實錄》도 충선왕 3년(1311) 11월에 편찬을 명하였으나[37] 충혜왕 전 원년(1331) 9월의 기록에도《忠敬王(元宗)實錄》의 편수를 명하고 있는 것을 보면,[38] 충선왕대에 완결짓지 못하고 충혜왕대로 넘어온 것을 알 수 있지만 역시 언제 완성되었는지는 알 수 없다.

충렬·충선·충숙왕의 3대 실록은 충목왕 2년(1346) 10월에 李齊賢·安軸·安轂·安震·李仁復에게 편수케 하였다.[39] 이와 같이 고려실록은 대체로 전기에는 전왕이 돌아간 후 곧 편수관을 임명하여 실록을 편찬하였다. 그러나 무신정권시대와 그 이후에는 전쟁, 정권의 불안정, 국력쇠퇴 등으로 제때에 편찬하지 못하고 지연되는 경우가 많았다. 그런데 충렬왕 33년(1307) 11월에는 전왕인 충선왕이 직사관 尹頎에게 명하여 선대의 실록 185권을 원에 반출하려고 하니, 사람들이 반대하였다는 기록이 보인다.[40]《고종실록》이 아직 완성되지 않은 때이므로, 선대 실록은 적어도《태조실록》에서《강종실록》까지 185권에 달하고 있었다는 계산이 나온다. 따라서 당시 고려실록은 상당히 많은 분량이 현존하고 있었다는 것을 짐작할 수 있다.

〈金成俊〉

2)《삼국사기》

(1)《삼국사기》의 편찬

《三國史記》는 인종 23년(1145)에 왕명에 따라 金富軾을「編修」라는 이름의 책임편찬자로 하여 崔山甫·李溫文·許洪材·徐安定·朴東桂·李黃中·崔祐甫·金永溫 등 8명의「參考」와 鄭襲明·金忠孝 등 2명의「管勾」등 11

37)《高麗史》권 34, 世家 34, 충선왕 3년 11월 경자.
38)《高麗史》권 36, 世家 36, 충혜왕 전 원년 9월 병신.
39)《高麗史》권 37, 世家 37, 충목왕 2년 10월 경신.
40)《高麗史》권 32, 世家 32, 충렬왕 33년 11월 병술.

명의 編史官에 의해서 편찬되었다.[1)]

편찬 원칙은 「述而不作」의 전통적인 역사 서술의 입장에서 기존 사료의 전재가 중심이며, 김부식은 편찬 당시 71세의 고령이었으므로 거의가 편찬자(참고와 관구)들에 의해서 이룩되었다고 생각된다. 따라서 김부식은 論贊이나 序文(進三國史表) 그리고 각권의 구획, 사료의 취사·선택 등에 관여하였을 것이다.[2)] 그러나 《삼국사기》가 그의 책임 하에 편찬된 것은 사실이다.

역사 편찬은 중앙집권국가 건설의 문화적 기념탑이며, 儒敎的 王道政治의 구현을 상징하는 공적인 사업이다. 동시에 국사편찬은 왕통의 정통성을 천명하고 유교적 정치이념에 입각한 王者의 위엄을 과시하는 성격을 지닌다.[3)] 따라서 《삼국사기》는 인종 당시의 정치적 필요성에서 편찬되었다고 할 수 있다. 무엇보다도 고려가 건국된 지 200여 년이 경과함으로써 국가의 권위를 과시할 필요가 있었고, 妙淸亂(인종 13년 ; 1135)을 진압한 후 왕실의 권위를 확립할 적극적 조치가 요구되었던 것이다.

고려는 성종 12년(993) 이후 3차에 걸친 거란의 침입을 받았다. 거란의 침입으로 史書가 소실되었으므로, 현종 때의 《七代實錄》을 비롯하여[4)] 그 후 몇 가지 사서를 편찬한 바 있다. 이러한 고려 초의 역사 편찬은 통일신라 이후 무열계왕권의 확립과 유교정치의 발달 및 당의 史館制度의 영향에 따라 그 가능성이 일찍부터 제기되었다. 그 후 宿衛學生들이 文翰機關에 참여하고 史官으로 진출함에 따라 여초의 국사편찬은 박차를 가하게 되었다.[5)]

더구나 여진의 군사적 압력이 가중되면서 고려 내부의 귀족 갈등이 첨예화되고 있음도 간과할 수 없다. 즉 李資謙의 전횡은 물론, 大覺國師碑의 찬술을 둘러싼 坡平 尹氏(尹瓘·尹彦頤)와 慶州 金氏(김부식)의 충돌은 仁壽節과

---

1) 단, 寶文閣의 관리인 管勾 2명은 參考와는 달리 內侍와 承宣의 국왕 측근직으로 직접 편찬보다는 국왕의 명을 받들어 행정적 지원에 관여한 것으로 보여진다. 管勾와 同管勾는 宋制에서 비롯된 것으로, 고려에서는 寶文閣의 관직이었으며 中樞內臣으로 겸한 관직이었다. 管勾란 管理勾稽의 뜻을 가졌다.
2) 高柄翊, 〈「三國史記」에 있어서 歷史叙述〉(《金載元博士回甲紀念論叢》, 乙酉文化社, 1969), 8쪽.
3) 李基東, 〈古代國家의 歷史認識〉(《韓國史論》 6, 國史編纂委員會, 1979), 9쪽.
4) 《高麗史》 권 95, 列傳 8, 黃周亮.
5) 申瀅植, 〈新羅人의 歷史認識과 國史編纂〉(《白山學報》 19, 1975 ; 《統一新羅史研究》, 三知院, 1984, 224~227쪽).

納妃문제를 둘러싸고 그 절정을 이루었다. 이러한 문벌가문의 대립과 충돌은 귀족사회의 모순을 보여주고 있다. 그러므로 김부식은 지배층의 분열과 모순을 백제와 고구려의 멸망 후 부흥운동의 내분과 연결시켜 간접적인 현실 비판을 꾀하기도 하였다.[6] 여기서 김부식은 분열과 갈등을 국가의 우환으로 파악함으로써 역사의 교훈을 제시하였다.[7] 이러한 현상은 토인비가 고대 그리스 도시국가(Polis)들의 자멸적 내란인 펠로폰네소스전쟁을 제1차 세계 대전과 대비시킨 사실과 뜻을 같이 한다고 하겠다.[8] 따라서 김부식은《삼국사기》편찬에 諫議大夫(허홍재), 起居注(정습명) 등과 같은 간관을[9] 많이 등용시켜 현실 비판의 자세를 견지하였다.

이와 같이《삼국사기》는 12세기 중엽 고려사회가 당면한 필요성에 따라 편찬되었다. 더구나 여진의 군사적 압력에 대한 강력한 저항의식은 뚜렷한 자아의식과 국가관을 요구하였다. 무엇보다도 거란침입에 의한 실록의 소실은 보다 새로운 국사편찬의 필요성을 촉진시켰다. 더구나 귀족 갈등을 목도한 김부식으로서는 약화된 왕권을 강화시키고 자신에 대한 비판의식으로 국민교화 내지는 국민화목을 도모하는 책을 만들지 않을 수 없었다.

《삼국사기》를 쓰게 된 동기를 김부식은 아래와 같이 기술하고 있다.

> 지금 學士大夫들은 모두 五經·諸子百家之書·秦漢史書에는 널리 능통하지만, 우리 나라 사실은 망연하여 그 시말을 모르니 심히 가슴 아픈 일이다. 더구나 신라·고구려·백제가 3국을 세우고 서로 정립하여 禮로써 중국과 통한 바 있어《漢書》(范曄)나《唐書》(宋祁)에 모두 列傳에 기록된 바 있다. 그러나 국내(중국)의 것은 자세하나 국외(우리 나라-삼국)의 것은 간략하게 써넣었으므로 실리지 않은 것이 적지 않다. 더욱이 古記에는 문자가 거칠고 事跡이 빠지고 없기 때문에 이것으로는 君后의 선악, 臣子의 忠邪, 국가의 안위, 인민의 理亂 등을 모두 드러내어 후세에 경계할 수 없게 되었다. 따라서 3長의 才를 얻어 一家之史를 이룩하여 만세에 남겨두어 해와 별과 같이 밝히고 싶다(〈進三國史表〉).

이와 같이 그는《삼국사기》의 편찬 동기와 목적을 밝히고 있다. 즉 이 책의 편찬 동기는 첫째로 우리 나라 사람들(식자층)이 중국의 것(학문·역사)은

---

6) 申瀅植,〈三國史記의 編纂과 硏究成果〉(《三國史記硏究》, 一潮閣, 1981), 8쪽.
7) 申瀅植,〈三國史記의 性格〉(《梨花史學硏究》15, 1984), 1쪽.
8) 盧明植,〈쉬펭글러와 토인비〉(《西洋史學史論》, 法文社, 1977), 409~411쪽.
9) 朴龍雲,《高麗時代臺諫制度의 硏究》(一志社, 1980), 75쪽.

잘 아는데 우리 것은 모른다는 안타까움에서 우리 것을 알려야겠다는 점, 둘째로 중국책에 실린 내용이 간략하며 우리의 古記는 내용이 불충분하므로 보다 자세하고 충실한 책을 만들어야겠다는 점 등이다. 나아가서 이 책의 편찬 목적은 국가를 구성하는 왕(위)·신하(중간)·백성(아래) 3자 사이의 상호작용을 해명하는 것으로 파악하였다. 즉 왕의 치적, 신하의 충성, 백성의 도리를 설명하는 것이 역사 서술이라는 것이다.

다시 말하면《삼국사기》는「강렬한 자아의식」과「현실비판의 수단」으로서, 우리 역사를 다시 써서 후세에 교훈을 삼겠다는 목적에서 편찬되었다. 그러므로《삼국사기》에서 역사 서술은 국가를 구성하는 3자간의 도리를 통해서 이룩되는 것이며, 그들의 행동규범에서 후세의 선악기준을 삼겠다는 鑑戒主義를 볼 수 있다.[10]

김부식은 철저한 유교주의자이면서도 불교에 깊은 조예를 갖고 있었으며, 철저한 사대주의자가 아니라 독자적인 自國意識을 가진 인물이었다.[11] 그것은 중국의 예법으로 우리 나라의 법속을 규제할 수 없다는 논찬과 신라의 방언을 고집한 김부식사관에 잘 나타나 있다.[12]

《삼국사기》에 대한 비판은 이 책이 편찬된 지 1세기 후에 시작되었다. 우선 李奎報는〈東明王篇〉(序)에서 이 책의 내용(특히 동명왕의 사적)이 지나치게 간단해서 후세에 교훈이 될 수 없다는 평가를 하였다. 그 후 조선시대에 이르러 본격적인 비판이 시작되어 權近은 사실이 중복되고 方言·俚語가 섞여 있어 善政과 嘉謨는 전해질 수 없으며 특히 春秋之禮와 어긋난다는 비난을 가하였다.[13] 이러한 비판은 尹淮·李克墩을 거쳐 安鼎福에 이르기까지 계속되어, 이 책의 취약점은 '粗略하고 荒誕·鄙俚한 데' 있다고 지적되었다.[14]

그러나 이 책에 대한 철저한 비판은 申采浩에 의해서 그 절정을 이룬다.

---

10) 申瀅植,《三國史記研究》(一潮閣, 1981), 11쪽.
11) 高柄翊, 앞의 글, 29~32쪽.
12) 申瀅植, 앞의 책(1981), 363쪽.
13)《東文選》권 44, 表箋 進三國史略箋.
14) 申瀅植, 앞의 책(1981), 11~13쪽.

> 선학들이 말하되 삼국의 문헌이 모두 兵火에 없어져 김부식이 참고할 사료가 부족하므로 그가 편찬한 사기가 그렇게 소루함이라 하나, 그 실은 역사의 변화보다 김부식의 사대주의가 사료를 분멸한 것이다(申采浩, 〈朝鮮歷史上一千年來第一大事件〉, 《丹齋申采浩全集》 中, 118쪽).

신채호는 김부식이 西京戰役의 승리에 도취되어 사대주의에 입각해서 사료를 삭제·개작하였다고 주장하였다. 이와 같은 부정적인 평가는 崔南善으로 이어졌고, 金哲埈의 경우에서 그 이론적 바탕이 마련되었다. 후자는 《삼국사기》가 유교적이고 사대적인 입장에서 자기 전통의 축소·빈곤화를 초래하여 우리 나라의 고대적 성격과 전통적인 체질을 부인하고 말았다는 주장을 폈다.[15] 이러한 견해와 출발은 다르지만, 일제의 식민지사가들도 대체로 《삼국사기》 내용을 중국사료의 기계적인 삽입으로 간주하는 동시에[16] 상대의 기록을 허구라고 규정하고 있다.[17]

한편 위와 같은 부정적인 평가에 대해서 비판하며 삼국사기를 긍정적으로 파악하는 견해가 나타나기 시작하였다. 먼저 김부식이 집필한 논찬의 분석을 통해서 종래의 중국 중심의 사대적인 역사서라는 비판을 반박하고, 자아의식에 입각한 객관성을 지닌 사서라고 김부식의 사관을 옹호한 경우이다.[18] 다른 견해는 도덕적 합리주의사관이라고 하여 발전된 역사 서술로 설명하려는 경우이다.[19] 삼국사기에 대한 이러한 상반된 평가 가운데 다음은 그 내용을 計量史學 이론을 원용하여 분석한 것이다.[20]

> 《삼국사기》의 本紀 내용은 처음부터 신라를 국가체제로 인정하여 奈勿王을 어떤 역사적인 전기로 생각하지 않고 있다. 본기 내용은 정치·천재지변·외교·전쟁이라는 네 항목으로 서술되어 그 항목들은 시기에 따라 일정한 포물선을 긋고 있었다.

---

15) 金哲埈, 〈高麗中期의 文化意識과 史學의 性格〉(《韓國史硏究》 9, 1975), 82~83쪽.
16) 末松保和, 〈舊三國史と三國史記〉(《朝鮮學報》 39·40, 1963), 56쪽.
飯島忠夫, 〈三國史記の日食記事について〉(《東洋學報》 15-3, 1925), 126~140쪽.
17) 津田左右吉, 〈三國史記の新羅本紀について〉(《津田左右吉全集》 別卷 1) 참조.
末松保和, 《新羅史の諸問題》(東洋文庫, 1954), 430쪽.
18) 高柄翊, 앞의 글, 29~32쪽.
19) 李基白, 〈三國史記論〉(《文學과 知性》 26, 1976), 873쪽.
20) 申瀅植, 〈新羅史의 時代區分〉(《韓國史硏究》 18, 1977), 10~32쪽.

곧 《삼국사기》는 자연의 변화(도전)와 인간(왕)의 활동(응전 : 정치·전쟁·외교)과의 상관관계를 기록한 것으로, 이 책을 사대주의적이라고 규정할 수 없고 오히려 우리 나라의 독자성·특수성을 강조하는 국가의식이 나타나고 있다.[21] 실제로 조선 초기 유학자가 편찬한《高麗史》에서「世家」라 한 데 대하여,《삼국사기》는 天子의 기록이라는「本紀」로 표시하였다. 또《고려사》가 실지로 사용한 卽位年稱元法을 중국식인 踰年稱元으로 개작한 데 대하여, 그대로 즉위년 칭원으로 쓴 것은 자주의식의 표현이라 할 수 있을 것이다. 비판자들이 말하는「鄙俚」하다는 것 자체가 우리 자신의 法俗을 그대로 썼다는 반증이 될 것이다.

(2)《삼국사기》의 내용

가. 본기

일반적으로 紀傳體 사서는 本紀·志·表·列傳으로 구성된다. 본기는「국왕의 과거 사실의 기록」으로서, 전체 50권 중에서 28권(56%)이나 되어 지(9권 ; 8%)나 열전(10권 ; 20%)보다 훨씬 비중이 컸다. 더구나 신라 위주라는 비판이 있지만, 신라 5권, 고구려 10권, 백제 6권, 통일신라 7권으로 배당하여 비교적 적절한 안배를 하고 있다. 또《삼국사기》에서 중국 사서와 같이 국왕의 역사를「본기」로 표현한 것은 주목할 점이다.

다음의 〈표 1〉에서 보듯이, 중국 문헌은 열전 위주로 편제되어 있으나,《삼국사기》는 본기가 절반 이상을 차지하여 중국과 비교된다. 이러한 본기 위주의 서술체제는 왕권의 강화를 나타내려는 의도로 풀이할 수 있다.

《삼국사기》의 본기는 주로 왕의 직능을 표기한 것으로, 정치·천재지변·전쟁·외교 등 네 항목으로 대별된다. 이 내용은 〈표 1〉에서와 같이 자연의 변화(천재지변 : 27.4%)와 인간(왕)의 활동(정치·전쟁·외교 : 72.6%)으로 되어 있다. 이 비율은 삼국의 성격을 반영하는 것으로, 신라는 전쟁과 천재지변의 피해가 가장 적었으므로, 정치적 발전이 유리했을 것이다. 반대로 전쟁과 천재지변의 영향을 가장 많이 받은 백제는 정치적 성숙이 어려웠다는 결론이

21) 申瀅植, 앞의 책(1981), 16쪽.

〈표 1〉 중국 紀傳體 文獻의 분석

중국 사서	총권수	본기	지	열전
史　記	130	12(9.2%)	10(7.7%)	100(76.9%)
漢　書	120	13(10.8%)	18(15　%)	79(65.8%)
後漢書	130	12(9.1%)	30(23.1%)	88(67.7%)
宋　書	100	10(10.0%)	30(30.0%)	60(60.0%)
南齊書	59	8(13.6%)	11(18.6%)	40(67.8%)
魏　書	130	14(10.8%)	20(15.4%)	96(73.8%)
晋　書	94	10(10.6%)	20(21.3%)	64(68.1%)
隋　書	85	5(5.9%)	30(35.3%)	50(58.8%)
舊唐書	204	24(11.8%)	30(14.7%)	150(73.5%)
新唐書	236	10(4.2%)	56(23.7%)	150(63.6%)
宋　史	496	47(9.5%)	162(32.7%)	255(51.4%)
遼　史	116	30(25.9%)	32(27.6%)	45(38.8%)
金　史	135	19(14.1%)	39(28.9%)	73(54.1%)
元　史	210	47(22.4%)	58(27.6%)	97(46.2%)
평　균		12.0%	23.0%	61.9%

* 《史記》의 경우 실제, 列傳은 70권이나 世家 30권을 합한 수치가 100권이 되었다. 《宋史》의 경우에 世家를 列傳에 넣고 있어 列傳으로 보아도 무방한 것이다. 또한 각 文獻은 총 권수가 실제로 표시된 권수와는 차이가 있어서 이 표에는 실제의 수치로 하였다. 즉 《新唐書》는 표시에 있어서는 225권이지만, 권 23, 27, 28, 30, 43, 49, 71, 73, 74 등이 상·하로 되어 있어 실제는 더 많은 것이다.

나온다. 물론 국초부터 전쟁(낙랑·대방·신라·마한)을 경험했던 백제는 일찍이 국가 성장이 가능했으나, 그로 인해 국력 손실을 가져와 국가 발전에 한계를 보여준 것은 사실이다.[22)]

이러한 정치 기사에서 가장 큰 비중을 가진 정치기사를 분석하면 〈표 2〉가 된다. 여기서 볼 때, 백제는 초기시대부터 築城·修官·設柵 기사가 많아 외침에 대항하는 데 국력을 집중하면서 왕권의 절대화가 일찍 이룩되었음을 알 수 있다. 고구려는 여러 종족의 복합에 따른 어려움으로 인해, 왕의 巡行이 비교적 큰 비중을 나타내고 있다. 신라는 어느 정도 안정된 성장을 걷게 됨으로써 임면 기사가 큰 비율로 보여진다.

다음 천재지변기사는 936여 회의 자연변이 기록으로서, 천재는 604회, 지

22) 申瀅植, 위의 책, 153~155쪽.

변은 332회의 변괴 사실을 나타내고 있다.[23] 천재는 인간생활에 직접 피해가 없는 天變(혜성·5위·일식 등)과 피해를 주는 天災(가뭄·홍수·태풍·서리 등)로 나뉘고, 地變은 지진·동물변·인변(세쌍둥이 이상, 질병), 水變(해일, 水色變) 등이 있다. 이들 자연현상에서 가장 큰 영향을 주었던 것은 다음의 〈표 4〉에서 볼 수 있듯이 천재로는 혜성·일식·가뭄·홍수 등이, 지변으로는 지진 등이 있다. 이들 천재지변은 단순한 자연변화가 아니라, 왕이나 통치자에게 주는 엄중한 하늘의 경고였고, 사건의 예견이나 징후였다.[24] 동시에 이것은 역사 서술의 일부로서, 하늘(자연)과 땅(인간)에 대한 관념적 사고에서 온 정치적 사건의 유발인 동시에, 통치권 유지의 합리화 내지 기능적 제한이 가능한 정치적 의미를 지니고 있었다.[25] 대개 혜성이나 일식 및 지진 등은 사망·전쟁과 연결되었다.

셋째로 외교기사는 30여 개 나라와 620여 회의 교섭기록을 갖고 있다. 이러한 외교교섭은 주로 중국과의 朝貢을

〈표 2〉 삼국사기 본기 내용의 비교(%)

삼국＼내용	정치	천재지변	전쟁	외교
신 라	48.3	26.8	10.1	14.8
고구려	36.4	24.1	18.3	21.2
백 제	29.8	31.3	20.6	18.3
평 균	38.2	27.4	16.3	18.1

〈표 3〉 정치 기사의 내용(%)

항목	나라	비율	평균
築 城 (設柵)	신 라	6.2	12.7
	고구려	9	
	백 제	23	
巡 幸	신 라	5.1	14.4
	고구려	21	
	백 제	17	
任 免	신 라	27.1	22.7
	고구려	24	
	백 제	17	
祭 祀	신 라	6.8	6
	고구려	3	
	백 제	10	
기 타	신 라	54.7	43.2
	고구려	43	
	백 제	32	

23) 天災地變의 수치는 연구자에 따라 큰 차이가 난다. 井上秀雄은 天災와 凶兆로 나누어, 전자는 544회, 후자는 225회 총 769회로 파악하였다(《古代朝鮮史序說, 王者と宗教》, 1978, 296쪽). 朴星來는 咎徵(omens)과 祥瑞(auspices)로 파악하여 그것이 갖는 정치적 의미를 추구하였다(Portents in Korean History, *Journal of Social Sciences and Humanities, Vol 47*, 1978, 32~90쪽).

24) 申瀅植, 앞의 책(1981), 192~195쪽.

25) Wolfram Eberhard, The Political Function of Astronomy and Astronomers in Han China(*Chinese Thought and Institutions* ; John K. Fairbank(ed), 1957), 33~48쪽.

〈표 4〉 대표적 天災地變

항목			신라	고구려	백 제	비 고
天 災	天 變	星 變	89	73	18	혜성·5위·위성
		일 식	30	11	26	
	天 災	가 뭄	89	20	35	
		홍 수	30	6	6	
		태 풍	24	4	4	
		서 리	24	9	4	
		벼 락	24	9	7	
地 變	지 진		61	19	16	지진·지열·산붕·지동
	용		12	1	5	
	질 병		16	3	5	

〈표 5〉 삼국의 주요 교섭국

단위 : 횟수

삼국명 \ 국명	신라	고구려	백제	東晉	宋	梁	北魏	北齊	陳	隋	唐	倭
신 라		9	15			2		3	9	12	196	15
고 구 려	9		1	3	3	11	86	8	7	21	30	
백 제	15	1		7	4	7	1	3	2	12	23	7

의미하는 것으로, 외교관계기사는 중국적 세계질서 속에서의 자존과 선진문물의 수용은 물론, 한국사의 내적인 사회발전과정을 해명하는데 보완적 기능을 해주고 있다.[26] 특히 삼국의 대중관계가 中華思想의 대외적 표시로서 출발한 것은 사실이지만,[27] 장수왕과 북위, 그리고 성덕왕과 당과의 관계를 보면 고구려·신라의 국력이 강했을 때 외교에도 치중하였다. 따라서 고구려와

---

26) 徐榮洙, 〈三國과 南北朝交涉의 性格〉(《東洋學》 11, 檀國大, 1981), 186쪽.

27) 金庠基, 〈古代의 貿易의 形態와 羅末의 海上發展에 대하여〉(《東方文化交流史論攷》, 乙酉文化社, 1948), 4쪽.

신라의 입장에서 설명되어야 할 것이다.[28]

삼국이 교섭한 나라는 연 32개국에 달하지만 실제로 큰 영향을 준 나라는 위의 〈표 5〉에서 보듯이 10여 국에 불과하였다. 여기에서 무엇보다도 주목할 것은 삼국과 남북조와의 관계보다 당과의 관계가 중심이 된다는 사실이다. 특히 조공관계[29]와 宿衛外交 기사[30] 및 宿衛學生들의 활동이 외교기사의 주종을 이루고 있다.[31]

끝으로 전쟁기사는 연 26개국과 480여 회의 대소 충돌 내용이 나타난다. 전쟁은 국가 성립과 밀접한 관계가 있으며, 국민 결속의 응집력 내지는 국가 성장의 동력이 될 수 있었다.[32] 즉 삼국시대에는 2년마다 한 번씩 치루었던 전쟁이 국가의 성장에 중요했다. 이러한 전쟁기사는 삼국의 발전과정을 설명하여 주기 때문에, 백제는 일찍부터 대외전쟁을 통해서 성장하였음을 알 수

〈표 6〉 삼국의 對內戰 횟수(%)

나　라	교전국	횟	수	전체횟수(대내전비율)
신　라 (통일이전)	고구려	28	105	174(60.3%)
	백　제	70		
	가　야	7		
고구려	신　라	28	64	145(44.1%)
	백　제	36		
백　제	신　라	70	106	141(75.2%)
	고구려	36		

28) 申瀅植, 〈朝貢外交의 意味〉(《新羅史》, 梨大出版部, 1985), 200쪽.
29) 李春植, 〈朝貢의 起源과 意味〉(《中國學報》 8, 韓國中國學會, 1969).
申瀅植, 〈羅唐間의 朝貢에 대하여〉(《歷史教育》 10, 1969).
30) 申瀅植, 〈新羅의 對唐交涉上에 나타난 宿衛〉(《歷史教育》 9, 1966).
卞麟錫, 〈唐宿衛制度에서 본 羅唐關係〉(《史叢》 11, 高麗大, 1966).
31) 申瀅植, 〈宿衛學生考〉(《歷史教育》 11·12, 1969).
———, 〈羅末麗初 渡唐留學生再論〉(《邊太燮教授華甲紀念論叢》, 三英社, 1985).
李基東, 〈新羅下代 賓貢科及第者의 出現과 羅唐文人의 交驩〉(《全海宗教授華甲紀念論叢》, 1980) 참조.
32) Morton H. Freid, *The Evolution of Political Society*(N. Y. Random House, 1967), 213쪽.

있다. 그리고 5~6세기에는 삼국이 한강유역 확보를 위해 치른 전쟁이 큰 비중을 차지하게 되었다.

삼국의 전쟁에는 대내전(삼국간의 전쟁)과 대외전(외국과의 전쟁)이 있었다. 전자는 한강유역 확보를 위한 삼국간의 한반도 주도권의 쟁탈전이며, 후자는 遼東半島를 둘러싼 동아시아 제패전을 의미한다. 그런데 백제는 대내전을, 고구려는 대외전을 주도하였으므로 각기 정치적 의미를 달리하고 있다. 앞의 〈표 6〉에서와 같이 백제는 말갈·낙랑·마한 등과의 싸움을 통해 일찍 국가를 이룩할 수 있었다. 그러나 주로 신라와의 대내전에서 큰 출혈을 감당해야 했으므로 국력의 소모를 가져와 5세기에는 고구려에, 6세기에는 신라에게 고통을 당하게 된다. 그리고 고구려는 대내전에서 피해가 없었으나, 대외전쟁을 주도하여 부담을 안게 되었다. 그러나 중국세력의 동진을 저지하고 한반도를 확보해 준 것은 사실이다.

동시에 《삼국사기》의 전쟁기사는 전쟁이 왕의 정치적 반성이나 정치발전에 계기가 되었음을 보여주고 있다.[33] 결국 《삼국사기》의 본기 내용은 한국고대사의 정치발전과정을 정리한 것이라 하겠다.

나. 지

기전체 역사서에서 志는 국가 대체의 기록으로서, 왕의 직능을 의미하는 동시에 제도·천문·학술·사상·지리 등 전반적인 문화내용을 분류하여 쓴 것이다. 중국의 사서는 다음의 〈표 7〉에서 보듯이 처음의 《史記》에서는 禮·樂·律·曆 등 8가지 항목이었는데 후대에 내려갈수록 점차 확대되어 갔다. 이에 의하면 각 문헌은 특정한 항목을 중점적으로 해설하였으니, 《漢書》는 5行을, 《唐書》와 《宋書》는 禮·樂을 강조하였다. 이에 대해 《삼국사기》는 지리지를 크게 부각시켰는데, 강렬한 영토의식과 당과 대결한 국가의식을 반영하고 있다. 더구나 《삼국사기》는 항목이 8항목뿐이어서 《宋史》의 532항목에 비하면 초라하다. 이것은 사료의 결핍에서 나온 결과이기도 하지만 곧 중국문헌이 갖고 있는 대부분의 내용은 갖추고 있으나, 河渠(《사기》)·五行

33) 申瀅植, 〈三國時代 戰爭의 政治的 意味〉(《韓國古代史의 新硏究》, 一潮閣, 1984), 289~296쪽.

〈표 7〉 志의 내용 분류

	서명＼항목	1	2	3	4	5	6	7	8	9	10	11	12	13	14	15	항목수
중국문헌	史 記	禮·樂·律·曆·天官·封禪·河渠·平準															8
	漢 書	五行	律曆·食貨·郊祀·地理					禮樂·刑法·天文·溝洫·藝文									10
	後漢書	五行	郡國·百官			律曆·禮儀·祭祀·天文					輿服						8(300)
	宋 書	五行·禮		樂·天文·州郡				律曆·符瑞		百官							8
	南齊書	禮·天文·郡國			樂·百官·輿服·祥瑞·五行												8
	魏 書	天象·禮		地形	律曆·靈徵			樂·食貨·刑罰·官氏·釋老									10
	晉 書	天文·律曆·禮·樂·五行					地理	職官·輿服·食貨·刑法									10
	隋 書	禮儀	經籍		音樂·律曆·天文·百官·地理						五行	食貨·刑法					10
	舊唐書	儀禮	音樂·地理			曆·職官		天文·經籍·食貨				輿服·刑法					10
	新唐書	禮樂	曆		地理	百官·食貨		藝文		天文·五行		儀衛·選擧		車服·兵·刑法			13
	宋 史	禮	律曆·樂		食貨	天文	職官·兵		藝文·五行·河渠			地理·儀衛·輿服·選擧				刑法	15(532)
	遼 史	禮	地理		儀衛·百官		營衛·兵衛·曆象·刑法					食貨	樂				10(76)
	金 史	禮	食貨		選擧·百官		地理·輿服			曆·樂·儀衛		天文·五行·河渠·兵·刑					14(218)
	元 史	百官	曆·地理·祭祀			禮樂·食貨			選擧·兵·刑法			河渠·輿服		天文·五行			13(619)
국내문헌	三國史記	地理	職官	祭祀·樂	色服·車騎器用·屋舍												9(8)
	高麗史	禮	天文·曆·五行·地理·選擧·食貨·兵							樂·百官·刑法				輿服			12

* 항목의 순서는 책 내용의 순서가 아니라 분량에 의한 것임.

(《한서》)·食貨志 등이 없어 스스로 雜志라고 표현할 정도로 각 항목이 미분화되고 있다.[34]

다만 《삼국사기》의 지에서 특기할 것은 천자는 7廟이고 제후는 5廟라 하여 스스로 중국과 다른 나라라는 표현을 썼으나, 제천행사를 기록하고 있다는 점이다. 또한 色服·屋舍志의 경우도 귀족과 평민의 차이를 최대한 줄여서 백성의식의 성장과정을 강조하였으며, 職官志에서는 관부의 특성을 비교적 자세하게 서술하였다는 점이다. 즉 이 책의 지는 신라제도의 설명에 치중

34) 申瀅植, 〈三國史記 志의 分析〉(앞의 책, 1981), 315~323쪽.

하였지만, 신라의 권력구조 특히 전제왕권의 특징을 반영하고 있다. 직관지는 신라 관부의 특성으로서 14府(部)와 19典(七寺成典을 포함하여)의 균형적 배열과 115개의 內廷官府의 다양한 형태를 보여줌으로써, 당의 殿中省과는 다른 신라의 독자적 정치체제를 밝혀주고 있다.[35] 무엇보다도 직관지(3권)의 내용은 신라의 권력구조 설명에 치중하고 있지만, 우리 나라 전통사회의 행정제도가 갖는 기본 테두리의 이해에 근거를 마련해 주고 있다.

다. 열 전

列傳은 기전체의 말미를 장식하는 신하에 대한 기록이다. 따라서 편찬자의 주관이 많이 반영되는 부분으로서, 人臣의 사적을 나열함으로써 후세에 귀감이 되게 하는 전통 역사서술의 근간을 이룬다. 그러므로 중국문헌은 앞의 〈표 7〉에서 보듯이 열전이 전체 분량의 6할 이상을 차지하고 있다. 그러나 《삼국사기》는 중국문헌과 달리 열전에 10권(20%)을 할애하여, 본기 위주의 서술체제에서 어느 정도 각 부분의 균형을 맞추고 있다. 다음의 〈표 8〉에서 보듯이, 열전은 名臣(宰相·將軍 등)·循吏·酷吏·學者·叛逆 등으로 대별된다. 중국측 사서에서는 后妃·宗室(왕자·공주)傳이 설정되고 있는데, 《삼국사기》에는 왕후·종실·왕자·공주 등의 열전이 없으며, 3장을 할애하여 金庾信을 부각시켜 고대사회의 이상형의 인물상임을 나타내고 있다. 그리고 반역전에 해당하는 것을 말미에 입전하여 왕을 시해하고 사직을 무너뜨린 인물에 대한 응징을 잊지 않고 있다. 그러므로 열전에서 요구하는 인물상은 忠孝와 義仁을 위한 爲國忠節을 기본으로 하였다.[36]

《삼국사기》에는 52명의 전기와 34명의 부수된 인물 등 도합 86명의 인신의 활동상을 소개하고 있지만, 실제로 개인전기를 갖고 있는 인물은 69명이다. 이 중에 신라인이 56명이고, 고구려인이 10명, 백제인은 3명뿐이어서 신라 위주의 편찬이라는 비난을 외면할 수 없다.[37] 무엇보다도 이들 69명의 활

---

35) 申瀅植, 〈新羅中代 專制王權의 特質〉(앞의 책, 1990), 162~175쪽.

36) 申瀅植, 〈三國史記 列傳의 分析〉(위의 책), 336~339쪽.

37) 列傳의 등장인물은 계산에 따라 약간의 차이가 있다. 李弘稙은 80명(〈『三國史記』 高句麗人傳의 檢討〉, 2쪽)으로 계산하였고, 그 중에 高句麗人을 12명으로 보았다. 그러나 淵蓋蘇文條(列傳 9)에는 男生·男建·男産·獻誠 등 부수인물의 이름은 있으나, 실제로 男建·男産은 男生傳의 보충에 불과하다, 단지

〈표 8〉 列傳의 내용

	문　헌	인물의 유형
중국문헌	史　記	名臣・循吏 儒林・酷吏・游俠・佞幸・滑稽・日者 龜策・刺客 (11 유형)
	漢　書	名臣・儒林・循吏・酷吏・貨殖・游俠・佞幸・外戚(8 유형)
	後漢書	名臣・循吏・儒吏・宦者・儒林・文苑・獨行・方衡　逸民・烈女 (10유형)
	舊唐書	后妃・宗室・王子・外戚・名臣・宦官・良吏・酷吏・孝友・儒學 ・文苑・方伎・隱逸・烈女・叛逆(題目은 쓰지 않았음)(16유형)
	新唐書	后妃・宗室・王子・公主・名臣・忠義・卓行・孝友・隱逸・循吏 ・儒學・文藝・方伎・烈女・外戚・宦者・酷吏・姦臣・叛臣・逆臣(20유형)
국내문헌	三國史記	金庾信・名臣(將軍)・名臣(諫・輔・忠)・學者・忠義・기타(孝・佞・烈女・隱逸 등)・叛臣(倉助利와 淵蓋蘇文)・逆臣(弓裔・甄萱 등)(8유형)
	高麗史	后妃・宗室・公主・各臣(將軍・學者・宰相)・良吏・忠義・孝友 ・烈女・方伎・宦者・酷吏・嬖幸・姦臣・叛逆(14유형)

〈표 9〉 列傳에 나타난 인물의 세기별 분포

국가＼세기	1	2	3	4	5	6	7	8	9	10	계
신　라	1		2		2	4	28	6	8	5	56
고구려		2	2	1		1	4				10
백　제		1					2				3
계	1	3	4	1	2	5	34	6	8	5	69

동기간을 위의 〈표 9〉에서 보듯이, 7세기에 활약한 인물이 34명이나 되어 절반이 이 시기에 보이고 있다는 사실이 주목된다. 이것은 김부식의 편찬의도가 「국가를 위해 순국한」 인물을 강조하려는 것으로서, 이 책이 강렬한 국가

金庾信傳에도 그의 祖(武力)・父(舒玄)를 하나의 전기로 본다면 등장인물의 수는 늘어나게 되며, 그 외 몇 가지의 사례가 있어 인물의 수가 달라질 수 있다. 따라서 이 글에서는 개인열전이라고 간주된 것만을 인정하였다.

의식을 나타낸 것으로 생각할 수 있다. 즉 위국충절을 내세워 난세를 극복하려는 역사적 교훈을 후세에 주려는 것으로 보인다.

끝으로 《삼국사기》에는 31則의 論贊(史論)이 있다 저자의 주관이 반영되는 사론으로서, 주로 유교윤리적 평가와 중국 중심의 예론을 위주로 하여 예법·덕치·군신행동 등으로 이루어져 있다.[38] 그러나 崔致遠이 鄙野하다고 외면한 신라의 고유왕명(居西干·次次雄·尼師今 등)을 그대로 고수하였다. 同姓不婚이 중국의 일반적인 예라 할지라도, 이를 중국의 법속으로 판단할 것이 아니라 신라의 고유예법으로 이해해야 한다는 주장을 담은 한 사론의 예를 들어 보자.

> 아내를 얻는데 同姓을 취하지 않는 것은 인륜의 분별을 중시하였기 때문이다. 그런데 신라에서는 동성의 아내를 취하고 형제의 子姪이나, 姑姨·從姉妹를 모두 아내로 맞이하고 있으니, 비록 외국(중국)과는 풍속이 다를지라도 중국의 예법으로 이를 책망하는 것은 큰 잘못이다(《三國史記》 권 3, 奈勿尼師今 즉위조).

이러한 지적은 春秋之法이나 유교적인 예법이라도 일률적으로 적용할 것이 아니라, 각 민족의 토착성을 인정해야 한다는 독자성과 자아의식을 강조하려는 것이다. 따라서 세가라는 명칭 대신 天子의 기록이라는 본기라 칭하였고, 시조의 신성화나 제천행사 등의 서술에서와 마찬가지로 중국과 동등하다는 의식을 엿볼 수 있다.[39]

(3) 《삼국사기》의 성격

위에서 《삼국사기》의 편찬과정과 그 내용을 살펴보았다. 삼국사기는 김부식의 창작물이 아니라, 기존 문헌을 재편집한 것이다. 또한 김부식 한 사람만의 개인저서가 아니라 왕명에 따른 官撰史書로, 모두 11명의 공동 작업으로 이루어졌다는 점에서 그 개인의 자의성은 최소화되었다. 따라서 김부식 개인의 주관을 반영한 것이 아니라, 당시의 정치상·편찬자들의 의견 등이 수렴되어 이룩된 것이기 때문에 자못 객관성이 있다 할 수 있다. 또한 전통

38) 高柄翊, 앞의 글, 9~16쪽.

39) 申瀅植, 앞의 책(1981), 362~365쪽.

역사서술의 형식에 맞추어 편찬되었지만, 중국문헌의 「닮은꼴」이라고 하거나 무조건 사대적인 문헌으로 평가할 수는 없다. 다시 말하면 《삼국사기》는 당시 유교적인 분위기 속에서도 고려의 독자성과 자의성을 유지하려는 의도가 강하게 엿보이고 있다.

첫째, 《삼국사기》는 삼국을 처음부터 하나의 완성된 국가로 인정하였고, 왕을 절대적인 지배자로 파악하였다. 따라서 태조왕·고이왕·내물왕대를 역사적 전환기로 인정하지 않았으며, 역사를 발전의 과정으로 보아 삼국의 멸망을 필연적 사실로 간주함으로써 진보적 循環史觀의 일면을 보여주었다.

둘째, 《삼국사기》는 역사 내용을 「하늘과 땅 사이의 관념적 사고」를 통해서 파악하였다. 그러므로 김부식은 천재지변과 같은 하늘의 변화와 정치·외교·전쟁 등 인간(왕)의 활동과의 상관관계 속에서 역사 내용을 찾았던 것이다. 이러한 역사관은 유교의 天人觀으로 확대되어 왕권의 정당성을 뒷받침하였으며, 삼국시대가 절대왕권시대임을 설명해 줄 수 있었다.

셋째, 《삼국사기》는 역사를 교훈으로 삼았기 때문에, 편찬 당시의 문벌귀족의 갈등과 모순을 고구려·백제부흥운동의 내분과 결부시켜 간접 비판을 꾀하였다. 지배층의 내분과 虐民者의 참혹한 최후를 역사의 귀감으로 삼았으며, 甄萱·弓裔의 멸망을 통일에 대한 분열의 결과로 설명하였다. 그렇게 함으로써 역사의 당위성을 제시하였고, 역사를 국민 교화와 계몽의 수단으로 이해하려 하였다.

넷째, 《삼국사기》는 강렬한 자아의식과 국가의식을 강조하였다. 〈進三國史表〉에서 김부식은 내 것을 모르는 안타까움을 깨치려는 자세를 보여주고 있고, 중국 위주의 법 속에서도 우리 것을 찾으려는 노력을 잊지 않았다. 왕후를 동반하는 巡幸이나 同姓聚妻가 중국적 관점에서는 非禮라 하지만 이는 어디까지나 우리 고래의 관습이라고 옹호하고 있다. 이것은 우리 현실을 내세우려는 강렬한 자아의식의 표현일 수 있다.

다섯째, 《삼국사기》는 역사에서 개인의 역할을 강조하였다. 이것은 단순한

＊이 글에 실린 도표는 申瀅植의 《三國史記硏究》와 《韓國古代史의 新硏究》에 게재된 것을 그대로 옮긴 것이다.

英雄主義史觀이 아니라, 개인의 멸사봉공의 의무와 도리를 강조함으로써 인간의 도리를 부각시키려는 것이다. 따라서 김유신을 특별히 다루었으며, 薩水大捷에서의 乙支文德의 역할을 강조하고 있다.

결국 《삼국사기》는 신채호 이후 많은 연구자들이 주장한 것처럼 단순히 유교 중심의 사대적인 改惡書라고만 평할 수 있는 것이 아니다. 12세기의 시대상황을 고려할 때, 중국 중심의 관념 속에서 우리 나라의 역사와 전통을 찾으려는 자세를 갖고 있었다. 또한 전통사학이 추구하는 술이부작의 객관적인 서술 자세를 이 땅에 뿌리내리게 하였으며, 정부 주도하의 관찬이라는 역사 편찬의 모델을 제시하였다. 그러므로 《삼국사기》는 한국의 전통사학을 정착시키는 데 기여하여 조선 초기 《고려사》 등의 편찬에 큰 도움을 주게 되었다. 따라서 《삼국사기》는 儒教史觀에 입각한 사대적인 책이 아니라, 강력한 왕권을 옹호하고 강렬한 자아의식을 강조한 역사서라고 할 수 있다. 동시에 한국고대사의 기본사료를 제공해 주었으며 한국의 전통사학을 발전시키는 데 결정적인 공헌을 한 역사서이다.

〈申瀅植〉

3) 《편년통록》과 기타 사서의 편찬

(1) 고려 전기 사서의 성격

고려 전기에는 태조 이래 역대 왕들의 언행을 기록한 實錄을 비롯한 官撰史書뿐 아니라 기타 사서도 자주 편찬되었다. 그러나 11세기 초 거란의 침입으로 궁궐이 불탈 때 실록 등의 역사 기록도 함께 소실되었기 때문에 그 전에 편찬된 사서로서 현존한 것은 없는 실정이다.

그러나 산견되는 기록을 종합하여 볼 때, 고려 전기에 편찬된 사서로는 우선 春秋館 史官에 의한 실록 편찬 이외에도 삼국시대에 관한 역사책인 《舊三國史》와 《三國史記》가 기전체 사서로 편찬되어 있었으며, 고려왕실의 족보적인 성격을 띠고 있는 《編年通錄》·《王代宗錄》 등의 王室世系書 외에도 편년체, 또는 연대기적 사서로 보이는 朴寅亮의 《古今錄》과 洪灌의 《編年通載續編》 등 그 체제와 성격이 다양한 종류의 사서가 편찬되었음을 알 수 있다.

그러나 이러한 고려 전기의 사서들은 《삼국사기》를 제외하고는 현존하지 않으므로 별 주목을 받지 못하고 있다. 그러나 앞에서 언급된 실록이나 《삼국사기》 못지 않게 《편년통록》을 비롯한 이들 고려 전기의 사서들 역시 고려 후기 사서 편찬의 체제 및 역사서술에 큰 영향을 주었다.

(2) 《편년통록》

가. 성격과 그 이해

《편년통록》은 고려 의종 때 학자 金寬毅가 諸家에서 보관하고 있던 자료를 널리 수집하여 편찬한 것이나 현존하지 않는다. 그러나 다행히 《高麗史》 첫 머리에 부기되어 있는 〈高麗世系〉에서 태조 즉위 2년(919)에 왕실 3대 조상에 대한 추봉사실을 전하고, 이어서 김관의의 《편년통록》을 인용하여 태조 王建이 탄생하기까지 6대조 즉 聖骨將軍 虎景·康忠·寶育·貞和王后 辰義·懿祖 作帝建·世祖 龍建에 대한 신이적인 행적과 혼인에 대한 설화를 전해주고 있어 사서로서의 신빙성 여부는 차치하고서라도 《편년통록》의 성격의 일단을 살필 수 있다.

물론 〈고려세계〉 내용의 대부분을 차지하고 있는 《편년통록》 1,777자가 그 책의 내용 전부인지, 아니면 고려 선대 조상에 대한 기록만을 인용한 것 인지의 여부는 단정할 수 없으나 그 동안 학계에서는 《편년통록》의 6대조 설화 기록을 통하여 다음과 같은 이해를 할 수 있었다.

우선 첫째, 《편년통록》에 기록된 고려왕실 6대조의 설화를 분석하여 개경지방에서 차지하는 고려 왕씨의 세력 정도를 연구하려는 입장으로 두 가지 주장이 있다. 즉 《편년통록》에서 왕실 선대의 혼인과 출생의 신비성을 위해 인용한 설화는 대개가 신라의 영웅설화를 끌어다 쓰거나 당나라의 貴姓까지 끌어들여 外祖로 삼아 선대를 미화시켰는데 이것은 적어도 왕건의 아버지 隆이 궁예에게 귀화하기 전까지는 그만큼 고려왕실이 미약했다는 사실을 대변해 줄 뿐이라는 입장[1]과, 이와는 달리 왕건의 집안은 조부 작제건 때 이

---

1) 金庠基, 〈國史上에 나타난 開國說話의 演變에 대하여〉(《白樂濬博士還曆紀念國學論叢》, 1955).

미 뱃길을 이용하여 당나라와 무역활동을 하여 부를 축적한 해상세력으로 자리잡아 오늘날의 황해도 및 경기도 서해안의 막강한 호족으로 성장하였다는 견해가 있다.[2] 둘째, 《편년통록》을 통하여 고려인의 역사 계승의식의 실체를 보고자 한 고찰로 이것 역시 두 가지 견해가 상충되어 있다. 즉 시조 호경을 신라의 최고귀족인 성골장군이라 칭하였다는 사실 등에서 이는 신라를 정통으로 보려는 역사 계승의식의 증거라고 보는 견해[3]와 이와 달리 시조 호경이 白頭山에서 내려와 扶蘇山 左谷, 즉 개성지방에 이르러 정착했다는 기록에서 고려왕실의 기원은 고구려 계승이념에서 시작되었다고 보는 견해[4] 등으로 대별된다.

물론 국조설화의 내용을 국문학적으로 분석한 경우도 있지만,[5] 지금까지의 시각과 달리 風水圖讖思想의 영향 또는 道詵과 왕건과의 관련성을 살핀 논고라던가,[6] 이상의 연구 토대 위에 비로소 《편년통록》의 사학사적 접근을 시도한 것이 눈에 띈다.[7] 이 밖에 고려 후기 빈번히 실시된 고려 왕실족보 간행사업에서 김관의의 《편년통록》이 그 모체가 된다는 사실을 밝힌 것도 있다.[8] 끝으로 의종시대의 사상적 추이 내지 왕권 강화의 한 단면으로 《편년통록》의 편찬 배경을 엿보고자 한 경우 등을 들 수 있다.[9] 이상의 사실에서 《편년통록》은 거의 동시대에 편찬된 기전체의 《삼국사기》와 함께 고려 전기 역사인식과 시대상황을 조명해 볼 수 있는 대표적인 사서라 평할 수 있을 것이다.

河炫綱, 〈編年通錄과 高麗王室 世系의 성격〉(《韓國中世史硏究》, 一潮閣, 1988).

2) 朴漢卨, 〈王建世系의 貿易活動에 대하여〉(《史叢》 10, 1965).

3) 河炫綱, 〈高麗時代의 歷史繼承意識〉(《韓國의 歷史認識》 上, 創作과 批評社, 1976), 191~211쪽.
金毅圭, 〈高麗前期의 歷史認識〉(《韓國史論》 6, 國史編纂委員會, 1983), 22~33쪽.

4) 朴漢卨, 〈高麗王室의 起源〉(《史叢》 21·22, 1977).

5) 張德順, 〈民族說話의 分類와 硏究〉(《東亞文化》 5, 1965).

6) 朴漢卨, 〈高麗建國과 道詵國師〉(《先覺國師 道詵의 新硏究》, 靈岩郡, 1988).

7) Michael C. Rogers, Pyonnyon Tongnok : the Foundation Legend of the Koryo State, *The Journal of Korean Studies, Vol. 4.* Univ. of Washington, 1982·1983.
河炫綱, 앞의 책, 6~24쪽.
李基東, 〈金寬毅〉(《韓國史市民講座》 10, 一潮閣, 1992).

8) 丁仲煥, 〈고려태조의 선대세계 설화에 대하여〉(《東亞論叢》 창간호, 1963).

9) 河炫綱, 〈高麗 毅宗代의 性格〉(《東方學志》 26, 1981).
黃秉晟, 〈高麗 毅宗代의 政治實態와 武人亂〉(《慶熙史學》 14, 1987).

나. 편찬 배경

《편년통록》의 편찬 배경을 살펴볼 수 있는 근거로는 《고려사》 세가 말미의 다음과 같은 기록이 있다.

> 논하건대, 舊籍을 상고하여 보면 同知樞密兵部尙書 金永夫와 徵任郎檢校軍器監 金寬毅는 모두 의종조 신하이다. 김관의가 《편년통록》을 지으니 김영부가 채취하여 바쳤는데 그 箚子에도 말하기를 '관의가 諸家의 私蓄文書를 訪集하였다'고 하였다. 그 후에 閔漬가 《編年綱目》을 찬수하였는데 역시 관의의 설을 따랐다. … 관의는 의종 때 微官이며 또 태조 때부터 260여 년이나 지났으니 어찌 당시의 사실을 버리고 후대에 와서 상고함이 없이 잡되게 나온 글을 믿겠는가. 이제 실록에 기재되어 있는 三代를 추숭하였다는 것을 올바른 설로 삼는다. 그러나 관의의 설도 세상에 전하여 내려온 지 오래되는 것이므로 아울러 附記하여 둔다(《高麗史》 권 1, 高麗世系, 附錄 末尾 論曰).

위와 같이 《편년통록》은 의종 때 「미관」인 김관의가 당시 사람들이 개인적으로 보관하고 있던 문서들을 수집하여 편찬한 것을 동지추밀원사 김영부가 왕께 바침으로써 세인의 주목을 받아 여말 민지가 《편년강목》을 지을 때도 많은 영향을 끼쳤다는 사실을 알 수 있다. 그러나 그 내용이 관찬의 실록과 달리 황당무계하다 하여 사가들의 비난을 받아왔다.

위에서 지적하고 있듯이 편찬자 김관의에 대하여는 의종 당시 산직인 검교군기감으로 있었다는 사실밖에 모른다. 더욱이 그의 관력이라든가 학문적 경향, 가계뿐 아니라 《편년통록》을 편찬하게 된 배경에 대하여서도 알 수가 없다. 물론 그의 저술로는 《편년통록》 외에도 고려왕실의 가계를 기록한 《왕대종록》이 있다는 사실이 확인되지만,[10] 당시 역사서를 편찬한 박인량·홍관·김부식 등과 달리 그는 《고려사》 열전에도 입전되지 못한 인물이다. 그런데 이 점이 바로 그의 官階가 문산계의 최하위에 해당하는 징사랑(정8품하)에 지나지 않았다는 사실과 함께 그의 성향이 고려시대 일반 유학자들과는 다른 사상의 소유자였으리라는 점을 추측하게 한다.

그러나 다행히 김관의가 편찬한 《편년통록》을 채취하여 왕께 바쳤다는 동지추밀원사 김영부에 대한 기록이 남아 있어, 《편년통록》의 편찬 시기나 편찬 배경에 대하여 몇 가지 사실을 보완할 수 있다.

---

10) 荻山秀雄, 〈三國史記新羅紀結末の疑義〉(《東洋學報》 10－1, 1920).

> 金永夫의 초명은 東夫이며 본관은 靈光이다. 증조는 行瓊이며, 조부는 守寧, 아버지는 守司空左僕射 克儉이다. 인종 즉위 제4년 나이 30에 進士에 나아갔는데 이듬해 權臣 李資謙의 무리가 반란을 일으키자 목숨걸고 이에 대항하여 기개를 샀다. 인종 8년 交州防禦判官으로 나아가 善政이 있었으며 임기가 만료되니 들어와 秘書省校勘이 되고 詹事府錄事를 거쳐 內侍에 속하였다. … 의종이 즉위하자 왕에게 격구놀이를 중단하라고 간하다가 지방으로 좌천되었으나 곧 尙書左司郎中知制誥에 제수되고 史館修撰官을 거쳐, 의종 10년 寶文閣學士, 동왕 11년 12월 知樞密院事 太子賓客을 거쳐, 명년 4월 同知樞密院事가 되고, 2년 후 樞密院翰林學士, 동 15년 知門下省事를 거쳐 中書侍郎同平章事를 지냈다. 자식은 2남 3녀로 장남은 尙書兵部侍郎 金甫當이다(〈金永夫墓誌銘〉, 李蘭暎 編, 《韓國金石文追補》, 亞細亞文化社, 1968).

위의 자료에서 김영부는 인종의 측근으로 內侍와 知制誥를 거쳤고, 의종 때 사관으로서 왕 가까이에서 문한을 담당했던 것을 알 수 있다. 그런데 전술한 〈고려세계〉에서 그가 《편년통록》을 채취하여 바쳤을 때의 관직이 동지추밀원사였다고 하였다. 따라서 위에 나타나 있듯이 그가 동지추밀원사로 있었을 때가 의종 12년(1158) 4월부터 의종 14년 3월 이전이므로 《편년통록》의 편찬 시기도 의종 12년에서 14년까지로 추정할 수 있다. 그런데 마침 이 시기 의종은 선왕의 유업을 이어받아 제도의 정비와[11] 고려왕실에 관계된 사료의 정리와 간행에 주력하여 실추된 왕실의 권위를 높이려 했던 점을 주목할 필요가 있다.

우선 의종은 즉위 후 顯陵(태조릉)·昌陵(세조릉)·長陵(인종릉)을 차례로 참배하였는데[12] 부왕의 묘를 참배한 것은 그렇다 치더라도 고려왕조를 있게 한 태조와 세조의 능을 참배한 것은 전왕들에게서는 별로 찾아볼 수 없는 일이었다. 뿐만 아니라 의종은 8년 9월 서경에 重興寺를 창건하고, 12년 9월에는 白州 兎山에 신궁 中興闕을 짓는 등 고려왕실의 재건과 중흥에 대한 일련의 조치를 취하였다. 그리고 한편으로는 고려왕실의 창업에 밀접한 관계를 갖고 있는 도선의 비문을 지음으로써 고려왕실 계보를 정리하고자 하였다. 즉 의종은 선각국사 도선이 고려왕실에 끼친 영향을 주목하여 그의 행장을 기록할 필요성이 있다고 보고 이미 동왕 3년 10월 문하평장사 崔惟淸을

---

11) 金烋, 《海東文獻總錄》, 禮樂類, 古今詳定禮儀.

12) 《高麗史》 권 17, 世家 17, 의종 2년 윤 8월.

시켜서 비문을 짓도록 명령하였다.

> 생각컨대 先覺國師의 높은 덕이 장하여 국가의 功業이 가장 깊으므로, 우리 선왕께서 여러 번 봉증을 더하여 극도로 존중하였으나, 그 행적이 지금까지 문장으로 전해지지 못한 것을 부끄럽게 여기는 바이다. 仁考께서 벌써 너에게 비명을 지으라는 명령이 계셨으니 공경히 할지어다(《東文選》 권 117, 白鷄山玉龍寺先覺國師碑銘).

이에 왕명을 받은 최유청은 도선에 대한 자료를 모아 禪僧으로서의 도선의 생애를 적고 그가 풍수지리설을 습득하게 된 경위와 고려 세조 용건을 만나 왕건의 탄생을 예언했던 사실 등을 밝힌 비명을 지어 올렸던 것이다. 그런데 이 비문은 비록 찬자인 최유청이 鄭敍사건에 연루되어 지방으로 방출되긴 하였으나[13] 선왕의 유업이라 하여 국가적 차원에서 도선의 공업을 기리기 위해 서둘러 추진되었다. 그러나 의종 재위 동안 비석이 세워지지 못한 채 방치되었는데[14] 이는 아마도 비문 내용에 불만이 있었기 때문이라 여겨진다. 즉 도선과 고려왕실과의 관계를 언급한 부분의 경우는 김관의,《편년통록》에 수록된 내용과 비교해 볼 때 소략하다. 이 점 때문에 도선 개인의 업적보다 도선을 비롯하여 역대 예언가들에 의해 예견되었던 고려 건국의 당위성과 고려왕실의 신이적인 요소를 주지시키고자 했던 의종의 요구를 충분히 반영하지 못한 것으로 생각되었을 것이고,[15] 왕은 다시 도선과 동향인 靈光사람 김영부로 하여금 고려왕실의 창업에 대한 예언적인 사실들을 모아 바치게 하였던 것으로 보인다.

요컨대《편년통록》은 의종 12년경[16] 의종의 측근으로 문한을 담당했던 동지추밀원사 김영부가 고려왕실의 권위회복과 중흥의 의지가 투철하였던 의종의 명을 받아 평소 친분이 있고[17] 사상적으로 교유하던 문사 김관의로 하여금 고려왕실에 대한 예언과 신이적인 기록들을 모아 世系를 편찬케 하여

---

13) 《高麗史節要》 권 11, 의종 5년 5월.
14) 〈進読國師碑陰記〉(許興植 編,《韓國中世社會史資料集》, 亞細亞文化社, 1976), 88~92쪽.
15) 朴漢男, 〈崔惟淸의 생애와 詩文分析〉(《國史館論叢》 24, 1991).
16) 《編年通錄》의 편찬시기에 대하여 李基東(앞의 글, 122쪽)은 의종 11년 12월 이후 3년간(1157~1160)에 걸치는 어느 때라고 보았다.
17) 김영부를 김관의의 후원자로 파악한 견해도 있다(李基東, 위의 글, 119~122쪽).

바친 것이라 할 수 있다.

다. 내용과 분석

《편년통록》은 현전하지 않는 사서이다.[18] 그러나 전술했듯이 《고려사》에 부록으로 전해오는 《편년통록》의 내용을 토대로 6대조 성골장군 호경에서부터 왕건의 출생에 이르기까지 고려왕실 선대에 대한 혼인관계를 다음과 같이 도표로 정리해 볼 수 있다.

〈도표 1〉 《편년통록》에 보이는 高麗 先代 世系

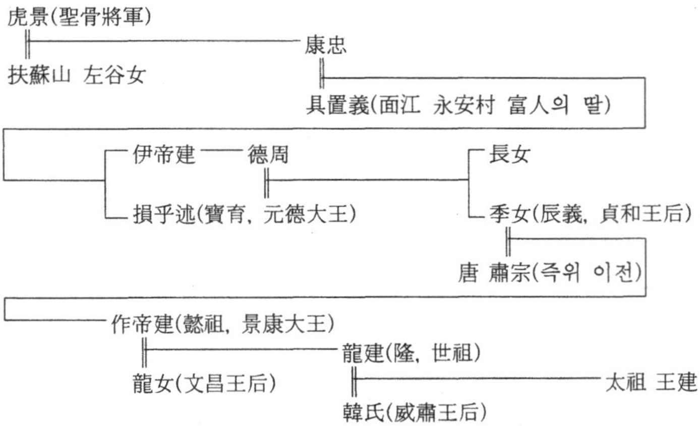

* = ; 혼인관계, - ; 자손

물론 이들 선조에 대한 기록들은 역사적 신빙성의 문제로 인하여 고려말 李齊賢이나 조선 초기 《고려사》 편찬자 및 조선 후기 사가들에 이르기까지 비난의 대상이 되어왔다.[19] 그러나 근래에는 각 시대에 부회된 설화는

18) 그런데 《編年通錄》에 대하여 일찍이 今西龍은 《편년통록》과 《王代宗錄》이 전혀 다른 책인지 아니면, 이름만 달리한 책인지 알 수 없다 하였고(〈王氏高麗朝に於ける修史に就いて〉, 《高麗史硏究》, 近澤書店, 1944, 157쪽), 河炫綱은 金寬毅가 지은 《편년통록》과 《왕대종록》이 모두 고려왕실 世系를 담고 있는 바, 《왕대종록》이 태조 이후 후대 왕들의 세가인 점에 착안하여 태조 왕건의 선대 기록을 전하고 있는 〈高麗世系〉가 곧 《편년통록》이라고 보고 《편년통록》이 현전한다고 하였다(앞의 글, 1981, 14쪽).

19) 李齊賢, 《櫟翁稗說》 前集 1.
《高麗史》 권 1, 高麗世系 末尾 鄭麟趾論曰.
安鼎福, 《東史綱目》 제5하, 기묘년 경명왕 3년 3월.

곧 그 시대의 관념형태 일반을 추측케 하는 것이며, 설화를 제거하면 세계 그 자체는 신빙성이 있는 것으로 볼[20] 뿐만 아니라, 고려 태조의 가계라든지 국사상의 시조설화를 연구하는 데 빼놓을 수 없는 귀중한 자료로 평가되고 있다.[21]

이처럼 《편년통록》이 역사적 기록으로서는 커다란 약점을 지니고 있지만, 일단 그 세계와 세계에 얽혀 있는 설화들은 어느 정도 역사적인 사실을 반영하고 있는 것이며 풍수지리설과 불교를 비롯하여 샤머니즘·산신신앙·용신신앙 등 고려시대 유행하던 잡다한 민간신앙의 요소가 빠짐없이 나타나 있는 것이다.[22]

우선 그 서술상 나타나는 특징은 신라 창업설화에 자주 등장하는 旋流夢과 買夢說話를 이용하여 선조를 수식하였다는 점이다.[23] 이것은 신라 金春秋와 金庾信의 동생 文姬의 결혼설화를[24] 도입하였으며 나아가 당의 숙종까지 끌어들여 선조의 가계를 고귀하게 만들려 하였다. 그리고 〈고려세계〉에서 장편의 서술로 가장 비중을 차지하고 있는 조부 작제건에 대한 내용을 보면, 고구려 동명왕설화에 나오는 類利 및 朱蒙의 善射 및 악마를 퇴치한 신라 영웅 居陁知說話[25] 등 신라·고구려의 영웅설화를 망라하여 선조의 특성과 혼인과정을 미화시켜 왕건의 탄생 연원을 정당화시키고 있다.

뿐만 아니라 호국의 상징으로 동양에서 예로부터 聖獸로 알려진 용에 얽힌 陰報說話와 龍女와의 交婚說話를 끌어들여 선조를 장엄하고 엄숙하게 수식하였으며, 또한 祥豚에 의한 명당 선택의 줄거리는 이미 고구려 유리왕대 國內城으로의 천도에 따른 설화로[26] 이미 주목되고 있는 것들이다.

---

20) 金哲埈, 〈後三國시대의 지배세력의 성격에 대하여〉(《李相佰博士回甲紀念論叢》, 1964), 261쪽.

21) 李基東, 앞의 글, 117~134쪽.

22) 金烈圭, 〈고려사 세가에 나타난 神聖王權의 의식〉(《震檀學報》 40, 1975), 179~183쪽.

23) 선류몽이란 높은 산에 올라가서 오줌을 누면 그 오줌이 天下(山川)에 充溢한다는 꿈을 말하고, 매몽설화는 이 꿈을 꾼 사람보다도 산 사람이 國母가 된다는 설화를 말한다(張德順, 〈民族說話의 分類과 硏究〉, 《東亞文化》 5, 1965, 52쪽).

24) 《三國遺事》 권 1, 紀異 1, 太宗春秋公.

25) 《三國遺事》 권 2, 紀異 2, 眞聖女大王 居陁知.

26) 《三國史記》 권 13, 高句麗 本紀 1, 유리명왕 21년 3월.

그러나 《편년통록》에 단지 선조에 대한 신이적인 측면을 강조하려는 수사적인 설화만 있는 것은 아니다. 조부 작제건이 상선을 타고 아버지를 찾아 나섰다는 기사는 바로 9세기 중엽 개성을 중심으로 한 해상무역에 종사했음을 상징하는 것이다. 그리고 그가 龍女와 함께 돌아오자 開城·貞州·鹽州·白州 및 江華·喬桐·河陰 등의 주민들이 몰려와 永安城을 쌓았다는 것은 바로 당시 왕씨의 세력이 한강 하류에까지 확대되었음을 시사하는 것이다.

끝으로 《편년통록》에서 빼놓을 수 없는 성격과 상징성이 바로 풍수도참설이다. 왕건의 조상설화에 등장하는 사람들 가운데 역사적으로 그 실재를 확인할 수 있는 인물은 신라의 監干 八元[27]과 도선 두 사람이다. 그런데 태조의 탄생과 그에 의한 삼국통일을 도선이 예언했었다는 것은 일반적인 사실이나, 《편년통록》에서는 도선뿐만 아니라 이미 5대조 강충 때 풍수가 팔원을 등장시켜 삼한통일의 주인공 태조의 탄생을 미리 예언케 했다는 점을 추가시켰다. 이는 바로 나말 여초 정권교체기, 고려 왕건의 출현에 대한 역사적 필연성을 부각시켜 《편년통록》 편찬 당시 문벌귀족에 눌려 있던 고려왕실에 대한 권위를 풍수지리설에 의거해 되찾으려 한 것으로 보인다.

요컨대 김관의의 《편년통록》은 당시 유행한 온갖 설화와 민간신앙을 토대로 고려왕실의 이야기를 미화, 윤색하여 가계의 신성성을 나타내려 한 사서로 유교사관에 의해서가 아니라, 풍수도참설을 통해 왕건에 의한 고려의 건국과 후삼국통일에 대한 역사적 정당성을 밝히고자 하였다. 이 점에서 《편년통록》은 12세기 국내외적 갈등으로 실추된 고려왕실의 권위를 되찾아 중흥의 의지를 펴고자 했던 의종의 뜻을 받들어 편찬한 사서라 하겠다.

라. 사학사적 의의

이상에서 보았듯이 고려 의종 때 하급관료였던 김관의는 당시 크게 유행하고 있던 불교 및 풍수지리설, 샤머니즘 등 민간신앙을 토대로 태조 왕건의 가계를 신성화한 《편년통록》을 저술하였다.

그러므로 적어도 김관의의 《편년통록》은, 김부식의 《삼국사기》가 관찬의 기전체 사서로서 삼국시대에 관해 유교적 합리사관에 입각하여 서술한 교훈

27) 李基東, 앞의 글, 127쪽.

적 사서였던 것에 비하여, 거의 동시대에 편찬된 역사책이지만 그 내용은 삼국시대가 아니라 당시 고려였으며, 고려왕실의 신성성을 神異史觀에 입각하여 편찬한 편년체 사서라는 대비점을 지닌다. 따라서 이러한 사서를 편찬케 하였던 고려 의종대의 시대적·이데올로기적 배경을 당시 궁정의 지적 분위기와 결부시켜 고찰한다면 역사서로서의 일정한 의의를 갖는다.[28]

나아가 사학사적으로도《편년통록》은 14세기의《삼국유사》에 앞서 신이사관에 입각해 편찬된 사서라는 것과 민지의《편년강목》등 고려 후기 일련의 왕실세계 편찬의 체제와 내용에 모체가 되며, 비록 일부이긴 하지만 고려왕실 선대 기록의 유일한 사료라는 점에 그 의의와 가치가 있다.

(3) 기타 사서의 편찬

가.《구삼국사》

《舊三國史》는 고려 초 또는 11세기 이전에 편찬된 삼국시대에 관한 관찬사서이나 현전하지는 않는다.[29] 따라서 그 이름조차 견해가 다양하다. 즉 11세기 초에 저술된《大覺國師文集》에는 "海東三國史"라 하였고,[30] 12세기 말 李奎報의《東國李相國集》에는 "舊三國史"로,[31] 14세기 一然의《三國遺事》에는 "前三國史"[32] 등으로 인용되어 있다. 그러나 이는 다 異稱일 뿐이며 원래의 서명은《三國史》로 보인다.

편찬 시기 역시 정확히 알 수 없으나 선종 8년(1091)에 景福寺를 방문한 대각국사 義天이 경복사가 설립된 배경은 "《해동삼국사》에 자세히 기록되어 있다"[33]고 한 사실에서 선종 8년에 이미《구삼국사》가 편찬되어 있음을 알 수 있다. 더구나《구삼국사》에 대하여 이규보의 〈동명왕편〉서문에 "國史直

---

28) 李基東, 위의 글, 134쪽.

29) 따라서 그에 대한 연구 또한 매우 저조한 편이나 인종 23년(1145) 金富軾의《三國史記》는 곧《舊三國史》의 重撰에 해당한다고 주목한 末松保和,〈旧三國と三國史記〉(《朝鮮學報》39·40, 1966) 이래 두 사서에 대한 인용사료를 비교·분석한 田中俊明,〈『三國史記』撰進と『旧三國史』〉(《朝鮮學報》83, 1977)가 있다.

30)《大覺國師文集》권 7, 孤大山景福寺飛來方丈禮普德聖師影 註.

31) 李奎報,《東國李相國集》권 3, 古律詩 東明王篇 并序.

32)《三國遺事》권 5, 避隱 8, 信忠卦冠.

33)《三國遺事》권 3, 興法 3, 寶藏奉老普德移庵.

筆之書"라 하였듯이 개인의 필요에 의해 편찬된 사찬의 사서가 아닌데도 《고려사》 등의 정사 기록에 그 편찬에 대한 기록이 전혀 없다. 이것은 아무래도 그 편찬에 대한 기록이 현종 2년(1011) 거란병의 침입으로 궁궐이 불탈 때 함께 소실된 사료 속에 있었기 때문으로 보인다. 따라서 《구삼국사》는 적어도 11세기 이전에 편찬되었을 것으로 보이며 나아가 국초에 史館을 설치하여 사서편찬의 실무를 관장하게 하였다는 기록과[34] 광종 26년(975) 金廷彦이 監修國史로 이미 활약하고 있었던 기록[35] 등을 종합해 볼 때 《구삼국사》는 당·송제를 모방하여 사관제를 설치한 10세기 말 광종 때에 수사관들에 의해 편찬된 관찬사서였다고 추정할 수 있다.

그 체제와 성격은 주지하다시피 명종 23년(1139) 이규보가 장편의 민족서사시 〈東明王篇〉을 쓸 때 《구삼국사》의 동명왕 본기를 읽고 그 신성함이 놀랐다는 점으로[36] 보아 아직 유교사관이 적용되지 않았던 시기에 신이사관에 기초하여 편찬한 기전체 사서였다는 사실을 알 수 있다. 또한 〈동명왕편〉의 分註로 남아있는 동명왕 본기의 문장을 분석해 볼 때, 《구삼국사》는 「漢 神雀 3年 4月 甲寅」·「漢 神雀 3年 壬戌歲」 등과 같이 중국의 연호와 간지를 사용해 삼국시대 주요사건들의 연대를 표기했다는 사실도[37] 확인할 수 있다.

요컨대 《구삼국사》는 현전하지 않지만 그 일문인 동명왕 본기의 기록이 명종 23년 이규보가 지은 〈동명왕편〉에 분주로 남아있어 그 체제와 성격을 알 수 있다. 즉 《구삼국사》 는 신이사관에 기초한 기전체 사서로 특히 고려초에 사관제가 설치된 후 고구려 계승의식 내지는 자주의식이 팽배되었던 광종 때에 사관들에 의해 편찬된 것으로 추정된다. 더구나 현존하는 유일한 관찬사서인 《삼국사기》가 그 서명과 체제에서 알 수 있듯이 《구삼국사》의 토대 위에서 중국측의 기록을 보충하여 유교적 합리사관에 의하여 중찬될 수 있었다는 점에서 그 사학사적 영향이 주목된다.

나. 《고금록》

《古今錄》은 11세기 말 숙종 원년(1099) 7월 이전, 참지정사 박인량이 지은

34) 《高麗史》 卷 77, 志 31, 百官 2, 春秋館.
35) 金廷彦, 〈高達寺元宗大師慧眞塔碑〉(《朝鮮金石總覽》 上, 朝鮮總督府, 1919).
36) 李奎報, 《東國李相國集》, 권 3, 古律詩, 東明王篇 幷序.
37) 末松保和, 앞의 글, 4~5쪽.

총 10권으로 된 사서로서 편찬 직후 秘府에 보관했다고 전한다.[38] 그러나 이 사서 역시 현전하지 않아 그 내용과 체제에 대하여 자세히 알 수 없다. 그러나 고려 후기 충렬왕대 감수국사 元傅와 수국사 許珙 등이 편찬한《고금록》은 바로 박인량의《고금록》을 모체로 하여 증수했을 것으로 보여진다.

그런데 찬자인 박인량은 숙종 원년 우복야·참지정사로 죽을 때까지 주로 송·요에 대한 告奏와 表狀을 도맡아 작성했다는 기록으로 보아《고금록》 10권은 고려와 송·요 간의 외교문제를 의식하여 송·요·고려의 역사를 연대기적으로 서술했을 것 같다. 더구나《遼史》 권 42, 曆象志 상권의 "高麗所志大遼古今錄"이라는 기록과[39] 같은 책, 권 63에서 거란추장 屈戌의 이름을 "高麗古今錄 作屈戌"이라 한 데서 연유한 것임을 밝힌 사실[40] 등으로 미루어 볼 때《고금록》은 나말 최치원이 중국과 신라의 역사를 연대별로 대비하여 서술한《帝王年代曆》과 마찬가지로 고려와 거란의 역대 왕들에 대한 사적을 기록한 사서라 추정된다.

끝으로 편찬시기를 추정해 보면, 찬자 박인량은 문종 30년(1076)부터 선종 년간 한림직에 있었을 때 비교적 활발한 활동을 하다가 숙종이 즉위한 이듬해 9월 죽었다. 따라서《고금록》은 선종 년간에 편찬되어 숙종 원년(1096) 7월에 완성, 찬진된 것으로 볼 수 있다.

> (왕은) 文德殿에 거둥하여 역대의 비장한 문서를 열람하고 그 중에 部秩이 완전한 것을 택하여 문덕전과 長齡殿의 御書房·秘書閣에 나누어 수장하고 남은 것은 양부의 宰臣 및 誥院史翰과 內侍文臣에게 차등있게 하사하였다(《高麗史》 권 11, 世家 11, 숙종 원년 7월).

위의 사실에서 숙종 원년 7월 박인량이《고금록》을 완성, 찬진하자 이를 비서성에 보관하게 됨을 계기로, 왕은 그 동안 자료를 보관해 왔던 문덕전에 거둥하여 자료를 정리하고 부본이 있는 자료를 여러 대신에게 나누어주었는지도 모른다. 더구나 숙종은 비정상적인 방법으로 왕위에 올라 왕권 강화에 남다른 노력과 정책을 폈던 왕이었던 만큼 왕의 치도와 관계된 사서의 편찬을 절실히 요구하였으며, 이러한 필요에 의해 당대의 문필 박인량으로 하여

---

38)《高麗史》 권 95, 列傳 8, 朴寅亮.

39)《遼史》 권 42, 志 12, 曆象志 上, 曆 聖宗 統和 12년 大明曆.

40)《遼史》 권 63, 表 1, 世表 契丹王屈戌.

금《고금록》을 편찬하게 하였을 것으로 보인다.

요컨대 박인량의《고금록》10권은 숙종 원년 7월 이전에 완성된 사서로서 박인량이 한림학사로서 외교문서를 전담했던 경험을 바탕으로 기존의 태조 이래 역대 실록을 참고하여 고려와 요나라의 역사를 기록한 사서로 보인다. 그 체제는 연대기적 서술을 취했을 것이며 고려 후기 충렬왕대 허공 등의 사관들이 편찬한《고금록》등의 체제와 서술에 영향을 주었다.

다.《편년통재》

《編年通載》는 고려시대 간행된 편년체 역사서이나 현재 전하지 않으며, 저자와 편찬연대도 알 수 없다. 그러나 고려시대 편년체 역사책 가운데 최초의 것으로,[41] 홍관의《編年通載續編》이 편찬된 예종 11년(1116) 이전에 편찬되어 있었으며, 11세기 중엽에 편찬된 송의《編年通載》를 모방하여 편찬되었을 가능성이 크다.

라.《편년통재속편》

《編年通載續編》은 예종 11년 11월 당시 보문각 학사인 홍관이 송나라 역사책인《편년통재》를 읽고 감동 받은 예종의 명을 받아, 우리 나라 삼국시대 이래의 史蹟을《편년통제》의 체재에 의거하여 정리한 역사책이나[42] 현재 전하지 않는다.

그런데 이 책의 편찬에 영향을 준 송의《편년통재》는 모두 10권으로[43] 송나라 神宗 초 進士 章衡이 당시의 학자들이 고금의 역사를 제대로 알지 못하는 것을 한탄하며 역대 황제의 계통을 정리한 사서이다.[44] 따라서《편년통재속편》역시 송의《편년통재》수입에 영향을 받아 곧바로 편찬한 점에서 중화의 문물제도를 적극적으로 수용하여 고려 중기의 문풍을 진작시키려 했던 예종조 정치성격의[45] 단면을 보여주는 사서의 하나로 볼 수 있다.

〈朴漢男〉

---

41) 金庠基,《高麗時代史》(東國文化社, 1961), 855~857쪽.
42)《高麗史》권 121, 列傳 34, 良吏 洪灌.
43)《宋史》권 203, 志 156, 藝文 2.
44)《宋史》권 347, 列傳 106. 章衡.
45) 金庠基, 앞의 책, 211~214쪽.

4. 문　학

1) 한문학

(1) 한문학의 본격화와 그 양상

가. 본격화 과정

고려 전기(태조 초년~의종 말년)는 여러 국면에서 민족사의 전환이 진행되던 시기이거니와 문학사에 있어서의 전환은 鄕札文學이 쇠멸하고 漢文文學이 본격화되는 현상으로 집약된다.

진정한 의미에서 문학의 역사적 본격화는 작가 집단이 하나의 독립된 사회신분 범주로 분화되기를 기다려서야 이루어진다. 그렇지만 관인으로서의 신분과 작가로서의 신분이 미분화상태였고 한문학 역량이 관인신분 획득의 도구로 쓰여지던 시대의 경우 한문학의 역사적 본격화는 크게 다음 두 가지 지표에 의해 파악된다. 그 한 가지는 한문학이 왕조의 政敎宣揚 및 交聘이라는 공공적 경영의 실용적 도구로서의 기능을 넘어서서 작가의 개인성에 입각한 사상·감정의 표현체제로서의 기능을 수행했느냐이다. 또 다른 한 가지는 이 개인성 측면의 기능이 그 시대 문화적 욕구대상들 안에 불가결한 요소로 편입·정착되었느냐이다. 전자는 대체로 양식의 채용 범위―특히 개인성을 표현하기에 적합한 양식의 채용 범위―와 작가들의 저작의식의 개인성의 정도에 의해 검증된다. 그리고 후자는 개인성에 입각한 작품의 저작·향유의 사회적 확대 정도에 의해 검증될 성질의 것이다. 여기에서 표현의 기교도 지표의 하나로 당연히 설정됨직하다. 그러나 한문이라는 언어를 문학적으로 구사함에 있어 정상 수준에 도달한 이후의 기교 문제는 그 측정 기준이 한결같지 않다. 뿐만 아니라 개인차를 넘어선, 한문학의 史的인 국면에서의 기교의 일반 수준의 문제는 앞의 두 가지 지표에 대체로 해소된다고 보기 때문에 굳이 따로 설정할 필요를 느끼지 않는다.

지표의 전자만 가지고 본다면 삼국시대에 이미 그러한 현상이 나타나기 시작했다고 할 수 있다. 그러나 작가는 극히 제한적이었던 것 같고, 양식에 있어서는 주로 시, 그것도 형식이 비교적 간편한 것을 채용했던 것 같다. 따라서 전자의 지표를 채우기에도 심히 빈약했던 셈이다. 첫번째 지표를 어느 정도 채우면서 후자까지도 일정하게 충족시켜 가는 징후가 나타나기 시작한 것은 역시 신라말·고려초이다. 즉 그 동안 중국에 유학하거나 본국에서 공적·사적 수학경로를 통해 점진적으로 성장해 온 儒士系 문인들이 현저하게 사회적으로 대두한 후부터이다.

이들의 대두는 역사 전환의 촉진소의 하나로 작용하였는데, 이들 유사계 문인들은 나말에서 여초에 이르는 혼란한 왕조교체기에 그 대응하는 방향에 따라 크게 두 부류로 나누어진다. 즉 어느 조정에건 入仕한 부류와 자의든 타의든 끝내 재야인으로 남는 부류가 그것이다. 朴仁範·崔承祐·崔凝·朴儒·崔彦撝 등이 전자에 속하고, 崔致遠·王巨人 및 亡名 智異山 隱者[1] 등이 후자에 속한다. 고려왕조 성립 이후 신라계 문사들－종래의 재야문사 및 경순왕과 함께 개경으로 옮겨진 옛 신라조정의 문관들－의 수와 그 거취는 묘연하다. 그런데 수적 규모는 신라가 망하기 약 1세기 전인 문성왕 2년(840)에 당에서 돌려보낸 質子 및 學生이 105인이었다는 사실에서 어느 정도 짐작이 간다. 그리고 고려조정에서의 거취는 역시 입사와 재야 두 부류로 나누어졌을 것이다.

전자의 경우로는 확실하게 밝혀져 있는 사례가 없다. 다만 신라계 2세라고 할 수 있는, 신라가 망할 때 9세 소년이었던 신라 元甫 崔殷含의 아들 承老와 광종 때에 과거에 급제한 崔亮 정도가 드러나 있을 뿐이다. 후자의 경우로는 망명 지리산 은자가 하나의 실마리가 되겠는데, 대략 다음 몇 가지 유형의 어느 한 가지에 속하거나 또는 두 가지 이상이 중첩되었던 것으로 볼 수 있다. ㉮ 한문학 역량이 상대적으로 약하거나 그 문학성향이 신흥 고려왕조의 經國之文으로는 적합하지 못한 경우, ㉯ 승려와 對待되는 한문지식인이란 점에서 儒士이기는 하나 고려왕조가 수용·정착을 힘써 추진하고 있

1) 崔滋,《補閑集》下.

는 유교적 가치·典章에 대해 지적으로 소략하거나 그 의식·태도에 있어 소극적인 경우, ㉰ 옛 신라, 즉 옛 자기들의 왕조에 대한 회고의식에 잠겨 있거나 또는 志節意識을 가진 경우, ㉱ 그리고 기본적으로 현실을 거부하고 세속으로부터 도피한 경우가 그것이다. 왕의 초빙에 "나라에서 부르는 글이 골짜기에 들어오니/아뿔사 내 이름이 世間에 떨어졌군"[2]이라는 싯구를 남기고 사라진 지리산 은자는 ㉱ 의 유형에 들겠고, 역시 亡名인 〈崔致遠〉의 작자는 ㉰ 와 ㉱ 를 아울러 가졌던 인물로 보인다. 그리고 현종대의 張延祐에 의해 한역된 鄕札歌詞 〈寒松亭〉의 작자도 이 작품만 가지고는 한문학과 직접 관련 지을 수는 없지만 작품의 내용이나 정조로 보아 신라유민계로서 ㉰ 의 유형에 들 가능성을 배제할 수 없다.

아무튼 한문학의 본격화는 나말에서 여초, 대략 성종 년간에 이르는 시기의 이들 재야문사들에 의해 그 단초적인 징후가 양성되기 시작했다. 최치원은 종래에 우리 나라 한문학의 시조로 인정되어 왔거니와 특히 한문학의 개인성을 지표로 하여 접근했을 때에도 그는 여전히 본격화의 단초를 연 존재로 확인된다. 현재 수습된 그의 문집의 잔여분에서나마 양식의 채용 범위가 일정하게 확장되었고 저작의식의 개인성이 일정하게 제고되었음을 볼 수 있다. 그리고 그의 문학적 명성은 주로 〈檄黃巢書〉 같은 공용문장이 매개가 되었지만 그것이 한문학의 개인성의 측면에 대한 인식도 높여주는 계기로 되었을 것이기 때문이다.

그리고 傳奇의 출현이다.[3] 전기계의 작품은 대개 나말부터 지어지기 시작하여 고려 초기에 들어와 주로 신라유민계 재야 문사 1세나 또는 2세들에 의해 지어진 것으로 추단된다. 전기는, 그 양식의 성격이 순전히 개인성을 지닌 것이란 점에서 이 시기 한문학의 본격화 징후를 밀도 높게 보여주는 셈이다. 유민계 문사들의 문학적 저작으로 이 밖에도 시를 비롯하여, 개인성이 상대적으로 높은 양식을 채용한 것들이 의당 있었음직하다. 그러나 이런 저작들이 인멸되는 가운데에 유독 전기계 작품이 일부나마 전해지게 된 것

---

2) 崔滋, 위의 책, "一片絲綸來入洞 始知名字落人間."

3) 이 시기의 전기에 대한 본격적인 논의로는 林熒澤, 〈羅末麗初의 傳奇文學〉(《韓國漢文學硏究》 5, 韓國漢文學硏究會, 1980·1981)이 있다.

은 그 서사적인 내용이 가진 흥미도 흥미려니와 무엇보다 작품내의 敍事가 擬 또는 準歷史事實로 인식되어 온 때문이었을 것이다. 역사기록이야말로 한문학이 지닌 공공적 기능의 가장 우선적인 과제였고, 따라서 역사기록이 문헌들 가운데에 역시 가장 우선적인 보존 대상이었다는 점을 상기해 보면 수긍될 것이다.

한편 앞에서 예시한 삼국의 각 정권이 입사한 문사들의 경우는 실용적이며 공공성을 지닌 문장을 넘어 개인성에 입각한 한문학 작품을 쓸 때 시를 제외한 다른 양식에까지 채용하여 확대해 갈 만큼 정신의 잉여영역을 미처 갖지 못했던 것으로 생각된다. 당의 賓貢科에 급제하여 崔致遠·崔仁渷(彦撝)과 함께 문장으로「一代三崔」[4]라 일컬어지던 崔承祐조차도 그 문학적 저작은 시를 제외하고는 四六騈儷體로 쓰여진 공용문장 5권에 그친 사례가 이 점을 잘 시사해 준다. 최승우의 4·6변(병)려체 문장 5권이 최치원의《桂苑筆耕集》과 같은 유형의 공용문장 위주였음은 그 스스로 문집을《餬本集》즉「餬口之本」이라 명명한 데에 잘 드러나 있다. 그리고 3최 가운데 최언위 역시 태조~정종 년간에 왕명을 받들어 지은 고승들의 塔碑 이외에 남긴 작품이 보이지 않는다.

그런데 최치원의 저작과 전기계 작품의 출현으로 드러나기 시작하던 한문학 본격화의 징후는 그 자체로서 확실한 하나의 역사현상으로 정착되면서 고려 전기의 전반기, 대략 靖宗 년간까지를 관철하여 후반기로 이어진 것 같지는 않다. 고려 초기의 중국 문사들의 열성적인 영입과 과거제의 실제 추이 등을 살펴보면 이 시기 고려는 마치 한문·한문학을 비로소 수용하기 시작하기라도 하는 듯한, 이 분야에 있어서 일종의 무인지경적 상황을 보는 듯하다. 적어도 조정이라는 중앙부에 있어서는 그러하다. 광종대 徐弼의 유명한 항거를 불러일으킬 정도의 중국 문사 영입에의 열성과 광종~성종대의 과거에서 雙冀와 王融 두 귀화인이[5] 각기 세 차례와 열 두 차례에 걸쳐 知貢擧

4) 〈奉化太子寺朗空大師白月栖雲塔碑〉(《朝鮮金石總覽》上, 朝鮮總督府, 1919).

5) 王融이 귀화인임은 왕융이 지은〈康州智谷寺眞觀禪寺碑〉(《釋苑詞林》191)에서 崔承老가 왕융을 가리켜 '閩川拂衣者', 즉 '(중국의) 閩 지방에서 (고려로) 歸隱해 온 사람'이라고 일컬은 데에서 분명히 알 수 있다. 그리고 李穡의〈賀竹溪安氏 三子登科詩序〉(《牧隱文藁》8)에서도 다시 확인된다. 자세한 내용은 李

를 거의 독점한 사실, 그리고 여기에 맞물려 진행된 성종의 일련의 과거응시 推動策 등은, 다른 정치·외교적인 이유도 개재해 있었을 것이다. 그러나 이 시기 고려조정의 토착 한문학 역량이 공적 수요에 대응하기에 실제로 빈약했거나, 적어도 통치자의 이 방면에의 의욕 수준, 또는 중국을 의식한 이 시기의 통념적 기대 수준에 크게 미달했음을 반영하고 있음에 틀림없다. 이 점은 왕명을 받들어 지었으므로 다분히 공공성을 지녔던 문장인 塔碑·寺碑類의 이 시기 저작상황에서도 드러난다. 찬자 판독이 가능한 현존 자료에서 태조~정종 년간 9건 중 7건이 최언위, 광종~경종 년간 7건 중 3건이 金廷彦, 2건이 왕융에 의해 지어졌다. 고려 전기의 후반기로 넘어가서는 찬자가 여러 사람으로 교체되어 등장하는 것과는 대조적인 현상이다. 이 시기 고려조정의 한문학 역량의 인적 빈곤상을 드러내어 주는 현상의 하나임에 틀림없다.

우리 나라에서 한문학을 수용하려는 일차적인 요구는 왕조의 정교선양 및 교빙에의 공공적 기능성으로부터 나왔으며, 관인이 되어 이러한 공공적 기능성을 가지고 실현하는 것이 문사들이 우선적으로 바라는 바였다. 이러한 점에 비추어 생각하면 위에서 제시한 두 가지 지표에 부합하는 한문학의 본격화의 정상적인 진행은 조정의 공공적 수요를 일정하게 충족시키고 난 다음의 잉여영역으로서의 실현일 터이다. 그런데 이 시기 한문학의 본격화 징후는 공공적 수요라는 本流路에 일종의 공동적인 국면을 둔 채 일어난 傍流현상이었던 것이다. 傳奇 양식은 중국에서도 文言文學의 정통양식이 그 역사적인 생성의 누적으로 거의 완비된 체계로 이루어지고 난 당나라 중기에 들어와서야 성행하기 시작하였다. 이러한 중국의 예를 굳이 적용하지 않더라도 전기 같은 양식은, 우리 나라 한문학 수용에의 일차적인 요구에 비추어, 고려의 건국과 함께 확대·상승된 政敎·典章·儀禮體系에 부응하여 확충되었을 정통양식, 특히 공공성을 지닌 그것들에 대한 역량의 일정한 성숙·충족이 있고 난 뒤에야 출현함직한 것이었다. 따라서 고려 초기 신왕조의 정교·전장·의례체계에 부응하는 영역에서의 역량에 일종의 공동국면을 둔 채 전

基東, 〈羅末麗初近侍機構와 文翰機構의 擴張〉(《歷史學報》 77, 1978 ; 《新羅骨品制社會와 花郞徒》, 韓國文化硏究院, 1980, 270~273쪽) 참조.

기 같은 양식이 유행했다는 것은 한문학사 그 자체의 표면으로만 본다면 하나의 이상현상으로 떠오른다. 그러나 앞에서 언급한 바 주로 6두품계인 신라 말의 재야문사 및 이들의 뒤를 이은 고려 초 신라 유민계 재야문사들의 사회적 처지상 상대적으로 앞서 발달할 수밖에 없는 자아의식과, 비슷한 시기에 중국에서 이 양식이 성행한 사실을 연결해 생각하면 역사적으로는 충분히 개연적인 현상인 것이다.

이러한 성향의 한문학적 성과는, 이들 집단이 고려사회에서 최치원의 후손된 처지에서 보이는 바와 같은, 주로 침강적인 소멸과[6] 함께 더 이상 상승적인 발전을 하지 못하고 말았다. 그러나 그것이 공동을 채워 나가는 朝廷圈의 한문학 본류와 아무런 연관도 없이 한갓 부질없는 傍枝로 끝난 것은 결코 아니다. 이들의 문학이 가진 낭만의식이며 唯美風은 이 시기 조정권의 문학에 일정한 영향을 주었을 것이며, 특히 전기계 작품들은 이 시기 조정권에서의 구시대 역사의 채록·편성에 자극을 주면서 실제적으르 사료의 일부로 편입되기도 했을 것이라고 본다.

한문학의 본격화는 결국 이와 같은 우여곡절을 겪으며 진행되었는데 특히 성종대의 유학·과거 진흥을 위한 일련의 추동책이[7] 있은 이후로 급속히 진

---

6) 鄭知常, 〈栢栗寺〉(《新增東國輿地勝覽》 21, 慶州), "記憶崔儒仙 文章動中土 … 邈哉九世孫 結髮混卒伍."

7) 성종대에는 그 재위 16년 동안 원년과 9·11년을 제하고는 해마다 과거를 시행했다. 또 과거를 이렇게 시행할 수 있는 기반 조성을 위해 그 즉위 초기에 널리 諸州의 자제 260여 명을 뽑아 올려 중앙에서 공부하게 했다. 동 5년 7월에 귀향하고 싶어하는 학생 207명을 돌려 보내고는 그 후속 조처로 이듬해 8월에 12牧에 經學博士 각 1인을 醫學博士 각 1인과 함께 파견하여 지방 자제들을 교육하게 하였다. 그리고는 8년 4월, 이러한 장려책을 폈는데도 불구하고 학업이 과거에 응할 수준에 이른 자의 수가 기대에 차지 않자 마침내 이 문제를 일정한 범위의 관료의 인사고과에 연계시키기에 이르렀다. '무릇 文官으로서 제자 10인 이하를 둔 자'를 그 職의 임기가 만료될 즈음 有司로 하여금 보고하게 하여 포폄의 자료로 쓰게 하고, 12목의 경학박사로서 그 문하에 한 사람도 應學者를 못낸 자는 비록 임기가 차더라도 그대로 유임케 하여 성과를 내도록 독려하는 것을 일정한 격식으로 삼게 했던 것이다. 성종은 한 걸음 더 나아가 그 14년에 文臣月課制까지 제정했다. 즉 나이 50세 이하로서 아직 知制誥를 거치지 아니 한 중앙에 있는 문신들은 翰林院에서 출제하여 매월 시 3편, 부 1편 씩을 지어 바치게 하고, 지방에 있는 문신들은 임의의 제목으로 매년 시 30편, 부 1편씩을 지어 매년 말에 바치게 하여 한림원에서 평가하여 왕에게 보고하게 한 것이다.

전되어 갔다.

성종대의 유학·과거 진흥책들은 요컨대 한쪽 편에 중국을 典範으로 둔 고려 왕조의 총체적인 문화적 약진 지향의 한 표현이며, 왕권 강화의 정치적 책략성도 전망하는 일부 문화적 구도의 내용 요소로 결합되어 있었다고 보아야 할 것이다. 정종은 「周·孔의 기풍」과 「唐·虞의 다스림」에의 성취에 이르는 주요한 방도의 하나로 「科目」을 내세웠는데,8) 이는 유학에 대한 이해의 소박성을 드러내고 있지만 유학을 통한 새로운 문화적 약진 의욕의 한 표현으로 보아 마땅하다. 더구나 당시 국제관계에 있어서도 태조가 「禽獸之國」으로 규정한 거란과의 갈등이 더욱 심각한 국면으로 접어들 때라 중국을 전범으로 한 문화 약진을 통해 국가의 격을 높이 상승시켜 중국과는 다른 편에 있는 거란과의 문화적 낙차를 더욱 벌임으로써 대응하자는 대외관계의 문맥도 포함되어 있다고 보아야 할 것이다. 그런데 유학을 통한 문화 약진 지향의 주요한 방도의 하나로 과거를 힘써 시행했고, 제술업을 과거의 首位科로 설정하고 있었다는 점에서 한문학이 문화 약진 지향의 바로 중심부위에 두어져 있었던 셈이다. 경학은 문학과 함께 한문을 매개로 하는 문화의 양대 분야이다. 그러나 과거에서 명경업이 중시되지 못하고, 유사·문인 일반의 의식·사고에 있어서나 저작 실제에 있어서 「經術」과 「文章」이 미분화이거나 분화되었다 하더라도 극히 초보적인 단계에서 경술보다는 문장을 우위로 하는 이 시기의 일반적 경향이 또한 이 점을 받쳐주고 있었다. 그래서 과거제 시행을 통한 한문학 장려 그 자체를 표적으로 삼은 것은 아니라고 하더라도 王의 「樂慕華風」에 대한 「民」의 「不喜」의 정서를 대변한 李知白의 유명한 반발9)은 광종~성종 년간 국왕들이 주도한, 중국을 전범으로 삼은 문화약진정책이 얼마나 적극적으로, 바꾸어 말하면 얼마나 급진적으로 추진되었는가를 반증해 주고 있다. 이러한 추세는 한문학의 본격화를 하나의 역사현상으로 정착되도록 하였던 것이다.

이어 문종대의 사학 발흥에 촉진되어, 예종·인종 년간에 이르러서는, 마침내 "위로 朝官들은 辭采가 넉넉하고, 아래로 閭閻陋巷間에도 經館·書社가

8) 《高麗史節要》 권 2, 성종 5년 7월 敎書.
9) 《高麗史節要》 권 2, 성종 10년 10월.

여기저기 서로 마주할 정도이며, 卒伍·童稚에 이르기까지 鄕先生에게(漢文을) 배우기에"10) 이를 정도였다. 徐兢의 표현을 그대로 믿을 수는 없지만, 한문 내지 한문학적 역량을 지닌 사람들이 일종의 피라미드적 구조를 이루고 있었던 윤곽을 파악할 수 있다.

나. 본격화의 양상

그러나 한문 내지 한문학의 인적 역량이 이같이 축적되고 있었다고 하더라도 고려 전기에 도달한 한문학의 본격화는 흔히 통념적으로 인식되고 있는 만큼 그렇게 실질적이고 안정된 것은 아니었던 것으로 생각된다. 당초 개인성의 사상이나 감정에서 표현체계로서의 기능이 정착하는 데 한문학을 본격화하는 지표의 하나를 두고 여기에 상응하는 양식의 채용 범위와 저작의식에 반영된 개인성의 정도를 그 검증대상으로 삼았었는데, 이런 점에서 이 시기가 끝나도록 아직 다분히 불안정한 편향성의 징후가 농후하기 때문이다. 주지하듯이 이 시기의 자료 중 전해지는 것이 매우 엉성한 터라 당시의 실제 양상에 대한 정확한 검증은 어렵다고 하더라도 기본적인 대세의 파악까지 불가능할 것으로는 보이지 않는다.

먼저《東文選》·《大覺國師文集》등에서 조사되는, 이 시기에 통행된 양식들의 목록을 제시하면 다음과 같다.

㉮ 詔勅·敎書·制誥·冊·批答·佛道流·靑詞·致語
㉯ 表·箋·狀·啓·祭文·頌·碑·上樑文·書·史傳
㉰ 賦·五言古詩·五言律詩·五言排律·五言絶句·七言律詩·七言排律·七言絶句·詞·銘·贊·墓誌·傳·記·序·奏議·議·傳奇·雜錄類·發辭·願文

확연히 나누기 어려운 경우도 없지 않으나 대개 ㉮의 것은 거의 전적으로 공공성의 사상·감정의 표현에, ㉯의 것은 공공성과 개인성의 사상·감정을 함께 표현하는 데에, ㉰의 것은 주로 개인적인 표현에 쓰이는 양식들이다. 이 목록의 외형으로만 보면 양식의 채용이 일정하게 균형잡힌 체계구성에로 나아간, 그래서 앞에 제시한 지표의 일부를 충족시켜 줄 만할 것도 있다. 한문학의 양식들은 그 중국에서부터 대체로 政敎·典章·儀禮에의 실

---

10) 徐兢,《高麗圖經》권 40, 儒學.

용이라는 공공적 요구를 중심으로 생성되어 온 점에 비추어 보면 위에 든 목록의 외형이 보여주듯이 일정한 균형적 체계성은 이 시기 한문학의 본격화가 안정적 정착을 인정하는 데에 별 문제가 없을 것 같아 보인다. 작품이나 다른 자료의 인멸에 따라 묻혀버린 양식이 있다면, 그것은 공공성적일 가능성보다 개인성적일 가능성이 더 크리란 점까지 고려하면 더욱 그렇다.

그러나 중요한 것은 양식체계의 외형적 성격보다 사용의 실제 내지 작가의 저작의식, 그리고 각 양식 나름의 통행의 일반화 정도이다. 우선 앞의 목록에서 ㉮의 것들은 아예 공공적 실용에만 쓰였으므로 거론할 필요조차 없거니와 공공성과 개인성의 共用인 ㉯의 것들도 현재 전해지는 작품실제를 통해 보건대는 대부분 공공적 실용에 바쳐지고 있다. 가령 가장 많이 전하고 있는 130여 편의 表는, 箋과 함께 그 양식의 기본 성격이 臣이 君을 향해 소회·소견을 진술하는 것이고, 따라서 그만큼 격식적인 것이다. 즉 그 사용의 입지를 공공과 개인으로 나누는 것 자체가 애초에 무의미할 정도로 공공성의 지배를 받는 터이다. 그러므로 개인의 입지에서 쓰여진 50편 내외의 작품들에서 진정으로 개인성에 입각한 저작의식을 보여주는 작품으로는 尹彦頤의 〈廣州謝上表〉, 李資玄의 〈陳情表〉 등 손꼽을 정도뿐이다. 주로 금석으로 전하는 비문은 거의 전부가 「奉敎撰」이라 공공성의 강한 제약 안에서 개인성이 한계적으로 드러난 것이다. 書·狀·祭文에 개인의 입지에서 쓰여진 것이 비교적 많은 편이나, 앞의 두 가지 경우는 역시 양식의 본래적 속성상 대개 사무적이거나 사교적 실용성이 지배적인 만큼 문학성은 약하다. 나머지 啓·頌·上樑文은 남은 작품이 각기 두 세 편을 넘지 못하는데 계는 대체로 비교적 개인성이 높게 쓰여진 것 같으나, 송은 물론 상량문 역시 공공성이 지배적이었던 것 같다. 史傳은 기본적으로 공공성과 개인성의 합일을 지향하는 양식이다. 이러고 보면 ㉯의 양식들은 그 작품적 실현에서 전반적으로 공공성이 지배적이었던 셈이다.

그리고 ㉰를 보면 우선 이 양식에서 칠언고시 한 가지 말고는 당대이래 중국에서 통행하던 양식들은 거의 다 망라되어 있다. 한문학 수용이래 개인성 양식으로는 가장 일찍이 정착한 문학사적 누적의 결과와도 무관하지 않지만, 이 시기에도 개인성의 문학적 실현은 주로 시양식에 집중되었음을 외형만으로도 단번에 알 수 있다. 이와는 달리 선종 7년(1090)에 고려에 들어온 《文苑英華》의[11] 양식체계 중의－실은 이 이전부터 작품을 통해 이미 분산적으로도 접해 온－특히 개인성이 강한 산문양식인 雜說·送序·贈序·寓言·雜記 등은 보이지 않는다. 뿐만 아니라, 삼국시대 이래로 문학의 필수교본이 되어 온 《文選》에 편입되어 있는 論·箴·哀조차도 보이지 않는다. 이 양식들은 일반적으로 통행의 정도가 그리 높은 편이 아닌 것은 사실이나, 그렇다고 또 그렇게 형식이 까다롭거나 그 시대 사람들의 삶에서 이런 양식들이 요구되는 경우가 극히 예외적인 데에 속하는 것도 아닌 것이다. 이들 양식이 이 시기에 실제로는 채용되었는데 그 자취를 남기지 못했다면, 그것은 이 시기 작품을 주로 전해 주고 있는 《東文選》의 選文 태도로 보아[12] 이 때 걸러져 없어졌다기보다는 그 이전에 이미 없어져 버릴 만큼 그 사용이 극히 드문 사실에 속했음을 뜻하는 것 외에 다름 아니다. 이 시기 최고의 대가인 金富軾의 20권 문집은, 《동문선》의 선문상황으로 미루어 볼 때 이 책의 편찬 당시까지 남아 있었을 가능성이 높다.[13] 그런데 이 책에 20종의 양식이 실린 김부식에게서 이들 양식의 사용 자취를 볼 수 없다는 사실은 이 문제와 관련하여 많은 시사를 준다. 아울러 김부식으로부터 약 1세기 뒤에 출현한, 고려 후기 한문학의 첫 대가인 李奎報에게 이르러, 위에 제시한 《문원영화》 및 《문선》의 양식들 중 寓言을 제외한[14] 나머지 양식들을 그의 문집이 아닌 《동문선》에서의 채록을 통해서도 볼 수 있다는 사실에서 더욱 그러하다.

아무튼 이 시기의 산문 양식으로서 저작의식의 개인성에 대응하는 것들은 그 채용 범위도 그리 넓지 못할 뿐만 아니라 그 개인성의 실현 기대성에 있어서도 상대적으로 낮은 편에 속하는 것들이 대부분이다. 이 문제와 관련하여 힘써 古文을 배워 해동 제일로 일컬어졌던, 문종～예종 연간의 金黃元이 역시 고문을 표방한 李載와 함께 당시 宰相 李子威로부터 "이런 무리들이

11) 《高麗史》 권 10, 世家 10, 선종 7년 12월.

12) 李東歡, 〈東文選의 選文方向과 그 意味〉(《震檀學報》 56, 1983) 참조.

13) 成俔의 《慵齋叢話》 권 8에 나오는 문집 목록은 당시 行世本 전부라고 볼 수 없다는 전제에서이다.

14) 《東國李相國集》에 〈寓言〉이란 양식이 따로 설정되어 있지는 않으나 실제로 寓言性을 띤 작품은 많다.

오랫동안 文翰의 지위에 있으면 후생들을 그르치고 말겠다"는 규탄을 받고 貶職된 사실은[15] 많은 시사를 준다. 결국 이 시기에는 대체로 공공적 용도와 저작의식의 공공성에 입각한 양식 및 여기에 결합된 변려문체의 압도적 관철 속에 순수한 산문양식, 특히 개인 의식성이 강한 양식은 그 채용·통행이 허여될 여지가 별로 없었던 것 같다.

한편 위의 ㉰에서 문예적인 산문양식 가운데 墓誌의 문예적 발달이, 예외적인 몇 편을 제외하고는 극히 낮은 단계에 머물고 있는 사실, 남아있는 7편의 記 가운데 왕(실)에 관련된 것이 6편이나 된다는 사실에서 개인성 산문양식이 실현된 실재 상황의 일부 국면을 가늠할 수 있다. 傳은《三國史記》열전 외에 특히 僧傳이 많이 지어진 것으로 생각되나 문예성 및 개인의 식성에 입각한 본격적인 인물형상화란 점에서는 〈均如傳〉과 병렬할 만한 작품이 더 있었을 것 같지는 않아 보인다. 과거 제술업에서 시와 함께 핵심과목의 하나인 賦 중 전해지는 것은 김부식이 쓴 단 두 편뿐이다. 부는 후세에도 작품이 상대적으로 많은 편이 아니었기는 하나, 그 양식이 주로 과거시험과목으로만 기능했고 개인적 창작욕구로의 연결은 극히 희소했음을 뜻한다고 할 수 있다.

이상의 검토로 미루어 보건대 이 시기에 도달한 한문학의 본격화는, 한마디로 삼국시대 이래 일부 공공성 양식이 정착한 것을 이어 받아, 왕조의 확대된 정교·전장·의례체계에 대응하여 공공성 양식의 채용 범위가 확대되는 가운데에 개인성 산문양식이 일정하게 확대되고 개인성 실현에 있어서 시 양식에로의 높은 집중도를 보인 것이라고 규정할 수 있다.《동문선》에 남겨진 아래와 같은 김부식의 작품 양식체계도, 결국 이 시기의 이러한 형세를 단적으로 반영하고 있는 것이라고 할 수 있다.

> 賦·五言古詩·五言律詩·七言律詩·七言排律·五言絶句·七言絶句·敎書·制誥·冊·批答·表·啓·狀·銘·贊·記·議·疏·靑詞(《東文選》의 배열순서에 의함)

개인성의 문학적 실현이 시 양식으로 집중되는 것은 문학사에 있어 보편적 현상이나, 문제는 여타 개인성을 지닌 산문양식과의 비례 관계에 있다.

15)《高麗史節要》권 8, 예종 12년 8월.

이런 관점에서 보아 고려 전기는 우리 나라 한문학사의 후세 양상에 비해 상대적으로 시쪽의 집중도가 현저히 높았다는 말이다. 이 점은 詞 양식에서도 극명하게 드러난다. 사는 특히 선종·예종의 경우 직접 지은 자취를 역사 기록에 남길 정도로[16] 당시 궁정문학의 중요 양식 중의 하나였던 것이다. 그리고 《睿宗唱和集》의 존재와 李子淵의 願刹 甘露寺를 제재로 한 詩僧惠素와 김부식의 시에 화답한 시가 무려 거의 1,000여 편이나 되어 거질을 이루었다는 사실이[17] 이 시기 시의 문화·사회적 비중이 어떠했는가를 상징적으로 보여주는 바이다. 그리고 다음 시대로 넘어가자 바로 《破閑集》·《補閑集》의 두 詩話가 잇따라 나온 것은 이 시기 한문학사의 이러한 정형의 필연적 결과였던 것이다. 여기에서 서긍이 "대저 聲律을 숭상하고 경학에는 아직 별로 익숙하지 못하다"[18]라고 한 견문담이 당시 한문학의 정형에 대한 寸鐵的 증언임을 다시 확인하게 된다.

주로 화려·숭엄한 풍격의 변려문체로 실현된 공공성 양식의 압도적 관철과 궁정을 위시한 지배층의 사교에 널리 기능하기까지에 이른 시 양식의 편향적 홍성의 면모를 두고 흔히 이 시기, 특히 예종·인종 년간에 이르러 마치 한문학이 총체적으로 발전·성숙·융기된 양 잘못 인식하고 있는 경우가 많다. 그런데 앞에서 제시한 지표에 비추어서는 공공성 편향, 시 편향 등 편향성의 한계를 드러내 보이는 형세다. 바꾸어 말하면 한문학의 역사적인 본격화로서는 아직 미숙 내지 불완전하다는 말이다.[19] 이 점은 이 시기에 있어 문집「편성」이 드물었던 사실에서도 드러나고 있다.[20] 이는 한문학 본격화의 미숙성·불완전성에 기인한다고 보아야 할 것이다. 왜냐하면 그 저변에 한문학에 대한 인식에서, 일반적으로 작품적 성과를 후세에 전할 정신적 소산으로서의 寶貴性이나, 또는 이것과도 무관하지 않는 가문의 格의

16) 선종의 〈賀聖朝詞〉가 남아 있으며, 예종의 〈迎春詞〉·〈萬年詞〉·〈臨江仙〉 등 6수의 詞 제목이 전한다.

17) 李仁老, 《破閑集》 권 中.

18) 徐兢, 《高麗圖經》 권 40, 儒學.

19) 崔滋, 《補閑集》 序 "漢文唐詩 於斯爲盛"에서의 '漢文'은 주로 공공성 문학적 저작을 두고 이른 것으로 修辭性이 강하다.

20) 崔滋에 의하면 고려 초에서 자기시대까지 300여 년간 65명의 저명한 작가 중 문집을 편성한 이는 단지 수십家에 그칠 뿐이었다고 한다(崔滋, 《補閑集》 序).

징표성보다 당대에서의 부귀·영화를 얻고 누리기 위한 도구로서의 효용성에 그 비중이 더 크게 두어져 있었던 점과[21] 결코 무관할 수 없을 것이기 때문이다.

김부식의 문집은 20권에 그친다. 이에 비해 신라 말 최치원의 저작은《계원필경집》을 제외한《文集》만 30권에 이른다. 이것은 일종의 전도적 현상으로 최치원의 한문학 역량이 우리 나라 한문학의 역사적 발전에 따른 순행적 결과가 아니라 16년간 당나라 文苑을 체험한 성과를 끌어들인 데 따른 몫이 압도적으로 컸음을 뜻한다. 그리고 김부식으로부터 1세기 뒤 이규보의 53권 문집이 출현한 사실과 대조해 보면 이 시기 한문학의 역사적 진행의 실상을 족히 알 수 있다.

신라 말과 고려 중기라는 역사 변동기에 처하여 각기 재야적 처지를 경험하면서 다양한 국면과 요소를 포괄했던 의식세계에 기초하여서야 최치원과 이규보의 한문학적 성과가 나올 수 있었다. 이에 대하여 이 시기 한문학은 화려·숭엄한 풍격의 변려문체를 통한 공공성 양식의 팽창적 실현과 이에 맞물린, 주로 궁정을 위시한 지배계층의 사교가 그 생산·향수의 장이었던 시 양식에의 편향이라는 형국을 이루고 있었다. 이는 이 시기, 특히 왕권 확립이 이루어진 문종대 이후 기조적으로는 통합되고 안정된 지배체제 안에 안주했던 한문학 담당층의 의식이 만들어낸 것이다. 고려 전기 특히 왕권 확립이 이루어진 이후, 당시 사회의 문신 귀족체제적 특징이 한문학의 사적 형국에서도 다시 확인되었다. 그렇다면 이 시기 한문학이 미숙하고 불완전한 것이 아니라 오히려 구족하다고 할 만하다. 결국 한문학의 통시대적 관점에서 보았을 때 이 시기의 한문학 본격화의 미숙성·불완전성은 일단 이 시기 사회체제에 기인하는 것이나, 이 점과도 무관하지 않은 보다 깊은 요인이 다시 추구되어야 할 것이다.

여기서 자세히 논구할 여유가 없거니와, 수용한 지 적어도 7·8세기를 지나서야 역사적으로 가시적인 본격화의 길에 들어서고, 정책적인 추동을 받으

21) 가령 崔冲의〈戒二子詩〉(《補閑集》上) 중의 "家世無長物 唯傳至寶藏 文章爲錦繡 德行是珪璋 今日相分付 他年莫敢忘 好支廊廟用 世世益興昌"에서 그런 인식을 읽을 수 있다.

며 2세기를 지나서 도달한 정도가 위에서 논의된 편향성의 한계적인 형세이게 된 배후에는 불교를 涵攝하면서 새로운 힘을 얻어 신장·상승해 있었던 본유의 자기전통의 완강한 견제가 있었다고 보아야 할 것이다. 이런 점에서 현종 12년(1021)에 玄化寺를 낙성하고 왕 자신「鄕風體」에 의거한 시가를 짓고, 신하들이 지어 바친 〈慶讚詩腦歌〉 찬11수와 함께 법당밖에 걸어두고 遊觀者들로 하여금 각기 '익힌 바에 따라' 음미·감상하도록[22] 한 사실은 이 문제와 관련하여 중요한 하나의 단서로 보아야 할 것이다. 다음으로는 한문학이 본격화된 역사적 주요 동인이 태조 왕건이 새로운 국가 경영의 준거로 유교를 도입한 데에 따라 보편가치가 불교로부터 유교로 옮겨감에 있었던 만큼 이 전이과정의 세계관의식의 구조와도 결코 무관하지 않아 보이므로 이 또한 구명되어야 할 과제다. 요컨대 우리 나라에서 한문학이 본격화된 것은 크게 보아 우리 역사의 변동·발전이 따른 내적 요구와 조건에 의하되 우리 역사 내부에서의 이러저러한 대립·견제 요소들과의 길항과정을 겪으며 행해진 일정한 自己措定의 결과로서의 그것이었다.

(2) 고려 전기 한문학에서의 상상력·의식·풍격

가. 제1기(태조~정종)

앞에서 논급한 바와 같이 이 시기 한문학사의 첫머리에는 신라 말의 연속으로서의 傳奇系가 자리하고 있다. 각종 문헌에 편입되어 각 문헌 그 자체의 문맥 속에 매몰되어 온 이 계열 작품들로서 기왕에 표출되어 온 것에 새로이 2편(아래의 ㉳·㉴)을 추가하여 목록을 제시하면 다음과 같다.

> ㉮ 崔致遠(《太平通載》), ㉯ 調信, ㉰ 金現感虎(이상 《三國遺事》), ㉱ 首揷面枏(《大東韻府群玉》), ㉲ 溫達, ㉳ 薛氏女, ㉴ 都彌(이상 《三國史記》), ㉵ 白雲·際厚(《三國史節要》)

㉮·㉯는 전기임이 확실한 것이고, ㉰는 전형에서 다소 일탈될 정도로 확장된 것이고, ㉱는 온전한 1편 전기의 縮約態인 것으로 보인다. ㉲~㉵는 본래 전기적 양식의식으로 쓰여진 것이 역사편찬자의 일정한 첨삭을 거친

22) 〈開豊玄化寺碑〉(《朝鮮金石總覽》 上).

것으로 생각된다.

㉮는 최치원의 바로 다음 세대에 지어졌거나 늦어도 그 다음 세대를 넘지 않을 것임은 작품 말미 부분의 "모란을 심었는데 지금도 남아 있다"는 구절로 알 수 있다. ㉯가 고려에 들어와 오랜 후대에 지어진 것이 아님은 작품 초두의 "옛날 신라의 서울이었을 때"라는, 신라에의 회고적 情調가 유난히 개연하게 표출되어 있는 점으로 단서를 삼을 수 있다. ㉰는 그 원저작 시기가 신라 말 어느 때로 추정되고, ㉱는 ㉮와 함께 문종대 朴寅亮의《新羅殊異傳》에 실려 있었다는 점으로 미루어 대체로 이 시기에 지어졌을 것으로 본다. ㉲~㉴는 그 원저작 시기를 추정할 수 있는 구체적인 단서는 없다. 그러나 이 작품들이 편입되어 있는 사서 안에서의 다른 인물 서술과 대조해 보면 전기양식의 세례를 받은 흔적이 역연하다는 점이 신라 말 이래 이 시기에서 크게 벗어나지 않을 것으로 추측케 한다. 특히 ㉲와 ㉳는 각기 고구려와 백제에 대한 회고적 관심의 바탕에서 관련 사료 또는 전설을 작품화한 것으로 보여, 어쩌면 후삼국에서 이 시기에 이르는 사이 각각 그 계통의 문사에 의해 지어졌을지도 모를 일이다.

이 시기의 전기는 대개 구전설화나 문헌자료에서 자료를 취하여 지어졌다고 추측되고, 따라서 상상력·의식·주제 등 작품의 내포에 있어 작가의 몫이 자연히 한정성을 가질 수밖에 없다. 그러나 기본적으로 자아와 세계와의 관계에 대해 일정한 對自的인 轉身이 없이는 지어지기를 기대하기 어려운 양식이다. 바로 이 점이 한문학의 역사적 본격화와 관련하여 주목되게 된 것이다. ㉲~㉴는 아직 이 시기 전기로서의 정립에 보다 더 면밀한 검토가 필요하므로 일단 논외로 해야겠거니와, ㉮~㉱의 경우 우선 공통적으로 애정 모티브를 가지고 있음을 보게 된다. 이 점은 ㉲~㉴도 마찬가지다. ㉲~㉴를 일단 유보하고 ㉮~㉱만 가지고 보더라도 우리 한문학의 역사에서 이처럼 애정 모티브의 집중 현상을 보인 경우는 유례를 찾을 수 없을 것 같다. 이 현상은 비슷한 시기 당나라 전기의 그러한 성향을 수용한 것으로만 간단히 치부하고 말 수 없는 우리 내부의 사회사·정신사적인 의미를 분명히 가지고 있을 것이나 현재로서는 하나의 과제로 미루어 둘 수밖에 없다. 다만 이 애정 모티브가 주제 그 자체로 발전한 것은 〈수삽석남〉뿐이며, 〈최치원〉

과 〈조신〉·〈김현감호〉에서는 상위의 다른 주제에 종속되고 있을 뿐이다. 그러나 〈수삽석남〉에서도, 〈조신〉의 경우도 마찬가지인데, 신분갈등 모티브와 맞물려 있다는 점에서 그 비중이 절대적인 것은 아니다.

〈최치원〉은 幽媾를 그 情節 구성의 중심축으로 한 점에 있어서나, 시의 삽입을 구성의 주요 성분으로 삼은 점에서나, 그리고 그 시풍의 艶麗함과 시가 도달한 수준에 있어서나 후세 金時習의 《金鰲新話》의 일부 작품에 방불한 작품이다. 삽입시의 대량적 구사와 정절의 짙은 색정성에 있어서 8세기초 무렵 당의 張鷟의 〈遊仙窟〉의 영향을 받은 자취가 역연하나, 의식이나 주제의 방향에 있어서는 거의 對蹠的이다. 요컨대 〈최치원〉은 주인공 최치원의 고독하고 답답한 情懷와 현실 허무의식이 짙은 음영으로 배어있는, 비극성이 농후한 작품이다. 저승의 두 미녀와의 짙은 색정은 이러한 주제성향을 효과적으로 부각시키는 데에 아주 적합하게 쓰이고 있다. 주인공 최치원의 고독·답답함과 현실 허무의식은, 실존 최치원의 행적과 마찬가지로 작품의 결말에서 「遊心沖漢」이라는 초월계로의 登陟으로 귀결되고 있다. 그 동기는 다르나 고독과 현실 허무의식의 결과 초월계로의 안주가 모색된 것은 〈조신〉에서도 마찬가지다. 다만 여기서는 태수의 딸과의 삶이 樂보다는 전적으로 苦의 국면에서 묘사되고 있음이 전자와는 달라서 불교적 상상력이 강하게 투과되는 것을 볼 수 있다. 이런 차이점에도 불구하고 이 두 작품은 고려 초기 신라유민계 재야문사들의 고뇌의 소산임에는 일치할 것 같다.

애정 모티브를 도입한 네 작품에서 〈수삽석남〉만이 그 결말이 희극적이고 나머지 셋은 모두 비극적이다. 그러나 어느 것이든 낭만의식이 작품 산출의 기반적 자질이 되고 있음을 본다. 이 네 작품뿐 아니라 위의 목록 ㉳~㉵ 작품들도 모두 짙은 낭만의식에 기반하고 있다. 그리고 〈최치원〉·〈김현감호〉·〈수삽석남〉의 구성에는 신화적인 상상력이 지배적으로 개입되고 있다. 이 신화적 및 불교적 상상력과 낭만의식은 전시대로부터 이어와 이 시기에 이르러 전기양식으로 일종의 극적 확충과 표출을 보이고는 일정한 변용·굴절을 겪으며 다음 시기로의 먼 파장으로 흐르다가 유학정신의 성장으로 傍邊의 잔류로 가게 된다.

이 시기 문학에서 신화적 상상력이 이처럼 개입되는 것은 근원적으로 이 시기가 아직 신화적 세계관의 지배 아래에 놓여 있었기 때문이다. 이 사실은 이 시기의 공공성 저작인 역사기록이 웅변해 주고 있다. 우선 잘 알려진《舊三國史》는 대체로 왕권 확립의 기틀이 잡혀진 성종 년간 전후에 편찬된 것이 아닌가 생각된다. 이규보의〈東明王篇〉에 협주로 남아 있는 그「蕪拙한 文字」의 잔편을 통해서나마 아니 오히려 문자가 무졸함으로 해서 더욱 이 시기 신화에의 주관적인 열정을 행간에서 감지할 수 있다. 뿐만 아니라 문종 말기에 쓰여진〈駕洛國記〉의 경우 이런 저작에서는 극히 이례적인 銘까지 첨가되어 있고, 당연한 일이지만 이 명은 신화에의 고양된 열정으로 차 있다. 의종대 金寬毅의《編年通錄》으로부터《高麗史》에 전재되어 있는〈高麗世系〉역시 한미한 왕건의 가계를[23] 삼국이래 전해 오던 신화들을 빌려 신격화한 한문 작품이다. 이 저술은 필시 예종이 일찍 읽었다는《編年通載》로부터 김관의의《편년통록》으로 전재되었을 것인즉 바로 이 시기 왕권수립 과정의 산물로 보아 무리 없을 것이다.《고려사》에 전재된 김관의의 이 저작은, 김관의에 의해서인지 아니면《고려사》편찬자들에 의해서인지는 알 수 없지만 작문 과정에서 일정한 수정을 거친 것으로 보인다. 다시 말하면 신화적 사실만 단순히 기술해갈 뿐 신화에의 주관적 열정은 이미 제거되어 있으나, 앞의 두 사례로 보아 원저작은 그렇지 않았음을 짐작하기에 어렵지 않다. 설령〈고려세계〉가 저작 주체의 입장에서는 단순히 정치적인 책략의 일환이었다 하더라도 이러한 책략이 실효를 거둘 기반, 즉 신화적 세계관이 두루 퍼짐이 없이는 그런 책략을 쓸 필요가 없었음은 두 말할 것도 없다.

금석으로 전해온, 왕명을 받들어 지은 고승들의 탑비는 대개 최치원이 이 방면에 남긴 작품들을 전범으로 삼은 듯하나, 최치원의 그것들에 비해 훨씬 格套性이 강하다. 우선 대개는 서두에 비의 주인공에 이르기까지의 선종 법맥을 인도·중국으로부터 추적해 와 주인공에게 연결시켰다. 그리고 가계, 태몽, 출생과 어린시절, 출가 및 본국 법사에게의 투신, 중국에서의 구도, 귀국, 왕으로부터의 우대, 弘法·順化·送終·樹碑과정의 순서로 서술하고 나서 銘詞로 끝맺는 이 단선 구성의 격식을 거의 지키고 있다. 사람이든 물건

23)《高麗史》권 2, 世家 2, 태조 26년 4월조에서 "朕亦起自單平"이라 하였다.

이든 불교적 신성존재들을 매개재로 삼은 태몽, 어렸을 때의 이를테면 葷菜 혐오 등으로써 불교적 根機가 생래성을 지닌 것으로 표현되는 점은 최치원의 작품에서도 보이지만 이 시기의 탑비에서 하나의 格套로 자리잡고 있다. 특히 중국의 대사와의 만남에서 두 사람 사이의 전생인연 모티브가, 최치원의 작품에서는 볼 수 없는, 다른 또 하나의 例套로 자리잡고 있음을 본다. 최치원의 작품들에서 볼 수 있는 구성의 변화도 볼 수 없을 뿐 아니라 수사적 변화도 빈약하여 전반적으로 다분히 기능적이다. 태조~정종 년간에 이 방면의 글을 도맡아 쓰다시피한 최언위가 「三崔」의 한 사람으로 일컬어졌다지만 그 역량에 있어서는 최치원에게 크게 미치지 못한다. 고승들을 추모하는 큰비는 세속 고려왕조의 신성원리로서의 불교의 지위를 엄연히 상징하고 있다. 그렇지만 정작 비문에는 이 신성원리를 담지한 그들의 정신세계에 대한 묘사가 빈약한 국면에서 왕실 귀족의 기복 성향과 결합된 당시 불교 세속화의 한 단면이 드러나고 있다.

이 시기의 시 작품 중 현존하는 것으로는 전기 〈최치원〉의 삽입시와 주로 궁정에서의 송축을 목적으로 한 작품 몇 편이 있다. 장장 63句의 7언 기조장단구까지 그 가운데에 들어있는 난숙한 솜씨의 삽입시에 비하면, 궁정의 송축시 계열은 일반적으로 그 수준이 낮은 편이다. 그러나 이들 모두 그 시풍이 유미적인 점에서는 일치하고 있다. 궁정의 송축시들은, 뒷 시기에서도 그러했지만 주로 詠物의 형태로 지어졌다. 광종대 趙翼의 〈玄鶴頌〉을 위시한 이들 영물체 송축시 계열은 대개 궁정에 있거나 헌상한 새·꽃·나무 등을 즉물적으로 섬세하게 묘사하고 나서 송축적 의미의 서술로 결말짓는 것이 예사다. 따라서 감각적 섬세성이 이 계열 시들의 두드러진 풍격적 면모다. 이 감각적 섬세성은 이 시기의 시뿐만 아니라 그 뒷 시기의 시에도 일정하게 적용된다. 그런데 영물은 송축으로만 쓰인 것이 아니라 때로 諷諫으로도 쓰였다. 최승로는 그의 〈東池新竹〉에서 다음과 같이 읊기도 했다.

宸遊何必將天樂　임금님 노시는 데에 꼭 天樂으로만 할까,
自有金風撼玉聲　가을 바람에 이 대나무 절로 옥소리 내네.

유학자 최승로는 그답게 《詩經》에서의 「美」뿐만 아니라 「刺」까지도 아울러 실현해 보이고자 애쓴 듯하다. 고려의 궁정문학은 광종대부터 이미 시작되었거니와 최승로 같은 이가 따로 《禁中雜著詩藁》를 엮었다는 데에서 그 創作·享受의 양적 정도를 짐작할 만하다. 한편 姜邯贊의 문집 《樂道郊居集》·《求善集》을 이룬 작품들은 이 문집의 제호로 미루어 생각하건대 어쩌면 궁정시의 감각적 唯美風과는 다른 성향의 풍격이 아니었던가 싶다.

나. 제2기(문종～의종)

이 시기는 앞에서 논의한 바 한문학 본격화의 형세가 잡힌 시기이다. 그 핵심 국면은 변려체 공공성 문학의 난숙과 개인성 실현의 시 양식으로의 집중으로 드러나지만, 여타 개인성 양식들도 한문학 담당층의 삶의 변화와 요구에 부응하여 그 양과 질에 편차를 가진 채로 일정하게 실현되어 갔다.

이 시기 한문학사에서는 앞에서 다룬 전기작품의 일부가 실린 박인량의 《수이전》을 먼저 꼽을 수 있다. 평상적인 것과는 「다른」, 즉 초자연적인 일에 관한 기술물들을 모은 이 책은 현재 전하고 있는 남은 부분으로 미루어 보아 기술물들의 내용이 주로 신라를 배경으로 한 것이어서 《신라수이전》이라는 별칭도 있게 된 것 같다. 책의 제호에서 초자연적인 일들을 분명하게 「殊異」라고 규정한 만큼 적어도 편자 자신은 이미 신화적인 세계관을 벗어나 그런 일들을 객관화하고 있음을 알 수 있다.

자신이 객관화하고 있는 신화적인 사유의 산물들에 적극적인 관심을 가지게 된 박인량의 의도는 무엇일까. 우선 그 기술물들이 가진 서사적인 흥미와도 무관하지 않을 것이니 이런 태도 자체는 그 나름으로 문학사적 의의를 가지나, 기본적으로는 당시 국제관계의 전개 속에서의 고려의 진로 정립이라는 역사 진행의 큰 국면과도 무관하지 않을 것으로 본다. 박인량은 당시 고려의 대송·요 문장외교의 주역이었다.[24] 그는 일찍이 金覲과 함께 송에 사신으로 가서 두 사람이 지은 尺牘·表狀·題詠 등 시문을 현지인들이 간행하여 《小華集》이라 일컫는 환대를 받은 적이 있고, 〈上大遼皇帝告奏表〉로 요의 영토침탈 기도를 중지케 한 일이 있다. 박인량이 택한 고려의 진로는 정치적으로는 요의 세력에 어느 정도 순순히 따르면서 중국을 전범적 상대

24) 《高麗史》 권 95, 列傳 8, 朴寅亮.

방으로 삼은 문화 상승을 통해 요나라보다 문화적 우위를 내세우되 중국에 대해서는 문화적 자기입지를 결코 포기하지 않는 그런 것일 터였다. 이러한 선택은 박인량도 속해 있는, 당시 형성되어 가던 문벌귀족 집단의 공통의 것이었다. 정치적으로 또는 문화적으로 강한 두 세력 사이에서 고려의 지배층은 민족적 자기정체성의식에 일정한 긴장이 가셔질 수 없음은 자연스러운 일이다. 더구나 안으로는 이러한 진로에 대한 「國風派」의 도전의식이 지속적으로 자극해 오고 있음에랴. 이러한 상황이라 지배체제의 안정적 균형을 위해서도 민족이 역사적으로 쌓아 온 삶의 실체로서의 자기전통을 챙겨 두 상대방에의 대응 기반을 다지고자 하는 요구는 당연히 있음직한 것이다. 박인량이 《古今錄》 10권을 편찬한 것은 당시의 이러한 역사 현실의 맥락에서 이해될 일이고, 《수이전》의 찬집은 그 부수적인 결과로 이해된다. 요컨대 제한적이나마 민족 전통에 대한 전진적인 인식의 지평 안에서 나온 산물이다. 박인량의 이러한 자세는 그가 지은 〈文王哀冊〉의 다음 대목이 분명히 그 단서를 제공해 주고 있다.

> 君子의 나라가 해동에 솥발처럼 셋이 있었다. 대대로 임금을 세웠는데 하늘이 睿智있고 총명한 이들을 내었다. 알 속에서 나온 童子 赫居世요, 해의 아들 朱蒙이오, 百家로서 濟하니, 세 나라 모두 雄이라 이를 만하다. 우리 神聖하신 太祖에 미쳐서 천명에 응하시었다. 여러 나라 통일하여 빛을 거듭하고 경사스러움을 포개었다 … 聲名이 환히 빛나고 문물이 美盛하였다. 융성하기 上國에 견줄 만하여 小中華라 일컬었다(《東文選》 권 28).

유가경서와 중국의 사서로부터 가져온 典故로 엮어 나가는 것이 상례인 당시의 공공성 문장 속에 삼국의 시조신화를 당당하게 전고로 구사한 박인량의 이러한 자세는 족히 주목할 만하다. 다음 세대인 김부식이 〈進三國史記表〉에서, "하물며 新羅氏·高句麗氏·百濟氏가 基業을 열어 솥발처럼 존립하면서 능히 禮로써 중국에 통했음에랴"라고 한 것과는 의식에 있어 거의 대조적이라고 할 만하다. 이러한 의식에 연계되어 찬집된 《수이전》은 그 뒤 金陟明의 改撰本이 나오기도 하고 경주의 安逸戶長家에 소장되기도 하는 등 당시 식자층에게 다소 광범하게 유통된 것 같으며, 마침내 一然의 《三國遺事》, 특히 그 〈紀異〉의 찬술의식으로 이어진다.

고려왕조와의 관련에서의 삼국의 존재 의의에 대한 박인량과 김부식의 시각 차이는 예종·인종 년간의 문벌귀족 집단의 민족적 자아의식의 현저한 퇴축을 단적으로 보여준다. 정치적으로 이러한 대외적 퇴축의식의 심화에 맞물려 문화적으로도 내부로의 소모성이 고조되어 갔다. 이러한 소모성이 한문학 분야에서는 공공성 문장에서의 문체의 華靡와 시를 도구로 한 궁정문학의 난숙화로 나타났다.

현재《동문선》에 실려 있는 150여 편 전후의 전자 양식의 작품들이 이 점을 실증해 주고 있거니와, 崔滋의 다음과 같은 논평이 단적으로 증언해 주고 있다.

> 本朝의 詞誥가 이전에는 典則이 있었는데, 睿王代에 이르러 華靡로 一變했다. 그런데 지금 또 三變하여 모두 변화한 수사와 허황된 미화다. 심지어는 배우의 戱讃과 같다(崔滋,《補閑集》下).

최자의 이 논평은 물론 制誥를 들어서 한 것이나 오늘날 전하고 있는 이 시기의 작품 중 130여 편으로 압도적 비중을 점하고 있는 表에도 대체로 해당될 것 같다. 그러나 이 시기 공공성 문장의, 이 화미의 풍격의 이면에 놓인 경직되지 않은 美에의 욕구는, 한편으로는 사고의 유연성 가치에의 개방지향과 유기관계에 있다는 점에서 일정한 생산성이 인정되는 일면도 있음을 간과할 수 없다. 아울러 이 시기 공공성 문장에는 후세의 그것에 비해 현저히 높은 숭엄미가 실현되어 있어 당시 한문학 담당층의 국가에 대한 상대적으로 드높은 자존의식·위신의식을 보여주고 있다는 점에서 역시 유의할 만한 국면이라고 하겠다.

궁정문학의 난숙화는 이 공공성 문장에서의 화미의 풍격과 맞물린 현상이다. 지나치게 시를 숭상하고 遊宴을 좋아하는 예종에 대한 崔瀹의 간언은 잘 알려진 바이거니와, 위의 최자의 논평에서처럼 변화한 수사와 허황된 미화로의 三變이 진행된 의종연간의 극에 이른, 유연을 동반한 궁정시회가 마침내 무신의 변란을 가져온 사실도 이미 알려진 대로다.

시를 도구로 한 궁정문학이 이 시기 한시문학의 발달을 추동한 것은 사실이나 그것이 이 시기 한시문학사의 본령일 수는 물론 없다. 이 시기 한시문학사의 본령은 당연히 궁정문학에서와 같은 공유적 의식·서정이 아닌 시인 독자의 의식·서정의 전개 국면에 놓여 있다.

이 시기 한시사의 두드러진 면모는 도가적 상상력이 유가적 상상력이 상위급 시인집단에서 일정하게 대조적 면모를 보여주고 있다는 점이다.[25] 시적 상상력의 영역에 관한 한 유가와 도가의 구별은 무리일 수 있다. 유가사상을 지닌 시인이라 하더라도 시작의 동력은 대개 도가적 정신에 의지하는 몫이 많기 때문이다. 이것은 물론 유가와 도가의 사상적 성향의 차이에서 유래한다. 그러나 이 사상적 성향의 차이가 상상의 주체를 제약한다는 점에서 일정한 층위에서는 구별이 가능하고 또 요구되기도 한다. 이러한 구별성이 비교적 뚜렷이 하나의 형국을 이루고 있는 경우가 바로 이 시기의 한시사가 아닐까 한다. 나아가 유·도 양가의 상상력을 대표하는 계열 내부에서의 뚜렷한 성향 차이까지 파악되기조차 한다.

먼저 도가계는 郭輿와, 鄭知常의 작품이 대표한다. 예종의 「金門羽客」이기도 했던 곽여는 그야말로 예종 때의 대표적인 궁정시인인 셈이다. 남아있는 작품이 5편인데 선명하게 구별되는 두 측면을 보여준다. 도교적 상상력의 측면과 도가적 상상력의 측면이 그것이다. 仙界 공간을 다소는 환상적으로 그려낸, 그리고 화려한 〈東山齋應製詩〉는 전자의 경우이고, 다음의 〈隨駕長源亭上登樓晩望 有野叟騎牛傍溪而歸〉는 후자의 경우다.

太平容貌恣騎牛　　태평스런 거동으로 아무렇게나 소를 타고,
半濕殘霏過壟頭　　부슬비에 반쯤 젖어 밭머리 지나는구나.
知有水邊家近在　　아마도 집은 가까운 물가에 있나 보지,
從他落日傍溪流　　지는 해 아랑곳 않고 시내따라 가고 있네.

위의 글은 도가적 「無爲」가 상상력의 근원으로 된 작품이다. 곽여의 이 작품과 같은 양식에 題材的 공간까지 같은 정지상의 〈長源亭〉을 보면 다음과 같다.

玉漏丁東月掛空　　물시계 또록이고 달은 허공에 걸렸는데,
一春天與牧丹風　　봄 하늘 가득 불어오는 모란 바람.

---

25) 이 시기 한시에 대한 사상사적 시각에서의 접근으로는 李鍾文, 《高麗前期 漢文學 硏究》(高麗大 博士學位論文, 1991)가 있다.

小堂捲箔春波綠　　작은 마루 발 걷자 봄 물결이 푸르러,
人在蓬萊縹繼中　　아스라한 蓬萊境에 떠오른 나여.

전자의 시에서 상상력이 動靜 미분화적인 무위에 집중되어 있음에 대하여, 후자의 시는 매우 역동적이다. 작품에서의 상상력은 경험적 자아의 현실적 삶의 문맥의 한 승화된 변형이기도 하다. 이런 점에서 후자의 상상력의 역동성은 세속의 구속을 벗어나고자 하는 도가적 정신지향의 일면에 그의 西京遷都·稱帝建元이라는 이상추구 의식의 결합으로 생성된 것이란 해석이 가능하다. 〈送人〉 등 일련의 작품으로 그가 곧잘 표출한 이별의 정서도 현실에서의 결핍의식의 한 변형이라고 본다면 기본적으로 같은 맥락이라고 할 수 있다. 그의 이러한 상상력의 역동성과 함께 맑고 화사한 언어 감각은 그의 시를 낭만풍으로 규정하게 하는 근거가 된다. 낭만풍이란 점에서는 전자의 시 역시 마찬가지다.

유가계의 김부식은 이 시기 최고의 대가답게 작품세계 역시 다채롭다. 이 시기의 작품 가운데 賦로서는 그가 남긴 〈仲尼鳳賦〉와 〈啞鷄賦〉만이 남아 있는데, 소품에 속하지만 그의 유가적 지성과 상상력을 유감없이 보여준다. 특히 공자를 人中之鳳으로 형상화한 전자에서 그 상상력이 매우 견실하고 치밀함을 보게 된다. 유가적 지성의 전형적 발현형태의 하나를 잘 보여주는 〈結綺宮〉 같은 작품은 이 시기에 찾기 힘든 諷諫詩이거니와, 문신귀족으로서의 그의 경험적 자아를 잘 드러낸 작품은 역시 〈甘露寺次惠素詩韻〉 같은 시일 것이다.

俗客不到處　　세속 사람 닿지 못할 곳,
登臨意思淸　　올라보니 마음이 밝구나
山形秋更好　　산 모습은 가을이라 더욱 좋고,
江色液猶明　　강 빛은 밤이라 오히려 밝네.
白鳥孤飛盡　　흰 새는 외로이 날아 사라지고,
孤帆獨去輕　　외딴 배 홀로라 경쾌하구나.
自慙蝸角上　　부끄럽구나, 달팽이 뿔 위에서
半世覓功名　　半生토록 功名 찾아 헤맨 일이.

같은 유가계이면서 김부식보다 20년 늦은 세대인 崔惟淸의 시는 조선시대

유학자들의 시에서와 같은 사유와 감각을 가지고 있다.

幽人夜不寐	숨어사는 사람 밤내 잠 못 이뤄,
待曉開窓扉	새벽 기다려 창문을 여네.
曙色天外至	하늘 밖에선 먼동이 밝아 오는데,
空庭尙熹微	텅빈 뜰은 아직도 희미하구나.
南枝動春意	남쪽 가지엔 봄기운 동하는데,
歸鴈正北飛	돌아가는 기러긴 북쪽으로 날아가네.
萬物各遂性	만물 제각기 제 性命대로 따라 살아,
仰賀璇璣機	우러러 天道의 운행 고마와 하노라.

〈雜興九首〉 중의 한 수다. 고려 유학에서 성리학적 사유의 맹아는 앞의 제1기에 속하는 崔沖 이래 간헐적으로 보이는 바이다. 그러나 시로서 이 정도의 형상화는 일정한 체득이 없고서는 어려우리란 점을 생각한다면 사상사의 궁금한 한 국면이 아닐 수 없다. 같은 시편의 다른 곳에 있는 "내 당초에 禪이라곤 모르다 / 한가롭기에 시험해 보았는데(我未始知禪 因閑聊試貫)"라는 말로 미루어서는 선을 계기로 얻은 정신경계 같아 더욱 흥미롭다.

이 시기 불가의 시로는 義天의 작품이 다수 남아 있으나 의천의 시적 사유나 시풍은 오히려 그 어느 유가계 시인의 그것보다 훨씬 더 유가적이다. 의천의 제자 戒膺과 詩僧 惠素의 작품 약간에서 불가시다운 상상력의 편린을 볼 뿐이다. 그리고 이자현의 상상력과 시풍은 불가적이기보다는 다분히 도가적이다.

특히 의종대에 들어와 민중의 처지에서 현실비판 의식을 표출한 시들이 출현하고 있는데 〈題驛壁〉 같은 시가 그 실례이며, 다음 시대 이규보의 그런 성향의 작품으로 이어진다.

이 시기 한문학 중 산문분야에서의 성과는 赫連挺의 〈均如傳〉, 金緣(仁存)의 〈淸讌閣記〉와 金富轍의 〈淸平山文殊院記〉, 그리고 김부식의 《삼국사기》 등을 통해 가늠할 수 있다.

최치원의 〈法藏和尙傳〉의 구성을 원용한 〈균여전〉은 序와, 10門으로 분류된 本傳과, 그리고 後序로 짜여져 있어 매우 체계적이다. 균여가 화엄종 승려란 점에 맞추어 그 일대기 구성의 이러한 10문 분류를 중심으로 한 체계성은 다분히 인위적인 격식성을 띠는 것이라고 볼 수도 있겠다. 그러나 불교 전성이라는 그 시대 기풍과 아울러 통합되고 자족적인 사회체제가 빚어낸 전형적 相關物로서의 의미도 없지 않다고 할 수 있다. 균여의 인물 형상화를 신화적인 상상력과 수사적인 문장으로 신성원리에 입각하여 실현하고 있으나, 비귀족 출신 승려로 대중 교화에 힘써서 신성 그 자체로 속세를 크게 벗어나지 않은 진정한「聖人」으로서의 균여의 인간상을 부각시키고자 했다. 이런 점에서 〈균여전〉의 저작은 앞 시기 이래 선종 고승들이 정치권력에 영합하고 대중으로부터 고답적으로 자기를 격리시키는 행태에 대해 저항의 성격을 띠고 있다고 하겠다. 사실의 기록성에 주안을 둚으로써 문학적으로 승화되지 못한 일반 僧傳들과는 물론이거니와 왕명을 받들어 쓴 앞 시기이래 고승들의 탑비와도 매우 다르게 열정적이고 신선한 세계를 보여 주고 있다.

〈청연각기〉는 이제현이 "藹然히 덕있는 사람의 말"이라고 평했듯이[26] 그 풍격의 醇正함에 있어서는 이 시기 古文이 도달한 수준을 보여주는 작품이다. 〈청평산문수원기〉는 같은 고문으로서 〈청연각기〉와는 일정하게 대조되는 풍격을 대표할 만한 작품일 것 같다. 이제현은 그 수다스러움을 애석하게 여겼으나[27] 실은 사실을 매우 진솔하게 서술한 생기있는 문체다.

《삼국사기》의 문학적 성과는 특히 그 열전 부분에 있다. 그 중 전기계로 추측되는 일부는 빼어난 서사 작품이다. 사료의 제약이 가져온 뜻하지 않았던 문학적 성과일 수도 있겠으나 이를테면 〈劒君〉과 같이 부분 행적의 집약적 서술에 의한 인물의 전체상에의 도달에 성공한 경우로 볼 수 있는 작품도 있다. 그러나 지나치게 자기류의 문예적 풍격에 집착한 나머지 인물의 형상성이 보다 생동적이지 못한 경우가 많다. 金澤榮은 그 문체의 풍격을「樸古」·「豊厚」·「疏宕」으로 파악했다. 이러한 문체미가 《삼국사기》 서술 주체가 속한 세력이 묘청의 난을 진압한 뒤 보수적 안정 위에 여유와 자신을 누리는 가운데에서 가질 법한 의식지향과 결코 무관하지 않으리라는 점에서 서술주체 자신들의 이념성향을 문예미로 구현하는 데에는 일단 성공적이라

26) 李齊賢,《櫟翁稗說後集》권 2.
27) 위와 같음.

고 할 수 있다. 그러나 다 알다시피 이 책이 역사서로서의 사실성이 약하다는 점에서 이러한 문예미적 성과도 어디까지나 片面的이다.

이 시기부터 일반화되어 간 것으로 생각되는 묘지는 전반적으로 문예성과는 아직 거리가 먼 편이다. 그런데 崔婁伯이 쓴 〈崔婁伯配廉瓊愛墓誌〉는 그 수법이며 기풍에 있어 놀랍게도 후세 朴趾源의 산문을 연상케 할 만큼 개성적이다.

〈李東歡〉

2) 향가 및 그 잔영

신라에서 생겨난 鄕歌는 고려 전기까지 계속 창작되었다. 고려 전기 향가의 대표적인 작품은 물론 均如(923~973)의 〈普賢十願歌〉 11수이다. 균여는 신라가 멸망하기 전에 태어났지만, 태어난 곳은 서라벌에서 멀리 떨어진 黃州이고, 그 곳은 이미 고려의 영토였다. 균여가 한창 활약하던 시기는 광종이 지방 호족을 누르고 왕권을 강화하면서 고려 전기의 통치질서를 확립하고자 한 때였다. 균여는 華嚴宗의 종단을 통일하고, 광종의 정책을 뒷받침하는 이념 수립을 담당하면서 향가를 지었다.

이러한 사실은 고려 전기 향가의 문학사적 위치를 이해하는 데 소중한 단서가 된다. 균여는 신라 유민으로서 신라 문화에 대한 회고의 느낌 때문에 향가에 애착을 가졌던 것은 아니다. 오히려 고려인으로서의 임무를 자각하고 신라와는 다른 고려의 통치질서를 수립하는 데 깊이 관여하면서 향가를 계승하려고 했다. 그러므로 균여가 향가를 지은 이유는 역사의 커다란 전환이 이루어졌어도 고려 전기의 사회와 문화가 신라의 경우와 근본적인 동질성을 지니고 있었던 데서 찾아야 마땅하다.

그러나 고려 전기의 향가는 신라에서만큼 활기를 띠지 못했다. 균여의 향가만 하더라도 원래의 서정성을 순수하게 지니지 못하고 불교적인 교화를 표방했다. 균여의 향가는 그래도 다섯 줄의 짜임새를 갖춘 詞腦歌이지만, 그 후에는 그런 것이 다시 나타나지 않은 듯하다. 예종 15년(1120)에 지었다는

〈悼二將歌〉는 넉 줄 향가의 모습을 하고 있어 다섯 줄이라야 하는 사뇌가의 범위에는 들 수 없을 뿐만 아니라, 전반부와 후반부가 나누어져 있다는 점에서 민요에 다시 접근하고 있다. 그보다 몇 십 년 지나서 鄭敍가 지은 〈鄭瓜亭曲〉은 사뇌가와 거의 같은 형식을 갖추고 있어서 주목되지만, 후대의 국문표기로 전할 따름이다.

〈도이장가〉와 〈정과정곡〉이 향가의 잔존 형태라고 하는 견해는 적절하다. 이 두 작품이 향가가 12세기까지 없어지지 않았다는 것을 입증해 준다. 그러면서 향가가 이미 원래의 모습을 그대로 유지할 수 없게 되었던 사정도 함께 알아볼 수 있게 한다. 이러한 현상이야말로 고려 전기 문학의 특징을 아주 선명하게 나타내준다. 향가는 고려문학으로서 적극적인 구실을 할 수 있는 능력을 갖추지 못하고 쇠퇴의 길에 들어섰다지만, 향가를 대신할 새로운 서정시는 좀처럼 나타나지 않았다.

〈보현십원가)는 《華嚴經》에 근거를 두고, 그 한 대목을 노래로 풀이했다.[1] 《華嚴經》의 〈普賢行願品〉에는 普賢菩薩이 열 가지 긴요한 행실을 소원으로 한다고 말한 대목이 있다. 그 내용은 보살이 아니더라도 부처를 믿는 사람이라면 마땅히 해야 할 수행이다. 그렇다고 해야 누구나 보살일 수 있다는 논리가 성립된다. 《화엄경》에서도 보현보살의 말로 그 열 가지 소원을 자세하게 이른 다음에 偈頌으로 다시 풀이했던 것인데, 균여는 한문 경전을 읽을 수 없는 사람이라도 그 요점을 이해하고 마음에 새겨둘 수 있게 하기 위해 사뇌가를 지었다. 노래를 짓게 된 연유를 밝히면서 서문에서 그 점을 분명하게 했다.

> 대개 詞腦란 세상사람들이 놀이하며 즐기는 도구요, (보살의) 소원이란 보살이 행실을 닦는 데 긴요한 것이다. 그러므로 얕은 곳을 건너야 깊은 데로 돌아가고, 가까운 곳에서 출발해야 먼 데 이르게 되듯이, 세속의 도리를 따르지 않고서는 둔한 바탕을 인도할 길이 없으며, 세속적인 말에 기탁하지 않고서는 크고 넓은 인연을 나타낼 수 없다. 이제 쉽사리 알 수 있는 가까운 일에 의거해서 생각하기 어려운 먼 뜻을 깨치도록 하자고, 열 가지 큰 소원을 말한 글에 따라서 열한 수의 거친 노래를 짓는다(《大華嚴首座圓通兩重大師均如傳》).

---

1) 均如의 〈普賢十願歌〉는 楊熙喆, 《高麗鄕歌硏究》(새문사, 1988)에서 자세하게 고찰했다.

그러면서 노래를 즐겨 외면 보살의 소원과 인연을 맺게 되고, 비방하면서 읜다 하더라도 이익을 얻을 수 있으리라고 했다. 사뇌를 세상사람들이 놀이하는 도구요, 세속적인 말로 된 거친 노래라고 한 데서 사뇌가 당시에 널리 유행하던 사정을 알아볼 수 있다. 또한 사뇌가는 아무리 불교적인 내용을 충실하게 갖춘다 하더라도 偈頌을 대신할 수는 없다고 본 균여의 생각도 함께 확인된다. 그렇지만 널리 유행하는 노래를 방편으로 삼아 교화를 펴고자 하는 것은 새로운 시도였다. 신라의 사뇌가에는 경전에 의거해서 信心의 발로인 수행을 나타낸 것은 없었는데, 균여는 자기 심성을 자유롭게 표현하는 대신 이미 정해져 있는 교리를 담은 敎述的 사뇌가를 내놓았다.

균여가 스스로 총괄하는 이름을 정하지 않았기 때문에 〈普賢十願歌〉라고도 하고, 〈普賢十種願王歌〉라고도 하는 노래 11수 가운데 10수는 제목도 《화엄경》에서 그대로 따왔다. 차례대로 들어보자. 〈禮敬諸佛歌〉는 여러 부처에게 두루 절하자는 노래이며, 〈稱讚如來歌〉는 여래를 칭송하자는 노래이다. 〈廣修供養歌〉는 부처 공양하는 공덕을 널리 닦자는 것이고, 〈懺悔業障歌〉는 스스로 잘못을 저질러 그르친 바를 참회하자는 내용이다. 〈隨喜功德歌〉는 다른 사람이 공덕 닦는 것을 기뻐하자는 노래이다. 〈請轉法輪歌〉는 법륜을 굴려서 설법해 주기를 부처에게 청하자는 것이며, 〈請佛住世歌〉는 부처가 항상 세상에 머물기를 바라는 노래이다. 〈常隨佛學歌〉는 항상 부처를 따라 배우자는 노래이다. 〈恒順衆生歌〉는 항상 중생의 뜻을 따르자는 노래이다. 〈普皆廻向歌〉는 스스로 닦은 공덕을 모두 다른 사람에게 돌리자는 노래이다. 그리고 끝으로 열한번째로 〈總結无盡歌〉를 두어서 끝없는 사연을 마무리하는 노래로 삼았다.

마음의 붓으로 그려 온 부처 앞에
절하는 몸이여 법계 없어지도록 일러다오.
티끌마다 부처 절이며, 절마다 모셔놓은
법계 차신 부처께 九世 내내 절하옵고자.
아아, 몸·마음·뜻의 業에 싫지 않게 이리 되어 있노라.[2)]

---

2) 金完鎭, 《鄕歌解讀法硏究》(서울大出版部, 1980)의 해독에 의거해 현대역을 한다. 이하 향가 인용은 모두 이와 같다.

첫 노래인 〈禮敬諸佛歌〉를 미흡한 대로 현대역을 해보면 이렇다. 신라 사뇌가를 표기했던 바와 같이 다섯 줄로 잡았다. 앞줄의 후반부가 뒷줄의 전반부와 더욱 밀접한 관계를 가지는 경우가 더러 있다. 《화엄경》에 나타난 내용과 견주어 보면, 거기서는 부처가 무수히 많다는 것을 강조하고서 그 모든 부처를 눈앞에 대한 듯이 믿으라고 했는데, 여기에서는 마음의 붓으로 그리는 부처라고 한 점이 특이하다. 그렇게 해서 내면적인 인식을 강조한 데서 서정적 표현의 독자적인 영역이 마련되었다.

미혹과 깨달음 한 몸임을 연기 이치에서 찾아보니,
부처 되어 중생 없어질 때까지 내 몸 아닌 사람 있으랴.
닦으심은 바로 내 닦음인저, 얻으실 이마다 사람이 없으리.
어느 사람의 善業인들 기뻐함 아니 두리이까.
아아, 이리 견주어 나가면 질투의 마음이 이르러올까.

이것은 다섯째 노래인 〈隨喜功德歌〉이다. 다른 사람이 공덕을 닦는 것을 질투하지 말아야 한다는 뜻을 나타냈다. 알기 쉬운 말로 마무리를 했지만, 이치가 그렇다고 하는 전제는 경전에서 말한 바를 대담하게 요약해서 표현을 바꾸어 놓았으므로 따져서 이해할 필요가 있다. 나와 다른 사람의 구별이 연기의 이치에서 본다면 있을 수 없다는 것을 말하고서, 그렇기 때문에 남의 공덕이 나의 것이고, 공덕 닦아 얻은 바가 다른 사람이라고 따로 분별해 놓은 누구에게 돌아가지는 않는다고 했다. 이런 대목은 이해하기 쉬운 세속의 말로 나타냈다고 하지만, 깊은 이치를 갖추고 있어서 만만치 않다. 사뇌가가 철학적인 시로 바뀌었다.

삶의 영역 다한다면 내 원 다할 날도 있으리마는,
중생 갱생시키고 있노라니, 갓 모르는 소원의 바다요.
이처럼 여겨 저리 행해 가니 향한 곳마다 선업의 길이요.
보현이 행하는 원이 또 부처 일이로다.
아아, 보현 마음에 괴어 저 밖의 다른 일 버릴진저.

열한번째인 〈總結无盡歌〉이다. 여기 해당하는 내용은 경전에 없다. 그러나 그 동안에 열 가지로 나누어 노래했던 바를 총괄해 표현만 다듬으면 되지 새롭게 지어내야 할 말이 있는 것은 아니다. 보현보살은 중생이 다 없어지도록 제도하기를 바라는 소원을 실행하고자 하니, 보현보살의 마음에 잔잔하고 괴어있는 자비를 따를 일이지 다른 생각은 버리라고 끝으로 강조해서 말했다. 그 동안 노래해 온 사연이 모두 확고부동한 신심의 발로임을 재확인했다.

그런데 보현보살을 따르며 다른 생각은 하지 말아야 한다는 결론이 신앙의 자세에 관한 것만은 아니다. 세속에서도 국왕의 통치에 따르기만 하고 사사로운 주장은 하지 말아야 한다는 방침과 정확하게 대응된다. 그 점은 지방호족의 잔존세력과 밀착되어 있던 禪宗에서 내세우던 이념과 불교적인 면에서나 세속적인 면에서나 대립된다. 중생이라고 지칭되는 일반 백성을 어느 쪽이 더 잘 살 수 있게 하는가를 두고 경쟁이 벌어 졌기에, 항상 중생의 뜻을 따르겠다는 노래까지 지었다고 보아도 좋겠다.

《三國遺事》에 전하는 향가가 14수에 지나지 않는데, 〈보현십원가〉는 모두 11수나 된다. 그렇게 많은 작품을 남긴 사람이 신라 때에는 없었다. 月明師나 忠談師쯤 되면 노래짓는 것을 업으로 삼았겠으나, 지금까지 전하는 작품은 두 편으로 한정되어 있는데, 균여는 자기 직분을 시인으로 삼은 사람이 아닌데도 지은 노래들을 고스란히 전할 수 있었다. 〈보현십원가〉 덕분에 향가가 생명을 이었을 뿐 아니라 깊은 이치를 갖춘 철학시의 경지에 이를 수 있었다. 그러나 고독한 시인이 세상과 부딪치면서 느끼는 갈등을 승화시킨 순수한 서정의 모습은 다시 나타나지 않았다.

〈보현십원가)는 崔行歸의 한역시와 함께 전한다. 최행귀는 균여와 같은 시대의 사람이었으며, 균여의 노래가 이루어지자 바로 번역했던 것 같다. 한시 번역은 명역으로 평가되었으며, 번역을 통해서 이 노래를 안 중국사람들이 균여를 높이 우러러보았다는 말도 전한다. 신라 향가에는 그렇게까지 알려진 것이 없었다. 하지만 한시로 번역한 의도와 거기에 따르는 문제는 단순하게 생각할 것이 아니다.

최행귀는 崔彦撝의 아들로, 중국 吳越國에 유학하고 돌아와 광종을 섬겨 총애를 받다가 죄를 받아 죽었다.[3] 그가 한문학에 상당한 소양이 있었기에 번역을 맡았을 것이다. 번역의 의도를 밝힌 〈譯歌序〉에서 한시와 향가의 관계를 두고 아주 주목할 만한 논의를 전개했다. 즉 한시는 중국말로 지으면서 5言 7字로 다듬고, 향가는 우리말을 3句 6名으로 배열한다고 했다. 말의 음성을 논하면 중국쪽과 우리 쪽이 쉽사리 분별되고 거리가 멀지만, 시를 짓는 이치를 보면 실력이 서로 맞서 있어서 강약을 가리기 어렵다고 했다. 그런데 우리는 중국 글을 아는데, 중국사람들은 우리 글인 鄕札을 모른다고 했다. 이렇게 요약할 수 있는 세 가지 논의를 어느 것도 예사롭게 넘길 수 없다. 향가가 3구 6명으로 짜여 있다는 것은 향가 율격의 어떤 규칙을 지적한 듯한데, 오랫동안 많은 사람들이 풀이해 보았으나 무슨 뜻인지 선명하게 이해되지 않고 있다. 한시와 향가가 강약을 가리기 어려울 정도라고 한 말을 실감나게 나타내기 위해서 창과 방패가 서로 맞서고 있다는 비유를 들었다. 우리는 중국 글을 아는데 중국사람들은 모른다고 한 데서는 문학적 능력에서 우리가 앞선다는 논리가 도출될 수 있다. 그 모든 논의가 중세의 보편주의에 구애되지 않고 민족문학의 의의를 처음으로 분명하게 제시한 점에 의의가 있다.

이상에서 서술한 바는 모두 〈均如傳〉에 자료가 전한다. 〈균여전〉은 赫連挺이라는 사람이 편찬한 균여의 전기이다. 혁련정은 성이 혁련이고 이름이 정이며, 진사였다는 것 외에는 행적이 알려지지 않았다. 문종 29년(1075)에 균여에 관한 자료를 모아서 모두 10장으로 된 전기를 완성했다. 균여의 탄생에서 사망까지의 사적을 담았는데 제7장이 〈歌行化世分〉이라 하여 균여가 노래를 지어 세상을 교화했음을 말하고 노래 원문을 실은 대목이다. 제8장은 〈譯歌現德分〉이라 이름짓고서, 최행귀의 한역시를 소개했다.

서술 태도는 균여를 숭앙하자는 것이었으며, 신이로운 행적을 들어서 숭앙의 이유를 대고자 했다. 노래를 실은 데 이어서, 균여의 노래가 세상에 전파되어 담이나 벽에도 적혀 있었다고 하고, 노래를 외니 병이 나았던 일도 있었다고 했다. 향가를 숭앙하는 것은 신라 이래의 전통인데, 거기다가 균여가 고명한 스님이고, 노래의 사연이 《화엄경》에서 유래한 내용을 전했기에 권위가 보태졌으므로 그렇게까지 숭앙되었을 것이다. 이 기록은 또한

3) 《高麗史》 권 92, 列傳 5, 崔彦撝.

저자 혁련정은 물론이고, 11세기의 일반 사람들이 한 세기 전에 이루어진 균여의 향가를 어렵지 않게 해독할 수 있었다는 증거이다.

향가에 관한 그 다음 기록은 〈玄化寺碑陰記〉에서 찾을 수 있다. 현종은 불행하게 세상을 떠난 부모를 추모하기 위해서 현종 12년(1021)에 현화사를 창건했다. 蔡忠順에게 명해서 짓게 한 그 글에 의하면, 절이 완공되어 낙성식을 거행할 때 현종 자신이 먼저 〈鄕風體歌〉를 짓고, 이어서 신하들로 하여금 경축하고 찬양하는 〈詩腦歌〉를 바치게 했더니 모두 열한 사람이 지었다고 했다. 작품은 하나도 남아 있지 않으나, 이런 기록은 소중한 의의를 지닌다.

향풍체가와 시뇌가라는 말은 물론 둘 다 향가를 일컫는 말이다. 신라 때에도 향가라는 말과 시뇌가라는 말이 둘 다 쓰였듯이 여기서도 함께 나온다. 둘을 구별할 수 있다면, 향풍체가는 詞腦歌가 아닌 다른 형식의 향가가 아닌가 싶다. 그 시절에는 임금이건 신하건 향가를 지을 수 있었음을 말해주고, 고려 향가의 작품이 지금 남아 있는 것보다 훨씬 많았다는 명확한 증거가 된다. 형식이 사뇌가인 것과 그렇지 않은 것을 구별해서 이해했던 점까지 짐작하게 한다.

현종 자신이 노래를 먼저 지었다는 사실은 다음 작품인 〈悼二將歌〉를 이해하는 데도 도움이 된다. 향가를 지은 왕이 둘이나 되는데 그런 일이 신라 때에는 없었다. 현종이 한시에 어느 정도 능했던가는 확실하지 않으나, 예종은 문신들과 어울려 모여 놀며 한시로 즐겨 화답했다. 그런데 아주 감격스러운 일이 있자 향가도 지었다. 현종은 부모의 명복을 빌고자, 예종은 건국 공신을 추모하고자 향가를 지었으니 창작 동기도 상통하는 바 있다.

〈도이장가〉를 지은 사연은 자세하게 전한다 예종 15년(1120)에 왕이 서경에 가서 八關會를 보는데, 허수아비들이 관복을 갖추어 입고 말을 타고 뛰면서 뜰을 돌아다녔다. 이상하게 여겨 물으니, 좌우에서 '이 분들은 申崇謙·金樂입니다'라 하고 행사의 내력을 설명했다. 그러자 슬픔에 잠긴 예종은 감격하여 두 공신의 후예를 묻고, 한시와 향가를 함께 지었다는 것이다. 이런 내력과 지은 작품이 《壯節公遺事》라고 줄여서 부르는 문헌에 기록되어 있다.

신숭겸과 김락은 태조 왕건이 견훤과 싸우다 궁지에 몰렸을 때 왕건을 대신해서 죽은 공신이다. 그 공적을 높이 치하해서 추모하는 행사를 태조 때부터 벌였다. 태조가 팔관회를 열고 뭇 신하와 함께 즐기다가 두 공신이 그 자리에 없는 것을 애석하게 여겨, 두 공신의 허수아비를 만들어 복식을 갖추고 자리에 앉게 했다고 한다. 그랬더니 두 공신은 술을 받아 마시기도 하고, 생시와 같이 일어나서 춤을 추기도 했다고 한다. 누군가가 두 공신의 가면을 덮어쓰고 허수아비 춤을 추는 놀이를 했던 것이다. 죽은 사람을 그런 방식으로 추모하는 것은 신라 때 이래로 오랜 유래가 있었는데, 두 공신의 일을 연유로 해서 팔관회의 절차에 편입되어 예종 때에 되풀이되었다고 보면 전후의 일이 두루 이해된다. 예종은 두 공신의 모습을 보고 한시를 먼저 지었다 한다. 한시는 5언 여덟 줄이다. 두 공신에 대한 생각을 걷잡을 수 없다 하고서 나라를 위해 죽은 곳은 적막하지만 추모행사를 하는 그 곳에 공적을 끼쳤다고 했다. 충의는 천고에 빛나지만 죽음은 한 순간의 일이라 했다. 임금을 위해 칼날을 맞이해 왕업의 기틀을 보존했다고 찬양했다. 이렇게 크게 찬양하고서도 만족스럽지 않아 다시 향가를 지었다. 두 공신의 내력을 서술하고 죽음의 의미를 밝히는 것이 한시의 기능이었다면, 눈앞에 벌어지는 광경을 보고 느낀 벅찬 감격을 표현하는 것은 향가가 말았다.

향가는 〈端歌二章〉이라고 했다. 〈단가〉는 토막노래라는 뜻일 것이다. 〈이장〉이라고 함은 두 부분으로 나누어져 있다는 말일 것이다. 즉석에서 노래를 지어 부르며 감격을 바로 나타냈기에 사뇌가 형식을 갖출 겨를이 없었고 민요에서 흔히 볼 수 있는 바와 같이 단락을 지우려고 토막 노래 둘을 만들었던 것 같다.

> 님을 온전케 하온 마음은 하늘 끝까지 미치니,
> 넋은 가셨으되 몸 세우고 하신 말씀.
>
> 직분 맡으러 활 잡는 이 마음 새로워지기를,
> 좋다 두 공신이여, 오래오래 곧은 자취를 나타내신저.

해독을 현대어로 바꾸어 두 줄씩으로 표기해 보면 위와 같다. 해독을 하는 데는 두 공신의 허수아비가 일어나고 춤도 추었다고 한 기록이 적지 않게 고려되었다. '몸 세우고 하신 말씀'은 일어선 거동을 말하고, '직분 맡으러' 이하는 뜰을 돌면서 춤을 춘 것을 그렇게 한 행위라고 보았다는 데 근거를 둔 해독이다. 예종이 실제로 목격한 바를 말로 나타내면서 다른 사연을 첨가했다고 이해하면 어려울 것 없는 작품이다. 그렇지만 '말씀'이 무슨 말씀인지 나타나 있지 않고, '새로와지기를'과 그 다음 말이 잘 연결되지 않는다. 노래 두 토막이 처음 석 줄로 나누어져 있다고 보는 편이 옳을 것 같다. 그렇다면 형식은 혼란되어 있다. '직분 맡으러' 이하가 '하신 말씀'의 내용이라고 보아야 뜻을 이해할 수 있다.

다시 살피면 좀더 알아볼 것이 있다. 마음・넋・몸을 나누어서 말해 주목된다. 죽었으니 넋이 갔다고 했다. 그런데 마음은 하늘 끝까지 미친다고 했으니, 마음은 죽은 다음에도 남아 있다고 한 것을 알 수 있다. 몸을 세웠다는 것은 눈앞에 벌어지는 광경을 두고 하는 말이다. 마지막 줄에서는 오래오래 곧은 자취를 나타내라고 했다. '하늘 끝까지'라는 공간 설정이 '오래오래'라는 시간적 표현으로 바뀌었다. '곧은 자취'는 마음의 표상인 몸을 다시 일컬은 말이다. 그런데 곧은 자취를 오래오래 나타내는 데는 한계가 있었을 것이다. 모습이 나타나는 것은 잠시 동안이고, 그리고는 공신의 행적은 역사기록에 묻혔을 것이다. 그런 느낌까지 자아낸다고 보면 단순한 노래가 아니다.

〈도이장가〉는 이렇게 풀이하더라도 안정되어 있는 작품은 아니다. 넉 줄 향가인 듯하나, 두 부분으로 나누어져 있고, 두 부분 사이의 균형이 갖추어지지 않았다. 형식과 내용의 불일치가 보인다. 죽은 사람을 추모하는 노래의 오랜 전통을 이었더라도 향가 본래의 격식을 유지하지 못하고 있다. 그래서 쇠잔기의 향가 또는 향가의 잔존형태에 해당한다고 하는 견해가 타당성을 갖는다.

鄭敍는 생몰연대가 기록에 남아 있지 않으나, 여러 자료를 종합해 보건대 예종・인종・의종・명종 4대에 걸쳐서 살았던 사람이다. 일찍이 李資謙의 권세에 맞섰고 妙淸의 난이 일어났을 때에는 개경 쪽에서 공을 세웠던 아버지 鄭沆(1080~1136) 덕분에 蔭敍로 진출해서 벼슬이 정5품인 내시낭중에 이르렀다. 인종과는 동서간이었으니 처가의 배경도 대단했다. 인종의 총애를 받았으며, 《고려사》 열전에서는 성격이 경박하나 재주가 있다고 했다.[4] 인종에 이어서 자기 이질인 의종이 왕위에 오르자, 의종의 아우를 추대하려는 음모에 가담하고 있다는 참소를 입어 의종 5년(1151)에 고향인 東萊로 귀양가게 되었다. 의종은 "오늘 일은 조정 의론에 핍박되었으나, 가서 있으면 마땅히 소환하겠다"고 했는데, 아무리 기다려도 소식이 없었다. 귀양에서 풀려난 것은 무신란이 일어나 의종이 쫓겨나고 명종이 즉위한 뒤의 일이었다.

소환한다는 명령을 기다리다가, 거문고를 어루만지며 노래를 지으니 그 사설이 슬펐다는 말이 《고려사》 열전에 보인다. 이어서 정서가 스스로 호를 瓜亭이라 했으므로 후세 사람들이 그 곡조를 〈鄭瓜亭〉이라 이름지었다고 한다. 노래를 지은 연대는 의종 10년(1156) 전후가 아닌가 추정되나 확실한 증거는 없다. 《고려사》 樂志에서는 노래를 지은 연유를 다시 소개하고, 李齊賢이 小樂府에서 한역한 것을 실었다. 국문으로 된 사설은 16세기 문헌인 《樂學軌範》에 전하는데, 곡조 이름을 따서 〈三眞勺〉이라고 했다. 작품 이름은 〈정과정곡〉 이라고 부르기 일쑤이고, 〈鄭瓜亭歌〉라고 해야 마땅하다는 의견도 있다.

내 니믈 그리ᅀᆞ와 우니다니　　山 접동새난 이슷ᄒᆞ요이다
아니시며 거츠르신ᄃᆞᆯ 아으　　殘月曉星이 아ᄅᆞ시리이다
넉시라도 님은 ᄒᆞᆫ ᄃᆡ 녀져라 아으　　벼기더시니 뉘러시니잇가
過도 허믈도 千萬 업소이다　　ᄆᆞᆯ힛 마러신뎌
술읏븐뎌 아으　　니미 나ᄅᆞᆯ ᄒᆞ마 니ᄌᆞ시니잇가
아소 님하 도람드르샤 괴오쇼셔

음악의 악조구성을 나타내는 前腔, 附葉 같은 말을 빼고, 사설만 적어보면 전문이 위와 같다. 악조 구성을 나타내는 말이 들어 있을 때마다 줄을 바꾸어 적어 열한 줄이 되었다. 처음 두 줄에서는, 님을 그리워하며 울고 있는 모습이 산에 사는 접동새와 비슷하다고 했다. 그 다음 두 줄은 자기 죄가 임금이 잘못 알고 있는 바와 다르고, 참소를 당했다는 것을 새벽녘 남은 달과 별이 알 것이라고 했다. 그리고는 넋이라도 한데 가고 싶다고 하던 사람이

4) 《高麗史》 권 97, 列傳 10, 鄭沆 附 敍.

누구였던가 하며, 임금이 자기를 버린 것을 원망스럽게 여겼다. 그래서 과도 허물도 천만 없다 하고, 그 모두가 참소하는 무리의 말일 따름이니 사라지고 싶다고 했다. 마지막 두 줄에서는 님이 자기를 벌써 잊었는가 묻고, 마음을 돌리어 사랑해 달라고 간청했다.

《악학궤범》에서 〈삼진작〉이라 한 노래는 후대 자료에는 악보도 남아 있다. 「진작」은 곡조 이름이라고 보아 마땅하며, 번호로 곡조의 빠르기를 표시했다고 생각된다. 一眞勺이 가장 느리고 二眞勺보다 三眞勺이 더 빠른 것으로 보인다. 그런데 「진작」은 〈정과정곡〉 외에 다른 노래에서도 광범위하게 발견되니 사설을 지으면서 또는 지은 다음에 기존의 곡조에 얹어서 불렀다고 보아야 하겠다. 악조 구성을 나타내는 말을 다시 살피면, 처음 세 줄이 前腔·中腔·後腔을 이루고, 그 다음의 것들은 葉이라 해서 거기 붙어 있는 부분들로 처리되어 있음을 알 수 있다. 그래서 음악에서는 확대형식이라 하지만, 사설은 그렇지 않다. 사설은 앞에서 한 말을 부연 설명하지 않고, 어느 대목이나 대등한 자격을 가지고 순차적으로 펼쳐져 있다. 일단 열한 줄로 나누어 적어본 것을 다시 정리할 수 있다. '몰힛 마리신뎌'와 '술웃븐뎌 아으'를 합치면 열 줄이 된다. 다시 두 줄씩 합쳐보면 다섯 줄이라 사뇌가 형식이다.

이러한 사실은 〈정과정곡〉이 사뇌가의 잔존 형태라는 견해의 근거가 된다. 향찰로 표기되지는 않았다는 점이 문제이기는 하나, 오로지 구전으로만 전해졌다고 보기는 어렵고, 향찰표기가 있었다고 추정할 수 있다. 그러나 다섯 줄로 볼 수 있으면서도 사뇌가 본래의 격식과는 아주 달라진 데가 있으니, 바로 감탄구가 놓인 위치이다. '니미 나를'하는 말 앞에 와야 할 감탄구가 '아소 님하'에 들어가 있다. 그래서 사뇌가가 해체되는 모습을 볼 수 있다 하겠다. 사뇌가가 아닌 향가는 민요에 흔히 있는 형식을 그대로 따왔으니 해체가 확인되긴 어렵지만, 고도로 세련된 짜임새를 자랑하는 사뇌가는 감탄구가 놓인 위치만 달라져도 본래의 격식에서 이탈했다.

〈趙東一〉

3) 설화문학

고려의 통치체제가 확립되고 이념 정립도 아울러 이루어지자, 설화는 적지 않은 타격을 입은 듯했다. 화엄종이나 천태종으로 대표되는 이론불교가 초경험적인 영역에 대해 함부로 상상하는 것을 허용하지 않았으며, 유학에 입각한 합리주의 또한 인간 만사를 說話로 풀이하는 데 대해 비판하고 나섰다. 신라 때와 비교해 보면 고려 전기의 설화는 빈약하다 하지 않을 수 없는데, 그 이유를 자료가 전하지 않는 탓으로만 돌릴 수 없다. 민간 전승의 저류가 상층문화와 연결되었던 상황까지 알아본다면, 우선 설화를 둘러싼 논란이 심각했던 데 거듭 주목하지 않을 수 없다. 성종 때 나라사람들이 華風만 좋아하고 國風을 좋아하지 않자, 李知白이라는 사람이 나서서 燃燈會와 八關會를 다시 열고 仙郎을 두는 풍속도이어야 나라를 보존할 수 있다고 했다.[1] 화풍은 중국 전래의 문화를 존중하는 기풍이니 말하자면 국풍과 대립되는 것이다. 일찍이 태조는 그 둘이 균형을 이루어야 한다는 방침을 내놓았지만, 광종 때의 개혁을 거치면서 균형이 깨어지고 말았다. 불교든 유학이든 통치체제를 정비하면서 내세운 이념은 화풍을 존중하는 쪽으로 기울어졌으므로, 불만을 가진 세력이 문제를 제기했던 것이다.

성종은 이지백의 제안을 일단 따른 것으로 되어 있으나, 문제는 표면에 나타난 정도 이상의 심각한 양상을 띠었다. 북방민족의 침입이 계속되는 상황에서 나라를 보존하자면 화풍에 의한 문화수준을 높이면서 외교적인 노력을 기울여야 할 것인가, 아니면 국풍의 전통을 존중하면서 진취적인 기상을 길러야 할 것인가 하는 논란은 그 시기에 해결을 볼 수 없었고, 金富軾과 妙淸의 대결로까지 치달았다. 국권을 장악하고 있는 문벌귀족 세력은 세련되고도 합리적인 역사의식을 내세워 납득할 수 없는 신앙이나 허황된 이야기에 근거를 둔 자기 과시를 애써 격파했다. 군사적인 승리를 거둔 데 이어서 역사서술을 통해 불변의 정통을 수립하고자 《三國史記》를 내놓았다.

---

1) 《高麗史》 권 94, 列傳 7, 徐熙.

싸움은 역사와 설화를 두고서 벌어진 것 같이 보인다. 상층으로서의 지위를 굳힌 세력은 종잡을 수 없는 설화 따위를 일소하고 명분과 도리를 갖춘 역사를 서술하고자 했다. 상층이라도 기존 체제에 불만을 가진 세력은 하층의 민간전승과 연관을 가지고 신이한 설화를 이으면서 민족의식을 드높이고자 했다. 《高麗史》는 양쪽의 움직임을 다 보여준다. 그러나 엮은 사람들의 사고방식이 앞쪽에 동조하고 있었기 때문에, 뒤쪽은 허탄하다든가 요사스럽다든가 하는 인상을 주도록 다루었으며, 민간전승 자체의 모습은 어떤 정치적인 사건을 일으키는 경우가 아니라면 관심을 두지 않았다. 그런데 중국사신이 와서 남긴 견문기인 《高麗圖經》 같은 것은 전혀 다른 자료를 남기고 있어 주목된다. 즉 祠宇條를 두어서 도교사원과 불교사원을 소개한 끝에 나라에서 무시할 수 없는 민간신앙의 제당을 여럿 들고 그 유래를 설명했다.

순서대로 열거하며 崧山廟 · 東神祠 · 蛤窟龍祠 · 五龍廟라고 하는 네 곳이다. 그 가운데서 우선 주목되는 것이 동신사이다. 위치와 당집 모습을 설명한 다음에 거기 모신 신은 東神聖母라고 했다. 신이 나무로 깎은 여인의 모습을 하고 있다면서, "夫餘의 처이며 河神의 딸인데, 朱蒙을 낳아 고려의 시조가 되었으므로 제사를 모신다"고 했다. 고구려의 건국신화가 신앙적인 상징물을 갖추고 생동하는 기능을 하고 있었음을 알 수 있다. 다른 세 곳에서도 신상을 세워 제사를 지낸다고 했는데, 모두 다 수호신이라고 볼 수 있다.

그 무렵인 고려 전기에도 역사서가 여럿 이루어졌음을 알 수 있게 하는 단서는 여기저기 보인다. 대부분은 설화에 가까운 역사를 취급했거나 설화집이 아니었던가 한다. 우선 《舊三國史》가 있어서 그것을 《삼국사기》로 개작했다. 朴寅亮은 《殊異傳》을 편찬하거나 다듬었으리라고 해서 주목되고, 《古今錄》을 지어 비밀스러운 곳에 간직했다고 한다. 그런가 하면 金仁存(?~1127)이 예종에게 올리려고 다른 몇 사람과 함께 음양 · 풍수지리 등에 관한 자료를 모아 《海東秘錄》이라는 책을 편찬했다는 기록도 보인다. 음양이나 풍수지리는 설화를 예증으로 들어야 실감나게 설명할 수 있다. 그뿐만 아니라, 지금 남아 있어 내용을 살필 수 있는 것으로, 문종 때의 《駕洛國記》와 의종 때 金寬毅가 편찬한 《編年通錄》도 잊을 수 없다.

그러고 보면 고대부터의 역사를 설화자료와 함께 엮어서 자기 시대의 이념을 수립하기 위해 상당한 작업을 한 셈이다. 《가락국기》는 다른 데서는 거의 취급하지 않은 가락국의 역사를 정리한 저술인데, 민속이나 설화를 대폭 수용했다. 《수이전》은 전승된 설화를 다양하게 모았으므로 아주 소중한 자료이다. 《편년통록》은 고려 건국의 신화적 내력을 전한다. 《고금록》이나 《해동비록》은 어떤 내용인지 구체적으로 확인할 길은 없으나 고대부터 그 당시까지의 비정통적인 자료나 전승을 수록했을 것이다.

이러한 책은 대부분 처음 이루어질 때에도 지배적인 이념과는 맞지 않아 이단에 속하는 것으로 취급되었으리라고 생각된다. 그래서 배격되기도 했고 배격되는 데 맞서서 더욱 치열한 반론을 펴야만 하는 사태가 벌어지기도 했다. 묘청이 중앙정부에 반기를 들었을 때 護國白頭岳 太白仙人 이하 여덟 성인을 모셨다고 하는데, 이는 민간전승과 깊은 연관을 가진 이단적인 역사관이 반역의 사상적 배경이었음을 분명히 알 수 있다. 그래서 김부식은 그 동안의 이단을 두루 청산하고자 《삼국사기》를 지어 정통적인 역사를 확립했던 것이다.

《삼국사기》에서는 왕실의 선조가 신이한 내력이 있어서 태어나고 신화적인 과업을 이루었다고 하면서도, 태조 왕건 이하 군주는 三韓을 아우르고 기울어져 가는 나라를 다시 일으켰지만 실제의 행적에다 어느 정도의 상상을 보태 소개하는 데 그쳤다. 그래서 신화에 의지하지 않고, 영웅전설이 지닐 수 있는 설득력도 동원하지 않으면서 통치이념을 확립하는 것을 기본노선으로 삼았다.

태조를 도와서 건국과 통일의 과업에 뛰어난 공적을 이룩한 인물을 들자면 아주 많다 하겠는데, 그 가운데서도 하필이면 崔凝을 두고서 탄생이 예사롭지 않다는 이야기를 했다. 최응은 원래 궁예의 신하였다가 왕건을 도와 왕위에 오르게 한 공적이 있는 문신일 따름이고, 자기 자신이 무슨 대단한 과업을 성취하지는 않았다. 그런데 《고려사》 최응열전 대목의 서두에 전하기를, 어머니가 임신을 했을 때 집에서 오이줄기에 참외가 맺히는 일이 생겨서, 고을 사람이 궁예에게 고하니 궁예가 점쳐보고 말하기를 “생남하면 나라에 불리하니 기르지 말라”고 했다 한다. 그래서 부모가 숨어서 길렀는데, 나

중에 궁예에게 발탁되자 궁예는 "성인을 얻었다 함은 이 사람이 아닌가" 했다 한다.

신라 때에는 고승의 신이한 행적을 두고 하는 이야기가 많았으며, 신이한 행적이란 다름이 아니라 거짓되게 굳어진 격식을 파괴하고 삶의 발랄한 모습을 있는 그대로 드러내는 결단이라고 하는 경우도 적지 않았다. 그런데 고려에 들어와서는 고승을 주인공으로 삼은 설화를 찾아보기 어렵게 되었으며, 있다 하더라도 신이한 행적과는 거리가 먼 내용으로 이루어져 있다. 불교가 체계적인 교리를 통해 설득력을 확보하는 방향으로 나아가면서 설화의 개입을 되도록이면 배제했다 하겠고, 민중불교가 재현되지 않았기에 파격적이거나 희극적인 표현이 다시 요구되지 않았을 것 같다.

그런데 균여만은 어느 정도 예외이다. 균여와 義天을 견주어 보더라도 의천에 관한 설화는 그 많은 자료에서 찾을 수 없으나, 〈균여전〉에는 설화라고 해야 할 것이 더러 보이니, 그 사이에 무엇이 달라졌는지 알 수 있다. 균여의 경우에는 탄생, 수난, 지은 노래의 영험 등을 설명할 때 신이한 사연이 곁들여 있어서 한편으로는 고답적인 이론을 전개하는 데 힘쓰면서 또 한편으로는 예사 사람들과 가까워지고자 한 면모가 확인된다. 그 가운데서도 탄생설화가 특히 흥미롭다.

잉태할 때 어머니가 꿈을 꾸니 鳳이 한 쌍 보였는데, 누런 색이었다는 것이 첫머리이다. 봉이 하늘에서 내려와 품에 안기어, 어머니는 나이 예순이었는데도 아기를 20旬, 그러니까 7개월만에 낳았다고 했다. 태몽이 예사롭지 않아 위대한 인물을 잉태했다는 것인데, 거기다가 임신기간이 예외적으로 짧았다는 말까지 보태놓았다. 균여를 예사사람 이상이라고 높이는 말과 그 이하라고 낮추는 말이 함께 보여 주목된다.

姜邯贊이라는 구국의 영웅이 널리 숭앙되었던 사정도 그런 맥락에서 이해하면 흔히 지나쳐버릴 수 있는 자료에서 주목할 만한 의미를 발견할 수 있다. 강감찬은 거란의 침입을 물리치고 나라를 구한 장수이다. 현종이 찬양하는 시를 지었고 일반 백성이 널리 숭앙했다. 거란이 거듭 침공을 할 때 요구 조건을 들어주자는 쪽과 나아가서 싸워 물리치자는 쪽이 조정에서도 대립되어 있었는데, 강감찬이야말로 문약에 빠진 무리의 주장이 터무니없다는 것을 행동으로 입증했다고 평가되었다. 강감찬을 주인공으로 삼은 이야기는 많게 마련이다. 후대에는 강감찬이 무슨 기이한 연유로 태어났다던가, 도술을 어떻게 부렸다던가 하는 말도 파다하게 전해졌는데, 그 연원은 이 시대에 이미 마련되었을 수 있다. 그런데 이런 이야기는 《補閑集》에 보이고 《고려사》에서는 다음과 같은 내용으로만 되어 있다.

> 세상에 전하기를, 使臣이 밤에 始興郡에 들어가 큰 별이 인가에 떨어지는 것을 보고 관리를 보내 알아보게 하니, 마침 그 집 며느리가 아이를 낳았다는 것이다. 사신은 마음속으로 이상하게 생각해서, 데리고 돌아와 길렀다. 그 아이가 강감찬이다. 강감찬이 재상이 되자, 송나라 사신이 보고서 자기도 모르게 절을 하며 말하기를, '文曲星이 보이지 않은 지가 오래 되었더니, 지금 여기 계시는구나'라고 했다고 한다(《高麗史》 권 94, 列傳 7, 姜邯贊).

우선 주목해야 할 것은 강감찬이 시흥군의 어느 인가에서 태어났다고 했을 뿐이지, 가문이 어떻고 아버지는 누구라는 말은 하지 않은 점이다. 이 자료를 수록한 《고려사》 강감찬 열전에서는 아버지가 태조를 섬겨 최고 공신의 지위를 차지했다고 분명히 밝히고 있는데, 세상에 전하는 이야기에서는 거기에 관심을 두지 않았으며, 강감찬이 이름 없는 백성의 자식인 양, 그래서 태어난 집에서 자라지 않고 누가 데려다 길렀기에 나라에 알려질 수 있었던 것으로 꾸며놓았다. 이러한 개변은 바로 강감찬을 민간영웅으로 만들려는 데서 나온 것이다. 자세한 사정은 생략되어 있지만, 부모 슬하를 떠나도록 이야기를 꾸민 데 상당한 의미가 있었을 것 같다.

그러나 강감찬이 비범한 인물이라는 증거가 천상의 무슨 별이 떨어져서 태어났던 데 있다고 한 것은 민간영웅에게 어울리지 않는 이야기이다. 천상의 별이 떨어지거나 그 별에 해당하는 仙官이 지상으로 귀양을 왔기에 태어난 아이가 탁월한 능력을 지닐 수 있었다는 설정은 도교적인 발상에 근거를 두고 중국 설화에서 먼저 모습을 드러냈던 것으로서, 언제 들어왔는지 모르나 이 자료를 증거로 수용을 확인할 수 있다. 송나라 사신이 와서 사실을 확인했다는 말은 그러한 설정이 독자적으로 이루어지지 않은 것이기 때문에 더욱 필요했을지 모른다. 그러고 보면 강감찬 탄생설화에는 민간영웅을 내세우는 전승과 새롭게 나타난 華風의 숭상이 서로 얽혀 있음을 알 수 있다. 후대에도 강감찬이 미천한 영웅임을 강조하는 전설이 널리 관심을 끄는 반면, 별이 떨어졌다는 곳을 落星垈라고 부르며 명소로 삼았다.

《삼국유사》에 실린 〈가락국기〉 머리말에 "문종 시절 大康 년간에 金官知州事로 있던 문인이 지은 것인데, 여기에 그 개요를 간추려 적는다"는 말이 있다. 대강은 요의 연호로서 1075년에서 1083년까지인데, 1075년은 문종 29년이고, 1083년은 문종 37년으로 문종이 죽던 해이다. 금관은 지금의 김해이며 지주사는 지방수령이다. 문종 29년에서 37년 사이에 김해지방 수령으로 있던 어떤 문인이 지은 〈가락국기〉를 일연이 《삼국유사》를 편찬하면서 그 개요를 수록했다는 말이다. 그 문인의 이름은 전하지 않고, 〈가락국기〉의 원본은 구해 볼 길이 없으나, 그 때 그런 책이 만들어졌다는 것은 주목할 만한 일이다.

문종 때라면 중앙집권적 통치질서가 이미 확고하게 다져졌을 시기이다. 지방 호족세력은 몰락했고, 호족을 대신한 향리는 정치적으로 무력했을 뿐만 아니라, 독자적인 문화를 이룩할 능력이 과연 어느 정도였었던가 의심스럽다. 수도 개경의 귀족문화는 날로 융성해지는 반면 지방문화는 더욱 보잘 것 없게 되는 것이 어쩔 수 없는 추세였으리라고 생각된다. 그런데 중앙정부에서 파견된 수령이 예사롭지 않은 책을 저술한 것이다.

지금의 김해인 금관은 옛날 駕洛 또는 伽倻 중의 한 나라가 번영을 누려온 터전이다. 가야가 여섯 나라나 되었다지만, 그 가운데서도 하늘에서 내려온 首露王이 세웠다는 金官伽倻가 중심적인 위치를 차지했다. 그런데 가야는 신라에 망하고, 신라는 다시 고려에 합병되고도 백여 년이 지났으니 모두 과거일 따름이라고 하기 쉬우나, 그런 것만은 아니었다. 그 고장에서 수로왕의 후예라고 자처하는 사람들은 향리 노릇을 하면서도 위대한 전통을 이어 스스로의 지위를 높이고, 민속이며 설화며 하는 것들을 들어 자기네 문화를 자랑했다. 지방수령으로 간 사람이 이에 감명을 받아 〈가락국기〉를 저술했던 것이다.

〈가락국기〉는 구태여 분류를 하자면 역사서지만 문화의 총체적인 내용을 담고 있다. 가락국의 신화적인 내력을 서술하는 데서부터 시작해서, 그 당시에도 계속되는 민간전승에 깊은 관심을 보이는 데까지, 캘 수 있는 자료는 빠뜨리지 않고 그 지방 사람들이 자랑하는 것이라면 무엇이든 의미있게 받아들였다. 《삼국유사》에 실린 것이 개요라고 하는 데도 실로 풍부한 내용을 갖추고 있으니, 원본은 얼마나 다채로웠을까 쉽게 짐작할 수 있다. 차례도 어떤 기존 역사를 따르지 않고 다각적인 서술을 하는 데 알맞게 구상했다.

《수이전》은 언제 누가 편찬한 책인지 확실하지 않다. 《삼국유사》 圓光西學의 내용을 보면 저자가 《古本殊異傳》을 참고했다는 말이 있다. 權文海의 《大東韻府群玉》에서는 자료를 인용하면서 《新羅殊異傳》을 崔致遠이 지었다고 했다. 覺訓의 《海東高僧傳》에서도 자료를 이용하고, 《수이전》의 작자를 박인량이라고 했다. 그런가 하면 《삼국유사》의 위에서 말한 부분에서는 金陟明이라는 사람이 항간에 떠도는 말로 원광법사의 전을 잘못 보완해서, 그 폐단이 《해동고승전》으로 이어졌다고 했는데, 문제되는 자료가 바로 각훈이 《수이전》에서 따왔다는 것이다.

이러한 사실을 종합하면, 《수이전》은 일단 신라 때에 이루어졌으며, 원작자는 최치원이었을 가능성이 있다. 고려로 넘어오면서 원래의 것은 《고본수이전》 또는 《신라수이전》으로 일컬어졌는데, 새로운 《수이전》이 나타났기 때문일 것이다. 새로운 《수이전》은 고본을 보완한 것이라고 생각된다. 최치원을 주인공으로 한 이야기도 들어있는 것이 바로 보완의 증거이다. 개작자는 박인량이었으리라고 생각된다. 각훈이 그렇게 말했을 뿐만 아니라, 글재주나 행적을 보아 박인량은 그런 일을 할 만한 사람이다. 그리고 김척명은 《삼국유사》에서 「鄕人」이라고만 했으므로 누군지 알기 어려우나, 일연과는 동향의 선배이고, 각훈보다는 먼저 활동했던 사람이겠다. 김척명이 《수이전》을 한 차례 다시 개작했으리라는 추정도 할 수 있다. 그러고 보면 《수이전》은 여러 사람이 오랜 기간에 걸쳐 계속 보태고 다듬은 책이다. 신라 이래의 설화 가운데 신기해서 흥미로운 것들을 모으고 새로운 구전을 보태고 하는 동안에 단계적으로 형성되었고, 문학적 윤색을 좋아하는 사람들이 개작에 참여했다. 그러는 동안에 분량도 상당히 많아졌으리라고 생각된다. 누적되고 개작되는 것이야말로 설화의 특징과 부합되고, 설화를 글로 적으며 다듬는 것은 문학사의 당연한 과정이다. 고려 전기 문학의 판도에서 《수이전》은

《삼국사기》와 대립되는 위치를 차지하며, 민간 전승이 국풍을 존중하려는 문인의 관심과 깊이 연결되었던 자취를 나타내준다.

박인량이 《수이전》을 개작했으리라고 하는 점은 주목할 필요가 있다. 박인량은 요나라 때문에 시달리고, 송나라와의 관계도 유지해야 하는 어려운 시기에 외교의 중책을 맡아 분주하게 활동하면서, 그럴수록 우리 문화의 전통이 민간 전승을 통해서 계승되는 양상을 존중해야겠다고 생각한 사람이 아닌가 싶다. 《고금록》을 지어서 은밀한 곳에 간직했다는 말을 그런 각도에서 다시 음미할 필요가 있다. 시를 잘 지어서 이름을 떨친 것은 널리 알려진 바와 같으니, 최치원 이야기를 다듬으면서 요긴한 대목마다 시를 삽입하는 데서 익힌 솜씨를 발휘했을 만하다.

그런데 지금 전하는 것은 부스러기뿐이다. 《해동고승전》에서 《대동운부군옥》에 이르기까지 여러 책에서 《수이전》을 인용했다고 하며 적어놓은 대목을 모아 원래의 모습을 짐작해 보는 것이 고작이다. 남은 자료를 모아보면 모두 13편으로 설화이거나 설화에 근거를 두고 다듬어 쓴 글들이다. 대부분은 짤막한데, 요약을 했기 때문에 그렇게 되었을 것으로 보이고, 최치원 이야기 한 편만은 분량이 상당하다. 최치원 이야기는 요약된 것이 별도로 전해지고 있어서 주목된다.

이야기 주인공을 정리해 보면, 이른 시기의 인물은 脫解이다. 그 다음으로 延烏郎과 細烏女에 관한 이야기가 있다. 이 두 자료는 《삼국유사》에 실린 것과 그리 다르지 않다. 승려로는 阿道와 圓光의 이야기가 있어, 그 내용이 《해동고승전》에 옮겨 실려 있다. 선덕여왕에 관한 설화가 두 편 있는 데, 그 가운데 〈心火燒塔〉이라는 이야기는 《삼국유사》에서는 관련 내용을 한마디로만 언급했던 것이다. 金庾信을 등장시킨 것도 두 편인데, 역사적인 사실과는 거리가 멀고 《수이전》에서만 찾아볼 수 있다. 金現이라는 사람이 호랑이 처녀와 사랑을 나누었다는 이야기는 《삼국유사》에 실린 것의 異本이다. 이 밖에 寶開니 崔伉이니 하는 인물도 주인공으로 삼았는데, 이름을 뭐라고 붙여도 그만일 예사사람이다. 최치원 이야기가 두 편 있음은 위에서 말한 바와 같다.

이처럼 주인공은 성격이 정해져 있지 않고 다양하기만 하다. 제왕·고승·

명장에서부터 일반 백성에 이르기까지 두루 등장시켰는데, 공통점이 있다면 기이한 행적을 보여주었다는 것뿐이다. 자료 선정의 기준이 주인공에 있지 않고 사건 전개방식에 있다 하겠다. 사건은 어느 것이나 《수이전》이라는 표제에 걸맞게, 일상적이고 합리적인 사고의 한계를 깨고 미처 상상할 수 없었던 경험을 전하는 것을 특징으로 삼는다. 대부분은 잘 알려진 인물과 결부시켰기 때문에 신빙성을 갖도록 하면서, 그런 인물이 훌륭했다는 통념을 뒤집어엎는다.

아도와 원광의 이야기는 내용이 특이하다. 아도는 중국사람을 아버지로 하고 고구려사람을 어머니로 해서 태어났는데, 어머니가 異人이어서 어머니의 말에 따라 신라에 불법을 폈다고 했다. 그리고 원광은 늙은 여우가 신으로 둔갑해 도와주어 공부를 할 수 있었다고 한다. 고승은 스스로 위대한 경지에 이른다는 통념을 깼으며, 부처나 보살의 도움을 받았다고도 하지 않았다. 이인인 어머니나 늙은 여우는 민간 전승에서 흔히 볼 수 있는 신통력의 주체일 따름이다.

선덕여왕과 김유신이 관련된 이야기가 각기 두 편씩 있어서 흥미롭다. 신라의 인물 가운데 여자라면 선덕여왕이고, 남자라면 김유신이라고 할 수 있기에, 그 두 사람에 빗대서 예사롭지 않은 상상을 해본 것이다. 〈花王〉은 선덕여왕이 당나라에서 모란씨를 보내자 무슨 꽃인지 알아냈다는 내용인데, 그 핵심은 누가 주인공이라도 상관없는 지혜담이다. 〈심화요탑〉은 역졸인 志鬼가 선덕여왕을 사랑하다가 마침내 불귀신이 되었다는 것으로서, 신라의 설화를 다룰 때 이미 살폈듯이 상하관계의 규범을 넘어선 지귀의 번민에 공감을 가질 수 있게 한다. 더욱 기발한 이야기로서 김유신과 만난 이름 없는 백성이 놀라운 도술을 보이더라는 〈竹筒美女〉와 〈老翁化狗〉가 있다. 〈죽통미녀〉는 대나무통에 미녀를 넣고 다니는 사람을 보고 김유신이 당황했다는 것이다.

〈보개〉는 아들이 장사길에 나섰다가 바다를 건너가서 소식이 없자 보개라는 여자가 관음보살에게 기도를 드리니 아들이 와서 손을 잡더라는 이야기로 불교에서 흔히 하는 영험담이라 하겠다. 그런데 아들이 그 동안 파선을 해서 익사할 뻔하다가 겨우 살아나 중국사람의 종이 되어 발갈이를 하던 신세였다는데 고생스럽게 사는 사람들의 공감을 얻을 수 있는 요소가 있다. 〈首挿石枏〉은 최항이라는 사람이 사랑을 이루지 못하다가 죽은 다음에 여자를 찾아가서 뜻을 이루었다는 이야기인데, 사람 사이의 애틋한 정은 어떠한 어려움이 있더라도 성취되어야 한다고 하는 점에서 〈심화요탑〉이나 〈보개〉와 상통하는 바가 있다.

그러나 다른 각도에서 살피면 〈수삽석남〉은 죽은 사람과 사랑을 나누었다는 屍愛說話 또는 冥婚說話이다. 그런 것이 최치원을 다룬 데서도 보인다. 최치원이 중국에 갔을 때 오래 전에 죽어 묻힌 여자의 무덤 곁에 머문 일이 있어, 그 때 하룻밤의 사랑을 나누었다는 이야기이다. 〈仙女紅袋〉는 짤막하게 요약되어 있고, 〈최치원〉은 줄거리에 장황한 수식이 들어있고 요긴한 대목마다 시로써 서로의 정을 나타내고 있다. 설화를 기록하는 일반적인 형식이 아니기 때문에, 별도로 고찰할 필요가 있다.

〈최치원〉의 문체와 수식을 보면 소설이라고 할 만하다. 정감 어린 아름다운 글로 작품을 이끌어 나갔으며, 독자가 거기 빠져들어 가도록 한다. 머리말에서 최치원이 중국 어느 고장에 들러 客館에 머물렀는데, 객관 앞에 雙女墳이라고 하는 오래된 무덤이 있길래, 여자 둘이 거기 묻혀 적적하게 원망스러운 봄을 보낸 것이 모두 몇 해나 되었는가 하는 수작으로 시를 지었다. 그날 밤에 두 여자의 시녀가 찾아와 화답하는 시를 전해서 만나는 계기가 마련되었다. 객고에 시달리던 나그네가 우연히 지나던 고장의 미녀와 뜻하지 않게 인연을 이루는 과정은 후대의 염정소설에서 흔히 볼 수 있는 바와 같다. 여자가 둘이어서 만난 다음에도 주고받는 시가 더 많아지고, 사연이 장황해졌다.

그런데 결말은 하룻밤의 인연을 즐긴 다음에 두 여자는 사라지면서, 나중에 그 곳을 다시 지나거든 황량한 무덤을 보수해 달라고 했다는 것이다. 최치원은 이튿날 무덤가에서 길게 이어지는 시를 다시 지어서 인생이란 쓸쓸하고 덧없다는 탄식을 늘어놓았고, 그 때문에 신라로 돌아온 다음에는 세상에서 자취를 감추었다고 한다. 읽는 이의 감회를 돋을 따름이지 그 이상 뚜렷한 주제를 지니지는 않는다. 무덤 속의 여자와 사랑을 나누다가 날이 밝자 모두 다 허망하다는 것을 알았다는 기이한 전설의 기본설정은 그대로 두고서 거기다가 문학적 수식을 보태어 긴장이 조성되지 않고 대결이 나타나지 않는다. 그 점이 나중에 나올 金時習의 冥婚小說과는 판이하다 하겠다.

이런 작품의 기본 성격은 傳奇라고 보아 마땅하다. 전기는 이미 신라 말쯤에 생겨나서 고려에 들어와서도 계속 나타났으리라고 생각되는데, 작품의 예가 흔하지는 않다. 《삼국유사》에 실린 調信의 이야기를 들 만하고, 《삼국사기》에서 조금 더 발견할 수 있을 따름이다. 전기의 작가가 대단한 포부를 지녔던 것은 아니다. 설화에 대한 깊은 관심을 자기대로 살리면서 문학적 수식의 역량을 거기다가 쏟아보기는 했어도, 그 결과가 깊은 문제의식과는 쉽사리 연결되지 않았던 것이 전기 작가의 한계이자 전기의 한계가 아니었던가 한다.

〈趙東一〉

4) 불교문학

고려 전기에 크게 융성한 불교가 문학과 어떤 관련이 있는가 살피기 위해 우선 주목해야 할 것은 지금까지도 남아있는 방대한 저술이다. 교리를 두고서 논란이 거듭되었으니 말이 많을 수밖에 없었고, 다룬 내용도 만만치 않은 것이 한 시대의 풍조였다. 걸출한 승려라면 각기 자기 입장에서 불교의 이치를 서술하는 데 힘썼으므로, 무엇을 어떻게 다루었는가 관심을 가지지 않을 수 없다. 교리에 대한 견해가 달라지면서 글을 쓰는 태도나 방식이 어떻게 변했던가 살피는 것도 긴요한 과제이다.

불교 교리를 둘러싼 논란은 문화 일반에 대한 의식과 연결되어 있고, 문학론이 전개될 수 있는 서로 다른 근거를 갖추고 있었다. 균여는 한문과 우리말 사이의 간격을 깊이 의식했고, 의천은 사변적인 글과 문학작품이 서로 보완적인 구실을 해야 뜻하는 바를 다양하게 펼 수 있다고 생각했기에 특히 주목된다. 균여는 사뇌가를 짓고, 의천은 한시를 적지 않게 내놓았던 것이 우연이 아니다. 의천을 일반 문인의 경우와 같이 문집을 남겼으니 작가로 다루어도 이상할 것이 없다. 그런가 하면 선종 쪽에서는 사변적인 글보다는 시를 더욱 숭상하는 풍조를 일찍부터 보여주고 있었다.

의천(1055~1101)은 문종의 넷째 아들이다. 11세 때 출가해서, 13세 때 이미 祐世僧統이라는 칭호를 받았다. 31세 때에는 송으로 건너가 여러 교단의 사상 동향을 파악하고, 많은 문헌을 수집해 왔다. 이듬해에 귀국해 興王寺에 머물면서 그 목록을 작성하고, 1천여 부·4천여 권에 이르는 불교 제종파의 저작을 간행하는 데 힘쓰는 한편 천태종에 입각한 불교통합과 혁신운동을 일으키다가 세상을 떠났다. 죽기 바로 전에 국사로 책봉되어 大覺國師로 널리 알려졌다. 의천의 저술은 불교에 관한 것만이 아니다. 불교의 자료집성과 관련하여 《新編諸宗敎藏總錄》이라는 이름의 목록이 오늘날까지 남아있고, 화엄학의 총서인 《圓宗文類》를 방대하게 엮었던 것 중에서 두 권이 남아 있으며, 고금 승려들의 문학을 모아 《釋苑詞林》을 간행하려 했으나 뜻을 이루지 못했다. 본집 20권과 외집 13권으로 이루어진 《大覺國師文集》이 몇 권이 결본된 채 전하는데, 일반 문인이 지을 수 있는 시문이 오히려 더 큰 비중을 차지한다. 임금에게 올리는 글이며, 국제적인 교섭에 필요한 서신도 적지 않았고, 화폐 사용을 청한 논설도 있으며, 본집 권 17에서 권 20까지에는 시가 실려 있다. 이처럼 다방면에 걸친 관심을 보이면서 자기대로 사상의 핵심을 찾으려 했다.

> 지극한 이치는 그윽하고 미묘해서 갖가지 주장이 복잡하기에 문답할 때 인용하기도 매우 어려운데, 더구나 근래에 이상한 것을 좋아하는 우리 종파의 무리들은 근본을 버리고 지말을 좋아해서 언설이 어지러우므로, 드디어는 祖師님네들의 그윽한 뜻이 막히어 어려워졌으니 敎觀에 정통한 사람이라면 어찌 큰 병통이라 생각하지 않겠는가.

《대각국사문집》 서두에 실린 〈新集圓宗文類序〉에서 의천은 이렇게 말했다. 여기서 말한 지극한 이치는 圓宗 즉 화엄종의 이치이다. 화엄종을 크게 일으켜야 하겠는데, 그 동안 지엽말단적인 것들만 늘어놓는 학풍이 성행해서 이치가 흐려졌다고 개탄했다. 이렇게 말한 데는 균여에 대한 비판이 포함되어 있다. 교리를 풀이한 관점에 대해서도 불만을 가졌지만, 저술의 문체가 또한 마땅하지 못하다고 했다. 의천은 자기 시대가 末法의 시대임을 여러 차례 말했다. 이치의 근본은 흐려지고 말만 번거롭게 된 것도 그 징후라고 생각했다. 화엄종이나 천태종이 장황한 이론을 늘어놓는 데 힘쓴다는 것은 부인할 수 없는 사실이며, 의천도 그런 쪽에 의존하지 않고서는 자기 주장을 펼 수 없었다. 그러나 번거롭고 장황한 것을 더 보태지 않으면서 핵심을 찾으려고 애쓴 것이 균여의 경우와는 반대되는 새로운 방향이다.

균여는 義相의 맥을 이으려고 했는데, 의천은 元曉의 후계자가 되고자 했다. 멀리 경주 芬皇寺를 찾아가서 원효에게 제사를 지내는 글 〈祭芬皇寺曉聖文〉을 지었다. 법을 구하는 사문 의천은 해동교주 원효보살에게 글을 올린다 하고서, 그 동안 풍속이 야박하고 어지럽게 되자 사람은 떠나고 도는 멸했으므로 끼친 가르침을 이을 수 없었다고 했다. 원효가 나서서 백가가 다투는 실마리를 화합시키고 일대의 공정한 논의를 내놓던 것을 찬양하고, 수많은 고승의 저술을 두루 보았으나 원효보다 나은 이가 없다고 했다. 마지막 대목에 이르러서는 이렇게 말했다.

> 미묘한 말씀이 그릇됨을 슬퍼하고 지극한 도가 쇠잔함을 애석히 여겨, 멀리 이름난 산을 찾고 없어진 책을 두루 구하다가, 지금은 鷄林의 옛 절터에서 다행히 살아 계시는 듯한 모습을 우러르고, 鷲嶺의 옛 봉우리에서 그 때의 법회를 만난 것 같습니다.

원효의 疏에 따라 《金剛經》을 강하고 나서 지었다는 〈依海東疏講金剛經慶而有作〉에서도 원효를 찬양했다. 불법을 닦자는 것은 의혹을 없애기 위함인데 그 동안 수많은 책을 공부했으나 어둠 속에서 헤매다가, 원효를 만나 비로소 찾았다는 감격을 다음과 같이 읊었다.

> 의로운 말씀은 글을 꾸미지 않아도 불심에 맞나니, 義語非文契佛心
> 분황사 스님이 풀이하신 바에 따라 경의 뜻을 찾으리. 芬皇科教獨堪尋
> 거듭 나기만 하며 외로이 어두운 밤을 헤매다가, 多生孤靈冥如夜
> 오늘 만남은 겨자가 바늘을 만나듯 기적이로다. 此日遭逢芥遇針

그러나 원효의 민중불교를 잇고자 한 것은 아니었다. 어디까지나 왕실불교·국가불교를 재건하면서 지나친 폐쇄성을 극복하고 가능한 대로의 포용성을 가지고자 한 것이 기본방침이었다고 해야 할 것이다. 불교통합의 노선도 이렇게 이해할 수 있다. 화엄종을 새롭게 하는 데 그치지 않고 천태종을 일으키고자 할 때 의도한 바가 더욱 분명하게 나타났다. 깨달음의 단계가 낮을 수밖에 없다고 천시되는 무리까지 명분상으로 끌어들여 보살이 따로 없다고 하고, 수행방식으로 이치를 따져 공부하는 것과 함께 참선에도 힘을 쓰자 하고서 圓融·會通의 고답적인 논리를 마련했다.

의천의 주장은 敎觀幷修라는 말로 요약된다. 敎라고 하는 이론과 觀이라고 하는 실천, 교종에서 힘써 하는 공부와 선종에서 내세우는 수행을 함께 해야 비로소 그 어느 쪽에서도 막히지 않는다고 했다. 당시의 상황을 보더라도 귀족불교를 누르고 국가불교를 이룩하는 데 선종과의 제휴가 절실하게 요망되었다. 천태종의 교리가 이미 그런 방향을 택했으며, 자기 자신의 깨달음을 위해서도 새로운 길을 여는 결단이 촉구되었다.

> 法은 말이나 형상이 없지만, 말이나 형상을 떠난 것은 아니다. 말이나 형상을 떠나면 미혹에 빠질 것이고, 말이나 형상에 집착하면 진실을 모를 것이다. 다만 세상에는 온전한 재능이 없고, 사람은 온통 아름답기 어렵기 때문에 교리를 배우는 사람은 흔히 마음속은 버리고 밖의 것만 구하고 참선을 익히는 사람은 도움이 될 수 있는 것은 버리고 마음속만 밝히고자 하니, 이것은 둘 다 지나친 고집이며 두 변두리에 머무르는 짓이다. 마치 토끼 뿔이 길다느니 짧다느니 다투고, 허공의 꽃이 짙다느니 옅다느니 하며 싸우는 것과 같은 노릇이다.

〈講圓覺經發辭〉 두번째 글 서두에서는 이렇게 말했다. 경전 공부와 참선 수행이 어느 한쪽만으로는 온전할 수 없는 각각의 한계를 극복하기 위해 교관병수가 필요하다는 것을 이렇게 풀어 밝혔다. 이 비슷한 말을 후대 사람들도 흔히 했는데, 시초는 바로 의천이다. 나중에 知訥이 선종의 견지에서 교종까지 아우르고자 한 주장은 이와 상통하는 바 있으면서 강조점이 달라졌다. 의천은 온통 이론만 논술하는 글을 남기던 단계와 역설이나 비유에 가득찬 연설을 애용하며 시를 중요시하던 단계의 중간 위치에 선다고도 할 수 있다.

이치를 논술하는 데만 힘쓰는 불교는 말이 진실을 담을 수 있다는 가정을 받아들이지 않을 수 없다. 그렇지 않다는 것을 이따금씩 지적하더라도 논리적 사고에 의한 산문에 의지했다. 그런데 법이 말이나 형상을 떠난 것이라고 하자면 자연 논리적 사고의 산문으로는 불편을 느끼게 된다. 말로 하기 어려운 것을 부득이 말로 나타내자면 시가 더 적합하다. 의천이 적지 않은 시를 남겼던 이유는 일반 문인으로서의 소양을 갖추었던 데만 있지는 않다. 산문에다 담을 수 없는 미묘한 무엇을 시로 표현했다고 보면, 다음과 같은 작품에서 불교적인 상징과 시의 짜임새가 얽혀서 빚어내는 효과를 더욱 주목하게 된다.

고요하게 만물을 다 비추는 바요,	海印森羅處
무수한 세계마다 커다란 도량이다.	塵塵大道場
나는 바로 敎를 전하기에 급하고,	我方傳敎急
그대는 또한 참선하기에 바쁘다.	君且坐禪忙
참된 뜻을 얻으면 둘 다 아름답겠으나,	得意應雙美
정을 따르면 양쪽이 상처를 입는다.	隨情卽兩傷
원융함에 어찌 취하고 버릴 것이 있으리,	圓融何取捨
법계가 바로 내 고향이 아닌가.	法界是吾鄕

교를 전하는 입장에서 참선하는 사람에게 준 시이다. 제목을 〈寄玄居士〉라고 했는데, 현거사는 선종의 승려가 아닌가 한다. 교종과 선종이 각기 자기대로의 길만 주장하는 것은 잘못이라고 한 데 나타내고자 하는 뜻이 있다 하겠다. 그러나 작품의 짜임새는 그 이상의 표현 효과를 갖추고 있으니 살펴보지 않을 수 없다. 모두 여덟 줄인 五言律詩인데, 두 줄씩 짝을 이루는 것이 묘한 대립관계를 이루고 있다. 처음 두 줄은 무리하게 지적하면 진리가 무한하다는 것을 말했다. 그 다음 두 줄은 자기와 상대방이 각기 다르게 택한 일을 하기에 바쁘다고 했다. 세 번째로 자리잡은 두 줄은 자기나 상대방이 성공할 수도 있고 실패할 수도 있다고 했다. 마지막 두 줄은 생각을 바꾼다면 누구나 무한한 진리와 합치될 수 있다고 했다. 이 네 부분이 아무런 설명적 연결이 없이 서로 대립되고 대조를 이루는 가운데 미처 말하지 않은 뜻이 숨어 있다.

각자 자기대로의 길을 주장하며 바쁘게 움직일 것은 아니다. 혼자서 성패를 가늠할 것이 아니라 무한한 진리와 합치되어 法界가 바로 내 고향이라는 데 이르러야 한다. 이 시가 뜻하는 바는 다시 이렇게 요약할 수 있다. 무한한 진리라는 것은 교종에서 맡아 풀이하니 종파 사이의 다툼을 원만하게 해결하는 길을 의천 역시 교종의 입장에서 찾았음을 재확인할 수 있다. 그래서 무한한 진리라고 한 것과 합치될 수 있는 방법이 무엇인가 다시 문제된다.

그런 것을 구태여 내세우지 않는 선종이 설득력을 가질 수 있는 길을 막을 도리는 없다.

한가하기만 한 듯이 뜻을 세우지 않고, 悠悠無定志
광음마저 아낄 줄 모른다면야. 不肯惜陰光
경이며 논이며 닦는다고 말은 하지만, 雖曰攻經論
담벼락이나 바라보고 있는 줄 어찌 알리. 寧知目面墻

그런데 위의 〈自誡〉라고 제목을 붙여서 자기 자신을 경계한 시에서는 말이 달라졌다. 법계가 내 고향이라는 이론만 되풀이해서야 담벼락이나 바라보고 있는 것과 마찬가지일 수 있다. 스스로 뜻을 세워야 하니 과제가 만만치 않고, 다시 초조해진다. 의천은 세상을 온통 바로잡고자 했지만, 생각하기에 따라서는 자기 마음을 정하는 것이 더욱 다급했다. 그래서 논설도 펴고 시도 지었다. 시는 불교계의 범위를 벗어나서도 널리 평가되었을 만한데 사실은 그렇지 않았다.

의천의 뒤를 이은 이름난 제자는 戒膺과 惠素였다. 계응은 국사의 시호를 받아 無碍智國師로 알려져 있다. 의천의 뒤를 이어서 천태종을 펴는 데 전념했다고 하지만, 興王寺에 머물지 않고 멀리 覺華寺에 들어갔다. 홍왕사의 승려가 찾아가 배우다가 떠날 때 지어준 시가 전한다. 예종이 불러서 대궐로 오게 되었는데, 시를 지어 소나무와 학과 벗을 하다가 하루아침에 장에 갇힌 새처럼 되었다고 한탄하고, 돌아가기를 염원하는 마음을 간절하게 호소했다. 해소는 김부식과 특히 가까운 사이였고, 서로 화답한 시가 많았다고 한다.

이러한 사실은 의천의 후계자가 두 파로 나뉘었음을 말해준다. 의천이 국가불교를 수립하겠다는 이상은 이루어지지 않았으며, 귀족불교가 아닌 왕실불교가 따로 있기 어려웠다. 의천이 희망했던 바를 불교적인 논리 자체에서나마 살리자면 타협을 거부하고 차라리 산속으로 들어가야 할 판이었다. 계응은 그 길을 택했던 것 같다. 의천이 이룩해 놓은 교단의 세력을 그대로 지니고자 하면, 문벌귀족과 제휴를 할 수밖에 없었으리라는 점도 짐작된다. 혜소는 그런 쪽이 아니었던가 싶다.

《破閑集》에는 계응과 혜소의 시를 함께 실어놓아서 흥미롭다. 둘 다 오늘날의 강원도 홍천군에 자리잡고 있던 寒松亭을 찾아서, 신라 때의 4仙이 거기서 놀 적에 3천 명의 무리가 한 그루씩 심었다는 솔숲을 두고 지은 것이다. 그런데 생각은 자못 딴판이다.

그 옛날 어느 집 자제가,	在昔誰家子
삼천 그루나 푸른 솔을 심었던가.	三千種碧松
그 사람의 뼈야 이미 썩었겠으나,	其人骨已朽
솔잎은 오히려 무성하기만 하다.	松葉尙茸容

이것은 계응의 시다. 그 곳에다 솔을 심은 사람이 누구든 죽어 없어진 것은 어쩔 수 없는 일일뿐만 아니라 당연하다고까지 했다. 구태여 뼈가 이미 썩었다는 끔찍스러운 말까지 했다. 없어지고 만 것에 대한 회고가 무슨 소용이겠는가. 이미 끝난 바에 집착하지 말고, 높은 지위에 힘입어 어떤 형태로든지 삶을 연장시키려는 생각을 아예 버려야만 푸르게 무성한 소나무와 같은 보람을 얻을 수 있다고 한 것 같다.

아득한 시절에 놀던 신선은 멀리 갔어도,	千古仙遊遠
푸르고 푸른 소나무 홀로 남았도다.	蒼蒼獨有松
오로지 샘물 밑에 달이 있어서,	但餘泉底月
방불하게 그 모습 상기하게 한다.	髣髴想形容

이것은 혜소의 시이다. 멀리 가고 없는 신선을 흠모하며, 그 모습을 다시 찾고자 했다. 소나무만으로는 부족해 우물 밑에 비친 달까지 찾아내서 위대한 인물은 죽어도 사라지지 않는다는 말을 하고자 했다. 두 작품을 함께 소개한 李仁老는 계응의 시가 天趣를 자연스럽게 나타낸 것을, 혜소의 시가 비록 짜임새가 있기는 하지만 따를 수 없다고 했다. 천취란 애써 찾거나 꾸미지 않아도 저절로 나타나는 생각이자 표현이다. 이 두 사람, 그 가운데서도 계응은 시를 짓는 데 있어서는 의천의 경지를 넘어섰다고 할 수 있다.

시는 아무리 불교적인 내용을 갖추고자 하는 것이라도 불교적인 상징에 지나치게 의존하면 절실한 느낌을 나타낼 수 없고, 관념적인 문구에 매이게 된다. 이런 폐단을 적극적으로 타파하자면, 선종에 의한 자기 각성이 필요했다. 계응도 그런 맛을 풍겼지만, 坦然(1070~1159)은 한층 더 신선한 경지를 열었다. 탄연은 선종의 승려였다. 그 동안 선종이 궁지에 몰렸던 것은 잘 알려진 바와 같다. 禪門九山으로 분열되었다가, 왕실불교 또는 국가불교를 표방하는 교종 때문에 다시 위축되었고, 문벌귀족과 제휴할 수 없는 입장이기 때문에 밀려나 있었다. 선종을 다시 일으킬 만한 고승은 좀처럼 나타나지 않았다. 탄연만은 선종도 왕실과 가까울 수 있음을 입증해서, 大鑑國師라는 시호를 얻기까지 했다.

탄연은 사상적인 활동이 알려져 있지 않고, 명필로 이름을 얻었으며, 격조 높은 시인이라는 평을 들었다. 선종에서 소중히 여기는 마음의 각성을 사상적인 논설로 펴기보다는 예술적 감각으로 표현하는 데 더 힘썼음을 알 수 있다. 불교의 높은 경지에 이르렀기에 오히려 설명을 하거나 무엇을 주장하려고 애쓰지 않는 것을 시를 지어 나타내려고 했다. 《補閑集》에 전하는 〈文殊寺〉를 들어보기로 한다.

방이 하나 어찌 밝고 큰지,	一室何寥廓
온갖 시름이 모두 잠잠해 지네.	高緣俱寂寞
길은 돌구멍을 뚫어 통하고,	路穿石罅通
샘물은 구름 근원을 질러 떨어지네.	泉透雲根落
흰 달이 처마 기둥에 걸려 있고,	皓月掛簷楹
서늘한 바람 숲 골짜기를 움직이네.	凉風動林壑
누가 저 윗사람을 따라,	誰從彼上人
맑게 앉으며 참 즐거움을 배우리.	淸坐學眞樂

언뜻 보면 절간 풍경을 읊었다. 절에 가니 높은 스님을 따라 배우자고 하는 마음이 일어난다는 뜻을 나타냈다. 그러나 어느 말이거나 그 자체로서 생동하는 맛을 지니면서 은근하게 풍기는 바가 놀랍다는 것을 알아야만 온전하게 이해할 수 있는 시이다. 방이 밝고 커서 온갖 시름을 잠잠하게 한다는 대목은 있는 그대로의 대상을 묘사한 것이면서 높은 스님의 정신세계를 암시했다. 절에 이르자면 돌구멍을 뚫어 통하는 길을 거쳐 샘물이 떨어지는 데를 가로 질러야 한다는 말도 험난한 편력을 아울러 나타냈다. 흰 달이며, 서늘한 바람이며, 툭 트였으면서 소박하기만 하다. 참 즐거움은 새삼스럽게 배워야 할 무엇이 아니고, 시를 제대로 읽으면 저절로 알 수 있다.

탄연이 활동하던 시기인 예종 때에는 예종 자신이 선종과 노장사상에 적지 않게 심취했고, 郭輿라던가 李資玄이라던가 하는 사람들도 귀족불교의 엄격한 제약에 진저리가 났음인지 참선을 하고 신선을 찾았다. 그러면서 어디든지 매이지 않고자 하는 마음을 시로 나타냈다. 그러나 이러한 기풍은 정신적 사치이거나 자랑삼아 하는 도피라고 하지 않을 수 없었으며, 참선을 좋아한다고 하지만 이른 경지는 그리 대단하지 않았다. 탄연의 시는 그 시기의 선종 취향과 무관하지 않겠으나 야단스러운 데라고는 도무지 없기에 이채롭다.

〈趙東一〉

5. 미　술

1) 건 축

어느 시대에 있어서나 새로운 왕조가 일어나면 왕권의 확립과 과시 그리고 왕권체제의 정비 등을 위하여 건축활동이 활발해진다. 고려시대도 예외는 아니었으며, 특히 태조는 불교를 깊이 신봉하여 그의 통치기간 중에도 사찰 창건이 많았고, 그와 같은 풍조는 그 뒤 여러 왕들에 의해 계속되었다. 또 태조 2년(919)에는 도읍을 개성에 정하여 松嶽山 아래에 궁궐을 건립하고 도성을 축조하는 등 건축활동이 활발하였고, 아울러 북변 방위를 위하여 많은 성곽과 防壘들을 축조하기도 했다. 이 시기의 건축활동에 관해서는《高麗史》에 비교적 자세히 기록되어 있으며, 궁궐이나 사찰의 모습에 관해서는《高麗圖經》에서 상당한 기록을 찾아볼 수 있다. 또 태조는 개성 궁궐 이외에 고구려의 도읍이었던 평양을 매우 중시하여 이곳을 西京으로 정하고 궁궐을 영위하였는데 그 모습은 거의 왕성과 비슷했다고 한다.[1)]

성종 때에 이르러서는 風水地理思想에 입각한 '開城의 地氣가 쇠퇴하여 왕업이 길지 못하니 吉地를 택해 離宮을 만들어 왕이 이곳을 巡駐함으로써

1) 徐兢,《高麗圖經》권 3, 城邑, 郡邑.

개성의 지기를 보강하여야 한다'는 주장에 따라 신라의 도읍이었던 경주를 東京으로 삼고 궁궐을 경영하였다. 즉 개성의 中京과 아울러 삼경을 경영하였고, 뒤에 문종이 한양에 南京을 설치하였으므로 개성 외에 3경을 두었다. 이것은 고려 말의 三蘇설치와 같은 이념의 사업이었다.

이와 같이 활발했던 건축활동에 의해 많은 목조건물이 건립되었을 것이나, 지금은 이 시기에 건립된 목조건물이 전혀 남아있지 않고, 몇몇 유허만이 남아있을 뿐이다. 그러나 이들 유허들에 대한 광범위하고 정밀한 조사사업도 거의 실시된 바 없고, 얼마간 남은 건축관계 문헌기록도 하나하나의 건물에 대한 구체적인 모습을 알 수 있는 내용은 거의 없는 형편이다.

여기에서는 고려 전기에 있어서의 주요한 건축활동과 개성 궁궐과 도성의 구성 및 사찰의 伽藍배치 등에 관하여 문헌자료와 약간의 발굴조사 결과를 바탕으로 개관하겠다. 그리고 목조건물의 양상을 중국과 일본의 이 시기에 해당하는 건물을 참고로 살펴보도록 하겠다.

(1) 건축활동

태조 2년(919)에 고려왕실은 도읍을 개성으로 정하고 곧 滿月臺에 궁궐을 건립하였다. 그리고 도성 축조와 아울러 도성 내에 法王寺·慈雲寺·王輪寺·文殊寺 및 圓通寺 등 10대 사찰을 연달아 창건하여 국가의 安泰鎭護를 기원하였다. 태조 4년에는 도성 서북변에 日月寺를 창건하고, 8년에는 궁궐 가까이에 興國寺를 창건하는 등 국초에 이미 도읍을 일대 사찰도시로 만들었다. 그 후에도 견훤에게 인질로 보내어졌다가 살해된 아우 王信의 명복을 기원하기 위하여 태조 13년에 安和禪院을 세웠고, 그 밖에도 많은 사찰의 창건·중수사업을 계속하였다. 그러나 그의 말년에는 빈번한 사찰 창건에 따른 폐단을 깨닫고, 후손에 남긴「訓要十條」가운데서 첫째로 국가의 대업이 여러 부처의 호위와 지적에 힘입은 것이므로 불교를 신봉·보호할 것을 명하고, 둘째로 사찰을 함부로 창건하는 것은 지덕을 손상하니 우려된다고 하여 이를 삼가할 것을 명했다.

태조의「훈요 10조」에도 불구하고, 그 뒤에도 사찰 창건의 기운은 시들지 않고 여전히 계속되었다. 광종 2년(951)에는 태조의 願堂으로 도성 남쪽에 大

奉恩寺를 창건하였고, 도성 동쪽 교외에는 죽은 모후 劉氏의 원당으로 佛日寺를 창건하였다. 또 광종 5년에는 태조비 吳氏의 추복을 위하여 崇善寺를 창건하였다. 그 뒤에도 광종 14년에 歸法寺를, 19년에는 弘化寺·遊岩寺·三郎寺 등을 연달아 창건하는 등 創寺활동이 활발하였다.

성종 때에는 왕에 의한 창사활동은 얼마간 주춤하였으나, 성종 4년(985)에 집을 희사하여 사찰로 만드는 것을 금한 사실이 있는 것을 보면 왕족이나 귀족들 사이에서 집을 사찰로 희사하는 일들이 적지 않았던 것 같다. 성종 2년에 任老成이 송에서 太廟堂圖·社稷壇圖 및 文宣王廟圖 등을 가져오자 이것을 본받아 고려왕조에서는 처음으로 太廟를 건립하기도 하였다.

목종 때에 들어서자 그 동안 주춤하던 창사활동이 다시 활발해져서 목종 원년(998)에는 雲興寺를 거의 일신하는 대중창공사를 실시하여 이를 定光寺라고 이름을 고쳤다. 또 목종 2년에는 崇敎寺를 창건하였고, 10년에는 眞觀寺에 9층탑을 건립하기도 했다. 현종 때에도 사찰의 중수와 창건이 계속되어 현종 3년(1012)에는 경주의 朝遊宮을 헐고 그 목재를 사용하여 皇龍寺 9층탑을 중수하였으며, 그 해 겨울에는 도성 내에 重光寺를 창건하기 시작하였다. 현종 9년에는 玄化寺를 창건하여 그의 부모의 원당을 삼았다. 이와 같이 계속되는 사찰 건립으로 민폐가 극심하다는 간관들의 만류에도 불구하고 현종 18년에는 중광사의 건립을 계속하고, 새로이 도성 내에 慧日寺를 건립하기도 하였다. 현종은 사찰 건립 이외에도 거란의 침입으로 폐허가 된 개성의 궁궐을 중수하고, 외적의 침공을 막기 위하여 개성에 처음으로 羅城을 축조하였다.

이 시기에는 왕에 의한 창사활동 이외에도 고승이나 귀족들에 의한 사찰 건립이 있었다. 즉 광종 24년(973)에 水玄禪師에 의한 白岩禪院(淸平寺)의 창건과 현종 17년(1028)의 探密禪師에 의한 安心寺 창건, 정종 8년(1042)의 탐밀선사와 宏廓禪師에 의한 普賢寺 창건과 문종때의 李子淵에 의한 甘露寺 창건, 金富軾에 의한 觀瀾寺 창건과 현종 때의 姜邯贊에 의한 興國寺 석탑 건립 등이 있었다.

정종 이후에는 창사활동이 비교적 적어졌으며 이미 건립된 사찰이나 궁궐의 중수사업과 기존 사찰 속에 법당을 새로 건립하는 등의 활동이 주가 되었다. 그러나 정종 9년에는 宣和寺와 松林寺가 창건되었고, 문종 10년(1056)에는 興王寺를 짓기 시작하여 21년에 완공시키고, 32년에 여기에 금탑을 건립하는 등의 활동이 있었다. 선종 6년(1089)에는 왕후에 의해 도성 서쪽에 國淸寺가 창건되었고, 선종 10년에는 도성 동쪽에 弘護寺가 창건되었다. 헌종 원년(1095)에는 황룡사 9층탑을 수리하고, 숙종 2년(1097)에는 國淸寺를 완공하였다. 숙종 6년에는 南京開創都監을 설치하고 9년에는 남경을 한양에 정하여 여러 궁궐 건물을 건립하였다. 예종 10년(1115)에는 僧 曇徵에 의해 普門寺가 창건되었다.

인종 7년(1129)에는 서경에 새 궁궐인 太和宮을 낙성시키고, 9년에는 서경 林原에 궁궐을 짓는 등 서경의 궁궐 정비에 힘썼다. 의종 11년(1157)에는 개성 궁궐 동쪽에 養怡亭을 건립하였는데, 그 지붕을 청자기와로 잇고, 그 밖에도 많은 민가를 철거하여 太平亭을 건립하고, 12년에는 白川에 별궁인 重興闕을 새로 짓는 등 궁궐 건립이 많았다.

이와 같이 고려시대 전기의 건축활동으로는 그 초기의 궁궐 건립·정비와 10대 사찰 창건에 이어, 점차 그 빈도는 적어지지만 거의 전 시기를 통해 사찰창건이나 법당 건립이 성행하였다. 아울러 북변 외적의 침입을 막기 위한 성곽과 방루 등의 축조가 끊임없이 계속되었다.

(2) 도성·궁궐

태조가 도읍을 개성으로 정하고 왕경을 삼은 이래, 고종 21년(1231) 몽고침입으로 강화도로 한때 도읍을 옮긴 이외의 전시대를 통해 개성에 왕경을 두었다. 개성은 북쪽의 송악산, 남쪽의 龍岫山, 서쪽의 蜈松山으로 둘러싸인 분지이며, 그 중앙부와 동변에는 남쪽으로 흐르고, 남변에는 동쪽으로 흐르는 세 줄기의 하천이 동남에서 합류하여 남으로 흐르는 하천을 갖는 지형으로 풍수지리설에서 왕도로 가장 적합한 지세라고 판단된 곳이었다.

가. 도 성

태조는 이 분지 서북부인 송악산 밑 滿月臺에 궁궐을 건립하고 이를 둘러싼 궁성과 그 밖의 황성을 축조하였다. 그 뒤 성종대에서 현종대에 이르는 사이에 거란의 침입이 잦아 궁궐이 대파되는 등 피해가 커지자 외적의 침공에 대비하여 현종이 처음으로 羅城을 축조하기 시작하여 현종 20년(1029)에 완공했고, 내성은 고려 말에 시작하여 조선 태조 2년(1393)에 완공되었다.

왕궁 유적은 1973년에서 1974년에 걸쳐 만월대 서북부에 있는 궁궐 유구 및 그 당시의 궁성과 황성의 유구들이 발굴 조사되었다.[2] 이에 의하면 황성 동벽은 廣化橋자리 동쪽에서 북으로부터 남으로 뻗은 능선을 따라 곧게 뻗었고, 성벽은 비교적 잘 남아있으며, 북쪽과 중앙부에 門址가 있고, 남쪽에는 광화교자리 앞에 廣化門址가 있다. 황성의 남벽은 동쪽에서 서쪽으로 뻗어 나가다가 직각으로 꺾어져서 남쪽 낮은 야산 위로 지나는데, 지금도 토성 흔적이 남아있으며 이 부분이 뒤에 축조된 나성 성벽과 겹쳐진다. 황성 정문인 朱雀門은 이 남벽 중앙부에 있는 朱雀峴에 있었다. 황성 서벽은 송악산 줄기의 한 능선을 따라 내려와서 訥里門에서 서남으로 뻗어 五(午)正門(옛 宣義門)에 이르며, 이 성벽은 뒤에 축조된 나성 성벽으로 이용되었다. 북벽은 야산을 중심으로 그 좌우의 작은 골짜기를 막아 토성을 축조했으며, 지금도 비교적 잘 남아있다.

궁성은 궁궐을 둘러싸고 축조되었으며, 그 북벽은 황성 북벽에서 조금 떨어져서 지금은 그 성터만 남아있다. 궁정 서벽은 북벽으로부터 야산을 따라 서남쪽으로 토성이 뻗었으며, 廣明川을 가로질러 西華門址를 지나서 그 흔적이 없어졌다. 동벽은 麗正宮址에 일부 남아있고, 동쪽으로 출입하는 문의 기둥들과 계단이 남았으며, 여기서 남쪽으로는 흙담벽 모양으로 만들어졌고 궁성 남벽은 지금 그 터만 남았다.[3]

나성은 《高麗史》 地理志 開城府條에 의하면 현종이 즉위하자 丁夫 304,400명을 징발하여 축조하기 시작하여 현종 20년(1029)에 완공되고, 성의 길이는 29,700보, 羅閣이 13,000칸, 대문 네 개를 포함하여 크고 작은 문이 25개나 되었다고 한다. 그런데 정부 238,938명, 工匠 8,450명, 성의 길이 10,660보로서, 성의 높이 27척, 두께 12척이며, 廊屋이 4,910칸이라고도 하여 이론이 있

2) 정찬영, 〈만월대유적에 대하여(1)〉(《조선고고연구》 1, 1989).
3) 정찬영, 위의 글, 참조.

〈도판 1〉 松都城內圖

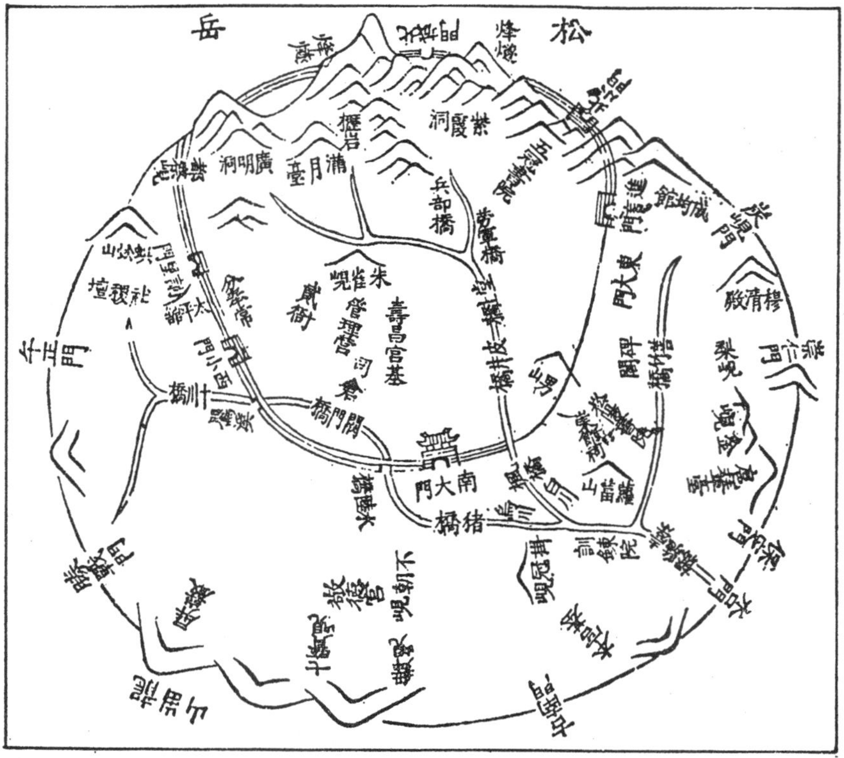

음을 밝히고 있다. 松都城內圖[4]에 의하여 나성의 범위를 살펴보면 송악산에서 서쪽으로 都察峴을 지나 오송산·용수산을 거쳐 동쪽의 金峴 밖을 돌며 炭峴을 거쳐서 송악산에 이르고 있다. 그리고 《고려도경》에는 성의 둘레가 60리이며, 작은 산을 돌며 지형에 따라 흙과 자갈로 쌓았으며, 성 밖에는 埃子가 없고, 성 위에는 성가퀴〔女墻〕가 없다고 하였다.[5]

나. 궁 궐

개성 궁궐에 관해서도 《고려사》나 《고려도경》의 기록과 약간의 유적에 대한 기록 및 앞에서 말한 근래에 실시된 발굴조사보고들이 있다. 여기에서는

4) 《輿地圖書》 上, 補遺篇 松都誌 권 1, 松都城內圖.
5) 徐兢, 《高麗圖經》 권 3, 國城.

이들 내용을 바탕으로 궁궐의 배치와 건물의 모습을 살피도록 하겠다.

황성의 정문인 廣化門을 들어서면 왼쪽에 왕궁의 정문인 昇平門이 있다. 승평문은 重層의 樓門으로 문 좌우에 높은 대〔觀〕를 갖춘 세 개의 출입문이 나란히 있는, 우진각지붕 양 끝에 火珠로 장식된 웅장한 문이었다. 승평문을 들어서면 동서에 각각 정자가 있는데 모두 同樂亭이라고 했다. 북쪽에는 神鳳門이 섰고, 同樂亭과 신봉문 앞은 넓은 광장인 毬庭이다. 신봉문은 승평문을 능가하는 규모로 그 기단이 정면 32m, 측면 18.5m이며 문은 정면 7칸, 측면 5칸이었다. 구정 동쪽에는 春德門이 있어 세자궁인 麗正宮으로 통했고, 서쪽에는 太初門이 있어 왕의 거처인 乾德殿으로 통했다. 신봉문 북쪽은 지세가 높아지며 10여 보 가서 閶闔門에 달한다. 이 문은 정면 5칸, 측면 2칸이나 지금은 문 기단 위 북쪽에 활주초석이 하나씩 남아있을 뿐이다. 창합문을 지나 19m 더 나아가면 높고 가파른 會慶殿門 앞 계단에 닿는다.

회경전문 앞 계단은 33단이며, 이를 오르면 정문과 그 좌우에 누각이 있는 회랑으로 둘러싸인 개성 궁궐의 정전인 회경전이 있다. 회경전문은 정면 5칸, 측면 3칸이다. 회경전은 중앙이 약간 높고 앞에 月臺가 있는 기단 위에 선 세 건물이 병립했다고 하나, 유구로는 정면 9칸, 측면 4칸의 건물로 보였다. 건물은 규모가 크고 화려함이 다른 궁정 건물의 으뜸이며 동서에 설치된 계단에도 단청과 銅花로 장식된 난간이 있었다. 양측의 회랑은 30칸에 이르며 회랑 안 마당에는 塼을 깔았고 지금도 그 일부가 남아있다.

회경전 북쪽에는 長和殿이 있다. 이 장화전은 《고려도경》에만 보이는 궁전 이름이다. 장화전의 기본 평면은 회경전과 비슷하나 장화전을 둘러싼 회랑이 복랑이고, 장화전 건물에 뒷채가 두 채 있다는 점들이 다르다. 또 장화전의 남북 방향이 회경전에 비해 동쪽으로 약 5도 차이가 있으며, 이것은 두 궁전의 건립 시기 차이에 의한 것으로 보고 있으나,[6] 오히려 만월대의 지형적 조건에 의한 것이 아닌가 생각된다. 장화전 북쪽에는 文德殿이 있었는데 《고려도경》에서는 이를 원덕전이라 했다. 문덕전 북쪽에는 禁苑이 펼쳐져 있으므로 야산을 기본으로 한 고려시대 정원양식이 집중적으로 표현되었을

6) 정찬영, 앞의 글, 21쪽.

〈도판 2〉 滿月臺 遺蹟 平面圖

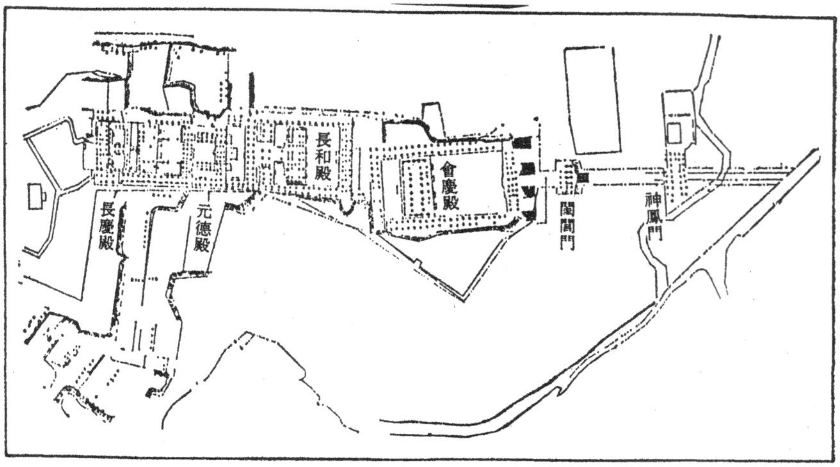

* 尹張燮, 《韓國建築史》에서 옮김

것이나, 지금은 정자들의 터와 계단들이 남아 있을 뿐이다.

중심건물군의 서쪽은 왕이 일상생활을 한 重光殿을 비롯한 여러 건물과 내정에 해당하는 건물, 각종 편전들이 있었던 곳이다. 또 중심건축군 서쪽에는 축대를 쌓아 회경전에 덧붙여 또 하나의 건물터가 있다. 그런데 《고려도경》에서는 臨川閣에 수만 권의 책을 소장했다 하였는데, 이와 비슷한 서고를 갖춘 건물로서 축대를 높이 쌓고 왕과 그 측근들이 살 만한 궁전으로는 延英書殿이 있다. 이 건물은 숙종을 비롯한 왕의 거전으로 集賢殿으로 썼던 궁전이며, 북쪽에 문이 있는 것도 기록과 맞다 하여[7] 임천각을 연영전으로 보고 있다.

회경전 서북쪽 건축군 속에 건덕전이 있는데, 건덕전은 회경전에 버금가는 크고 화려한 궁전이다. 건물 기단의 두 계단 난간 장식도 회경전과 같다. 이 궁전은 왕이 일상적인 정사를 수행한 곳이며 뒤에 大觀殿으로 이름을 고쳤다. 《고려도경》에 의하면 건덕전 뒤에는 萬齡殿이 있으며, 그 크기는 조금 작으나 화려한 궁전으로 왕의 침실이었고, 그 주위에는 비빈과 시녀들의 거처가 있다고 했다.

7) 위와 같음.

중광전 가까운 서쪽에는 寶文閣과 淸燕閣이 있었고, 중광전 북쪽에는 축대를 쌓아 100m 거리의 한 단 높은 자리에 궁전건물들이 나란히 섰던 자리가 남아있고, 중광전 서쪽 골짜기에는 주로 내전이 있었다. 중심건물군의 동북부에는 왕세자궁인 여정궁이 있고, 그 앞쪽에는 3성 6부의 관아들이 있었으나, 지금은 그 흔적도 남아있지 않다.

고려에서는 개성 궁궐 이외에 평양을 서경으로, 경주를 동경, 한양을 남경으로 삼아 3경을 경영하였고, 그 나름의 궁궐을 건립하였으며 그 밖에도 여러 곳에 이궁이나 별궁을 경영하기도 했다.

(3) 가람 배치

고려시대 전기에는 앞에서 본 바와 같이 왕과 고승·귀족에 의한 창사가 많았는데, 뚜렷한 기록이 없는 더욱 많은 사찰이 건립된 것으로 믿어진다. 또 이 시기에 창건된 사찰의 遺址도 얼마간 알려져 있다. 그러나 이들 사찰 유지에 대한 본격적인 발굴조사가 몇몇 寺址 이외에는 이루어지지 않았으므로, 가람 배치에 관한 이 시기의 보편적인 실태는 잘 알 수 없다.《고려도경》의 사찰에 관한 기록 속에도 가람 배치를 짐작할 수 있는 것은 전혀 없다. 단지 安和寺는 산지에 건립되어 본전인 無量壽殿에 이르는 사이에 많은 문 건물이 있는 것으로 보아 산지가람인 듯하다. 廣通普濟寺(演福寺)는 평지가람으로 본전인 羅漢寶殿 옆에 5층탑을 세웠고 나한보전 뒤에 승방을 둔 가람이나, 회랑에 관한 기록이 없다. 따라서 그 가람 배치가 신라의 高仙寺와 같이 金堂院과 塔院을 좌우로 병치한 것인지 또는 일본의 法隆寺 西院伽藍과 같이 회랑에 둘러싸인 공간 안에 동쪽에 금당, 서쪽에 탑을 배치한 가람인지 알 수 없다.

여기에서는 발굴 조사되어 그 가람 배치의 모습을 알게 된 몇몇 사지에 대해 개관함으로써 고려시대 전기의 가람 배치를 살피도록 하겠다.

佛日寺: 불일사는 광종 2년(951)에 모후 劉氏의 원당으로 창건되었으며, 그 유지는 북한 板門郡(경기도 개풍군) 山蹟里 佛日洞의 寶鳳山 남록 비교적 넓은 대지 위에 있다. 유적의 발굴은 1959년에 실시되었다. 寺域은 동서 약 230m, 남북 115m이며 동서 세 구역으로 구획된 중앙과 동구는 북으로 더욱

〈도판 3〉 佛日寺址 伽藍圖

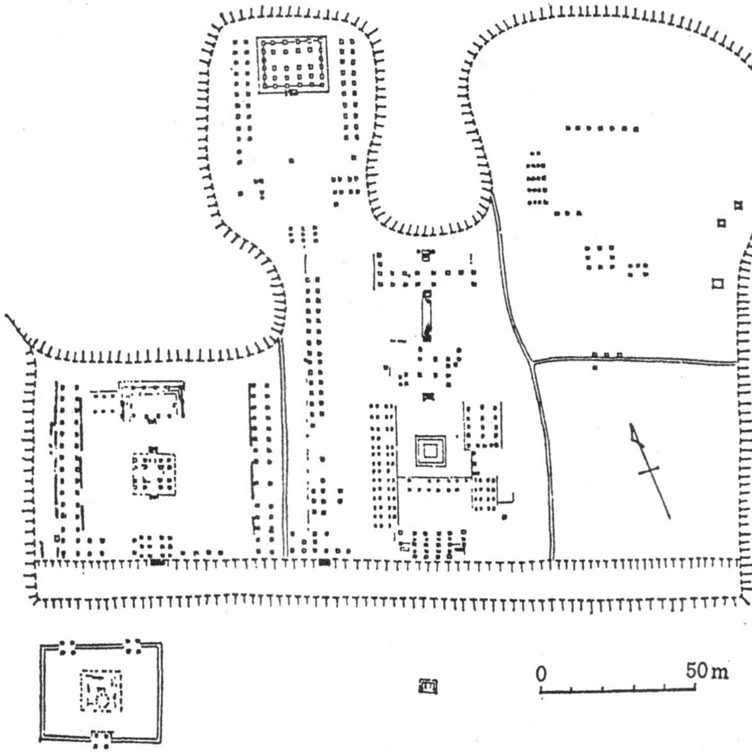

* 水谷昌義, 〈高麗佛日寺の調査硏究〉(《朝鮮學報》 110)에서 옮김.

확장되어 최북단 건물지까지는 175m나 되었다.

중앙구 가람은 남으로부터 중문·석탑·금당·강당이 일직선상에 배치되고, 금당 중심에서 서쪽 약 32m 떨어져서 서회랑지가 있었다. 회랑 남단에는 서문지가 있고, 북으로는 강당 옆까지 계속되고 그 북쪽에는 또 한 구역의 회랑에 둘러싸인 건물지가 있었다. 중문은 정면 3칸, 측면 2칸이나 그 양쪽 끝에 큰 홈이 있는 판석이 있었다. 석탑은 높이 7.94m의 이중기단 위에 선 5층탑이나 지금은 개성 시내에 옮겨졌다고 한다. 금당은 탑 주변보다 약 2m 높은 곳에 있었고, 기단은 정면 25m, 측면 17m이고 건물은 정면 5칸 측면 4칸으로 보인다. 강당은 정면 7칸, 측면 3칸이었다.

〈도판 4〉　　興王寺址 伽藍圖

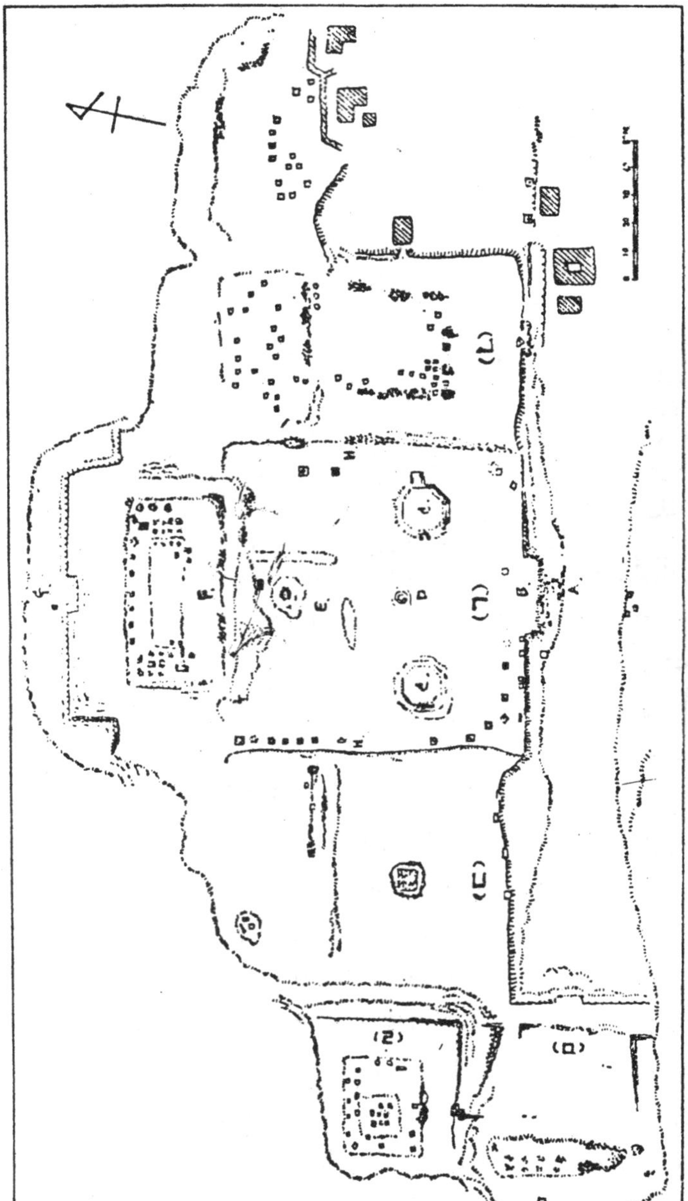

(ㄱ) 中央伽藍址(A. 階段址　B. 門址　C. 八角基壇址　D. 石燈址,
E. 金堂址　F. 講堂址　G. 北端建物址　H. 廻廊址)
(ㄴ) 東伽藍址 (ㄷ) 西伽藍建物址 (ㄹ) 西高臺建物址 (ㅁ) 西南建物址
* 黃壽永, 〈高麗興王寺址의 調査〉, 《白性郁博士頌壽記念佛敎學論文集》에서 옮김

〈도판 5〉 萬福寺址 伽藍配置 推定圖(정유재란 전)

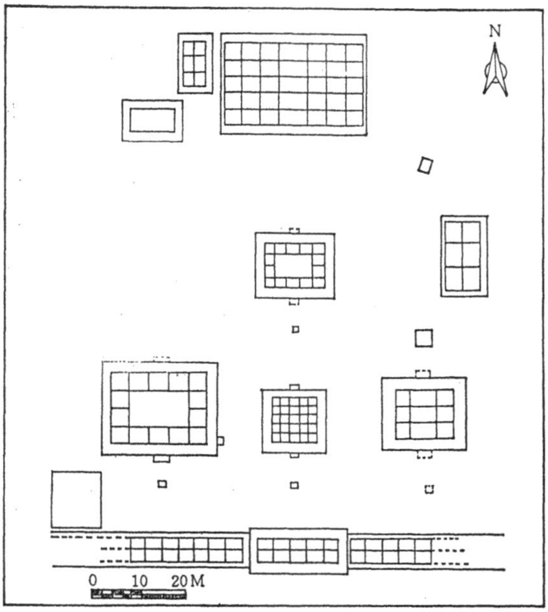

* 《萬福寺 發掘調査報告書》(全北大博物館, 1986)에서 옮김.

서쪽구역의 가람은 중앙구보다 낮게 놓였으며, 여기에도 정면 3칸, 측면 2칸의 문이 있는 회랑에 둘러싸인 공간 중앙에 정·측면 3칸의 건물이 있고, 북회랑 중앙에는 평면 장방형의 건물이 있었다. 또 이 구역 서남쪽에는 담장에 둘러싸인 舍利壇이 있었다. 동쪽 구역은 중앙 구역과 담장으로 구획된 것 같으며, 그 북방부에서 여러 건물지가 노출되었으나, 파괴가 심하여 그 규모·배치 등을 알 수 없었다.[8)]

興王寺 : 홍왕사는 문종 원년(1067)에 창건되었으며, 그 유지는 開豊郡 鳳東面 興王里에 있다. 1948년에 간단한 발굴이 실시되었다. 이에 의하면 가람은 중심곽을 중심으로 그 좌우에 두 개씩의 또 다른 가람을 갖는 형식의 사찰이었다. 중심곽은 동쪽과 서쪽에 평면 8각의 목조탑을 배치하고, 그 뒷쪽 중앙에 금당, 금당 뒤에 규모가 큰 강당을 배치하였으며, 탑 남쪽 중앙에 있는 중문에서 동서로 뻗은 회랑이 북으로 구부러져서 강당 좌우 앞쪽까지 확인되었다. 중심곽 좌우에는 역시 문과 법당이 배치된 별도의 가람이 있었으나, 그들 건물에 대한 상황은 조사가 충분치 못하여 확실하게 밝혀져 있지는 않다.[9)]

8) 水谷昌義, 〈高麗佛日寺の調査硏究〉(《朝鮮學報》 110, 1984).
9) 黃壽永, 〈高麗興王寺址의 調査〉(《白性郁博士頌壽記念佛敎學論文集》, 1959).

萬福寺 : 만복사지(〈도판 5〉)는 南原市 玉亭洞의 해발 285m의 麒麟山 남쪽 기슭에 있다. 사찰의 창건은 문종대(1047~1083)로 알려져 있으나[10] 신라 말의 道詵에 의해 창사되었다는 말도 전한다. 그러나 발굴 조사 결과 신라 말에 창건된 사실을 입증할 만한 자료는 발견되지 않았고, 고려 초기로 보이는 유물이 적지 않았다.

유적에 대한 발굴은 1979년부터 수차에 걸쳐서 寺址 전역에서 실시되었다. 발굴결과 건물의 배치는 현 寺域 남단 중앙부에 정면 5칸, 측면 2칸의 중문지가 있었고, 중문 좌우에는 복랑으로 된 회랑이 동·서로 뻗었으나, 동회랑과 서회랑 및 북회랑은 확인되지 않았다. 중문 뒤에는 정·측면 5칸의 목탑지가 있어 그 기단은 일변 13m 정도로 추정되었다. 탑 서쪽에는 남향한 법당지(서금당)가 원래부터 기단 일부와 기단 위의 큰 석조불상대좌가 노출되어 있었고, 기단은 동서 24.7m, 남북 19.2m이며 건물은 정면 5칸, 측면 4칸이었다. 탑 동쪽에도 역시 남향한 법당지(동금당)가 있었고, 건물은 정·측면이 3칸인 방형에 가까운 건물이었다. 탑 북쪽에도 정면 5칸, 측면 4칸인 법당지(북금당)가 있었으며, 이 건물 북쪽에 정면 7칸, 측면 5칸이며 기단이 동서 29.8m, 남북 20.85m의 비교적 규모가 큰 강당지가 있었다. 이 밖에도 강당 서쪽이나 사역 동변 중앙부 등에 건물지가 있었고 동금당 뒤에는 5층석탑이 섰고, 다시 그 북쪽에 석불상이 있다. 이와 같이 사지에 대한 발굴 결과는 후대의 개조·변화 등으로 매우 혼란된 상태였다. 그러나 가람의 중심부는 목탑을 중심으로 동·서·북에 각각 남향한 금당 또는 금당적인 법당을 배치하고 그 뒤에 강당을 배치한 것이 이 사찰의 기본 형식이었음을 짐작할 수 있다.[11]

위와 같이 몇몇 고려 전기에 창건된 사찰 유지의 발굴을 통해 가람 배치의 모습을 대강 살펴볼 수 있다. 우선 여러 구획이 병치된 가람이 많고, 또 그러한 구획 가운데 중심구획의 가람이 전통적인 가람 배치의 형식을 따르고 있으나, 그 형식이 다양하다는 사실을 알 수 있었다. 가람이 다구획으로

---

10) 《新增東國輿地勝覽》 권 39, 南原 佛宇.

11) 《萬福寺 發掘調査報告書》(全北大博物館, 1986).

된 것은 고구려의 定陵寺, 백제의 彌勒寺, 신라의 皇龍寺 등에서 볼 수 있었으나, 정릉사의 경우는 과연 창건 때부터 그러했는지 의문이다.[12] 또 미륵사의 경우에도 세 구획의 가람이 각각 같은 형식으로 세 미륵을 한 구씩 본존으로 봉안했기 때문에 나타난 형식이며,[13] 황룡사의 창건 가람은 궁을 사찰로 바꾸는 데서 나타난 모습으로 생각된다.[14] 따라서 이들 모두 고려 전기의 사찰의 경우와 같은 이유로써 나타난 것으로는 보기 어렵다. 오히려 통일신라의 佛國寺 가람 즉 동쪽에 전통적인 쌍탑식 가람을 두고, 서쪽에 원당을 나타내는 極樂殿 일곽을 배치한 형태가 더욱 발전적으로 변화된 것으로 보아야 옳을 것이다.

중심곽의 가람 배치의 형식은 불일사의 경우 탑 좌우에 후대의 것으로 보이는 건물지가 있으나, 그 기본은 백제의 기본적인 가람 형식인 1탑식 가람 배치로 된 것으로 보인다. 그리고 홍왕사의 경우 탑의 형식은 고구려의 기본적인 탑 형식인 평면 8각의 탑이나, 가람은 통일신라에서 보편화된 쌍탑식 가람 배치였다. 만복사는 탑의 평면이 방형이며 동·서 금당이 남향했다는 변화는 있으나, 고구려의 기본적인 가람 형식인 1탑 3금당식 가람 배치에 속한다고 볼 수 있다. 이렇게 볼 때 고려 전기의 평지 가람에 속하는 사찰은 그 사찰에 따라 백제, 신라, 그리고 고구려적 요소를 띠고 있으며, 지금 단계로서는 뚜렷한 고려적 가람 배치가 나타나지 않았다고 할 수 있다. 오히려 여러 구획의 가람이 병치된 사찰이라는 것이 고려 사찰의 특징이라고 할 수 있겠다.

이 시기에도 안화사의 경우와 같이 산지가람이 있었음이 짐작되나, 그것의 건물 배치형식에 대해서는 잘 알 수 없다. 그러나 고려 후기에서 조선시대에 일반화 된 것으로 보이는 一柱門을 지나 四天王門, 樓閣을 지나 본당이 지형에 따라 배치되는 형식이 이 시기에도 나타나기 시작한 것이 아닌가 싶지만 그를 입증할 만한 자료는 없다.

---

12) 金正基, 〈高句麗定陵寺址 및 土城里寺址發掘報告槪要와 考察〉(《佛敎美術》 10, 1991), 19~22쪽.
13) 《彌勒寺》(文化財管理局 文化財硏究所, 1989), 488~489쪽.
14) 《皇龍寺》(文化財管理局 文化財硏究所, 1984), 371~372쪽.

(4) 목조건축

고려 전기에 건립된 목조건물은 남아있지 않다. 따라서 얼마간 남은 고찰 자료들을 바탕으로 추정할 수 있는 신라 목조건물의 모습과 12세기 말이나 13세기 초에 건립된 것으로 보이는 鳳停寺 極樂殿의 건물 모습을 바탕으로 당시의 중국이나 일본의 건물을 참고로 추정할 수밖에 없다.

신라의 목조건물에 관해서는 寫經表裝에 그려진 佛殿圖와 雁鴨池에서 출토된 목조건물의 부재 및 석조건물에 나타난 목조건축적 요소 등과 중국·일본의 목조건물을 참고하여 고찰한 연구가 있다.15)

이에 의하면 기둥은 배흘림이 있는 圓柱로, 斗栱은 柱頭 위에 檐遮를 끼워 첨차 끝과 중앙에 小爐를 올린 平三斗形 두공과, 一出目의 상두형 두공이 있고, 또 주두 위에 첨차형 부재만을 올린 일본에서 말하는 '후나히지키[舟肘木]'가 있다. 주두나 소로의 모습은 굽의 단면이 뚜렷한 弧形으로 만들어졌고, 첨차 끝은 翹頭形으로 처리되었다. 건물 軸部나 屋蓋架構는 중국이나 일본과 큰 차이가 없고, 內陣과 外陣의 기둥 높이가 같은 경우와 내진 기둥을 높게 만드는 경우가 있다. 보는 대들보와 퇴보가 있었으나, 덧보의 사용 여부는 확실치 않다. 기둥 사이에는 人字形 台工과 童子 台工이 있었을 가능성이 많고, 처마는 홑처마와 겹처마가 있었고, 서까래는 圓材로, 부연은 角材로 만들고, 귀는 扇子椽으로 만들었다. 천장은 架構되었으며 격자천장이 많았고 外周가 경사지게 만들어지기도 했다. 지붕은 맞배·우진각·팔작 지붕의 여러 형태가 있었다.

이와 같은 통일신라시대의 목조건물은 중국 당대의 건물이나 일본 奈良時代의 건물과도 상통되고, 일본의 소위 「和樣」라고 불리우는 건축양식의 바탕이 되었던 것이다.

봉정사 극락전 건물과 이상에서 추정한 신라의 건물을 비교하면 보의 형태는 어느 쪽에 속하는 것인지 확실하지 않으나 뚜렷한 배흘림이 있으면서도 가는 기둥이나 주두와 소로의 굽이 反曲된 곡면으로 만들어진 점, 그리고 주간 昌防, 중앙에 가구된 대공이나 대들보 위에서 덧보를 받치는 包台工과

---

15) 金東賢, 〈木造建築樣式〉(《考古美術》 162·163, 1987), 84~86쪽.

덧보 중앙에서 마루도리를 받치는 마루대공 등의 형식이 인자형 대공의 발전 형식이라는 점, 그리고 전체 가구형식은 얼마간의 변화는 있었을 것이나 신라의 목조건물과 거의 같은 것이라고 생각된다. 다만 천장가구가 없는 연등천장이기 때문에 천장을 가구한 경우에는 천장에 가리우는 옥개 가구재는 장식적 의장이 가해지지 않았을 것이다. 특히 기둥 위에 놓인 두공과 창방 중앙에 놓인 변형 인자형 대공 위에 가로로 길게 걸쳐진 뜬장혀는 일본의 唐招提寺 강당과 흡사하고, 옥개 가구형식은 일본의 當麻寺 본당의 가구와 매우 닮았다. 이와 같은 여러 특징은 고려시대 전기에 건립된 목조건물이 신라의 목조건물을 거의 그대로 계승했던 것임을 입증하는 것이다. 따라서 봉정사 극락전의 건물에서 두공의 첨차 끝을 교두형으로 바꾸면 거의 그대로 고려 전기에 건립된 목조건물의 모습을 보여주는 것이라고 할 수 있다. 다만 봉정사 극락전은 사찰의 법당 가운데서도 규모가 작은 건물에 속하며, 고려 전기에는 이보다 훨씬 큰 법당 건물도 건립되었을 것이다. 그리고 궁궐 건물 가운데는 이것과는 비교되지 않을 거대하고 화려한 건물이 건립되었을 것이기 때문에 그들 건물의 모습이나 가구 방식은 좀더 다양하고 변화도 많았을 것으로 믿어진다.

〈金正基〉

2) 석조물과 조각

(1) 석조물

석조물이란 석재로 조성된 미술품을 말한다. 석조 미술품은 蠟石·水成岩·粘板岩·大理石 등으로 조성된 것도 있으나 이들보다는 花崗岩으로 이루어진 것이 훨씬 더 많다. 이러한 현상은 화강암이 다른 암석보다 풍부하였기 때문이며, 특히 암질에 있어서 다른 석재보다는 채석하는 데 빠르고 치석하기에 손쉬워서 여러 가지 조각과 건조물에 적합한 석질이므로 그 主材料로 선택되었던 때문이라 하겠다.

그리하여 오늘날 남아있는 석조물은 거와 다 화강암으로 조성된 것이니,

고려시대 전기에 건조된 石塔·石造浮屠·石燈·石碑·幢竿支柱 등의 석조물을 살펴보면 다음과 같다.

가. 석탑

선대에서와 같이 고려시대에 이르러서도 석탑은 불교의 가장 중심적인 예배 대상이었으며 따라서 석탑은 그 수효에서나 조형미에 있어서 당시 불교적인 조형미술의 중추를 이루는 것이었다. 즉 불교의 교세는 고려시대에 와서 절정에 이르렀으며 그에 따라 불교적인 조영이 거의 고려 일대를 통해 국가적으로 혹은 개인적으로 활발하게 진행되었다. 이러한 불교적 조영의 성황 속에 그 중심을 이루는 석탑 또한 다수 건립되어 그 결과 오늘날 많은 석탑의 유례를 볼 수 있는 것이다.

그런데 이러한 고려시대의 석탑에 관하여 나타난 현상을 정리함에 있어서는 우선 그 석탑 건립이 신라시대에 비하여 전국적으로 확산 분포되고 있다는 점을 지적하지 않을 수 없다. 즉 신라는 삼국통일과 더불어 거의 고려와 상응하는 영역을 지배하였지만 현재 남아있는 신라의 석탑은 지역적으로 볼 때 대체로 경주 부근에 밀집되어 있으며 그 외의 것도 대략 옛 영토인 영남에 편재하는 경향을 보이고 있다. 그리고 고구려나 백제의 옛 땅에도 약간의 유례가 있으나 소수에 불과할 뿐이다. 그러나 고려의 경우를 보면 숫자적으로 개경 부근이 우세한 면이 없지 않지만 그 유례는 전국적으로 나타나고 있다. 물론 이러한 분포상의 변화는 시대상의 변화에 따르는 것으로, 일반적인 추세는 한마디로 왕실불교적 입장에서 출발한 한국의 불교가 수백 년을 지나면서 보다 보편화된 결과라고 하겠다. 그러나 좀더 고려의 상황에 결부시켜 본다면 우선 다음과 같은 점들을 생각해 볼 수 있다.

즉 고려의 석탑 건립에서 먼저 생각할 수 있는 것은 국가적인 조영이라 하겠다. 고려시대 역시 불교가 국가적 종교, 왕실불교로서 번영하였음은 물론, 신라로부터 이어지는 호국불교적 성격은 국초로부터 많은 국가적 사원의 창건을 초래하였다. 그리하여 그러한 국가적 조영의 경우 역시 수도인 개경이 월등 우세함은 짐작할 수 있다. 개경의 法王寺·王輪寺·慈雲寺·內帝釋寺·舍那寺·天禪寺·新興寺·文殊寺·圓通寺·地藏寺 등 10대 사찰의 건립이나, 도성 안에 70區의 불사가 있었다는 기록 등은 불교국을 연상케 하며, 곧 고려의 불사 건립의 정도와 아울러 개경이 수적으로 우세함을 전하는 것이라 하겠다.

태조왕건의 「訓要十條」에도 반영되어 있듯이 새로이 유행되는 圖讖思想의 영향은 이러한 국가적인 조영 역시 전국적인 형태로 행해진 일면을 나타내게 하였다. 대체로 개경의 7층석탑 건립과 연관되는 것으로 믿어지는 고구려의 구도인 西京의 9층탑 건립, 신라의 옛 서울인 경주 皇龍寺九層木塔의 중수, 백제 옛 수도 부근의 거대한 益山 王宮里五層石塔의 유례, 그리고 후백제군을 격파한 곳에 天護山 開泰寺를 건립한 것 등은 모두 그러한 경향을 전해주는 것이라고 하겠다.

그런데 고려시대의 석탑에서 좀더 주목을 끄는 것은 순수한 지방세력 내지는 현지 주민들이 대거 참여한 사실이다. 경상북도 醴泉郡 읍내에 소재한 開心寺址五層石塔의 銘文, 서울 경복궁에 옮겨 놓은 淨兜寺五層石塔 내에서 발견된 〈造成形止記〉 등에서 알 수 있듯이, 고려는 많은 경우 그 지방민의 발원에 의하여 석탑이 건립되었다고 믿어지며, 이것이 오히려 고려시대 석탑의 전국적인 분포의 좀더 근본적인 이유가 될 수 있지 않을까 한다.

앞에서 살펴본 바와 같이 고려시대 석탑의 전국적인 분포나 그 건탑에 있어서 토착세력의 참여 가능성은 바로 고려 석탑의 양식상에 다양한 변화를 가져올 수 있는 가능성이 다분함을 짐작하게 한다. 즉 신라의 왕도 중심의 일률적인 건탑 양식에서 벗어나 고려시대에 들어와서 각 지방의 토착세력이 건탑에 관여했을 때 과거의 일률적인 규범보다는 각기 제 나름대로의 특징이 반영되어 곧 다양한 건탑의 양상을 보일 것이니 실제 이 시대의 석탑은 그 조형 양식상에 다양한 변화를 보이고 있다.

그리하여 신라 이래 전통양식을 계승함과 동시에 지방적 특색이 가미되어 그야말로 다양한 조형을 이루었으니, 이 같은 석탑의 지방적 특색은 신라시대에는 그리 두드러지지 못하였던 것으로 중앙에서 지방으로 석탑이 보급되면서도 그다지 큰 차별상을 나타내지는 못하였었다.

신라의 옛 땅인 경상도지방을 중심으로 한 지역에서는 어느 정도 신라 석탑계를 충실하게 계승하면서도 세부적으로는 변형을 보이고 있다. 곧 예천

읍내의 開心寺址 5층석탑(보물 제53호 ; 현종 원년, 1010〈사진 1〉)은 연화문이 조식된 판석 1매를 끼워 탑신 괴임대를 삼고 있다. 漆谷郡 若木面 福星洞寺址에서 1924년에 서울 경복궁 내로 옮겨 세운 정도사지 5층석탑(보물 제357호 ; 현종 22년)은 하층기단 면석의 각 면에 3구씩의 안상이 있고 그 내면에 地線으로부터 귀꽃문이 조식되어 있어 주목된다.

이 밖에 개성을 중심으로 한 지역에서는 南溪院七層石塔(국보 제100호 ; 開城市 德岩洞 南溪院址에서 1915년에 경복궁내로 이전 〈사진 2〉), 玄化寺七層石塔, 興國寺石塔 등과 같이 일반형 4각형 중층탑이 고려 석탑으로서의 특징을 지니면서 유행하였다. 그리고 기타 다른 지역에서는, 경기도의 廣州郡 西部面 春宮里三層石塔(보물 제13호)과 安城郡 二竹面 竹山里五層石塔(보물 제435호), 전라북도 金堤郡 金山面 金山里 金山寺五層石塔(보물 제25호), 충청남도의 天原郡 聖居面 天興里 天興寺址五層石塔(보물 제354호)과 青陽郡 定山面 西亭里 九層石塔(보물 제18호) 등 상당한 수의 일반형 석탑이 건립되었다. 이들 탑은 모두 신라 양식을 계승하고는 있으나 옥개석의 낙수면이 급경사를 이루고 추녀가 직선에서 곡선으로 변하였다던가, 단층기단이 많아졌다던가, 상층기단 갑석의 부연이 형식화되거나 생략되어 있는 것 등 부분적으로 간략화되고 둔중해 진 고려 석탑 특유의 작풍을 보이고 있다.

그리하여 이 시기에 건조된 석탑을 형태별로 분류해보면 4각형 중층의 전형양식, 전탑 및 모전석탑, 四獅子石塔, 多角形塔, 寶篋印塔의 5종으로 크게 구별할 수 있다. 이러한 유형의 석탑은 전기뿐만이 아니라 후기에까지 전승된다.

가) 4각형 중층의 전형탑

이 석탑은 신라시대의 전형적인 일반형을 본받고 있는 것으로 평면이 4각형이며 2층기단 혹은 단층기단 위에 탑신부를 형성하고 정상에 相輪을 장식하고 있다. 개경에 靈通寺址五層石塔, 玄化寺址七層石塔 등 거대한 탑이 건립되었다. 그러나 대체적으로 3~5m 높이의 중형탑이 건립되었으니, 앞에서 열거한 석탑 이외에 靈岩 聖風寺址五層石塔(목종 12년, 1009), 密陽 小台里五

---

* 사진은 모두 277~280쪽에 게재.

層石塔(보물 제312호 ; 예종 4년, 1109), 中原 彌勒里五層石塔(보물 제95호), 興法寺址三層石塔(보물 제464호), 密陽 崇眞里三層石塔(보물 제468호), 驪州 下里三層石塔(보물 제92호), 淸原 桂山里五層石塔(보물 제511호) 등을 대표로 들 수 있다.

이들 석탑은 모두 신라시대의 일반형을 계승하여 기단에는 兩隅柱와 撑柱甲石의 副椽 등이 정연하고, 탑신부에서는 탑신석 좌·우에 우주가 각출되었으며 옥개석 하면의 받침은 5단·4단·3단 등으로 이루어졌는데 이 시기의 석탑은 이러한 4각형 중층의 전형탑이 주축을 이루고 있다.

나) 전탑 및 모전석탑

塼塔은 선대로부터 건조되어 이 시기에 이르러서도 축조되었으나 크게 유행을 보지는 못하였다. 그것은 역시 탑을 건립하기에 앞서 인공을 가하여 벽돌을 생산하여야 했기 때문에 수고가 많이 들고 작업의 과정에 어려움이 많았던 탓으로 생각된다. 그리고 模塼石塔도 전탑과 같이 석재로 벽돌형을 다듬어 모전석을 생산하는 작업이 먼저 이루어져야 했기 때문에 역시 건조하기가 어려웠던 것 같다. 그리하여 현재 완전한 형태의 전탑과 모전석탑을 찾아보기가 어려우니 그것은 벽돌과 모전석이 무너지기 쉬운 때문이기도 하다.

이 시기의 전탑으로 유일한 것은 神勒寺多層塼塔(보물 제226호)인데 여러 차례의 보수로 인하여 많이 변형되었다. 화강암으로 기단부를 구성하고 그 위에 7층의 탑신을 형성하였는데 옥개는 극히 짧으며 받침이 3층까지는 2단이나 그 위는 1단씩이어서 특이한 형태를 보이고 있다. 塼에는 반원 안에 唐草를 양각한 문양이 있어 아름다우나, 군데군데 문양이 없는 벽돌들이 섞여 있어 역시 후세의 변형을 쉽게 알 수 있다.

모전석탑으로는 堤川 長樂里七層模塼石塔(보물 제459호)을 들 수 있는데 전체의 높이 9.1m로 거대한 탑이다. 화강암으로 지대를 구축하고 7층의 탑신부를 형성하였는데, 초층의 탑신에는 4隅柱를 화강암으르 세웠고 남·북 양면에 龕室이 개설되었다. 옥개 받침은 7~9단이며 낙수면의 받침도 같다. 상륜은 노반 1石이 남아있고 그 윗면에 지름 17cm의 둥근 찰주공 주위에 연화문이 조각되어 있다.

이 시기의 석탑으로 모전석탑의 유형을 들 수 있는데, 義城 氷山寺址五層石塔이 있다(보물 제327호). 이 석탑은 가까운 곳에 신라통일 초기의 義城 塔里五層石塔(국보 제77호)이 있어서 이 탑을 모방한 것이다. 단층의 기단 위에 5층탑신을 형성하였고 정상에 상륜부를 장식하였는데 초층 탑신 남쪽면에 감실이 있고 옥개 받침과 낙수면의 층단 받침이 5단씩인 것까지 같은 형식이라 하겠다. 전체의 높이 8.15m로 거대한 탑인데 같은 지역에서의 모방의 예를 보이고 있다.

다) 4사자석탑

사자 네 마리를 기단부에 배치하고 탑신부를 받치게 한 4獅子塔의 건조는 이미 통일신라시대부터 있어서 華嚴寺四獅三層石塔(국보 제35호), 咸安 主吏寺址四獅石塔 등을 예로 들 수 있는데 고려시대에 이르러서도 堤原郡의 獅子頻迅寺址石塔(보물 제94호)에서 4사자의 용례를 볼 수 있다. 이 석탑은 기단부에 "大平二年四月 日謹記"라는 명문이 있어 현종 13년(1022)에 건립하였음을 알 수 있다. 2층으로 구성된 상층 기단에 네 마리의 사자를 앉히고 머리 위에 갑석을 받게 하였다. 갑석 상면에는 伏蓮이 장식되어 있는 괴임돌 하나를 끼워 탑신부를 받치고 있는데 각 층의 身蓋石은 1석씩이며 탑신석에는 양우주가 각출되어 있다. 옥개석은 받침이 3단씩이며 추녀의 큰 곡선이 고려의 특징을 보이고 있다.

라) 다각형탑

다각형의 석탑은 그 평면이 4각형에서 6각형, 혹은 8각형으로 변한 것을 말한다. 신라 하대부터 비록 석탑 전체는 아니나 기단부가 8각으로 변한 석탑이 나타났음을 볼 수 있다. 예컨대 到彼岸寺三層石塔(보물 제223호)은 지대석은 4각형이나 그 위의 기단부는 8각의 평면으로, 8각의 복련석 위에 8각 면석을 놓고 그 위에 8각 앙련석을 놓아 마치 佛台座 형식의 특이한 기단을 보이고 있다. 이 석탑은 법당 내에 신라 경문왕 5년(865)에 해당하는 '咸通六年'銘의 철불이 있어 이 석탑도 같은 때에 건립된 것으로 추정하고 있다. 이렇듯 신라 하대에 나타난 다각형의 기단 평면은 고려시대에 이르러 탑신부에까지 변형을 일으켜 여러 기의 다각형 석탑이 조성되었다. 그 중에 月精寺八角九層石塔(국보 제48호)과 金山寺六角多層石塔(보물 제27호)은 그 대표라 하겠다.

월정사 8각 9층석탑은 전체의 높이 15.15m의 큰 탑인데 탑신부의 각 부재가 넓이에 비하여 높아져서 전체적으로 우뚝한 느낌을 준다. 2층 기단으로 구성되어 하층의 기단 갑석은 복련석으로 이루어졌고, 상층의 기단 갑석 위에는 괴임돌 하나를 끼워 탑신부를 받치고 있는데 각 층의 신개석은 1석씩으로 조성되어 있다. 각 층 탑신에는 각 면에 양우주가 각출되고 옥개석 하면의 받침은 큼직한 圓弧를 사이에 두고 상·하에 낮은 각진 모양의 받침하나씩을 본떠 새겼다. 각 층마다 여덟 귀퉁이 전각에 풍경을 달아 도합 72개의 풍경이 장식되어 장중하기 이를 데 없다. 초층 탑신에는 작은 龕形이 마련되었다. 이 탑에서 특히 주목되는 것은 상륜부가 완전한 점인데 露盤과 覆鉢·仰花·寶輪까지는 화강암으로 조성하였으나, 그 이상의 擦柱를 비롯한 寶蓋·水烟·龍車·寶珠 등은 금동제이다. 1970년 10월에 해체 복원하였는바 이 때에 많은 사리장엄구가 발견 조사된 바 있다.

金山寺 六角多層石塔은 기단부와 탑신부의 평면이 6각이다. 화강암으로 조성된 높직한 2단의 대석이 있고 그 위에 점판암으로 조성한 복련석이 있으며 앙련석의 갑석이 놓여 탑신부를 받치고 있으나 현재 옥개석들만이 겹쳐 쌓여 있다. 그러나 상층부에 이르러 2층에 탑신석이 있으므로 그 밑의 모든 층에도 탑신석이 있었음을 알 수 있는데 이러한 탑신석을 모두 구비했었던 창건 당시의 탑은 대단히 우뚝한 느낌을 주었을 것이다. 탑신석에는 각 면에 양우주가 있고 圓圈 안에 여래좌상 1구씩을 선각하여 초창기의 장식적 석탑의 형태를 상상케 한다.

마) 보협인탑

寶篋印石塔(東國大博物館 소장, 국보 제209호)은 한국에서는 1기밖에 없는 희귀한 석탑이다. 전하는 바에 의하면 이 탑은 天原郡 北面 大坪里 탑골에서 발견 수습된 것이라고 한다. 현재 5석이 남아있는데 불상이 조각된 대석 위에 갑석형의 복련석, 本生潭을 조각한 탑신석, 당초문과 앙련문을 장식한 개석이 놓이고 정상에는 네 모서리가 귀모양으로 된 상륜석이 놓여 있다.

나. 석조부도

석재로 건조된 승려의 묘탑을 말한다. 石造浮屠의 건립이 본격화된 것은 신라 하대에 이르러 선종이 등장하고 祖師들의 사리탑 건립이 유행함으로써 비롯되었다. 따라서 부도의 경우는 석탑과는 달리 처음부터 그 분포가 전국적인 양상을 보이고 있다. 그런데 신라의 부도가 비록 하대에 이르러 본격화하였다 하더라도 신라 부도는 이미 그 나름대로 자체의 전형을 이루고 있었으니 평면 8각 단층형의 8角圓堂型이 그것이다. 그런데 고려시대에 이르러서는 이러한 신라 전형 양식이 계승, 유행되는 한편 부분적으로 혹은 전체적으로 변형을 보이게 된다. 다만 일반적인 석탑과 다른 점이 있다면 숫자 적으로 적기 때문이라고 여겨지는데 유형화하는 면에서 크게 두드러지지 못하고 보다 개별적인 변형을 보이고 있다.

그리하여 각 부재가 원형으로 변해 가는 것은 신라 말기에서 고려시대에 걸쳐 나타나는 현상인데, 이것은 각을 죽여서 원형으로 만든 새로운 의장으로 짐작되나 이러한 변형 역시 8각의 기본형에서 비롯한 것이다.

예컨대 신라 말에 이르러 건조된 禪林院址浮屠(보물 제447호 ; 신라 정강왕 원년, 886)나 鳳林寺眞鏡大師寶月凌空塔(보물 제362호 ; 신라 경명왕 7년, 923)은 각기 기단부에 있어서 8각을 떠나 평면이 원형으로 변한 형태를 보이고 있으며, 고려 전기에 건조된 淨土寺弘法國師實相塔(국보 제102호 ; 현종 8년, 1017 〈사진 3〉)은 탑신을 구형으로 조성하여 8각의 평면을 원형으로 변형시킨 기발한 의장이다.

그리고 또한 부분적인 변형을 보이는 유례를 보면 일부 부재가 원형으로 바뀌는 동시에 중대석이 특별히 커져서 그 표면에 雲龍紋 등 다채로운 조식이 들어가는 변형이 주목을 끈다. 이렇듯 원형 표면의 중대에 운룡문을 조각한 것은 신라 말에 제작된 선림원지부도에 이미 나타나 있으며, 고려시대에 이르러는 興法寺眞空大師塔(보물 제365호 ; 태조 23년, 940)과 高達寺元宗大師慧眞塔(보물 제7호 ; 경종 2년, 977) 등이 일부 부재가 원형으로 변하는 동시에 중대석이 특히 커져서 그 표면에 운룡문을 조각하고 있다.

다음으로 보다 근본적인 형식상의 변형을 보이는 예로는 일반적인 석탑에서의 현상과는 반대로 평면이 8각에서 완전히 벗어나 4각을 기본으로 삼은 양식이 나타나고 있으니 그 대표적인 예로 法泉寺智光國師玄妙塔碑(국보 제101호 ; 선종 2년, 1085, 원위치는 강원도 원주〈사진 4〉)을 들 수 있다. 이 부도는 기단부부터 탑신·상륜부까지 세부에도 蓮花紋·草花紋·帳幕·鳥類 등 각종 문양을 화사하게 가득히 조식하여 마치 조각물을 보는 듯한 느낌을 준다.

한편 부도의 양식 중에는 8각 원당형을 계승하는 부도 외에 單石으로 단조롭게 塊體性을 띠며 종형의 탑신이 중심을 이루는 石鐘型 부도가 있다. 그런데 이러한 형식의 부도는 역시 그 시원이 신라시대라고 생각되지만 고려시대에 이르러 좀더 유행한 느낌이 있어 여기서도 고려의 조형미술의 다변성을 볼 수 있다.

즉 통일신라시대의 석종형 부도로는 太和寺址 十二支像浮屠(보물 제441호)를 유일하게 말할 수 있는 데 비하여, 고려시대에 이르면 상당한 수의 석종형 부도를 들 수 있으니 金山寺石鐘(보물 제26호), 通度寺金剛戒壇 등은 그 대표라 하겠다. 이 2기의 석종형 부도를 보면 모두 계단형식으로서 기단부와 주변의 장엄이 전대에 만들어진 태화사지 12지상부도에 비해 훨씬 장식적이어서 화사하다. 이것은 과거의 단조로운 형태에서 벗어나 좀더 장중하고 화려한 양상으로 변형되었음을 입증하는 것이 아닌가 하며, 또한 고려시대의 보다 다양성 있는 조형미술의 특징을 살릴 수 있는 것으로 생각된다.

그리하여 이 시기에 건조된 석조부도를 형태별로 분류해 보면 8각원당형의 전형 양식과 4각 혹은 원형의 변형 양식, 석종형의 세 가지로 크게 구별할 수 있다.

가) 전형적인 8각원당형 부도

이 부도는 8각형을 기본으로 하여 下臺石·中臺石·上臺石 등 기단부는 물론이고 이 위에 놓이는 탑신 괴임대, 탑신부, 옥개석, 상륜부재까지 모두 8각으로 조성되어 층층이 쌓인 것으로 전체적인 평면이 8각이다.

고려 전기에 건조된 부도로 절대 연대를 가지고 있는 부도는 興法寺眞空大師塔, 普賢寺朗圓大師悟眞塔(보물 제191호 ; 태조 23년, 940), 大安寺廣慈大師

塔(보물 제274호 ; 광종 원년, 950), 鳳巖寺靜眞大師圓悟塔(보물 제171호 ; 광종 16년, 968), 高達寺元宗大師慧眞塔, 普願寺法印國師寶乘塔(보물 제105호 ; 경종 3년, 978) 등이다. 이 부도들은 주인공과 소속 사원이 모두 확실하며 특히 그들의 탑비가 건립되어 있으므로 각 주인공의 행적과 건조 연대 등을 확실히 알 수 있어 같은 시기에 건립된 연대 미상의 부도들을 고찰하고 연대를 추정하는 데 하나의 기준이 되는 중요한 자료들이다.

이 부도들은 지대석에서는 8각, 혹은 4각을 보이는 것이 있으나 하대석은 반드시 8각으로 이루어졌다. 그리고 중대석도 8각이나 진공대사부도와 원종대사부도의 중대석은 거의 원형을 이루고 있다. 그러나 이 두 부도도 중대석 상·하의 괴임대와 받침은 8각을 보이고 있다. 상대석도 8각이며 탑신과 옥개석 또한 8각으로 진공대사탑과 광자대사탑의 낙수면은 기와골을 이루고 있다.

나) 변형 양식

우선 원형으로 변한 부도는 淨土寺弘法國師實相塔이라 하겠는데 이 탑에서도 실은 탑신부만이 구형으로 변했을 뿐이다. 부도의 구성을 보면 4각형의 지대석 위에 널찍한 8각형의 대석이 있으며, 그 위에 모서리마다 귀꽃무늬가 장식된 8각의 복련대석이 놓이고 그 위에 8각 중대석을 놓아 8각 앙련의 상대석을 받치고 있다. 탑신석은 평평한 상대석 위에 놓였는데 원구형의 측면에는 옆으로 2條線帶가 돌려지고 네 군데에 상하로 2조선이 양각되어 횡대와 교차되는 곳에 圓座와 花瓣을 장식하여 素紋의 탑신보다는 화려함을 느끼게 한다. 탑신 상면에 있어서도 그대로 옥개석을 놓은 것이 아니라 원통형의 간주석을 세우고 그 위에 얹었는데, 옥개석 하면은 삿갓 모양으로 깊숙이 파여져 안정감을 고려하고 있다. 옥개석도 8각인데 이러한 각 부의 구성으로 보면 아직은 전체적인 변화를 보이지는 않는 것이다.

다음으로 법천사 지광국사현묘탑은 홍법국사탑보다 약 70년이 늦는데, 여기서는 전체적인 변화를 보이고 있다. 즉 지대석으로부터 기단부·탑신석·옥개석·노반까지 4각의 평면을 이루고 있으며 상륜부에서 보개만이 8각이다. 이러한 점에서 이 시기에 있어서의 변형 양식은 역시 지광국사부도를 들어야 할 것이다.

다) 석종형 부도

이 시기의 대표작으로 金山寺石鐘을 들 수 있는데 이 부도는 형태가 석종형이라 하여 붙여진 명칭이다. 널찍한 4각형의 기단을 마련하고 그 위에 봉안하였는데 기단은 2층으로 이루어졌다. 상·하층 기단의 면석은 神將像을 비롯한 각종 조각물이 새겨진 별석들로 이루어졌으며 갑석도 많은 판석으로 짜여졌다. 그리고 그 위 중심에 한 장의 판석을 놓고 탑신을 받치고 있으며, 판석의 네 귀퉁이에는 사자의 머리가 밖을 향하여 조각되었다. 그 윗면 한복판에 탑신 받침의 몰딩이 있고 주위에 연화문이 돌려졌으며 탑신은 長身으로 정상에 조각된 아홉 마리의 용은 밖을 향하고 있다. 그 위에 앙련이 조각된 2장의 돌이 놓여 있고 정상에 보주석이 얹혀 있다. 이와 같은 석종형 부도는 본래 인도의 불탑 형식에서 연유한 것이다.

다. 석 등

이 시기에는 대체적으로 선대의 8각형 전형의 주류를 계승한 양식을 볼 수 있으나 석탑에서와 같이 전체의 형태가 둔중함을 면치 못하고 있다. 이것은 당시의 전체적인 하나의 시대성으로 이해해야 할 것이다. 그러나 고려시대에 이르러 신라시대 전형의 평면 8각형 석등 양식에서 벗어나 새로운 양식을 정립시킨 형태가 있는데, 그것은 평면 4각형을 기본형으로 한 것이다.

예컨대 灌燭寺石燈(보물 제232호〈사진 5〉)과 玄化寺址石燈은 이러한 종류에 해당하는 것이다. 竿柱는 평면이 원형이고 그 위에 4각형의 앙련석을 얹었으며 화사석은 네 귀퉁이에 석주만을 세우고 4각형의 옥개석을 덮고 있다. 開城博物館石燈에서는 간주도 4각형으로 되어 있어 신라시대의 8각형이 4각형으로 변형되어 하나의 특징적인 양식을 이루고 있음을 알 수 있으니, 이러한 형식에 속하는 유례는 전국적으로 상당한 수가 있다. 그리하여 이 시기에 건조된 석등을 형태별로 분류해 보면 평면 8각형의 전형 양식과 변형 양식, 쌍사자석등의 세 가지로 크게 구별할 수 있다.

가) 전형 양식

고유한 석등의 전형 양식은 평면이 8각으로 통일신라시대에 정립되었다. 이 양식은 8각의 연화대 위에 8각 간석이 세워지고, 그 위의 8각 앙련대 위에 8각의 화사석과 옥개석이 놓인다. 羅州西門石燈(보물 제364호)은 8각 간주에 銘記가 음각되어 있어 선종 10년(1093)에 건조되었음을 알 수 있는데, 이 석등은 4각형의 지대석 위에 8각의 하대와 간주, 상대석, 화사석, 옥개석, 상륜부의 보개석이 놓여 있어 전형적인 석등임을 알 수 있다.

나) 변형 양식

관촉사석등은 이곳의 석조미륵보살입상과 같은 연대로 추정하여 광종 19년(967)의 건조로 생각되는데, 간주는 원주형이고 화사석 이상은 4각형으로 변하였다. 沃溝 鉢山里石燈(보물 제234호)은 간주가 원주형으로 변하고 표면에 蟠龍과 雲紋이 조식되어 있다. 華川 啓星里石燈(보물 제496호)은 간주가 원형의 鼓腹形系를 따르고 있으며 화사석과 옥개석은 6각으로 이루어져 특이한 변형을 보이고 있다.

다) 쌍사자 석등

신라시대에 이미 法住寺雙獅子石燈(국보 제5호), 中興山城雙獅子石燈(국보 제103호), 靈岩寺址雙獅子石燈(보물 제353호) 등의 선례가 있으므로 고려시대에 이르러서도 쌍사자석등의 건립은 짐작할 수 있는 바다. 고려시대의 쌍사자석등으로는 高達寺址雙獅子石燈(보물 제282호)을 들 수 있는데, 이 석등은 신라시대 쌍사자상과는 전혀 다른 자세를 취하고 있어 주목된다.

즉 신라시대에는 두 마리의 사자가 하대석을 딛고 일어나 앞다리와 머리로 연화상대석을 떠받치고 있는 형태이다. 그러나 고달사지석등에서는 두 마리의 사자가 구부리고 앉아 있으며 그 위에 대석들을 놓아 등을 받들고 있는 형상이다. 쌍사자로 석등을 받들게 한 의장은 같다고 하겠으나 사자의 자세가 달라지고 있어 같은 쌍사자석등 계통이라 하여도 시대성을 보이고 있어 주목된다.

라. 석 비

이 시기에는 통일신라 후기 양식을 답습하면서도 새로운 왕조의 강세에 따라 웅장하고 정교한 조각을 보이고 있다. 즉 비신 양면과 주위에 운룡문과 寶相花紋을 장식하고 龜趺의 龍頭는 더욱 환상적인 용두로 변하며 螭首 역시 정교하고 다양한 조각을 보이고 있다.

이 때의 대표적인 석비들을 열거하면 菩提寺大鏡大師塔碑(보물 제361호 ; 태조 21년, 938 〈사진 6〉), 興法寺眞空大師塔碑(보물 제463호 ; 태조 23년, 940), 大安寺廣慈大師塔碑(보물 제275호 ; 광종 원년, 950), 鳳巖寺靜眞大師圓悟塔碑(보물 제172호 ; 광종 16년, 965), 普願寺法印國師寶乘塔碑(보물 제106호 ; 경종 3년, 978), 高達寺址元宗大師慧眞塔(보물 제6호 ; 광종 26년, 975), 淨土寺法鏡大師慈燈塔碑(보물 제17호 ; 태조 26년, 943), 無爲寺先覺大師遍光塔碑(보물 제507호 ; 정종 원년, 946), 興寧寺澄曉大師塔碑(보물 제612호 : 혜종 원년, 944) 등이라 하겠는데 특히 이들 석비의 용두는 몹시 험상궂은 인상을 하였으며 턱에는 짧은 수염이 붙어 있어 주목된다.

고려 전기에 있어서 선대의 양식 수법을 계승하여 걸작품으로 주목되는 대표작은 法泉寺智光國師玄妙塔碑(국보 제59호 ; 선종 2년, 1085 〈사진 7〉)를 들 수 있다. 이 탑비는 신라시대 작품에 비하여 손색없는 걸작품으로 귀부나 이수에 조식이 많다. 귀부는 넓은 지대석 위에 놓였고 龍頭化된 귀두의 목은 길게 직립하여 정면을 향하고 있는데 목에는 비늘이 표현되었다. 등에는 4각형의 구획 안에 따로 귀갑문을 새겼으며 다시 그 안에 「王」字를 양각하였다. 등의 중앙에는 간결한 복면으로 비좌를 마련하고 비신을 세웠다. 비신은 전면의 주연에 보상당초문을 조각하고 양측면에는 쌍룡을 두드러지게 양각하여 특징적이다. 이수는 네 귀퉁이의 전각이 우뚝 솟았고 귀꽃을 달았으며 상면 중앙에 상륜부를 형성하여 보주를 얹었다. 이 석비는 전체가 하나의 조각품으로도 주목되는 우수한 석조물이라 하겠다.

이와 같이 비신의 측면을 장식한 예로는 奉先弘慶寺碑碣(국보 제7호 ; 현종 17년, 1026), 七長寺慧炤國師碑(보물 제488호 ; 문종 14년, 1060) 등을 들 수 있는 바 모두 11세기의 건조물인 점에서 한때 유행했었던 것으로 생각된다. 이 석비들은 대체적으로 王師 · 國師의 탑비이나 봉선홍경사비갈만은 그렇지 않고 현종 12년(1021)에 창건된 봉선홍경사 사적을 기록한 비갈이다. 이 석비도 귀부 위에 비신을 세우고 이수를 얹은 형태로 탑비들과 똑같은 양식을 갖추고 있어, 이 양식이 신라 이후 우리 나라 전형의 석비 양식임을 다시 한번 확증케 한다.

이 비갈을 살펴보면 용두화된 귀두를 오른쪽으로 돌리고 있는 것이 특이하다. 물고기의 지느러미 같은 넓은 날개를 귀두 좌·우에 장식하고 있으며 귀갑 중앙에는 앙련과 복련으로 이루어진 높직한 비좌가 있어 비신을 받고 있다. 비신의 앞면 주연에는 당초문대를 조각하고 그 안에 비문을 각자하였으며 양쪽 측면에는 보상화문을 조각하였다. 이수는 운룡문이 조각되어 있는바 사적비로서는 대표적인 수작이라고 하겠다.

혜소국사비는 용두화한 귀두의 턱이 긴 수염이 나있으며 짧은 목에는 옆으로 크고 작은 비늘을 조화있게 조각하였다. 귀갑문은 정 6각형인데 귀갑 중앙에 마련한 비좌는 낮게 표출하고 상단에 복련대를 돌렸다. 비신의 양쪽 측면에는 쌍룡이 아래 위로 길게 조각되었는데 보주를 사이에 두고 있다. 이수는 반룡과 운문으로 장식되었는데 정상 중앙에는 보주를 장식하도록 작은 구멍이 뚫려있다.

마. 당간과 지주

이 시기에 건립된 幢竿은 1기가 남아 있으니 淸州市 南門路의 龍頭寺址鐵幢竿이다. 당간과 그 支柱가 국보로 지정되어 있는 것은 오로지 이것 하나뿐인데 이 철당간에는 〈龍頭寺鐵幢竿記〉가 양주되어 있고, 그 말미에 "維峻豊三年太歲壬戌三月二十九日鑄成"이라 보이므로 광종 13년(962)에 건조되었음을 알 수 있다.

신라와 고려를 통하여 많은 사찰의 창건과 함께 당간이 건립되었으나, 이렇듯 조성 연대가 확실한 철당간으로 남아있는 것은 이것뿐이다. 용두사지철당간은 널찍한 기단과 간대 위에 철제 당간과 양지주가 세워져 있어 가히 국보적 가치가 있다고 하겠다.

당간은 같은 형태의 철통 20여 개를 연결시켰는데 밑에서부터 세 번째 철통 주위에 철당간기가 있다. 양 지주는 동·서로 마주 서 있는데 내측면에는 아무런 조식도 없으나 외면의 중앙에는 세로로 된 굵은 융기선이 장식되었다. 그리고 외면의 양측 緣邊에는 가늘게 음각된 線彫가 있어 융기선 좌·우쪽의 선조와 잘 어울리는 장식적인 의장을 보이고 있다. 앞·뒷면에는 주연을 따라 선조가 장식되었는데 柱頭에는 약간의 굴곡을 두었다. 당간을 고정시키는 杆은 지주의 상단 내면에 마련되었으며 다른 곳에는 없다. 현재의 당간은 철통이 20개이나 본래는 더 많았던 것으로 생각되며, 따라서 현재의 높이인 12.7m보다는 더 높았던 것으로 추측된다.

이 밖에 羅州東門外石幢竿(보물 제49호)이 이 시기에 건조된 석당간으로 남아 있다. 이 당간과 지주를 살펴보면 당간과 그 상단부분은 완전히 남아 있으나 기단은 매몰되어 있음인지 나타나 있지 않다. 이 석당간은 전체가 지주와 같은 화강암으로 조성되어 8각을 이루고 있는데 5매의 돌을 연결하여 간주를 세우고 그 위에 8각의 옥개석과 보주를 놓았다.

석당간의 연접은 일반적인 방법을 따른 것으로 각 석재의 양단부를 가늘고 길게 깎아서 간주 두께의 꼭 반이 되게 하여 그 부분에 서로 결착시켰다. 그리고 그 접착을 더욱 견고하게 하기 위하여 상·하로 두 곳에 둥근 구멍을 관통시켜 杆을 끼워 더욱 밀착되도록 하였다. 이 간주의 연접부분에는 둥근 구멍 밖으로 두 곳에 철대를 돌려 든든하게 하였는데 네 곳에 이러한 장치가 있다.

당간의 상단에 놓인 8각 옥개석은 하나의 돌로 조성하였는데 각 변에는 곡선이 있고 전각에도 반전이 많아 전형적인 고려식의 옥개형태라 하겠다. 그 위의 보주는 섬세한 작풍은 아니나 정상부의 장식으로 조화가 잡혀 있다.

양 지주는 낮은 편인데 지주의 내측면에는 아무런 조각이 없고 외면이나 앞·뒷면에도 조각이 없어 간결 소박하고 견실한 지주라 하겠다. 지주의 정상부는 원면이 평평한데 거의 외면 가까이에 이르러 원호를 그리면서 외면과 접하는 곳의 각을 깎았기 때문에 앞이나 뒤에서 보면 그 곡선이 완연하다.

당간의 고정은 내면 상단에 간구를 파서 시설하였는데 당간의 아래를 鐵製帶로 여러 번 돌려 양 지주의 간구에 끼워 고정시켰다. 이 석당간과 지주는 그리 큰 편은 아니나 원래의 형태를 잘 갖추고 있다는 점에서 고려시대

석당간과 지주 연구에 귀중한 자료가 된다.

이와 같이 고려 전기에 세워진 철당간과 석당간, 그리고 그 지주를 살펴보았거니와 이 밖에도 석당간은 지정되지 않은 것이 몇 군데 있으나 그 기본 양식은 이들과 별 차이가 없다.

이 시기의 당간 가운데에도 신라시대와 같이 지주만 남아 있는 것이 상당한 수인데, 각 지역별로 몇 기를 예로 들면 瑞山 普願寺址幢竿支柱(보물 제103호)와 天原 天興寺址幢竿支柱(보물 제99호), 春川 槿花洞幢竿支柱(보물 제76호)와 洪川 希望里幢竿支柱(보물 제80호), 南原의 萬福寺址幢竿支柱(보물 제32호) 등을 대표로 들 수 있다.

이들 지주의 양식은 거의 같은데 양 지주는 약 60cm의 간격을 두고 동·서로 마주 서 있다. 본래는 기단 위에 당간과 지주가 놓였었는데 현재는 기단과 간대석 등이 교란된 것도 있다. 양 지주의 하부는 하단에서 약 70cm까지가 기단부에 묻히는 부분으로 곱게 치석하지 않아 거칠게 보인다. 마주 보는 양 지주의 외측은 종선대가 있으나 내측면은 조식이 없고 상단에 당간을 고정시키는 간구가 있으며 중간에는 간공이 뚫려 있다.

(2) 조 각

고려의 불교는 호국불교였다. 따라서 국가적 사원이 건립되었으므로 이러한 국가적 불교정책에 따라 곧 불교적인 조형미술의 융성을 보게 되었던 것이다. 이것은 신라 말기에 이르러 쇠퇴하였던 불교미술에 대하여 새로운 활력과 무대를 열어주게 된 것이며, 섬세하고 아름다운 것에만 치우치려던 당시의 작풍을 지양하고 거대한 규모와 웅장한 기상을 다시금 불러 일으키게 하였다. 그러므로 고려시대의 불상이나 여러 불교미술은 이러한 역사적 배경과 신앙적인 여러 문제가 크게 작용하였다. 즉 그 초기에는 신라 이래의 양식과 조성수법이 계승된 위에 국력의 안정과 충실을 기반으로 했기 때문에 거대하고 정연한 조형미술품이 조성되고 이러한 기운은 널리 일어나서 각 지방에서도 성행을 보았던 것이다.

신라시대에는 석불과 금동불이 크게 유행하였고 9세기 무렵부터 철불이 조성되기 시작하였다. 고려시대에 들어와서도 선대의 불상조각을 계승하여 석불과 금동불이 주류를 이루었고 여기에 철불과 소조불도 조성되었으니 현재 남아있는 여러 불상을 조성재료별로 분류해 보면 石佛·磨崖佛·金銅佛·鐵佛·塑造佛의 5종으로 크게 구별할 수 있다.

가. 석불상

고려 초기의 활기차고 거대한 석불로 灌燭寺石造彌勒菩薩立像(보물 제218호 〈사진 8〉)을 들 수 있다. 높이 18.12m의 이 불상은 조성 연대를 광종 19년(968)경으로 추정하고 있는데 역시 초기의 힘찬 기운이 잘 나타나 있는 예라 하겠다. 이와 같은 유형으로 大鳥寺石造彌勒菩薩立像(보물 제217호)과 禮山 揷橋石造菩薩立像(보물 제508호)을 들 수 있는데 이 두 불상 역시 후기로 떨어지지 않는 11~12세기에 걸치는 조성으로 고려의 초기적인 기상이 잘 나타나 보인다.

이들 고려 전기에 조성된 세 석상을 살펴보면 머리 위에 쓰고 있는 원통형의 寶冠과 그 위에 얹어놓은 보개, 그리고 토속적인 인상을 주는 넓적한 相好, 石柱形과도 같은 胴體의 처리 등 여러 가지 공통된 점을 볼 수 있다. 그런데 이들 불상은 대체로 대형화의 경향을 띠어서 웅장한 초기적 기운은 잘 나타나 있으나 반면에 조각적인 우수성은 감소되고 있다. 이것은 거구의 동체 처리와 각부 조각의 세세한 새김이 여의치 않았기 때문인 것으로 생각된다. 그리고 이 3구의 석상은 모두 충남지역에서 조성한 것인데, 이와 같은 공통점은 곧 이 지방의 지역적 특색이 아닌가 한다. 앞에서도 말하였듯이 고려시대의 불상 조성은 선대에 비하여 보다 전국적으로 확산되어 왕실은 물론 중앙 귀족이나 지방 호족들의 보호와 후원으로 불상이 조성되고 각 지방은 나름대로 토착성이 강한 지방적인 특색을 보이게 되었을 것이니, 이 3구의 불상이 바로 이러한 유례인 것으로 생각된다.

이렇듯 지방적 특색을 잘 나타내고 있는 또 한 곳의 석조보살상들이 있는데 溟州지방을 중심으로 조성된 석상들을 들 수 있다. 즉 江陵의 寒松寺址에서 출토된 寒松寺石造菩薩坐像(국보 제124호 〈사진 9〉)을 비롯하여 寒松寺址石佛坐像(보물 제81호), 祥福寺址石佛坐像(보물 제84호), 月精寺石造菩薩坐像(보물 제139호) 등이라 하겠다. 한송사지에서 출토된 2구는 대리석으로 조성하였고 신복사지와 월정사의 보살좌상은 화강암으로 조성하여 그 조성 석재는 같지 않으나 이들 머리 위에 쓰고 있는 원통형 보관에서 우선 공통점을 볼 수 있다. 그리고 전체적인 작풍에서 약간 투박한 감은 느낄 수 있으나 상호와 동체 표현에 양감이 풍부하고, 명상에 잠겨있는 듯한 상호의 표정과 입가에 느껴지는 미소 등은 이들 4구의 보살상이 함께 보이는 특징이라 하겠다.

나. 마애불상

이 시기에 조성된 마애불에서 좌불상의 예로는 北漢山舊基里磨崖釋迦如來坐像(보물 제215호〈사진 10〉), 月出山磨崖如來坐像(국보 제144호), 大興寺北彌勒庵磨崖如來坐像(보물 제48호), 法住寺磨崖如來倚像(보물 제216호), 槐山院豊里磨崖佛坐像(보물 제97호) 등이 대표적이다. 그리고 마애입불상으로는 德周寺磨崖佛(보물 제406호), 天原 三台里磨崖佛(보물 제407호), 咸陽 馬川面磨崖如來立像(보물 제375호), 洪城 新耕里磨崖石佛(보물 제355호), 三川寺址磨崖如來立像(보물 제657호) 등을 들 수 있다.

그런데 현재까지 알려진 마애불 중 명문이 있어서 조성 연대를 알 수 있는 마애불로는 하남시 교산동 太平二年銘磨崖藥師如來坐像(보물 제981호 ; 경종 2년, 977), 利川 太平興國六年銘磨崖半跏像(보물 제982호 ; 경종 6년, 981), 高靈 開浦洞雍熙二年銘觀音菩薩坐像(성종 4년, 985) 등으로 이들의 각 세부는 이 시기의 표준이 된다고 하겠다.

하남시 교산동의 불상은 素髮의 머리 위에 肉髻를 얹었고 갸름한 얼굴에 눈은 가늘게 떴으며 입은 작은 편으로 꼭 다물었으나 입가에는 미소를 띠고 있다. 귀는 큼직하고 목에는 三道가 표시되지 않았으며 양쪽 어깨는 약간 쳐진 듯 둥글게 표현되었다. 法衣는 右肩偏袒으로 옷깃이 한번 접혔는데 옷주름은 가는 돌출선으로 표시되어 유려하며 사실적이다. 手印은 오른손을 들어 올려서 엄지와 중지를 맞대었고 왼손은 결가부좌한 무릎 위에서 약항아리를 들었는데 병에 시달리는 중생을 구하려는 자비스러움을 나타내고 있다. 光背는 3중원으로 두광과 신광을 나누었는데 주위에 화염문을 조식하였다. 대좌는 4각형으로 복련 위에 이중대석이 있고 그 위에 4개의 기둥으로 상좌대석을 받들고 있는데 5판의 앙련대가 있고 각 판내에는 화문이 조식되어 있다.

부드러운 상호, 균형이 잡힌 몸매, 그리고 화려한 대좌 등이 신라 불상의 여운을 보이는 우수한 불상이다.

이천 반가상에서의 특징은 오른손을 가슴에 올려 내장하여 연줄기를 잡고 있으며 왼손은 왼쪽 다리 위에 손바닥을 위로하여 편히 놓고 있다. 오른쪽 발은 자연스럽게 내리고 있으나 발끝을 외향시켜 부자연스러운 느낌을 주며 족좌는 화사한 연화좌이다. 왼쪽 발은 오른쪽 무릎에 놓았으므로 通式의 반가형과는 반대이다. 그러나 이 불상에서 보관과 통견한 법의 등이 주목을 끈다.

고령의 불상에서는 보관과 보발, 연화좌 등이 주목되며 특히 頭·身光으로 이루어진 광배가 인상적이다. 양쪽 어깨에 걸친 天衣는 선각으로 처리하였으나 유려하게 흘러 양쪽 무릎을 덮고 있다. 수인에서는 왼손으로 연줄기 하나를 잡고 있는데 그 줄기는 두광까지 올라가 연꽃을 피우고 있다.

다. 동불상

신라시대에 비하여 이 시기의 금동불상은 많지 않다. 고려 전기의 금동불로 대표작이라 말할 수 있는 것은 靈塔寺金銅三尊佛(보물 제409호〈사진 11〉)이라 하겠는데 이와 같은 고려시대의 금동삼존불의 예는 매우 드물다. 중앙에 智拳印을 結한 毘盧舍那佛坐像을 모시고 좌·우에 좌상의 脇侍菩薩을 배치한 3존인데 8각 대좌 위에 결가부좌의 자세를 취한 이 3존불은 전반적으로 단정하고 부드러운 표정을 짓고 있다. 조형상으로는 다소 경직된 면이 있으나 고려 초기의 불상으로는 매우 우수하다. 본존의 지권인은 오른손을 아래로 하여 통식과 반대이며 상호는 원만하나 동체에 비하여 큰 편이다. 목에 돌려진 삼도와 통견의 법의는 형식화의 경향을 보이는데, 역시 신라 말기에서 계승되는 특징이라 하겠다. 좌·우의 협시보살도 본존과 비슷한 동체의 비례와 조각수법을 보이고 있다. 3면 보관에는 化佛이 있고 보발은 어깨에까지 길게 흘렀으며 가슴에는 세 줄기의 큼직한 목걸이가 장식되어 있다. 천의는 왼쪽 어깨에 걸쳐 오른쪽 허리에 내려졌는데 역시 형식화되고 있다.

라. 철불상

철불은 신라 하대인 9세기에 들면서 유행하기 시작하여 고려왕조에까지 계승되었다. 고려 초기에는 오히려 선대를 능가하여 크게 유행하였으니 볼만한 대작들도 상당수 남기고 있다. 예컨대 春宮里鐵造釋迦如來坐像(보물 제332호〈사진 12〉)을 비롯하여 丹湖寺鐵佛坐像(보물 제512호), 忠州鐵佛坐像(보물 제98호), 禪院寺鐵造如來坐像(보물 제422호), 永川 仙源洞鐵佛坐像(보물 제513호), 萬奇寺鐵造如來坐像(보물 제567호) 등이라 하겠는데 이들은 모두 1~2m 이상되는 거작들이다.

이 가운데서 가장 큰 것은 춘궁리철불로 높이 2.88m인데 대체로 통일신라의 양식을 충실히 계승하고 있는 불상으로 주조기술도 뛰어나고 표현기법도 비교적 우수한 작품이다. 螺髮의 머리는 비교적 큰 편이고 반구형의 큼직한 육계가 있다. 상호는 둥글고 풍만하나 날카로운 코, 예리한 눈썹, 가늘고 길게 치켜 올라간 눈, 꼭 다문 작은 입 등에서 특징을 찾아볼 수 있다. 동체의 표현은 비교적 사실적이며 右肩偏袒의 법의는 얇은 편이다. 법의의 옷주름은 예리하게 조각되었다. 전체적으로 보아 신라양식에 비하여 형태가 다소 둔중해지고 양감이 줄어들어 힘이 약해진 모습이나 이 시기의 철불로서는 비교적 세련된 기풍을 지니고 있다. 그러나 수인에서 降魔觸地印을 결하고 있음은 매우 주목되는 점이다.

충주에 2구의 철불이 있는데 단호사의 철불이 1.3m로 큰 편이다. 이 철불은 결가부좌의 자세인데 전체적으로 둔중한 느낌을 준다. 나발의 보발 가운데에는 고려 불상에서 전형적으로 나타나는 髻珠가 있다. 상호는 풍만하나 약간 긴 편이며 작은 코와 두툼한 입술, 가늘고 길게 치켜 올라간 곡선의 눈 등이 인상적이다. 통견 법의는 두터운 편이며 결가부좌한 다리에서는 의문이 가슴 밑의 옷주름과 함께 도식적이다.

마. 소조불상

塑造佛은 그 조성자료가 土材이므로 파손되기 쉬워서 완전한 형태로 남아있기가 어렵다. 현재 완전한 상태로 남아있는 대표적인 불상으로 浮石寺塑造如來坐像(국보 제45호)을 들 수 있다. 이 밖에는 각 절터에서 수습된 소불의 파손된 부분을 볼 수 있는데 1980년도에 다량으로 수습된 광주 무등산의 元曉寺 塑佛群은 근년에 새로 알려진 자료들이다. 원효사의 불상은 불두에서 그 특징을 볼 수 있는데 대체로 상호가 원만하고 兩眉眼과 鼻樑, 口唇 등이 정제되어 있다. 고려시대 소불상을 연구하는 데 귀중한 자료라 하겠다.

부석사 소조여래좌상은 높이 2.78m의 거대한 불상이며 여기에 높이 3.8m의 광배까지 갖추고 있다. 나발의 머리 위에 반구형의 높직한 육계가 있으며 상호는 원만하나 근엄한 표정이다. 양 미안과 비량, 구순 등이 정제되고 白毫와 三道가 있어 더욱 위엄이 있어 보인다. 그리고 동체가 당당하여 안정감과 근엄한 분위기가 넘치고 있다. 법의는 우견편단으로 의문이 도드라져 동체의 굴곡이 드러나 보인다. 수인은 항마촉지인을 결하고 있는데 이러한 수인은 신라 이래 조성된 여래좌상에서 가장 많이 볼 수 있다. 광배는 두·신광으로 구분된 거신광인데 주연에는 화염문이 장식되고 간지에는 당초문이 조식되어 장엄하다.

〈鄭永鎬〉

〈사진 1〉 開心寺址 5층석탑
보물 제53호

〈사진 2〉 南溪院 7층석탑
국보 제100호

〈사진 3〉 淨土寺 弘法國師實相塔
국보 제102호

〈사진 4〉 法泉寺 智光國師玄妙塔碑
국보 제59호

〈사진 5〉 灌燭寺 석등
보물 제232호

〈사진 6〉 菩提寺 大鏡大師塔碑
보물 제361호

〈사진 7〉 法泉寺 智光國師玄妙塔碑
국보 제101호

〈사진 8〉 灌燭寺 石造彌勒菩薩立像
보물 제218호

〈사진 9〉 寒松寺 石造菩薩坐像
국보 제124호

〈사진 10〉 북한산 구기리 磨崖釋迦如來坐像 보물 제215호

〈사진 11〉 靈塔寺 金銅三尊佛
보물 제409호

〈사진 12〉 慶州 春宮里鐵造釋迦
如來坐像　보물 제332호

3) 서　화

(1) 회 화

가. 일반회화

고려 전기의 일반회화는 개국 초부터 정종대(1035~1046)까지와 문종대(1047~1083)에서 의종대(1147~1170)까지의 2시기로 나누어 살펴볼 수 있다.[1] 건국 초기의 약 1세기는 새로운 왕조 운영의 정치이념으로 대두된 유학적 규범과 의식의 보급에 관련된 교화적 성격의 인물화와 초상화가 주류를 이루면서 이 분야 발전의 기반을 이루었다. 이러한 초기의 회화 상황과 관련하여 먼저 주목되는 것은, 태조 왕건이 타계하기 한 달 전인 태종 26년(943) 4월에 뒷날 제왕들의 귀감으로 삼게 하기 위해 유훈으로 남긴 「訓要十條」이다. 태조는 훈요의 마지막 10조에서 다음과 같이 당부한 바 있다.

> 나라와 집안을 다스리는 자는 자숙하고 계신하여 후환을 없게 하며, 널리 歷史를 보고 옛일을 거울삼아 오늘을 경계해야 하느니라. 周公과 같은 큰 성현도 〈無

1) 洪善杓, 〈고려시대의 일반회화〉(《韓國美術史》, 藝術院, 1984), 281~287쪽.

逸篇〉을 成王에게 지어 바쳐 훈계하였으니 마땅히 이 내용을 그려 붙여 출입할 때마다 보고 觀省토록 하라(《高麗史》 권 2, 世家 2, 태조 26년 4월).

여기서 그림으로 묘사하여 觀省의 자료로 삼으라고 한 《書經》의 〈무일편〉은 군왕으로 하여금 농사의 힘듦과 백성들 생활의 어려움을 이해하고 안일에 빠지지 말 것과 상벌을 바르게 하라는 등의 내용을 담은 것으로, 유교적 王道論의 전거이면서 또한 고려시대를 통해 가장 강조된 경서의 편명이었다.[2] 無逸圖는 이러한 내용들, 즉 농사 장면을 비롯한 백성들의 생활을 소재로 그린 鑑戒的 民生圖의 일종으로 豳風圖와 함께 조선시대 풍속화 발달의 근간을 이루었던 화제였다.[3] 이와 같은 회화사적 의의를 지니고 있는 무일도가 태조의 유훈에 따라 통치계층의 수신을 위해 건국 초기부터 다루어지기 시작하면서 교화적 인물화의 전통 형성에 크게 기여했던 것이다.

治國의 이념으로 대두된 유학의 진흥에 따라 새로운 흐름을 보이기 시작한 초기의 이러한 회화 경향은 왕과 왕비의 眞影을 비롯하여 공신과 같은 선행자의 초상 제작의 사례를 통해서도 엿볼 수 있다. 태조 23년 新興寺에 功臣堂을 세우고 그 동서 벽에 삼한공신들의 초상을 그린 것이라든지, 鳳進寺 大影殿 동서 벽면의 37공신상과 12장군상, 현종 22년(1031) 이전에 왕과 왕비의 진영을 봉안해 두는 眞殿인 景靈殿의 설립과 서민계층에서 부모의 형상을 그려놓고 제사지내는 풍조를 성종 9년(990) 효행이라하여 장려했던 사실 등은 그 대표적인 예들이다.[4] 그리고 국자감 안에 공자의 사당인 문묘를 갖추고 그 벽에 정종 2년(983) 任老成이 송으로부터 가져온 文宣王 廟圖에 의거하여 각 성현들의 유영을 모셨던 사실도 이러한 초상화 발달의 배경을 알려주는 좋은 예라 하겠다.[5]

이와 같이 초상화는 교화와 享祀의 목적을 띠고 초기부터 본격적으로 그려지기 시작했으며, 이러한 경향이 더욱 확산·성행되면서 우리 나라 인물화의

2) 尹南漢, 〈儒學의 發達〉(《한국사》 6, 국사편찬위원회, 1976), 230쪽.
3) 洪善杓, 〈朝鮮時代 風俗畵 發達의 理念的 背景〉(安輝濬 감수, 《風俗畵》, 중앙일보사, 1985), 182~187쪽.
4) 高裕燮, 〈高麗畵跡에 對하여〉(《韓國美術文化史論叢》, 通文館, 1974), 235~239쪽.
5) 朴性鳳, 〈國子監과 私學〉(《한국사》 6, 국사편찬위원회, 1976), 178~180쪽.

대종을 이루게 되었다. 현재 남아있는 작품이 한 점도 없어 당시의 초상화풍에 대한 구체적인 파악이 어렵지만, 8세기 무렵을 전후하여 활동했던 率居를 중심으로 완성된 應物象形에 의한 形似的 기법의 계승과 초상화의 傳神寫照論의 영향 등을 통해 매우 정교하고 사실적이었을 것으로 추측할 수 있다.

고려 초기에는 이런 인물·초상화 이외에 耽羅火山圖와 같이 특이한 자연경관을 사생한 실경도가 그려지기도 하였다. 탐라화산도는 목종 5년(1002) 제주도 화산작용으로 바다 가운데서 새롭게 솟아난 산의 모습을 목종 10년 6월에 태학박사인 田拱之(?~1014)가 직접 가서 그려온 것으로 瑞山圖라고도 했다.[6] 이 그림은 충숙왕 4년(1317) 정월에 魏王館의 서리 낀 벽돌 담에 해가 비쳐 모란꽃과 같이 찬란한 모습을 이루자 곧 화공에게 명하여 그 형상을 그리게 했던 사실과 함께 자연의 특이한 모습을 담은 것으로, 고려 전기에 특히 성행했던 災異祥瑞思想, 즉 天變地異의 자연현상을 통해 정치의 성과를 가늠하고 위정자의 修省의 자료로 삼고자 했던 조류와 밀접한 관계가 있다고 하겠다.[7] 감계적 의미를 지니기도 했던 이러한 실경도는 성행되지는 않았지만 우리 나라 실경산수화 발생 초기의 성격을 이해하는 데 중요한 자료가 되며, 특이한 자연의 모습을 그림에 담아 자세하게 파악하고자 했던 것이기 때문에 상당히 사실적이었을 것으로 생각된다.

일반회화는 고려 초기를 통해 주로 실용적인 기능을 지닌 그림들이 주류를 이루었는데, 왕권의 안정과 문신귀족체제의 확립에 따라 문운이 극성을 부리던 문종대에 이르러 왕공·문신귀족들의 翰墨風流的 취향에 힘입어 餘技的 문인화가의 출현과 감상화의 본격적인 대두 등, 새로운 경향을 보이기 시작하였다. 그리고 이러한 흐름은 이 시기를 통해 전래되기 시작했던 북송의 그림과 회화사조의 자극을 받으며 활기를 더해 갔다.

특히 고려왕실과 문신귀족들이 송대의 崇文的 문화와 동질의 기반을 조성하기 위한 선진화 의욕에서 비롯된 중국회화의 유입현상은 문종 26년(1072)

6) 《高麗史節要》 권 2, 목종 10년 6월.
《新增東國輿地勝覽》 권 38, 古跡, 瑞山.
《高麗史》 권 94, 烈傳 7, 田拱之.

7) 秦榮一, 〈《高麗史》 五行·天文志를 통해 본 儒家秩序概念의 分析〉(《國史館論叢》 6, 國史編纂委員會, 1989).

두 나라 사이의 외교관계가 본격적으로 재개되면서 활발해지기 시작했다.[8] 문종이 국교회복 이듬해인 문종 28년 정월 太僕寺의 卿으로 있던 金良鑑을 사신으로 보내어 중국 그림들을 사들이고 또 화공들을 구하고자 했던 사실이라던가, 2년 뒤인 문종 30년 8월 공부시랑 崔思諒(?~1092)을 송에 보낼 때 솜씨가 뛰어난 화공들 여러 명을 딸려 보내 相國寺의 벽화를 모사해 오도록 했던 일 등은 중국회화 유입에 적극적인 자세를 보이기 시작했던 당시의 동향을 알려주는 좋은 예들이다.[9] 북송의 神宗(1067~1084)도 고려의 이러한 열의에 부응하여 그 당시 화원의 총수로서 이름을 날리던 郭熙의 秋景圖와 烟嵐圖 2폭을 선물로 보내기도 하였다.[10]

중국 회화의 유입은 북송이 멸망하기 직전의 徽宗 재위기(1096~1125)이 해당하는 예종과 인종대에 더욱 증가되어, 그 수를 헤아릴 수 없을 정도로 많은 법화와 명화들이 들어오기에 이른다.[11] 政和 년간(1111~1117)대 송나라에 갔던 金富軾(1075~1151)은 휘종으로부터 太平睿覽圖 2책과 함께 春郊耕牧圖·奇峰散綺圖·筠莊縱鶴圖·夏景豊稔圖 등을 宣示받고 그 秋成欣樂圖를 선물로 받아 왔으며, 예종 원년(1116) 7월에 파송되었다가 다음 해 5월에 돌아온 李資諒도 많은 서화를 가져 왔다.[12] 특히 이자량이 가져온 서화는 같은 해 6월에 궁궐 안에 天章閣을 설치하고 간직케 했으며, 뒤에는 이러한 서화들을 寶文閣과 淸讌閣에도 보관하였다.[13]

인종 원년(1123) 중국 사신으로 고려에 왔던 문인화가 徐兢이 자신들을 접대하는 館伴官들을 숙소에 초청하여 좌석 사방에 각종 법서와 명화들을 늘어놓고 좋아하는 것에 따라 원하는 대로 적어주었다고 적어놓은 기록으로 미루어 보아 중국화의 전래는 고려를 왕래하던 사신들을 통해서도 빈번하게

8) 安輝濬, 〈高麗 및 朝鮮王朝初期의 對中繪畵交涉〉(《亞細亞學報》 13, 1979), 143쪽.

9) 郭若虛, 《圖畵見聞志》 권 6, 高麗國. 여기서 郭若虛는 崔思諒을 崔思訓으로 誤記해 놓았다.

10) 郭熙·郭思, 《林泉高致集》, 畵記.

11) 李仁老, 《破閑集》 권 中, 鳳城北洞 安和寺.

12) 金富軾, 〈謝宣元太平睿覽圖表〉(《東文選》 권 35).
韓致奫, 〈海東繹史〉 권 46, 藝文志, 畵 寧和記聞.
《高麗史節要》 권 3, 예종 11년 7월·12년 5월.

13) 金緣, 〈淸讌閣記〉(《東文選》 권 64).

이루어졌던 듯하다.[14] 그리고 이러한 공식통로 외에 당시 성황을 이루었던 양국간의 해상무역을 통해서도 상당량의 중국회화가 유입되었을 것으로 믿어진다.

이와 같이 전래된 북송대의 中國畵蹟은 당시 고려회화의 수준 향상에 적지않은 자극제 구실을 했던 것으로 보인다. 북송의 郭若虛가 1076년에 완성한《圖畵見聞志》에서, 중국으로 전해진 고려의 著色 山水圖 4권과 本國八老圖 2권, 行道天王圖 등이 華風에 점차 물들면서 기법이 정교해졌다고 했던 평은 이러한 두 나라 사이의 회화관계를 말해주고 있다.[15] 그리고 문종 년간부터 유입되기 시작했던 곽희파 화풍은 이 시기뿐 아니라 조선 초기까지의 우리 나라 산수화 전개에 적지 않은 영향을 미쳤다.

신종 즉위 초부터 황제의 총애를 받기 시작한 곽희의 화풍은 그의 작품의 직접 전래와 함께, 그가 상국사의 서벽에 그렸던 溪谷平遠圖 등을 고려 화공이 이곳의 벽화를 모사해 옮기면서 유입되었을 가능성도 있다. 북송의 수도 汴京에서 가장 큰 사찰이었던 상국사에서 모사해 온 벽화는 문종이 정성을 쏟아 창건한 興王寺 벽에 옮겨 그려졌다.[16] 그런데 이와 같이 옮겨진 그림들 중에는 불교회화와 함께 10세기 후반경 高益과 燕文貴가 그렸던 山水樹石圖라던가, 1065년의 큰 홍수로 피해를 입고 새로 보수하면서 그려진 곽희의 산수도와 같은 일반회화도 포함되었을 것으로 생각된다.[17] 그리고 당시 변경의 궁전과 각 관아에는 곽희를 중심으로 제작된 벽화와 병풍이 대종을 이루고 있었다. 따라서 송에 파견되었던 사신과, 수행한 화공들은 그림을 직접 볼 수 있었으므로 이러한 접촉을 통해서도 그와 그의 계파의 화풍이 수용되었을 것으로 믿어진다.

11세기 무렵의 작품으로 추정되는 御製秘藏詮版畵는 불교판화이긴 하지만 당시의 산수화풍을 엿볼 수 있는 귀중한 자료이다(〈도판 1〉). 웅장하게 표현된 기암의 산모습과 주머니 모양의 공간 구성, 三遠法의 활용, 산봉우리의

---

14) 徐兢,《高麗圖經》권 26, 館會.
15) 郭若虛,《圖畵見聞志》권 6, 高麗國.
16) 徐兢,《高麗圖經》권 17, 王城內外諸寺.
17) 相國寺의 畵蹟에 대해서는 鈴木敬,《中國繪畵史》上(吉川弘文館, 1981) 231~260쪽 참조.

〈도판 1〉 御製秘藏詮版畫(권 6, 제2도 부분)

* 작가미상, 11세기, 誠庵古書博物館 소장

細形針樹, 산허리에 돋아난 齒形突起 등은 關同, 范寬에서 곽희로 이어지는 북송대 巨碑派 산수화풍의 특색을 반영하고 있다. 그리고 판화를 통해 표출된 자연스럽고 사실적인 기법은 당시의 고려 산수화가 상당히 높은 수준으로 발전했음을 말해 주기도 한다.[18]

한편 문종 년간부터 활발해진 북송과의 문화교류를 통해 蘇軾(1036~1101) 등의 문인화론에 바탕을 둔 시화일치사상과 여기적 회화관이 일차 전래되어 왕공 및 문신귀족들 사이에 그림을 그리는 새로운 풍조를 싹트게 하면서 문인화가가 출현하였다. 헌종은 9세부터 서화를 좋아하여 왕위에 오르고도 이를 익히는데 마음을 놓지 않았다고 하며, 인종은 음률과 서화를 잘했고, 또 문종의 증손인 安平公 王璥과 현손인 廣陵公 王沔도 서화에 뛰어났었다고 전한다.[19] 그리고 金富軾과 그의 아들 敦中은 묵죽을 잘 그렸다고 하며, 그와 정치적 이념을 달리했던 鄭知常은 묵매를 잘 그렸다. 이 밖에 尹孝敏과 인종의 동서였던 鄭敍도 이 방면에 이름을 남겼다. 특히 정서가 묵죽을 그린 후 읊었던 題畵詩는 당시 여기적 문인화가들이 지녔던 한묵풍류의 성향을 이해하는데 도움을 준다. 그리고 김부식은 문인화론의 기본이념 중의 하나인

18) 安輝濬, 〈韓國山水畵發達硏究〉(《美術資料》 26, 1980), 18~19쪽.
李成美, 〈高麗初雕大藏經의 御製秘藏詮版畵－高麗初期 山水畵의 一硏究〉(《考古美術》 169·170, 1986), 27~32쪽.

19) 《高麗史節要》 권 6, 헌종 원년·권 10, 인종 24년·권 12, 명종 7년.

氣韻非師論에 토대로 두고 신분이나 지위가 높거나 학력이 뛰어난 비생업적 문인화가들의 작품경지와 향유활동이 더 가치있다는 견해를 피력했으며, 그의 이와 같은 회화 인식은 창작과 감상 등의 회화활동에 참여하기 시작했던 당시 왕공과 문신귀족들의 입장을 대변하고 있다는 점에서 의의가 크다고 하겠다.[20]

이 시기에는 문인화가들의 출현과 더불어 직업화가들의 활약 또한 두드러졌다. 예종과 의종 년간에 활약했던 李寧은 그 대표적인 인물로서 《고려사》 열전에 이름이 올랐을 뿐 아니라, 인종 2년(1124) 사신 李資德을 따라 북송에 가서 중국 역대 황제 중 서화가로 가장 유명했던 휘종으로부터 그림 솜씨를 크게 칭찬 받고, 당시 翰林圖畵院의 待詔였던 王可訓·陳德之 등을 가르치라는 분부를 받기도 하였다.[21] 그가 중국에 가서 떨쳤던 화명은 일본에까지 알려지게 되어 中山高陽의 《畵譚鷄肋》에도 기록되어 있다.[22] 이러한 이녕의 명성은 그의 천재적 기량뿐 아니라 당시 고려화단의 성장을 뜻하는 것이기도 하다.

이녕에 대해서는 그의 본관이 전주라는 사실 이외에는 출신과 생애 등에 관하여 알려진 바 없다. 그러나 李仁老(1152~1220)의 《破閑集》에 그가 예종 때 畵局에 있었다고 전하는 점이라던가, 또 《고려사》에 의종조까지 궁궐 내의 繪事에 그가 주도했다고 하는 기록 등으로 미루어 보아 늦어도 이 무렵에 생긴 圖畵院의 그림책임자로 활약했을 가능성이 크다.[23]

한편 이녕에게 그림을 가르친 李俊異와 집안 대대로 畵名을 날린 李佺의 아버지 李存夫가 모두 內殿崇班을 지냈던 사실은 이녕을 포함한 당시 화원들의 신분상의 위치를 추구해 볼 수 있는 자료로 주목된다. 여기서 내전숭반이란 정7품에 해당되는 南班의 최고위 자리를 말한다. 남반은 궁내 잡직이나

20) 洪善杓, 〈高麗時代의 繪畵理論〉(《考古美術》 187, 1990).
21) 《高麗史》 권 122, 列傳 35, 方技, 李寧.
22) 洪善杓, 〈17·18世紀의 韓·日間繪畵交涉〉(《考古美術》 143·144, 1979), 35쪽.
23) 고려시대에 圖畵院이 존재했었음은 西京의 직제를 통해서 알 수 있지만, 그 설립 년대는 분명치 않다. 다만 《破閑集》에 보이는 "睿宗 때 畵局"을 하한년대로 간주한다면 그 이전 북송의 神宗·徽宗 간의 발달된 圖畵院 제도를 보고 그 무렵 설립했던 것으로 추측된다.

공직상의 실무 기술자들, 즉 신분상으로 조선시대의 중인층에 해당하는 중간 계층으로 이루어진 동반·서반 외의 제3직을 일컬으며, 정7품의 내전숭반을 限職으로 하고 9품 아래엔 官工匠들이 속해 있었다. 따라서 이러한 직제에 의거해 추측해 보면, 화원들은 신분상 중간계층으로써 남반직과 관련이 있었을 것이며, 관직으로서의 限品도 조선시대보다 한 단계 낮은 정7품이었던 것 같다. 이녕의 손자가 역시 명화가였던 그의 아버지 李光弼의 후광으로 받은 직책이 종 9품의 隊正이었던 사실도 당시 화원들의 신분상 위치를 말해주는 자료가 될 수 있다.

이러한 화원들의 회화활동과 관련하여 가장 주목되는 것이 실경산수화의 발전이라 하겠다. 예종대(1106~1122)에 화공을 시켜 개성 陽和樓의 경관을 두어 폭 비단에 그리게 한 것을 시발로 본격화되기 시작하여 禮成江圖와 天壽寺南門圖, 인종 때의 중신인 李之扺(1092~1145)의 집에 걸려 있던 晉陽山水圖 등이 그려지면서 우리 나라 실경산수화의 주류를 이루었던 명승명소도 계열의 전통이 이 무렵 형성되었던 것이다.[24]

당시의 실경산수화는 전해지는 유품이 한 점도 없어 구체적인 화풍을 밝히기는 어렵다. 그러나 이녕의 예성강도가 서화에 뛰어난 휘종의 상찬을 받았고, 또 그의 천수사남문도가 중국의 명품으로 오인될 정도로 그 수준이 상당히 높았던 것 같으며, 아울러 휘종이 높이 평가했던 사실로 미루어 보아 수묵 산수풍보다는 궁정취향의 정교한 青綠山水風이 아니었을까 생각된다.

이와 같이 고려 전기의 일반회화는 문종 년간에 이르러 감상화로서의 질적인 변화를 보이기 시작했다. 그리고 그 중에서도 송대 중국회화와의 활발한 교류를 통하여 곽희를 비롯한 북송화풍과 문인화론 및 회화사조의 전래와 이에 따른 문인화가의 출현과 도화원의 설립, 화원들의 활약, 그리고 명승명소도 실경산수화 전통의 형성 등이 주목을 끈다. 특히 이들 회화 경향은 이 시기뿐 아니라 이후 우리 나라 전통회화 전개의 기반을 이루었다는 점에서 그 의의가 매우 크다고 하겠다.

---

24) 洪善杓, 〈東國輿地勝覽의 회화관계기록〉(《講座 美術史》 2, 1989), 23쪽.
———, 〈실경산수화〉(《한국민족문화대백과사전》 14, 한국정신문화연구원, 1990), 91~93쪽.

〈도판 2〉 大寶積經 권 32 寫經畵

* 작가미상, 1006년, 紺紙銀泥, 29.2×45.2cm · 日本文化廳 소장

나. 불교회화

고려는 불력의 도움으로 왕조의 창건을 이룩했다고 믿었기 때문에 건국 초부터 불교를 숭상하고 불사를 크게 일으켰다. 이에 수반하여 불교회화도 크게 성행되었던 것으로 생각한다. 그러나 고려 전기의 불교회화에 대해서는 기록도 영성할 뿐 아니라. 본격적인 벽화나 그림은 한 점도 전하고 있지 않다. 다만 寫經의 첫머리에 그려지는 寫經畵 1점과 板畵變相圖 2종이 남아 있을 뿐이다.[25)]

현재 고려 전기의 사경화로 유일하게 전하고 있는 작품은 목종 9년(1006)에 제작된 大寶積經寫經畵이다.

이 사경화는 당시 천추궁에서 섭정하고 있던 목종의 모후인 獻哀王太后皇甫氏와 그녀의 외척이며 당대 최고의 실력자 金致陽이 동심발원하여 조성한 것으로 銀泥로 그려져 있다. 삼존형식의 天人像이 같은 간격을 두고 나란히 서서 꽃을 뿌리는 散華供養하는 모습으로 묘사되어 있으며, 이들 주변의 공간은 장식화된 土坡와 구름대에 의해 3등분되었다. 공간의 여백은 고려 후기의 사경화에 비해 넓게 설정되어 있고 雷文을 옆으로 연속 배열한 듯한 기하학적 무늬의 테두리 방식은 五代의 양식과 상통된다. 그러나 이 사경화

25) 文明大, 〈高麗佛畵의 樣式變遷에 대한 고찰〉(《考古美術》 184, 1989), 5쪽.

의 중심을 이루는 존상표현에서는 옷의 매듭처리 방법이나 天衣의 흐름, 안면의 인상 등에서 大方廣佛華嚴經寫經畵를 비롯한 통일신라시대 전통의 계승이 엿보인다.26)

판화변상도로는 목종 10년에 개경의 總持寺에서 간행한 寶篋印陀羅尼經의 것이 고려 전기 불교판화 연구에 보다 귀중한 자료를 제공해 준다.27) 이 그림은 세로 5.4cm, 가로 10cm의 매우 소규모이지만, 중국의 五代版보다 더 정교하게 처리되어 있다. 특히 경의 내용을 생생하게 담고 있는 구도와 생동감 넘치는 인물들의 모습과 탑과 꽃비를 비롯한 산과 구름, 건물 등의 치밀함과 조화로움은 당시 불교회화의 뛰어난 사실감과 화려함을 보여준다.

(2) 서 예

통일신라시대를 통해 크게 발전하였던 서예는 고려시대에 이르러 지식인들의 교양적 기능의 하나로 정착되었을 뿐 아니라, 書寫를 전업으로 하는 서학박사를 비롯한 전문직 吏員의 양성 등으로 말미암아 서법의 융성과 함께 보편화되었다. 서체에 있어 고려 전기의 경우 본격적인 墨蹟이 한 점도 남아있지 않지만, 碑碣 등의 금석을 통해서 볼 때 일반회화와 마찬가지로 개국초부터 정종대까지와 문종대부터 의종대까지의 두 시기로 나누어 살펴볼 수 있다.28)

초기에는 통일신라시대의 전통을 계승하여 당 초기의 대가 歐陽詢體가 대종을 이루었다. 구양순체는 자획과 결구가 모두 방정하고 굳건하여 특히 정중하고 경건해야 할 비문의 서체로 크게 성행하였다. 10세기 전반의 이러한 비문 글씨로는 李桓樞가 쓴 廣照寺眞澈大師寶月乘空塔碑(937)와 菩提寺大鏡大師玄機塔碑(939), 具足達이 쓴 地藏禪院朗圓大師悟眞塔碑(940)와 淨土寺法鏡大師慈燈塔碑(943), 그리고 柳勳律이 쓴 無爲寺先覺大師遍光塔碑(946) 등이 전하는데 모두 굳세고 방정한 모습이 구양순체에 토대를 두고 있으면서 더 장

---

26) 박도화, 〈高麗金銀泥寫經畵의 樣式考察〉(《考古美術》 184, 1989), 25~26쪽.
27) 文明大, 앞의 글, 6쪽.
28) 金膺顯, 〈韓國書藝史〉(《韓國文化史大系》 Ⅳ, 高大 民族文化研究所, 1970), 1225~1228쪽.
崔完秀, 〈韓國書藝史綱〉(《澗松文華》 33, 1987), 53~57쪽.

중하고 절도있는 기품을 보여준다. 특히 문인서예가인 구족달의 글씨는 강한 필력이나 예리함에서 구양순을 능가하는 기량을 보여 준다.

10세기 전반의 이러한 서풍은 10세기 후반의 서학박사 張端說과 韓允 등을 거치면서 힘이 넘치는 굳세고 삼엄한 느낌에서 虞世南의 필체 등을 가미하며 보다 부드럽고 청아한 모습의 서체로 바뀌었다. 그리고 11세기 전반에 이르러서는 더욱 유려한 필치로 변모되었다. 이 시기의 대표적인 서가로 蔡忠順(?~1036)·金巨雄·白玄禮가 있다.

채충순은 문하시랑까지 올랐던 문신귀족 서가로 특히 楷書에 능했으며, 기운이 탁월하다는 평을 받기도 하였다. 그가 쓴 大慈恩玄化寺碑(1021)의 앞면 글씨는 구양순체에 토대를 둔 해서로, 필획이 정결하고 예리하면서 아름답게 정돈된 느낌을 자아내는 등 당시 서풍의 특징을 반영하고 있다. 朝請郎禮賓丞을 지낸 김거웅도 채충순과 함께 歐法의 해서에 뛰어났으며, 그가 쓴 居頓寺圓空大師勝妙塔碑(1021)는 九成官醴泉銘을 익힌 전형적인 구양순체에 유미성이 가미된 명품이다.

국자감 丞을 지낸 백현례의 서체는 이들보다 온아하고 수려하여 우세남체에 보다 가까운 느낌을 준다. 그가 쓴 奉先弘慶寺碣記(1026)는 결구에서 다소 어색한 감이 있으나 전반적으로 인후한 기품이 감돌며, 그의 이러한 서풍은 閔賞濟와 安民厚 등에게 계승되어 11세기 후반 무렵까지 영향을 미쳤다.

정결하고 굳센 구양순체를 중심으로 전개되었던 고려 초기의 서풍은 11세기 전반기를 통해 우세남체가 가미되면서 점차 우미수려한 필체로 변모되다가 문종 년간에 이르러 문운의 극성기를 맞으면서 문화적 난만성을 반영하는 王羲之體가 주류를 이루게 된다.[29] 문종의 넷째 왕자로 태어나 출가한 大覺國師 義天(1055~1101)의 문인인 僧 璘과 英僐, 惠素 등이 모두 王體의 필법을 보이고 있어 새로운 서체로서의 유행을 짐작케 한다.

그러나 왕희지체를 보다 본격적으로 구사했던 서가는 大鑑國師 坦然(1069~1158)이다. 그는 왕사와 국사를 지낸 덕이 높은 고승이었으나 불법보다는 글씨의 대가로 이름이 더 알려져 있다. 李奎報(1168~1241)는 〈東國諸賢書訣評論序〉에서 신라 金生과 함께 그를 신품으로 꼽았으며, 그의 글씨에 대해

29) 任昌淳, 〈韓國書藝槪觀〉(《書藝》, 중앙일보사, 1981), 182쪽.

"못 가운데에 솟아 오른 부용처럼 화려하며 속은 단단한 뼈가 들어있으면서 겉은 옥같은 살결로 가리워 있다"고 극찬했다.30) 그리고 이인로는 "本朝에는 오직 坦然과 洪灌이 이름을 떨칠 뿐이다"고 하면서 그의 글씨를 "쇠로 된 힘줄과 같고, 산을 무너뜨려서 만든 뼈와 같으며 힘은 수레채를 뒤엎을 만하고 날카로움은 갑옷을 뚫을 만하다"고 평하였다.31)

이와 같이 고려시대 최고의 서가로 손꼽혔던 탄연은 행서에 특히 뛰어났었는데 종래의 전통적인 구양순체의 전형에서 벗어나 왕희지체에 토대를 두고 顔眞卿體와 寫經風의 필법을 가미하여 새로운 서법을 창출하였다. 그가 쓴 文殊院重修碑는 왕희지의 〈集王聖敎序〉(1130)의 필의와 상통하면서도 왕체에서 볼 수 없는 운치와 유려함이 들어 있으며, 雲門寺圓應國師碑(1148)는 힘찬 필획과 유려한 필치가 신묘한 조화를 이루고 있는 등 가히 坦然體라 불러도 좋을 독창적인 면을 보여준다.

〈도판 3〉 文殊院重修碑(拓本부분)

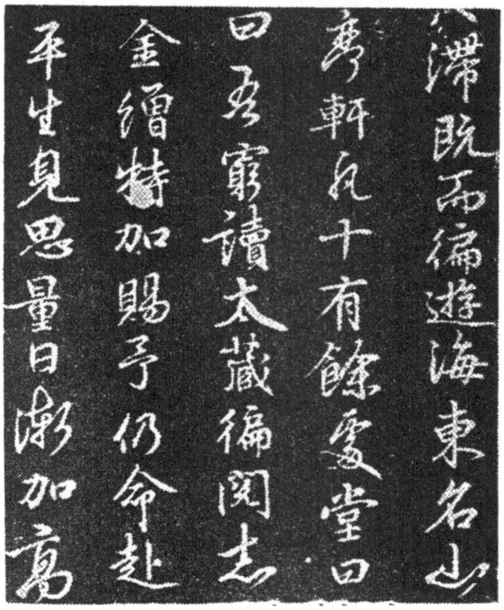

* 坦然, 1130년, 개인소장

이와 같이 탄연은 종래 유행하던 구양순의 서법을 버리고 왕희지체에서 출발하여 전아·유려하면서도 내재한 힘을 살리는데 성공하여 한 시대의 서법을 세웠으며, 그의 이러한 서풍은 문하인 機俊을 비롯한 당대는 물론 후대의 무신집권시대까지 풍미하면서 오랫동안 영향을 미쳤다.

〈洪善杓〉

30) 李奎報, 《東國李相國集》 後集 권 11, 贊, 神品四賢名贊.

31) 李仁老, 《破閑集》 권 下.

4) 공 예

(1) 도자공예

고려시대 陶瓷에는 靑瓷·白瓷·黑瓷·陶器 등 다양한 器皿들이 있으며, 이러한 고려도자 중에서 고려시대 전기간 동안 가장 많이 만들어졌고 고려시대의 특색을 가장 잘 반영하고 있는 것이 청자이다. 고려도자의 핵심은 청자이며, 고려청자는 純靑瓷로 불리는 無紋靑委·陰刻靑瓷·陽刻靑瓷·透刻靑瓷·象形靑瓷·象嵌靑瓷, 그리고 안료에 의해 시문되는 鐵畵靑瓷·鐵彩靑瓷·鐵白畵靑瓷·銅畵靑瓷·銅彩靑瓷 등이 있다. 이러한 고려청자 중에서 주류는 순청자와 상감청자이며, 그 밖에 청자들은 부수적으로 약간씩 제작되었을 뿐이다.

순청자는 10세기 후반인 광종·성종 년간에 제작되기 시작하여 11세기에는 숙련을 거듭하여 12세기 전반에는 翡色靑瓷로서 완성되어 발전해 나간다. 상감청자는 12세기 후반인 의종 년간에 제작되기 시작하여 13·14세기에는 전성을 이루며 순청자에 대신하여 고려청자의 주류를 이루며 변천되어 가다 조선시대 粉靑瓷의 모체를 이루게 된다.

가. 고려 초기 도자－성립기

고려가 성립하는 10세기 전반은 동북아시아에 있어서 정치적으로 큰 변화의 시기였다. 중국대륙은 당말 오대의 변혁기를 맞이하였으며, 만주지역에서는 발해를 거쳐서 거란이, 그리고 한반도에서는 통일신라와 후백제를 대신하여 고려가 성립되는 새로운 시기였다. 고려의 새로운 지배세력은 통일신라 진골세력에 대신한 중앙의 6두품과 지방세력인 호족들로서 이들은 개경에 새로운 왕조를 이루었다. 태조 왕건을 중심으로 한 이들 새로운 지배세력은 중국에 다녀온 渡唐留學生, 禪僧들과 서해안지역을 통해 중국 문물에 익숙해 있던 호족들로, 당과 오대와 긴밀히 연결되어 있었으며 10세기 전반기의 혼란시기를 통일로 이끌었던 것이다.[1]

이 시기의 구체적인 청자 제작에 관한 문헌기록이나 유물자료로서 확인된 것은 없다. 이 시기에 제작된 것으로 추정되는 것은 통일신라 후기의 도기들을 이어받은 灰青色 硬質陶器(질그릇)들로 扁壺, 큰 항아리, 목긴 병, 띠문있는 작은 병 등과 회백색 軟質의 大鉢, 항아리 등이 있다.

이들은 울릉도 天府洞古墳이나 彌勒寺址 출토의 도기들을 닮았으며, 공통적으로 낮은 굽다리, 무문의 경향, 半圓瓶과 같은 새로운 기형의 등장으로 통일신라의 印花紋陶器들을 이어받고 있으나 점차 다른 모습으로 바뀌고 있음을 보여 주고 있다.[2]

따라서 전환의 시기인 10세기 전반은 통일신라시대 질그릇의 양상이 변화를 보이면서 이어지고 있었으며, 고려청자의 제작은 아직 이루어지지 못하고 있었다.

도기에서 자기로의 발전은 매우 큰 변화로, 이것은 자기를 필요로 하고 자기를 제작할 수 있는 사람들과 瓷土・釉藥・가마시설 등의 제반조건이 마련되는 속에서만 가능한 일이다.

고려의 새로운 지배세력은 서해안을 통한 중국과의 교류로 인해 이미 중국 문물에 익숙해 있었으며, 도당유학생・선승들 역시 중국문물을 이해하고 있었다. 그들은 처음에는 이러한 중국 문물을 자신들의 필요에 따라 해로를 통해 수입하는 방법으로 욕구를 충족시켜 갔다. 광종(950~975)과 성종(982~997)년간을 통해 고려는 중앙집권화 정책을 추진하게 되고, 이에 따라 중국의 제도, 문물이 크게 받아들여지며 새로운 인물이 중용되어 새로운 정책을 추진해 가게 된다.

광종 9년(958) 후주인으로서 귀화하였던 雙冀의 진언에 따라 과거제도를 처음으로 실시하게 되고 광종 11년에는 백관의 공복이 제정되며 왕권 강화에 노력하게 된다. 성종 년간에는 崔承老를 중용하고 당제를 받아들여 3省 6部제도・전시과제도・국자감과 같은 정치・경제・교육의 제도를 확립하여 중앙집권적인 귀족국가의 틀을 마련하고 국가의 기반을 확립한 시기로 처음

1) 邊太燮, 《韓國史通論》(三英社, 1986), 143~168쪽.
2) 梨花女大博物館, 《통일 신라・고려 질그릇》(이대 박물관도록 17, 1987).
延世大博物館, 《고려시대 질그릇》(1991).

으로 중앙에서 지방관을 파견하게 된다. 당시 선종불교의 넓은 전파와 그에 따른 좌선에 필요한 차를 담는 茶器로서 청자의 필요성을 이해하게 되고 그것을 요구하게 된다. 처음에는 중국의 吳越國으로부터 수입된 도자기로써 그들의 욕구가 충족되었지만, 차츰 새로운 지배층의 확대에 따른 수요를 감당하기 힘들게 되었다.

고려의 중앙집권화가 추진되고 중국의 제도·문물을 배우는 과정에서 중국의 귀화인들과 중국 문물에 익숙한 고려의 지식인들의 제언에 따라 그들의 수많은 수요를 충족시키기 위해 중국청자를 닮은 고려청자의 제작을 모색하게 된다. 때마침 중국의 秘色青瓷의 제작으로 유명한 浙江省의 오월국과 교류하였고, 새로운 청자의 제작을 열망하는 고려의 지배층의 요구가 컸을 것이므로, 중국 동남지방의 오월국으로부터 중국 도자공들의 왕래를 짐작할 수 있다.[3] 이들로부터 새로운 청자 제작의 기술을 배우기 시작한 고려 도자공들에 의해 고려청자의 제작이 이루어지게 되었던 것으로 추정되는데, 다음의 자료를 통해 이러한 사실을 뒷받침해 볼 수 있다.

첫째는 광종 원년에 國師가 되고 광종 9년(958)에 돌아간 璨幽를 기리는 비문인 元宗大師慧眞塔碑에 보이는「金釦瓷鉢」이다. 이 鉢은 대사가 죽기 전 광종으로부터 받은 하사품이다. 이것은 青瓷鉢에 금테두리를 씌운 상품의 청자로, 오월국에서 제작한 越州窯産 청자발로 추정된다. 즉 고려와 오월국과의 밀접한 교류 속에서 수입되어 광종에 의해 특별히 하사된 그릇으로 당시 사용되었던 구체적인 예인 것이다.[4] 중국의《景德傳燈錄》권 26에는 광종 10년 智宗 등 고려승 36명이 오월국에 입국한 기록이 있고,《佛祖統記》권 10에는 광종 12년에 오월왕 錢弘俶의 요청으로 天台典籍과 승 諦觀을 보낸 기록도 있어 양국간에 교류가 긴밀했던 것을 알 수 있다.

둘째는 월주요의 기술을 습득할 가능성이다. 비색청자의 제작으로 유명한 오월국의 월주요는 그 품질의 우수성으로 선망의 대상이 된 곳이었다. 그런데 중국을 통일한 송에 의해 오월국이 망하면서 이곳 역시 급격히 쇠퇴하여 월주요의 기술이 이 때를 전후하여 중국 남북방으로 확산되는 계기가 되었

3) 三上次男,〈高麗陶磁の起源とその歷史的背景〉(《朝鮮學報》99·100, 1981).

4) 景德鎭陶瓷硏究所,〈越窯〉(《中國的瓷器》6, 中華書局, 1975), 105~112쪽.

다. 그 결과 각 지역에서는 이와 비슷하거나 그 지역적 특색에 따른 북방청자 또는 龍泉窯의 청자 등이 제작되었다.[5] 마찬가지로 고려에서도 이 시기를 전후로 월주요의 도자공들을 후히 대접하여 데려 올 수 있었을 것이다. 마침내 그들은 당시 청자의 제작을 갈망하고 있던 고려 지배층의 요구에 따라 고려도기를 제작하고 있던 도공들에게 청자 제작기술을 가르쳐 주었으나 초기에는 기술의 미숙으로 많은 실패를 거듭하였을 것으로 짐작된다.

셋째로 도자요지의 발굴 결과를 들 수 있다. 1984년 · 87년 · 88년에 걸쳐 호암미술관이 발굴 조사한 龍仁 西里窯址의 경우, 퇴적층의 크기는 80m×50m로서 높이가 6m에 달하는 큰 규모이다. 구릉 가운데에서 발견된 가마는 최하층의 경우 폭 1.8m, 길이 40m의 벽돌가마로서 회흑색 벽돌로 축조된 가마였으며, 그 위에 83m의 진흙가마가 놓여 있었다.[6]

퇴적층 조사 결과, 2m에 달하는 최하층에서 匣鉢片과 함께 양질의 올리브색 盌과 鉢片들이 출토되었고, 그 윗층에서는 先햇무리굽의 盌, 花形접시류가, 그리고 3층에서는 전형적인 햇무리굽완이 출토되었다. 맨위의 4층에서는 後햇무리굽의 완, 접시들과 철화기법의 백자편, 질이 거친 자기편들이 출토되었다. 용인 서리요지의 맨 아랫층에서 발견된 벽돌가마와 선햇무리굽의 완, 발편과 같은 유물이 출토되는 요지로는 瑞山 梧沙里, 高陽 元興里, 平川 鳳岩里, 봉천 원산리 등이 있다. 1990년 북한 사회과학원 고고학 연구소가 발굴한 봉천 원산리 가마는 벽돌가마로, 갑발편들과 함께 선햇무리굽의 완과 발편들이 출토되었고, 특히 "淳化 壬辰三年(992) 太廟第四室 享器匠王公托造"銘이 음각된 제기가 발견되어 주목되었다.[7] 현재까지 발견된 가장 오랜 청자 가마터의 발굴조사 결과 경종 11년(992)을 전후한 시기의 벽돌가마, 갑발, 선햇무리굽의 청자완, 발, 제기편이 출토되었으며, 이는 용인 서리요지의 맨 아랫층과 비슷하고 서산 · 고양 등지에서 발견되는 가마와 성격이 동일하다.

---

5) 위와 같음.
6) 湖巖美術館, 《龍仁 西里 高麗白磁窯》(三星美術文化財團, 1987).
金載悅, 〈高麗白磁의 發生과 編年〉(《考古美術》 177, 1988).
7) 1991년 1월 19일자 북한 노동신문에 발굴 결과에 대한 간략한 기사가 실려 있다.

이와 함께 주목되는 것은 梨花女大博物館 소장의 청자항아리(〈사진 1〉)로 굽 안바닥에 "淳化 癸巳四年(993) 太廟第一室 享器匠 崔吉會造"라는 음각 명문(〈사진 2〉)이 있다. 현재까지 알려진 청자에 관한 확실한 자료는 이 두 자료 외에는 알려진 바 없으나 이 銘文을 통하여 성종 11년과 12년에 고려 태조 이하 역대 왕에게 제사지내는 태묘의 제1실과 4실에 제사드릴 때 사용되는 의식용의 그릇을 장인 王公托과 崔吉會가 만들었음을 알 수 있다.

따라서 10세기 후반은 한국도자사에 있어서 도기에서 자기로 발전해 나아가는 변화, 전환의 시기로 중국과 함께 세계에서 두 번째로 자기 제작이 이루어진 선구적인 나라로 알려지게 된 시기였다.

그러나 성종 12년(993)부터 시작된 거란의 침입은 현종 10년(1019) 양국 사이에 화약이 체결되기까지 20여 년간 전 국토를 유린하였다. 따라서 이러한 시대적 상황을 반영하듯 11세기 초 고려청자도 그 기술이 크게 발전할 수 없었다. 이 시기 청자의 모습을 잘 보여주는 것으로 1983년 圓光大學校에 의해 발굴 조사된 高敞郡 雅山面 龍溪里의 청자요지 출토품을 들 수 있다. 요지 출토의 청자편들이 "太平 壬戌二年(현종 13 ; 1022)"銘 平瓦片들과 함께 출토되어 그 제작 시기를 알 수 있었다.[8] 청자편들은 회백색의 태토 위에 담청색의 청자유가 얇게 시유된 완·발·접시·병·탁잔·호들로 내화토 받침으로 얇게 받쳐 구운 것이다. 무수한 원통형의 갑발과 함께 기와집의 건물터와 무수한 기와편들과 도기편들이 발견되었는데, 주목되는 것은 햇무리굽의 청자완들이다. 이는 삿갓을 엎어놓은 모양의 몸체와 넓은 햇무리 모습의 굽다리를 한 완으로 차를 담는 茶盌으로 쓰였던 것이다.

불교의 폭넓은 전파와 그에 따른 선의 수행방법으로 좌선할 때에 정신을 맑게 하는 차와 차를 담는 그릇으로서 청자완은 이미 9~10세기경에 선망의 대상이었으며, 새로이 청자 제작이 시작되자 이와 닮았으나 고려화된 햇무리굽 청자완이 11세기 전반에 새롭게 제작되었던 것으로 보여진다.

11세기 후반의 문종·선종 년간에 이르면 고려는 중앙집권적인 귀족정치체제가 확립되는 시기로 왕권의 안정과 문벌 귀족정치의 확립, 학문의 발달,

8) 鄭明鎬·尹龍二,《高敞雅山댐水沒地區 發掘調査報告書》(圓光大 馬韓百濟文化硏究所), 157~167쪽.

북송과의 활발한 문화교류를 통한 자극과 발전이 이루어지고 있었다. 나아가 거란과도 평화정책을 유지하는 국가 기반의 안정 속에서 귀족문화의 일환으로써 고려청자의 새로운 발전이 이루어진 시기였다.

11세기 후반의 청자는 문종 년간을 통해 器形과 紋様·釉色에 있어 숙련을 거듭해가고 있었으며, 문종 24~34년부터는 새로이 북송과의 문물교류에서 받아들인 중국도자의 기형과 무늬 등이 고려청자에 적응되기 시작하였다. 1020년경에 새로이 시작된 햇무리굽(〈사진 3〉) 청자는 11세기 후반까지 지속적인 발전을 거듭해, 녹색의 짙고 두꺼우며 맑은 청자유로 발전되고 그 모양은 작은 병, 주둥이 넓은 병, 호 등으로 다양해졌다. 문양은 가는 음각의 草花紋, 菊唐草紋이 새겨진 접시·병·완 등과 음 양각의 蓮瓣紋이 새겨진 합 등이 제작되게 된다.

仁川市 北區 景西洞窯址, 海南郡 山二面 珍山里窯址群에서 출토되는 암록색, 녹갈색의 질이 조잡한 청자(이른바 綠青瓷)를 들 수 있다.[9] 몸체가 작아지고 굽의 폭이 좁아진 후햇무리굽 완, 주둥이 넓은 병, 바닥이 평평한 작은 접시, 발들로 대부분 잡물이 섞인 태도로 제작되었고 몸체에는 물레 자국이 있는 조잡한 청자들이다. 楊平郡 梅月里 고려시대 고분 출토의 청자병은 「元豊通寶」(1078~1085)와 함께 반출되어 하한이 선종 2년(1085)으로 추정된 자료이다.[10] 그리고 1983년 조사된 莞島 해저에서 인양된 30,672점에 달하는 유물들은 질이 조잡한 청자들이다(〈사진 4〉).[11]

11세기 후반의 청자는 1070~80년경까지 햇무리굽 청자완과 함께 제작된 청자들이 주류를 이루다가 변화하면서 기벽이 얇아지고 점토가 섞인 내화토 받침을 공통으로 하는 후햇무리굽 청자와 그 동반청자들로 바뀌어 간다. 押出陽刻의 청자 접시들, 철화의 초화문 접시·병, 바닥이 평평한 접시들이 제작되기 시작하며, 이와 닮은 질이 조잡한 청자의 접시·대접·완·병·호 등이 인천, 해남 등 해안 가에서 다량으로 제작되기 시작하였다. 이처럼 良質·粗質窯에서 청자의 제작 활동이 확산된 것이 이 시기에 보이는 가장 주

9) 崔淳雨, 〈仁川市景西洞 綠青瓷窯址發掘調査概要〉(《考古美術》 6-6, 1966).
10) 野守健, 《高麗陶磁硏究》(淸閑舍, 1944), 12~13쪽.
11) 尹龍二, 《莞島海底文物-陶瓷器》(文化財管理局, 1985), 65~67쪽.

목되는 점이며, 햇무리 중 청자완을 비롯해서 기형이 점차 다양해지고 음각·양각·철화 등 제작 수법도 다채로워진다. 그리고 이러한 양상은 12세기 전반까지 이어지며 그 기반 속에서 고려 翡色靑瓷가 제작되기에 이르렀다.

나. 고려 중기 도자-전성기

고려의 귀족정치는 12세기 전반의 예종·인종 년간에 이르러 완성을 보게 되며 고려의 문화는 황금기를 맞게 된다. 이들은 好文의 왕들로 관학을 진흥시키고 궁내에 청연각과 보문각 등의 학문연구 기관을 설치하여 문풍이 크게 일어나고 유학이 발달하였다. 그리고 예의·격식 등 유학적인 제도를 정하고 내치에도 힘을 기울인 시기로, 《三國史記》 등이 편찬된 것도 이 때였다. 이러한 시기에 고려 청자 역시 발전을 거듭하여 비색청자로 대표되는 청자가 만들어지게 되었다.

이 시기의 대표적인 청자로는 陶器大盒에서 숙종 10년(1105)이 하한인 海東通寶(1097~1105, 〈사진 5〉)와 함께 참외모양의 몸체를 지닌 청자호가 발견되었다(〈사진 6〉).[12] 瓜形으로 여덟 곳에 홈을 돌린 풍만한 항아리인데, 녹갈색의 유약을 발라 내화토 받침의 굽다리를 하고 있으며 바닥의 평평한 접시모양의 뚜껑이 발견되었다. 水原 石浦里 고분에서 政和通寶(1111~1117)와 함께 출토된 靑瓷陰刻鳳凰紋盌과 靑瓷陽刻草花紋盌은 예종 12년(1117)경에 음각의 봉황문과 양각의 초화문이 존재함을 알려주고 있다. 그리고 인종 원년(1123) 송나라 사신의 수행원으로 고려의 개경에 한 달 동안 머물다 본국으로 돌아가 인종 2년에 저술한 徐兢의 견문록인《高麗圖經》의 청자에 관한 다음의 기록이 주목된다.

> 陶尊 : 도기의 색이 푸른 것을 고려인들은 이를 翡色이라고 한다. 근년에 들어와 제작이 공교해 지고 광택이 더욱 아름다워졌다. 술병의 형태는 참외와 같은데 위에는 작은 뚜껑이 있고 연꽃 위에 오리가 엎드려 있는 모양이다. 또한 완·접시·잔·항아리·꽃병·탕잔도 잘 만들었는데 모두 그릇의 일정한 격식을 모방했으므로 생략하고 그리지 않겠으며, 술병만이 다른 그릇과 다르므로 특별히 이를 알려 둔다.

12) 延世大博物館, 앞의 책.

> 陶爐 : 狻猊出香(사자모양의 향로) 역시 비색이다. 위에는 쭈그리고 있는 짐승이 있고 아래에는 연꽃으로 이를 받치고 있다. 여러 기물 가운데 이 물건만이 가장 精絶하고 그 나머지는 越州 古秘色이나 汝州 新窯器와 대개 비슷하다(《高麗圖經》 권 32, 器皿).

인종 원년 고려인들은 청자를 비색청자라 불렀으며 그 무렵 청자를 만드는 솜씨가 교묘해지고 빛깔이 매우 아름다웠음을 알 수 있다. 그리고 술항아리의 몸체가 참외와 같고 뚜껑은 연잎에 오리가 엎드린 것 같다고 하였다. 그리고 완이나 접시·꽃병·茶甌·잔 등은 중국의 일정한 기명제도를 본받고 있으며, 대체로 월주의 고비색과 汝州의 新窯의 기명과 비슷하다고 하였다. 이로 본다면 고려의 비색 청자는 예종 15년(1120) 가까운 시기에 제작되었음을 알 수 있다.

인종의 長陵에서 〈皇統六年銘仁宗諡冊〉과 함께 출토되었다고 전해지는 靑瓷瓜形花甁·靑瓷方形臺·靑瓷菊瓣形盒·靑瓷有蓋盌(이상 국립중앙박물관 소장)의 자료가 있다.[13] 이들은 담청록색의 翡色釉가 고르게 施釉되어 낸 빛깔이 깊고 순수하며 氷裂이 없다. 태토는 정제되어 있고 기형은 적정한 비례를 갖고 있다. 이들은 과다한 음각·양각의 문양이 없으며 깔끔하고 이지적이며 순수하다. 이러한 청자기형은 북송대의 景德鎭窯에서 구어 낸 청백 자주전자·瓜形병·花形접시·托盞, 定窯에서 구어낸 매병·완·대접·병 등에 그 비슷한 예들이 있어, 고려청자가 그들의 기법과 관련있음을 시사해 주고 있다.[14] 그러나 그 기형은 조금씩 다르며 그 중에서 고려인들의 기호에 맞는 것을 선택하였음을 알 수 있다. 특히 접시·완의 굽다리는 定窯·景德鎭窯·汝窯의 기명을 본받고 있음이 주목된다.

또한 12세기 전반까지 널리 제작되었던 지방의 많은 요들이 康津 沙堂里窯와 扶安 柳川里窯에 집중되기 시작되어, 해남·고창·서산·용인·인천 등지의 대부분의 요는 사라지고 있다. 아마도 고려의 중앙집권화 과정에서 대표적인 강진·부안의 요만을 집중적으로 키우려는 의도 때문으로 생각된

---

13) 野守健, 앞의 글, 1~34쪽에는 傳仁宗長陵出土品으로 4점의 靑瓷가 소개되어 있다.

14) 佐藤雅彦, 〈宋代陶瓷〉(《中國陶瓷史》, 平凡社, 1978), 113~140쪽.

다.[15] 강진과 부안에서 만들어진 도자들이 조운을 통해 배로 개경에 올려져 고려왕실과 관청·귀족 소용의 도자로 사용되었으며, 이들 요지들은 모두 漕倉이 있는 바닷가 가까이에 위치하여 陶瓷土와 물과 나무가 무성한 곳을 배경으로 삼고 있다.

이 시기에 백자·흑자도 있었으며, 그 그릇 모양은 청자를 닮았고, 도기 역시 회흑색의 단단한 질그릇이 계속 제작되었다.

(2) 금속공예

고려시대의 금속공예는 통일신라시대에 형성된 전통을 계승하면서, 신라의 경우 같이 금은제의 귀금속제품이 많은 데 비해 소박한 청동제품이 주류를 이루고 있다. 현존하는 대부분의 금속공예품은 일상의 생활용품과 불교 공예품이 주류를 이루고 있다.

가. 생활용품

생활에 쓰이는 器皿들은 고려시대에 들어와 그릇모양이 더욱 다양해지고 양적으로 많아졌다. 또 기술적인 면에서도 금속의 바탕에 금이나 은에 의한 入絲技法이 크게 발달하여 香垸·瓶·盒 등의 모든 그릇들에 널리 응용되고 있다.

그릇의 형태도 다양하여 합·병·호·잔·대야·주전자·사발·향로 등 수없이 많으며, 각기 특징 있는 모습을 지니고 있다.

가) 동　경

이미 청동기시대부터 多鈕粗紋鏡, 多鈕細紋鏡이 제작된 바 있다. 그러나 삼국시대 이래 통일신라시대까지의 동경은 舍利莊嚴具의 하나로서 발견된 예가 한둘 있을 뿐 단절된 느낌이 있다. 그런데 고려시대가 되면 급격히 늘어나 크게 성황을 이룬다. 그러나 그 출토지나 출토상태가 현재 거의 알려져 있지 않으므로, 발굴유물에 의한 연대 추정도 매우 어려운 실정이다.

고려시대에는 다양한 종류의 동경이 많이 제작되었는데, 이들을 형태와 문

---

15) 尹龍二, 〈韓國靑瓷陶窯址槪要 : 그 分布와 構造에 對하여〉(《扶安鄉川里窯高麗陶瓷》, 梨大博物館, 1983).

양별로 분류해보면 원형이 대부분이며, 花形鏡과 稜形鏡·角形鏡 등이 있다. 또 중국 고동기를 모방한 象形鏡의 예도 있다. 이들의 꼭지는 雙鈕나 3鈕가 대부분이다.

문양으로는 중국 동경의 문양을 모방한 日月紋·龜龍紋·神獸紋·瑞獸紋·四乳四禽紋·葡萄忍冬紋 등이 많다. 식물 문양으로 연화·보상화·당초·모란·국화·보리수 문양이 있고, 동물 문양으로 용·사자·말·학·봉·앵무·기러기·잉어·원앙 등이 있다. 그 외에도 인물·신선·관음·부인·문자·칠보·팔괘 등의 문양이 나타나는 등 다양하다.

나) 주전자

미국 보스턴미술관에 소장된 은제 주전자와 승반이 대표적이다. 이 주전자는 대나무를 옆으로 연결한 듯 표면이 굴곡을 이루었고, 이 굴곡은 아래로 굽, 위로 주전자의 목과 뚜껑 밑까지 연장되었다 몸에는 얕은 굽이 달리고 한쪽에는 곡선을 이루는 귓대와 반대쪽에 둥근 손잡이가 달려있다. 표면에는 초화무늬가 세밀하게 새겨졌고, 귓대와 손잡이에는 대나무 마디가 새겨져 있다. 뚜껑은 伏蓮과 仰蓮이 3단으로 양각되고 꼭대기에는 봉을 양각하였다. 승반도 주전자와 같이 굴곡을 이루었고 주둥이 상단도 몸의 굴곡에 따라 꽃모양이 되었다. 이와 같은 형태의 청자가 있는 것으로 보아 고려시대에 즐겨 쓰던 형태임을 알 수 있다. 그리고 이 주전자의 세밀한 조각과 장식문양은 뛰어난 솜씨를 보여주고 있다.

다) 숟가락

손잡이 끝 부분이 제비꼬리형이라고 알려진 燕尾形으로 두 갈래로 갈라졌으며, 손잡이의 측면이 S자형으로 휘어져 있다. 숟가락 면은 가늘고 긴 형태를 갖는다. 손잡이 끝 부분의 제비꼬리 모양은 자연스러운 초기의 형식에서 S자 곡선으로 크게 휘어진 중기의 형식을 지나, 후기에는 측면의 S자 곡선이 완만해지고 제비꼬리 모양도 간결해져 조선 초기의 숟가락으로 넘어간다. 이들 숟가락은 접시·대접·합 등의 청동기나 청자와 함께 반출되는 것으로 알려지고 있다(〈사진 7〉).

생활용품인 금속기는 이와 같은 동경·주전자·숟가락 외에도 촛대·탁잔 · 인장 · 化粧刀 · 침통 · 자물쇠 · 대야 · 합 등이 다양하게 남아있다.

나. 불교공예품

불교사회였던 고려시대의 금속공예품으로는 불교공예품인 梵鐘 · 香爐 · 金鼓 · 淨甁 · 搖鈴 · 寶塔 · 經筒 등의 다양한 佛具들이 남아있다.

이들은 고려사회의 불교의식과 사찰의 莊嚴을 위한 것으로 금속을 사용하여 제작되었다는 점에서 금속공예가 크게 발달되었던 것이다. 그 중 많은 불구들은 현재까지 이어오는 사찰에서 전래되어 왔으나 그보다 더 많은 수의 불구가 사원이 폐허로 된 뒤 지하에 매몰되었다가 그 터에서 발견되었다. 따라서 지금까지 알려진 불교공예품의 종류나 수는 그 중 일부에 지나지 않는다고 생각된다.

가) 범　종

통일신라시대의 上院寺銅鐘과 聖德大王神鐘 이래 한국종으로 정형화된 양식과 특징을 계승하면서 이 기간의 변화 현상을 보여주고 있다.

신라종의 양식적 특징을 살펴보면, 龍鈕는 한 마리이고 용의 허리를 구부려 고리같이 만들고 이 고리로 종을 달게 되어 있고, 그 옆에는 음향조절을 위해 원통형의 音管이 붙어 있으며 鐘肩에는 네 곳에 방형의 乳廓이 있다. 鐘身에는 飛天과 撞座가 엇갈려 설치된다.

이러한 종의 양식이 고려시대를 거치면서 변화하여 12세기에 이르면 고려종의 특징이 성립된다. 즉 종견 위에 蓮瓣帶와 같은 立花장식이 붙고, 때로는 음관 위에 구형 장식이 부착되어 대체로 鐘口가 넓어져 口徑에 대한 鐘高의 비율이 전기에는 1.2 내지 1.1로 저하되며 후기에는 구경 40cm 미만의 소형이 되는 동시에 구경과 종고가 비슷해진다. 또한 종신에는 飛天 대신에 여래 · 보살 등의 입상이 배치되어 투박스러워진다.

현존하는 고려 초기의 天興寺梵鐘(현종 원년 ; 1010)은 높이 1.7m, 입지름 1m로 龍鈕 · 乳廓 · 紋樣帶 · 飛天 등이 모두 신라종을 그대로 따른 대표작이다. 종신의 立碑形 현액에 "聖居山天興寺鐘銘 統和二十八年庚戌二月日"이라한 명문이 보여주는 시대성은 중요한 연구자료이다. 장식무늬는 정상에 용뉴와 음통이 설치되어 있고, 어깨와 종구 · 유곽에는 寶相唐草紋이 새겨져 있으며, 입형의 장식무늬는 고려시대에 새로 나타난 무늬이다.

현재 남아있는 고려종은 국내외에 80여 구를 넘는 것으로 알려져 있는 데 그 중 대표적인 고려 전기의 범종으로는 문종 12년(1058)에 제작된 驪州 上品里 淸寧四年銘鐘과 의종 11년(1157)의 正豊二年銘鐘 등이 있다. 청녕 4년명 종은 높이 83cm의 중간 크기의 종으로, 일부 손상이 가기는 했으나 매우 아름답다. 종구가 넓어졌고 종견에는 얕은 귀꽃모양이 붙어 있으며, 유곽 밑에는 각각 부처와 보살을 조각하였고 撞座도 네 곳에 있다. 조각의 각선이 뚜렷하고 용의 조각도 씩씩하다. 한편 정풍 2년명 종은 높이 22.5cm의 소형이지만, 12세기 종의 특색을 구비하고 있다. 즉 종신 상대와 天板 사이에 연판대가 돌출하였고, 문양대는 모두 이중뇌문대로 바뀌었으며 그 안에 범자가 배치되며, 비천 대신 여래좌상을 배치하였다(〈사진 8〉).

나) 향 로

香垸이라고 부르기도 하며 香爐에 새겨진 銀入絲의 문양으로도 유명하다. 향을 피우도록 마련된 盌形의 부분과 나팔모양으로 밑이 넓게 퍼진 臺座部로 나누어진 향로는 완형부 위의 전이 수평으로 퍼져 손잡이 대용으로 사용되기도 한다.

현재 남아있는 대표적인 향로는, 각각 만들어진 해가 명종 7년(1177)인 密陽 表忠寺香爐와 명종 8년인 金山寺香爐 등을 들 수 있다. 12세기의 표충 사 향로는 27.5cm의 高杯形의 입구 부위가 넓은 전으로 되어 있으며, 몸체에 梵字와 구름무늬를 교대로 은으로 입사하였고 하부에는 연판문대를 입사하였다. 口緣 외부에 "大定十七年銘(1177)"의 명문이 있고 향완이라고 불렸음을 알 수 있다.

다) 금 고

金鼓는 飯子 또는 禁口라고도 하여 절에서 대중을 집합시킬 때에 쳐서 소리를 내는 도구이다. 그 모양은 얇은 북처럼 생겼는데 한쪽은 터져서 속이 텅 비어 있게 만들고 고리가 두 개 혹은 세 개 있어서 달아매게 되어 있다. 표면은 여러 가지 문양으로 채우고 측면에는 명문이 기록된다. 무늬는 대체로 동심원의 융기선을 두르고 중심부분에는 연꽃무늬나 당초무늬 같은 것을 융기선으로 표현하였다. 명문에는 대개 紀年, 사원이름, 축원, 중량 등이 기록되어 있다. 금고는 주조로 만들어지며, 일정한 곳에 고정시켜 두고 사용하는 것이 일반적인 예이다. 한편 휴대용도 있는데 망치와 매로 얇게 두들겨 만든 것이다.

제작 연대가 확실한 20여 점의 금고 중 고려 전기와 13세기 초반의 것으로는 瓊嚴寺 금고(1073), 梁山 內院寺 금고(1091), 德山寺 금고(1143), 大定 19년명 금고(1179), 蒲溪寺 금고(1202), 德周寺 금고(1206), 貞祐 6년명 奉業寺 금고(1218) 등이 있다. 그 중 대정 19년명 금고는 표면을 동심원으로 4구로 나뉘어 중심에서부터 연밥·연꽃·풀 당초의 순으로 문양이 양각되었다. 그리고 포계사 금고도 표면을 동심원으로 4구로 나누어, 연꽃·연밥을 그리고 하나 걸러 바깥에는 나는 구름을 양각하였다. 정우 6년명 금고는 지름 61cm로서 대작에 속하며, 형식도 약간 다르다. 표면에 동심원을 그려 3구로 나누고, 중앙에는 연밥을, 그 주변에는 연꽃을 양각하여 2구를 채우고, 넓은 바깥 공간에는 如意頭紋과 飛雲紋을 새겨 전체가 시원스러워 보인다.16)

라) 정　병

깨끗한 淨水를 담아 두었다가 손을 씻는데 사용하는 佛具의 하나이다. 특히 관음보살이 淨甁을 잡고 있는데 이는 중생들의 고통을 없애주는 감로수를 담거나 버드나무를 꽂는 꽃병으로도 사용되기도 한다.

정병이 처음 어떠한 형태로부터 시작되었는지는 알 수 없으나 고려시대 정병의 형태는 밑에 굽이 달리고 한쪽에 물이 나오는 구멍이 있는 점에서 주전자와 모양이 비슷한데 병의 상부가 높이 연장되고 중간에 넓은 마디가 있는 것이 특이하다.

고려시대 정병을 대표하는 것으로 靑銅銀入絲蒲柳水禽紋淨甁(〈사진 9〉)이 있다. 청동의 몸체는 녹이 슬어 녹색을 띠고 있으나 굽, 귀때의 마개, 병 목의 넓은 마디와 동체의 은입사 문양 등은 은으로 씌워서 대조를 이루고 있다. 정병의 표면에는 넓은 물가에 언덕이 그려져 있는데 물에는 갈대가, 언덕에는 버드나무가 서 있다. 또 물에는 오리가 떠다니고 멀리 가까이에 기러

---

16) 秦弘燮,《韓國金屬工藝》(一志社, 1980), 57~58쪽.

기가 날며 그 아래는 고기잡이배가 떠있고 언덕에는 낚싯대를 드리운 사람도 있다. 몸체 아래 윗면에 如意頭紋帶를 돌리고 있는 이 정병은 12세기 후반의 작품으로 추정된다.[17]

마) 금동탑

목조의 多層樓閣의 형식을 충실히 모방하고 있는 청동제의 소형 또는 대형의 탑이 다양하게 전해지고 있다.

청동 다층소탑은 높이 74.5cm로 11층으로 이루어져 있다. 형태는 고려시대의 석탑과 유사하여 기단 주위에 난간을 둘렀고 초층 탑신의 난간 안에 사천왕상을 배열하였으며 한쪽에는 높은 계단이 붙어 있다. 屋蓋에는 기와골이 표현되었으며 추녀 끝에는 용머리가 장식되었다.

금동대탑은 높이 1.55m의 대형으로 정교하고 장식성이 풍부하다. 2층 기단 위에 세워진 5층탑으로 초층 탑신에는 난간을 돌리고 탑신에는 철문, 창살 등이 모각되었다. 옥개 밑은 겹처마로 되어 있고 기와골이 표현되고 추녀 끝에는 풍탁이 달려있다. 2층 이상은 탑신의 높이가 낮아지고 옥개석은 동일한 형식으로 체감되었다. 상륜부는 완전하지는 않으나 표현 수법은 매우 정교하고 전면에 도금의 흔적이 남아있다.

바) 사리구

고려시대 사리장치 중에서 대표적인 것으로는 光州 서5층석탑의 2층 屋身 상면의 사리함에서 나온 舍利具를 들 수 있다. 이것은 10세기 초에 제작된 것으로 추정되는데,[18] 금동으로 만들어진 정자형이다. 기단에는 眼象이 크게 뚫어지고 기단 위의 갑판에 心葉形의 난간을 돌리고 난간 밖으로 네 귀에 사천왕상을 하나씩 세우고 있다. 추녀 끝마다 영락이 하나씩 달려있고 지붕 꼭대기에는 蓮峰形寶珠가 솟아 있다. 이 안에 銀製有蓋舍利壺가 있다.

---

17) 秦弘燮은 앞의 책, 60쪽에서 고려의 문물이 가장 발달했을 때인 11세기로 보고, 金元龍은 7세기 후반부터 12세기 전반으로 추정하기도 한다(《韓國美術史》, 294쪽).

18) 秦弘燮, 〈光州西五層石塔의 舍利裝置〉(《美術資料》 5, 1962).

다. 장신구

고려시대의 대표적인 장신구로는 관의 끈고리로 사용된 金銅製透刻 장식이 있는데, 용·봉·새·물고기·화초 등 여러 가지의 도안을 정교한 솜씨로 나타내고 있다. 또한 고려시대의 銙帶는 금동제품으로 銙板에는 인물·동물·초화문을 조각하였다. 그 실례는 많지 않으나, 신라시대의 과대와 비교하면 형태·문양이 모두 간단하고, 고려시대가 지나면 금속제 과대는 자취를 감춘다.[19]

이 밖에도 팔찌·비녀·반지·장도 등 다양한 장신구가 남아 전해지고 있다.

(3) 목칠공예

木漆工藝品으로 고려시대 유물이 남아있는 예는 매우 적어서 그 전모를 알 길이 없으나 통일신라시대의 목칠공예의 전통을 바탕으로 하고 있음을 경주 雁鴨池 출토품으로 알 수 있다.

고려의 목칠은 貝殼(소라·진주조개·전복), 玳瑁(龜甲), 銅을 입사하는 螺鈿漆器로 대표된다. 나전칠기는 木心苧被의 칠기에 소라나 전복과 은·동선을 嵌入하여 문양을 만든 것이다. 인종 원년(1123) 고려를 다녀간 徐兢이 "그릇에 옻칠하는 일은 그리 잘하지 못하지만 螺鈿 일은 세밀하여 귀하다고 할만하다"[20]고 평가할 정도로 인종 초 나전칠기가 발달하였음을 알 수 있다.

고려시대 工部에 소속된 관서로서 供造署에서는 어용품을 중심으로 세공기물을 제작했고 都校署에서는 궁중 및 중앙관서에 쓰이는 세공품을 제작했다. 11세기 후반 문종 년간에 작성된 別賜명단에 보이는 小木匠·彫刻匠·螺鈿匠·珠簾匠·磨匠 등으로부터 분업화되었음을 짐작할 수 있다.

서긍이 《고려도경》에서 "고려의 토속은 여전히 그러하다. 만듦새를 보면 예스럽게 소박함이 자못 사랑스럽다"라고 하였듯이 고려사회의 일반적인 기술은 古風을 지니고 있었다.

---

19) 秦弘燮, 앞의 책, 32쪽.
20) 徐兢, 《高麗圖經》 권 23, 雜俗 2, 土産.

현재 남아있는 고려시대의 나전칠기는 전·후기를 통틀어 10여 점 정도로, 국립중앙박물관 소장의 黑漆草木水禽圖螺鈿描金香函과 黑漆立菊螺鈿玳瑁函 黑漆母子盒, 黑漆菊唐草螺鈿子盒, 黑漆菊唐草螺鈿油壺를 비롯하여 日本의 東京博物館의 立菊螺鈿經箱 등이다.

이들을 살펴보면 器形으로는 모자함, 유호 등의 화장품구와 소형의 有蓋箱子와 經函 등이며, 문양은 초목수금도나 당초문·국화문으로 전면을 施紋하고 있다. 시문에 있어서도 周緣의 테두리는 은이나 동을 꼬아 縒線으로 하고, 伏紅玳瑁片을 써서 花心을 만들었다.

이들 작품 중 고려 전기를 대표하는 것은 草木水禽函인데, 그 이외의 것들은 철화청자에 많이 나오는 밀집된 당초문과 국화문으로 모든 공간을 덮고 있는 것으로 보아 후기의 작품으로 보인다. 초목수금함은 원래 29×19×11.5cm(높이)의 뚜껑있는 함으로 紵心漆器이며 측면에 나전으로 된 버들과 갈대를 배치하고 수면과 하늘에는 물새를 날게 하고 있으며 그 구도로 보아 象嵌靑瓷와 통하는 12세기 후반의 작품으로 추정된다.[21]

〈尹龍二〉

〈사진 1〉 靑瓷淳化四年銘壺(성종 12년, 993)
높이 35.5cm, 이대박물관 소장

21) 金元龍은 앞의 책, 296쪽에서 12세기 초로 보고 있다.

〈사진 2〉　〈사진 1〉 굽 안바닥의 銘文
「淳化四年 癸巳太廟第一室享器匠崔吉會造」

〈사진 3〉 햇무리굽 青瓷盌의 햇무리굽 모습

〈사진 4〉 完島海底에서 인양된 靑瓷盌들
국립광주박물관 소장

〈사진 5〉 질그릇 큰합과 소합들, 靑瓷壺 그리고 海東通寶(1097～1105)
연대박물관 소장

〈사진 6〉 靑瓷瓜形甁(1146, 仁宗 長陵 출토) 높이 22.5cm,
국립중앙박물관 소장

〈사진 7〉　靑銅숟가락들
국립중앙박물관 소장

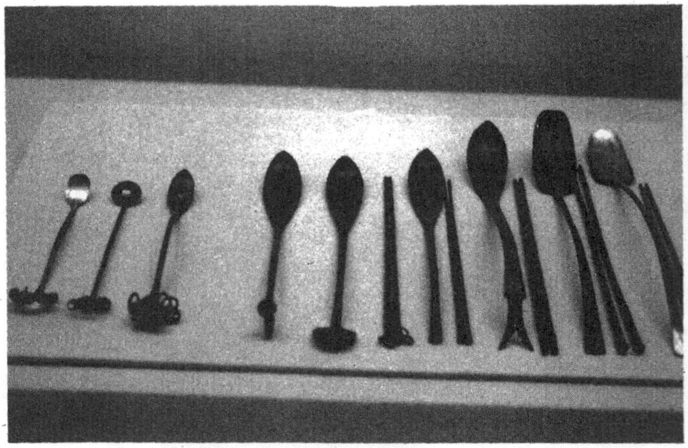

〈사진 8〉 銅　　鐘
높이 16.8cm, 이대박물관 소장

〈사진　9〉 靑銅銀入絲(象嵌)蒲柳水禽紋淨甁　높이 37.5cm, 국립중앙박물관 소장

집 필 자

한국사 17
고려전기의 교육과 문화

편찬간행 **국사편찬위원회**

초판1쇄 2003년 11월 30일
2쇄 2013년 6월 4일

번각발행 **탐구당**

등록일 1950년 11월 1일
등록번호 서울 제 03-00993 호

주소 서울특별시 용산구 한강대로 62 나길 6
전화 (02) 3785-2211(대표)
팩스 (02) 3785-2272
홈페이지 www.tamgudang.co.kr
전자우편 tamgudang@paran.com

ISBN 978-89-8236-583-6
978-89-8236-566-9(세트)

값 13,000 원

* 파본이나 잘못된 책이 있으면 교환해 드립니다.